LOCALIZAÇÃO DAS OPERAÇÕES EM SEDE DE IVA

— abordagem prática

(Mais de 300 exemplos)

LOCALIZAÇÃO DAS OPERAÇÕES EM SEDE DE IVA

— abordagem prática (Mais de 300 exemplos)

José Carlos Abreu

ALMEDINA

LOCALIZAÇÃO DAS OPERAÇÕES EM SEDE DE IVA
— ABORDAGEM PRÁTICA (MAIS DE 300 EXEMPLOS)

AUTOR
José Carlos Abreu

EDITOR
EDIÇÕES ALMEDINA, S.A.
Avenida Emídio Navarro, 81, 3D
3000-151 Coimbra
Tel.: 239 851 904 · Fax: 239 851 901
www.almedina.net · editora@almedina.net

PAGINAÇÃO
EDIÇÕES ALMEDINA, S.A.

REVISÃO
Teresa Martins

DESIGN DE CAPA
EDIÇÕES ALMEDINA, S.A.

IMPRESSÃO E ACABAMENTO

Maio, 2023

ISBN
978-989-40-1203-0

DEPÓSITO LEGAL

ALMEDINA | GRUPOALMEDINA

A leitura é uma escolha ...

ÍNDICE

ACRÓNIMOS, ABREVIATURAS E SIGLAS

AIB	Aquisição(ões) Intracomunitária(s) de Bens
Al.	Alínea
Art.	Artigo
AT	Autoridade Tributária e Aduaneira
B2B	*Business to Business*
B2C	*Business to Consumer*
CAAD	Centro de Arbitragem Administrativa
Cfr.	Confira, conforme, confronte
CIVA	Código do Imposto sobre o Valor Acrescentado
Diretiva IVA	Diretiva 2006/112/CE do Conselho, de 28/11/2006
DL	Decreto-Lei
DP_IVA	Declaração Periódica do IVA
DR_IVA	Declaração Recapitulativa
EE	Estabelecimento(s) Estável(eis)
EM	Estado(s)-membro(s) da União Europeia
IE	Interface(s) Eletrónica(s)
IEC	Impostos Especiais sobre o Consumo
IOSS	*Import One Stop Shop*
ISV	Imposto sobre Veículos
IVA	Imposto sobre o Valor Acrescentado
MOSS	*Mini One Stop Shop*
nº (s)	número(s)
NIF_IVA	Número de Identificação Fiscal para efeitos do IVA
Número IOSS	Número de IVA do Balcão Único para as Importações
p. / pp.	página / páginas
Regulamento de Execução	Regulamento de Execução (UE) nº 282/2011 do Conselho, de 15/03/2011
RITI	Regime do IVA nas Transações Intracomunitárias
SP	Sujeito(s) Passivo(s)
TIB	Transmissão(ões) Intracomunitária(s) de Bens

TJUE	Tribunal de Justiça da União Europeia
UE	União Europeia
VDBI	Vendas à Distância de Bens Importados
VDI	Vendas à Distância Intracomunitárias de Bens
VIES	*VAT Information Exchange System*

Nota: Ao longo deste trabalho, todos os artigos referidos sem menção expressa ao diploma, reportam-se ao Código do Imposto sobre o Valor Acrescentado (CIVA).

Assim, em todos os outros artigos que não digam respeito ao CIVA, fazemos referência ao respetivo diploma.

PREFÁCIO

As relações internacionais e a sempre crescente mobilidade das pessoas e dos fatores de produção conduzem-nos à sempre necessária e importante compreensão do universo da tributação internacional. É neste âmbito que o professor José Carlos Abreu nos tem apresentado a sua obra, chegando-nos agora às mãos o seu terceiro livro. Nele, o autor apresenta-nos mais uma importante ferramenta para o estudo e a compreensão teórico-práticos da aplicação dos impostos às operações internacionais, neste caso em concreto da localização das operações em sede do Imposto sobre o Valor Acrescentado (IVA).

As transações económicas não se limitam ao espaço interno de um país ou comunidade, atravessando as fronteiras de cada Estado e, dessa forma, assumem relevância em vários sistemas fiscais, os quais apresentam diferentes estruturas, impostos, bases de incidência, taxas e obrigações.

O IVA é caracterizado, essencialmente, como um imposto indireto de matriz comunitária, plurifásico e neutro, que atinge tendencialmente todo o ato de consumo através do método do crédito de imposto e que, na perspetiva internacional, assenta no princípio de tributação no país de destino. A matriz comunitária do IVA resulta do processo de integração europeia, sendo o sistema comum do IVA um elemento fulcral do mercado único da Europa e uma das formas de tributação que mais favorece o crescimento.

A matriz comunitária do IVA reduz o âmbito de intervenção legislativa nacional naquilo que é a definição dos pressupostos de enquadramento e funcionamento do imposto, criando-lhe maior estabilidade legislativa e, em princípio, maior objetividade. No entanto, acrescenta dificuldade a quem se debruça sobre o seu estudo, na medida em que esse estudo não se pode limitar ao conhecimento da legislação, doutrina e jurisprudência nacionais, mas também das que emanam dos órgãos da União Europeia.

Quando falamos da aplicação do IVA às operações internacionais, esta matéria implica dividirmos o tema em duas partes: por um lado, as operações internacionais (intra e extracomunitárias) de aquisição e transmissão de bens; e, por outro lado, as prestações de serviços. E no âmbito desta temática, assume particular importância a questão da localização das operações, isto é, a determinação do local onde as operações são sujeitas a IVA por aplicação de determinados critérios de conexão de caráter espacial.

Apesar da aparente objetividade das normas aplicáveis à localização das operações, e que estão definidas no artigo 6º do Código do IVA e no Regime do IVA nas Transações Intracomunitárias (RITI), esta temática é, tradicionalmente, a mais complexa e difícil no estudo do IVA e na sua aplicação prática, mas também, pensamos nós, a mais interessante. Fruto dessa complexidade, o legislador comunitário tem vindo, ao longo dos anos, a introduzir alterações naqueles normativos. No caso concreto do artigo 6º, houve o cuidado de o tornar mais organizado e menos extenso. No entanto, mantém-se a complexidade, particularmente porque para a adequada localização das operações é necessário proceder, em primeiro lugar, à sua correta qualificação, da qual dependerá essa localização, que se revela, por vezes, especialmente problemática.

Em Portugal, a questão da localização das operações reveste-se de ainda maior relevância, na medida em que o Estado português comporta três territórios fiscais distintos, onde as taxas do IVA aplicáveis às operações são diferentes. Por isso, é através das regras de localização que determinamos o espaço fiscal onde a operação se localiza e, consequentemente, a taxa que vai ser aplicada.

E o sistema comum do IVA não pode alhear-se dos desafios da economia móvel, digital e mundial de hoje. Como refere o autor na introdução da obra, os crescentes fenómenos da chamada «nova economia» e, a preocupação com a fraude e evasão fiscais e a dupla não tributação das operações têm feito com que o legislador, nos últimos anos, tenha introduzido alterações quanto às regras de localização e de tributação das operações designadamente no que respeita ao comércio eletrónico, aos serviços de telecomunicações, radiodifusão e televisão, serviços prestados por via eletrónica e regime das vendas à distância. Trata-se de operações desmaterializadas que não implicam uma presença física num determinado território para a sua realização e que, por isso, têm reclamado uma intervenção legislativa apropriada ao seu adequado enquadramento.

É sobre esta importante, complexa, mas interessante matéria que este livro se debruça. O autor começa por abordar, de forma necessariamente resumida, os principais pressupostos da incidência do IVA, para logo chegar ao tema central do livro, o da territorialidade do imposto e da localização das operações. A primeira parte é dedicada à abordagem do artigo 6º do CIVA, de acordo com a sua estruturação atual: a localização das transmissões de bens e posteriormente a localização das prestações de serviços, abordando as duas regras gerais e as suas exceções. A atual redação do artigo 6º do CIVA, quanto à localização das prestações de serviços, veio estabelecer nas operações *Business to Business* (B2B) que a localização aconteça no local da sede, do estabelecimento estável ou, na sua falta, do domicílio do adquirente, mantendo para as operações *Business to Consumer* (B2C) a localização das operações no local da sede, do estabelecimento estável ou, na sua falta, do domicílio do prestador. É, pois, essencial, quanto às prestações de serviços, começar por definir, quando o prestador do serviço e adquirente não estão no mesmo país, se a operação acontece entre sujeitos passivos (B2B), ou entre sujeitos passivo e consumidores finais (B2C) para depois, num segundo momento, caracterizar objetivamente o serviço em causa. Daqui irá resultar a aplicação do artigo quanto às suas regras gerais e respetivas exceções. Disso nos dá conta o autor na primeira parte deste livro.

Mas porque a matéria relativa à aplicação do IVA no contexto internacional não se esgota na localização das prestações de serviços, num segundo momento deste trabalho, o autor aborda a também importante matéria do enquadramento das operações intracomunitárias relativas a aquisições e transmissões de bens, recorrendo ao RITI e explorando esta temática quer quanto ao regime geral das operações intracomunitárias, mas também às situações particulares e mais complexas de operações em cadeia, operações triangulares, vendas à consignação e vendas seguidas de instalação e montagem intracomunitárias e outros regimes especiais intracomunitários.

As últimas alterações introduzidas na UE à temática do enquadramento das operações internacionais estão relacionadas com as regras aplicáveis ao comércio eletrónico e às vendas à distância, as quais resultaram nas últimas alterações introduzidos ao artigo 6º do CIVA e ao RITI. É sobre essa temática que o autor nos fala na última parte desta obra.

Podemos, pois, constatar que, versando sobre uma temática complexa, a forma bem arrumada como o autor nos apresenta a matéria abordada, facilita a consulta e o estudo. Além disso, esta é uma obra de caráter eminentemente prático, como nos elucida o seu título, fazendo uma abordagem teórica, mas complementada por inúmeros (mais de 300) casos práticos. Como escreveu Fernando Pessoa, «Toda a teoria deve ser feita para poder ser posta em prática, e toda a prática deve obedecer a uma teoria. Só os espíritos superficiais desligam a teoria da prática, não olhando a que a teoria não é senão uma teoria da prática, e a prática não é senão a prática de uma teoria.» Esta é, pois, uma obra que cumpre esse desígnio, acrescido ao facto de o autor escrever com uma linguagem que, sem prejudicar o rigor técnico, é de fácil entendimento. A clareza e objetividade com que são apresentados os enunciados das situações práticas e a forma completa e rigorosa como são apresentadas as propostas de resolução, conferem a esta obra as características de uma ferramenta essencial para quem se dedica ao estudo e à aplicação do IVA, em particular da localização das operações. Acresce, ainda, que toda a matéria abordada é complementada com doutrina administrativa e jurisprudência dos tribunais nacionais e do Tribunal de Justiça da UE. Será, sem dúvida, de grande utilidade para os alunos do IPCA, a quem o autor dedica a obra, mas também para todos os alunos, professores e profissionais da Fiscalidade.

Consideramos uma grande generosidade quando alguém dedica o seu tempo, que certamente foi muito, para colocar ao dispor de todos o seu saber e os seus ensinamentos. Obrigada ao professor José Carlos Abreu por mais este generoso contributo para o estudo da Fiscalidade Internacional, em particular do IVA.

Barcelos, janeiro de 2023.

LILIANA PEREIRA
Coordenadora da área disciplinar de Fiscalidade do Departamento de Contabilidade e Fiscalidade da Escola Superior de Gestão do Instituto Politécnico do Cávado e do Ave (IPCA)
Provedora do Estudante do IPCA

NOTA PRÉVIA

Ao longo da nossa carreira académica tivemos sempre contacto com as matérias da tributação indireta, nomeadamente das questões que se prendem com a localização das operações transfronteiriças em sede de IVA. Assim, aproveitando a nossa experiência, neste trabalho procuramos, através de uma linguagem simples, não demasiadamente técnica e com uma abordagem prática, trazer à colação a legislação fiscal aplicável, sobretudo do Código do Imposto sobre o Valor Acrescentado (CIVA) e do Regime do IVA nas Transações Intracomunitárias (RITI), incluindo diversa legislação complementar, tentando ligá-la e relacioná-la com diversas anotações e comentários, procurando torná-la mais clara, sempre apoiado por um conjunto alargado de exemplos práticos (mais de 300).

Deste modo, de forma a evidenciarmos e darmos ênfase àquilo que pretendemos transmitir, recorrentemente utilizaremos *itálicos*, **negritos**, sublinhados e destaques que são exclusivamente nossos e que, é nossa convicção, serão úteis e melhor identificam o sentido das palavras e ajudarão a interpretar a legislação em causa.

Paralelamente, fazemos diversas referências às posições assumidas pela Autoridade Tributária e Aduaneira (AT), designadamente através de Circulares, Ofícios-circulados, Informações Vinculativas, e outros documentos administrativos relevantes.

Também apresentaremos algumas posições dos tribunais, seja do Centro de Arbitragem Administrativa (CAAD), dos tribunais superiores e alguns casos levados ao Tribunal de Justiça da União Europeia (TJUE).

As posições assumidas ao longo deste livro, bem como os comentários aos exemplos práticos, naturalmente que expressam apenas a nossa posição e, por isso, são da nossa única responsabilidade.

Por fim, fica desde já o desafio para que o caro leitor, se assim o desejar, apresente sugestões/contribuições/opiniões, ainda que em sentido contrário ao que está vertido aqui, pois, certamente, serão muito bem acolhidas e tomadas em consideração.

RESUMO

A problemática da localização das operações em sede de Imposto sobre o Valor Acrescentado (IVA), em particular nas relações transfronteiriças, encerra alguma complexidade.

Trata-se de uma temática atual no âmbito do comércio internacional, e do IVA em particular, por vários motivos, designadamente pelo facto de aliar uma grande aplicação prática a uma complexidade elevada, não sendo, por isso, de estranhar as frequentes dúvidas existentes nestas matérias.

A União Europeia (UE) tem vindo a simplificar as regras de tributação, o que facilita a localização das prestações de serviços, para que haja, cada vez menos, casos de dupla tributação e mesmo de dupla não tributação.

Não obstante a harmonização de regras no seio da UE, existem, por vezes, operações não lineares e outras que apresentam grande complexidade, o que justifica uma abordagem detalhada a esta temática da delimitação do âmbito espacial da aplicação do IVA, em especial quando estamos perante operações plurilocalizadas.

Assim, fazemos uma abordagem aos critérios de territorialidade estabelecidos, sem descurar a incidência (objetiva e subjetiva) e eventuais isenções do imposto e outras situações que estão mesmo fora da aplicação do imposto (não sujeitas a IVA), sempre acompanhada por uma exemplificação prática que reputamos de muito completa.

Introdução

O Imposto sobre o Valor Acrescentado (IVA)[1] é um imposto geral sobre o consumo, com uma matriz comunitária, respeitando o direito da União Europeia (UE)[2], embora os Estados disponham de diversas possibilidades, sobretudo ao nível procedimental[3].

É importante começar por assinalar o diferente alcance que as operações assumem no âmbito do IVA[4] face aos impostos sobre o rendimento. De facto, enquanto no IVA são tributadas as respetivas operações, na tributação direta o que é submetido a imposto

---

[1] O IVA é um imposto idealizado *«(...) pelo alemão* VON SIEMENS *nos finais da segunda década do século passado e que não obteve consagração face ao chamado imposto em cascata (Umsatzsteur), vista a maior receita por este produzida em ocasião em que as consequências da 1.ª Grande Guerra mundial impunham a disponibilidade de vultosas receitas»* (Cfr. PIRES, MANUEL - *Direito Fiscal,* 3.ª Edição, 2008, p. 593). Essa ideia apenas foi concretizada mais tarde em França, através do professor e funcionário francês *Maurice Lauré*, que viu esta tributação inovadora implementada em França em 1954, embora no início apenas abrangendo as grandes empresas. Rapidamente este modo de tributação (indireta) foi estendido aos diversos EM e a muitos outros países, dadas as vantagens que apresentava face aos tradicionais impostos cumulativos em cascata. No âmbito comunitário, iniciou-se através da Primeira e Segunda Diretiva do Conselho, de 11/04/1967 (67/227/CEE e 67/228/CEE), que assentou na eliminação dos impostos em cascata e a sua substituição pelo IVA.

[2] O sistema de fontes de Direito da UE constitui o seu corpo jurídico, em que a doutrina, regra geral, ao referir-se ao mesmo, fala no Direito originário, Direito derivado e Direito complementar. O Direito originário está integrado pelos tratados constitutivos e outros atos conexos; o Direito derivado trata de atos típicos, como o Regulamento, a Diretiva e a Decisão; o Direito complementar inclui os acordos entre os EM expressamente previstos nos tratados, tendo em vista realizar o objetivo da UE. Sobre esta matéria, veja-se PIRES, MANUEL — *Direito Fiscal,* 3.ª Edição, 2008, pp. 152-156.

[3] Embora de base comunitária, o IVA *«É um imposto nacional, mas que segue uma matriz comunitária estabelecida por meio de directivas, constituindo o caso mais típico e mais avançado de harmonização fiscal. À UE compete a definição (o que fez ao longo de um processo que passou por várias fases) dos elementos essenciais do imposto de natureza qualitativa (incidência, isenções, regras de determinação do valor, regimes especiais), enquanto aos EM compete a definição das regras administrativas, procedimentais e sancionatórias (liquidação e cobrança, fiscalização, impugnações, regras anti-evasão, crimes e contravenções)»* (Cfr. ANTÓNIO CARLOS DOS SANTOS, *Sobre o imposto europeu,* Revista TOC, nº 99, p. 25).

[4] Sendo um imposto de matriz comunitária, é regulado por diversas diretivas comunitárias, entre as quais assume especial relevância a atual Diretiva 2006/112/CE, do Conselho de 28/11/2006, relativa ao sistema comum do Imposto sobre o valor acrescentado (Diretiva IVA) a qual revogou a antiga Sexta Diretiva (77/388/CEE, de 17/05/1977), que procedeu à uniformização da base tributável do imposto em todos os EM da UE.

é o rendimento resultante dessas operações. Por outro lado, o IVA é um imposto que se repercute nos destinatários das operações (salvo nos casos do *reverse charge*), ao passo que essa repercussão não acontece nos impostos sobre o rendimento. Por outras palavras, o IVA é um imposto que incide sobre as operações e não sobre as entidades[5].

Com efeito, o IVA é um imposto geral sobre o consumo, em que o seu campo de incidência é de tal modo abrangente, que apenas estarão excluídas algumas situações de não incidência ou não sujeição resultantes do próprio conceito ou de outras normas constantes do CIVA.

Assim, as normas de incidência, em geral, têm como objetivo determinar o universo dos factos tributários sujeitos a tributação, estabelecendo os respetivos pressupostos de aplicação dos impostos. Desta forma, se numa dada situação da vida real se verificar não existir incidência ou sujeição, isso significa que as normas de incidência não abrangem tal situação ou expressamente a excluem, podendo, então, concluir-se que o imposto não atinge essa realidade em concreto.

Assim, clarifica-se, desde já, que uma operação «não sujeita» não se confunde com uma operação «isenta». De facto, para haver isenção terá forçosamente de existir sujeição ou incidência, pelo que se não se verificar a referida sujeição/incidência, não se pode sequer falar em isenção.

A tributação no âmbito deste imposto tem como um dos principais requisitos que os factos tributários tenham lugar num determinado território. De facto, tanto as transmissões de bens como as prestações de serviços, apenas se encontram sujeitas a IVA num determinado território, caso as mesmas aí sejam consideradas efetuadas, recorrendo desta forma a legislação a um elemento de caráter espacial na definição das operações tributáveis. Porém, a aplicação prática das regras estabelecidas para a determinação do território fiscal onde as operações serão efetivamente tributadas afigura-se, em muitos casos, algo difícil e conduz-nos à necessidade do estudo e conhecimento global desta temática.

Com a crescente globalização dos mercados e das operações, esta problemática tem sido objeto de grandes alterações e adaptação à realidade, tendo sempre subjacente o

---

[5] Sobre as características fundamentais deste tributo, veja-se, por todos, Basto, José Guilherme Xavier de — *A tributação do consumo e a sua coordenação internacional*, Centro de Estudos Fiscais, nº 164, Lisboa, 1991, pp. 39-73.

princípio da neutralidade[6], de forma a assegurar a harmonização da receita fiscal no âmbito da UE.

Desde a constituição da Comunidade Económica Europeia[7], e consequente adoção de um sistema comum de tributação do consumo, passando pela abolição das fronteiras fiscais, até às alterações mais recentes, muitos têm sido os diplomas que alteraram as regras estabelecidas para a definição da localização das operações.

O objetivo da concretização de um verdadeiro mercado único passava pela tributação na origem. Porém, nunca foi possível chegar-se a um consenso nesse âmbito, pelo que este desígnio (tributação na origem) nunca foi alcançado e terá sido mesmo abandonado, pois os trabalhos da própria Comissão vão no sentido de se criar um regime do IVA baseado no princípio de um local único de tributação, isto é, deixando de fazer referência expressa ao princípio da origem. De facto, paulatinamente, o que se tem assistido é a uma primazia da tributação das operações no lugar do destino.

Na verdade, o legislador comunitário, atento às exigências da realização do mercado interno, à globalização, às dinâmicas sociais e económicas, à desregulamentação e às inovações tecnológicas, sentiu a obrigação de adaptar e acomodar este novo paradigma, protagonizando medidas que, na sua essência, apontam para a tributação com base no princípio do destino[8].

Assim, paulatinamente, além de uma salutar simplificação das regras de localização, no âmbito das operações transfronteiriças, assistimos à generalização do mecanismo do *reverse charge* (tributação no país de consumo), o que, aliás, na prática, já existia nas legislações internas em diversas situações, em virtude de um regime

---

[6] O princípio da neutralidade encontra-se vertido nas diretivas comunitárias, sendo sistematicamente invocado pela Comissão para se opor às legislações nacionais tidas por incompatíveis com as regras comunitárias, bem como pelas administrações tributárias e pelos SP dos diversos EM, sendo recorrentemente, aplicado pelo TJUE.

[7] A primeira comunidade europeia, a Comunidade Europeia do Carvão e do Aço, surgiu em 1951 instituída pelo Tratado de Paris (assinado em 18/04/1951, entrou em vigor em 23/07/1952). Atualmente, a União Europeia (UE), cuja designação atual data de 1993, é uma organização económica e política única de (neste momento) 27 países democráticos europeus. Com a entrada em vigor do Tratado de Lisboa em 01/12/2009, a UE veio substituir a Comunidade Europeia que existiu desde 1958 e passou a assumir todos os seus direitos e deveres.

[8] E também por isso, os EM «importadores de serviços» sentiam-se prejudicados por não terem direito ao imposto sobre o consumo que ocorria no seu território (Cfr. Feria, Rita de la / Belim, Catarina — *Repartição das competências tributárias: o papel do IVA na reforma dos impostos sobre o rendimento colectivo*, Estudos em Memória do Prof. Doutor Saldanha Sanches, Volume IV, Coimbra Editora, 2011, p. 356).

opcional que permitia essa implementação no direito interno dos diversos Estados-membros (EM) da UE[9].

Esse mecanismo funciona sempre que estejamos na presença de um adquirente que esteja habilitado à realização de atividades empresariais e que possua um Número de Identificação Fiscal para efeitos do IVA (NIF_IVA) válido, tendo-se estabelecido a delimitação do conceito de «sujeito passivo» (SP)[10], especificamente para efeitos de determinar a localização das operações e consequente tributação. Ou seja, a referida qualificação responde à finalidade a atingir, que não é outra, senão a de poder aplicar a regra geral de localização no destino[11], cujo âmbito fica, porém, limitado ao facto do adquirente ser um SP.

Temos assistido a uma considerável ampliação da aplicação do *reverse charge*, desde que o adquirente seja alguém que está identificado, para efeitos do IVA. Isto é, há uma aplicação generalizada do *reverse charge*, desde que o adquirente esteja registado em IVA num EM que não o do transmitente ou prestador.

Neste sentido, está perfeitamente clarificado o que se deve entender por SP estabelecidos, consagrando-se que se consideram como tal, no território de aplicação do imposto, aqueles operadores que aí tenham a sede da sua atividade económica, um estabelecimento estável (EE) ou o seu domicílio fiscal, sempre e quando um desses elementos de conexão intervenha na realização das entregas de bens e/ou prestações de serviços sujeitas a imposto.

Por outro lado, a qualificação das operações é fundamental para um correto enquadramento fiscal. De facto, não é suficiente apenas conhecer o funcionamento das regras de localização das respetivas operações. É ainda necessário saber, também, qual a

---

[9] Com a saída do Reino Unido, atualmente são 27 os EM da UE: Alemanha, Áustria, Bélgica, Bulgária, Chéquia, Chipre, Croácia, Dinamarca, Eslováquia, Eslovénia, Espanha, Estónia, Finlândia, França, Grécia, Hungria, Irlanda, Itália, Lituânia, Letónia, Luxemburgo, Malta, Países Baixos, Polónia, Portugal, Roménia e Suécia. De referir que, no âmbito do Protocolo Conjunto UE-Reino Unido, a Irlanda do Norte continuará a fazer parte da área da UE, para efeitos do IVA sobre os bens.

[10] Sempre que nos referirmos a «sujeitos passivos», falamos de «sujeitos passivos de IVA», isto é, aqueles operadores que estão previstos no art. 2º do CIVA ou de norma equivalente no âmbito dos EM ou ainda de operadores económicos estabelecidos em países/territórios terceiros.

[11] O chamado «sistema definitivo», assente na tributação na origem para as operações ocorridas no espaço intracomunitário, era um desígnio que está cada vez mais longe de se concretizar. De facto, essa aspiração parece, neste momento, utópica, tendo-se adotado uma estratégia mais pragmática, consolidando-se cada vez mais a tributação no destino, através da aplicação generalizada do mecanismo de autoliquidação nas operações entre SP. Veja-se, por todos, Palma, Clotilde Celorico — «A recente comunicação da Comissão sobre o futuro do IVA», *Revista TOC*, nº 144, Março, 2012, pp. 48-55.

natureza da operação em concreto, para que lhe seja aplicável a regra de localização correspondente[12].

Assim, é fulcral estudarmos a incidência territorial, isto é, a aplicação da lei no espaço, interpretando corretamente as regras de localização aplicáveis às operações internacionais. Basicamente, o objetivo é apurar qual a jurisdição, ou território, competente para tributar um determinado facto tributário que se conexiona com dois ou mais ordenamentos jurídicos distintos.

A determinação do território onde se considera localizada uma operação, reveste-se, portanto, de uma grande importância em sede de IVA, desde logo, porque se trata de se saber qual o país a que pertence a receita fiscal ou, dito de outro modo, qual o país com competência para tributar determinada operação internacional plurilocalizada.

Assim, iremos analisar devidamente a estrutura do art. 6º do CIVA, norma basilar neste contexto, descrevendo-se aí as linhas gerais da localização das operações, fazendo um tratamento diferenciado de acordo com a natureza das operações e ilustrando sempre as várias situações com exemplos práticos.

A nosso ver, a incidência em sede de IVA é a base da tributação, pelo que a verificação da incidência, em particular da localização espacial, é, assim, um requisito mínimo indispensável para que se possam aplicar as restantes normas do CIVA, incluindo as relativas às isenções.

Em termos sistemáticos, o CIVA dedica o seu Capítulo I à incidência: incidência real ou objetiva (art. 1º), ou seja, o que está sujeito a imposto; incidência pessoal ou subjetiva (art. 2º), isto é, quem está sujeito a imposto; incidência territorial ou espacial (art. 6º), portanto, onde está sujeito; e incidência temporal ou facto gerador/exigibilidade (art. 7º e 8º), quer dizer, quando está sujeito.

Dado o propósito deste livro — ***A Localização das Operações em Sede de IVA*** —, não seguiremos rigorosamente a ordem sistemática da técnica legislativa, pelo que nesta abordagem destas quatro espécies indissociáveis de incidência, veremos, ainda que de uma forma simples e pragmática, em primeiro lugar (ponto 1), a problemática do que está sujeito a imposto (**incidência objetiva**); de seguida (ponto 2) quem é o SP do imposto (**incidência subjetiva**); e (ponto 3) quando é devido o imposto (**incidência**

---

[12] Como assinala FERIA, RITA DE LA / BELIM, CATARINA, *Repartição das competências tributárias...* ob. cit., p. 361, a dificuldade de qualificação é determinante, sobretudo no âmbito das prestações de serviços, na medida em que a sua localização vai depender da natureza do serviço prestado. Sobre a relevância da qualificação das operações em sede de IVA veja-se, ainda PALMA, CLOTILDE CELORICO — *Introdução ao Imposto sobre o Valor Acrescentado*, Colecção Cadernos do IDEFF nº 1, Almedina, 6.ª edição, Setembro, 2014.

temporal). Depois, sim (ponto 4) faremos uma abordagem detalhada à **incidência territorial**, ou seja, ao âmbito espacial (onde se localiza a operação), que constitui o grande objetivo deste trabalho.

Todavia, esta questão da localização das operações não se esgota no CIVA. Com efeito, dada a enorme pluralidade de situações no âmbito das operações transfronteiriças, não esqueceremos outras legislações, e daremos relevo, em particular, ao Regime do IVA nas Transações Intracomunitárias (RITI), que contém as normas gerais a dar às **operações intracomunitárias** que revestem a natureza de vendas — transmissões intracomunitárias de bens (TIB) e de compras — aquisições intracomunitárias de bens (AIB).

Este diploma contém, ainda, um conjunto de normas específicas (regimes particulares) sobre o tratamento a dar a certas operações plurilocalizadas, em que não se considera que estamos perante TIB ou AIB.

Além disso, dado o leque alargado das transações internacionais, veremos também **outras operações transfronteiriças**, envolvendo bens e/ou prestações de serviços, que encerram, por vezes (muitas), grande complexidade (temas a serem abordados no ponto 5 do nosso trabalho).

A última abordagem está direcionada para o **comércio eletrónico** (ponto 6), cada vez mais importante na chamada «nova economia», com um crescimento exponencial, mas de elevada evasão e fraude fiscal. Deste modo, focaremos a nossa atenção para os últimos desenvolvimentos, em especial para as medidas que têm sido adotadas pela UE com o objetivo de simplificar as obrigações declarativas e de pagamento nas transações transfronteiriças.

Para complementar e enriquecer o nosso trabalho, a explanação da matéria abordada é acompanhada de um conjunto alargado de casos práticos que, estamos certos, serão muito úteis, em muitas situações, para a compreensão do leitor.

Nos comentários aos exemplos práticos apresentados, procuramos desenvolver um pouco mais nas primeiras questões e simplificar nas restantes, sob pena de haver repetições e redundâncias inapropriadas (ainda que muitas sejam inevitáveis). Assim, muitos casos são resolvidos/comentados com muito pragmatismo, tendo sempre presente a economia, eficácia e eficiência.

Por fim, deixaremos umas breves notas sobre este trabalho, sendo certo que o mais importante está ao longo do texto.

1. Incidência objetiva

Começamos pela incidência objetiva ou incidência real que se encontra definida no nº 1 do art. 1º, em que podemos constatar que são sujeitas a IVA as operações internas e operações de natureza transfronteiriça, resumidas no seguinte quadro:

Operações tributáveis		
Internas	Transmissões de bens	Art. 3º
	Prestações de serviços	Art. 4º
Internacionais	Importações	Art. 5º
	Operações intracomunitárias	RITI

Quanto às operações tributáveis internas (transmissões de bens e prestações de serviços), estipula a al. a) do nº 1 do art. 1º que as mesmas deverão ser efetuadas no território nacional, a título oneroso e por um SP, agindo como tal.

Ainda que, regra geral, deva existir uma certa conexão com o território nacional, o facto de serem ou não efetuadas no território nacional, num contexto transfronteiriço, pode não ser relevante, na medida em que terão de ser analisadas as normas de incidência relativas ao âmbito espacial ou territorial, como adiante se verá.

Relativamente à «onerosidade» não é condição *sine qua non* para a operação ser tributável, uma vez que, como veremos mais frente, algumas transmissões de bens e prestações de serviços efetuadas a título gratuito, podem, também, ser passíveis de imposto.

Já relativamente ao facto de serem efetuadas por um SP agindo como tal, é de assinalar que nem só os «operadores económicos» são SP de IVA. Efetivamente, também o poderão ser o Estado e outras entidades como os institutos públicos, as associações e cooperativas, aqueles que pratiquem atos isolados, que liquidem IVA indevidamente e outros ainda enquanto meros adquirentes, como, por exemplo, certos serviços prestados por não residentes.

Por outro lado, ficam excluídas de tributação as transmissões de bens e as prestações de serviços quando um SP age no âmbito da sua esfera privada, bem como as mesmas operações realizadas por um particular que não tem a condição de SP do imposto.

Assim, sucintamente, estão sujeitas a IVA as transmissões de bens, as prestações de serviços, as operações intracomunitárias e as importações de bens, sendo responsabilidade da liquidação do imposto os SP previstos no art. 2º.

Analisemos, pois, individualmente cada uma destas situações.

1.1. As transmissões de bens

O conceito de «transmissões de bens» encontra-se plasmado no nº 1 do art. 3º, considerando-se, em geral, transmissão de bens a transferência onerosa de bens corpóreos por forma correspondente ao exercício do direito de propriedade[13].

Desta definição (geral) podemos extrair o seguinte:

- Apenas as transmissões de bens efetuadas a título oneroso são sujeitas a IVA. Todavia, como veremos mais à frente, existem derrogações a esta regra, designadamente no âmbito de certas operações realizadas a título gratuito, pelo que essas operações podem ser tributáveis porque assimiladas a transmissões de bens.
- Uma transmissão de bens, para efeitos do IVA, implica a existência de bens corpóreos, ou seja, uma realidade física[14], ainda que, no âmbito deste imposto, são também considerados bens corpóreos, a energia elétrica, o gás, o calor, o frio e similares (nº 2 do art. 3º). Isto significa que este conceito não abrange todas as outras transferências onerosas de bens incorpóreos que, em sede de IVA, serão tidas como prestações de serviços.

Como se trata de um conceito de natureza económica, em princípio, estaria confinado apenas à transmissão da propriedade plena de bens corpóreos. Porém, como veremos já de seguida, existem certas operações que não cabem nesse conceito, e que são objeto de uma ficção jurídica, procedendo-se, assim, a um alargamento deste conceito.

Com efeito, o legislador assimila diversas operações a transmissões de bens, quer porque os bens não são corpóreos, quer para fazer prevalecer a substância económica do negócio, ou ainda porque as transmissões são gratuitas.

---

[13] Conceito este que segue de perto o preconizado no art. 14º da Diretiva IVA, ainda que aí se faça referência a «entrega de bens» e não «transmissão de bens».

[14] O conceito de «transmissões de bens» abrange, assim, a transmissão de bens imóveis. No entanto, a tributação destes bens beneficia de uma isenção de IVA (nº 30 do art. 9º).

Assim, terão de ser tidas em conta diversas operações assimiladas a transmissões de bens em que não se dá qualquer transferência do direito de propriedade e ainda outras situações em que não se dá essa transferência em termos civis.

Deste modo, em conformidade com as várias alíneas do nº 3 do art. 3º, são também sujeitas a IVA algumas **operações assimiladas** a transmissões de bens, como se segue:

- A entrega material de bens em execução de um contrato de locação com cláusula, vinculante para ambas as partes, de transferência de propriedade (al. a) do nº 3 do art. 3º).

Estamos no âmbito de um contrato de locação-venda, em que ao ser entregue o bem com uma cláusula vinculante, ficciona-se, para efeitos fiscais, a transferência do direito de propriedade para o momento da entrega, quando em termos civis, sob o ponto de vista jurídico, a transferência só se dá depois de satisfeitas todas as rendas inerentes à locação e os respetivos encargos contratados. Quer dizer, juridicamente ainda não temos uma transmissão de bens, mas já existe uma transferência obrigatória de venda, o que justifica a assimilação a uma transmissão de bens, para efeitos do IVA, e, consequentemente, a liquidação do imposto no momento da entrega dos bens, ocorrendo, assim, uma antecipação da transmissão fiscal face à transmissão civil[15].

- A entrega material de bens móveis no âmbito de um contrato de compra e venda que preveja a reserva de propriedade até ao pagamento total ou parcial do preço (al. b) do nº 3 do art. 3º).

Nestes casos, o legislador antecipa a verificação da transmissão para o momento da entrega material dos bens. Assim, tem aqui enquadramento o contrato de venda a prestações, com reserva de propriedade, no qual, apesar do pagamento ser fracionado, a incidência ocorre desde logo no momento da entrega material dos bens, pelo preço acordado entre as partes, sendo, à semelhança da situação anterior, irrelevantes, para efeitos do IVA, os pagamentos periódicos ou regulares, sendo que a transmissão de propriedade só se verifica com o pagamento do preço acordado.

[15] Por isso é que não integram este conceito a locação financeira ou *leasing*, nem os contratos de ALD.

- As transferências de bens entre comitente e comissário no âmbito de um contrato de comissão, incluindo as transferências entre consignante e consignatário (al. c) do nº 3 do art. 3º).

Esta norma trata das situações em que o comissário (intermediário) age em nome próprio perante o cliente, emitindo a fatura dos bens em seu nome pela totalidade do valor cobrado ao cliente, embora por conta de um comitente, que lhe irá faturar o valor dos bens diminuído da comissão (al. e) do nº 2 do art. 16º)[16], no âmbito de um contrato de comissão[17].

Assim, embora não se verifique uma transmissão jurídica dos bens do comitente para o comissário (comissão de venda, ou, vice-versa, na comissão de compra), estas transferências são assimiladas a transmissões de bens, para efeitos do IVA, sendo o imposto devido e torna-se exigível no momento em que o comissário coloca os bens à disposição do seu adquirente (nº 5 do art. 7º).

A justificação para esta assimilação assenta no facto de normalmente, o comissário (comissionista), embora atuando em nome próprio (emite fatura pela totalidade), não chegar sequer a receber os bens, seguindo os mesmos diretamente do comitente para o cliente final, no caso de comissões de venda, e do fornecedor para o comitente, no caso de comissões de compra, não existindo, portanto, verdadeiras transmissões — pois iria provocar efeitos cumulativos, quando o que se pretende é assegurar a neutralidade do imposto.

- A não devolução, no prazo de um ano a contar da entrega ao destinatário, de bens enviados à consignação (al. d) do nº 3 do art. 3º).

Neste caso também existe um fluxo físico de bens do consignante para o consignatário, mas não se transmite imediatamente o direito de propriedade, daí a assimilação. De facto, enquanto na situação anterior, ficcionava-se uma transmissão de bens entre consignante e consignatário pela entrega dos bens a este último, nesta situação o nascimento da obrigação de liquidação de imposto só ocorria (para o consignante), quando os bens fossem vendidos (pelo consignatário), nos termos do nº 5 do art. 7º.

[16] Nestas transmissões de bens entre o comitente e o comissário, na comissão de venda será o preço de venda acordado pelo comissário, diminuído da comissão; na comissão de compra será o preço de compra acordado pelo comissário, acrescido da comissão.

[17] Nos termos do art. 266º do Código Comercial.

Assim, para evitar que os bens fiquem demasiado tempo na «posse» do consignatário, sem a liquidação do IVA, estabelece-se o prazo máximo de um ano para os bens estarem nessa situação, findo o qual se dá uma transmissão de bens tributável, sendo o IVA devido e exigível nesse momento ao consignante (nº 6 do art. 7º).

- A entrega de bens móveis produzidos ou montados por encomenda, quando a totalidade dos materiais seja fornecida pelo SP que os produziu ou montou (al. e) do nº 3 do art. 3º).

Esta disposição deve ser articulada com norma da al. c) do nº 2 do art. 4º, dependendo a aplicação destas normas de a totalidade dos materiais ser fornecida pelo SP que os produziu ou montou.

Deste modo, para efeitos do IVA, caso o empreiteiro forneça a totalidade dos materiais, a posterior entrega dos bens móveis ao dono da obra será sempre considerada uma transmissão de bens, à qual se aplicará a correspondente taxa aplicável. Em termos económicos, esta operação produz efeitos semelhantes à compra e venda, pelo que se justifica esta assimilação.

Caso o dono da obra forneça os materiais para que seja concretizada a sua encomenda, ainda que o empreiteiro forneça parte dos materiais, já não estaremos perante uma transmissão de bens, mas sim uma prestação de serviços.

Como veremos, nas situações transfronteiriças, nos trabalhos sobre bens móveis corpóreos, não é indiferente se uma operação for considerada como uma transmissão de bens ou prestação de serviços. De facto, tratando-se de transmissões de bens, aplicam-se, para efeitos de localização, as normas relativas às importações, exportações e operações intracomunitárias, ao passo que no caso de prestações de serviços se aplicam exclusivamente as regras previstas do CIVA (nº 6 e seguintes do art. 6º), com as naturais implicações, nomeadamente em termos de liquidação de imposto e de obrigações declarativas.

- A afetação de bens da empresa a fins alheios à mesma, bem como a sua transmissão gratuita, quando tenha havido previamente dedução de imposto (al. f) do nº 3 do art. 3º).

Estas situações, vulgarmente designadas como «autoconsumos externos», são equiparadas a transferências a título oneroso (mas não existe nenhuma contraprestação), que obriga também à liquidação de imposto. De facto, impõe-se esta liquidação quando tenha havido dedução de imposto na aquisição ou produção de bens e que agora são destinados a fins alheios à atividade. Será o caso da afetação de bens ao empresário e ao pessoal, bem como as transmissões gratuitas, incluindo-se aqui, designadamente, as amostras, as ofertas e os prémios concedidos. Ou seja, verifica-se, nestes casos, o desvio natural dos bens a uma outra finalidade[18]. No entanto, estão excluídas as ofertas de valor unitário até 50 €; as amostras que têm um formato e tamanho diferente dos produtos originais; e ainda os bónus, que, sendo bens da mesma espécie, se traduzem, normalmente, em «descontos» de quantidades (nº 3 do art. 7º)[19].

- A afetação de bens a setores isentos e a afetação ao uso da empresa de bens excluídos do direito à dedução, quando tenha havido dedução de imposto (al. g) do nº 3 do art. 3º).

Aqui temos as denominadas situações de «autoconsumo interno», em que, dentro da mesma empresa, determinados bens foram inicialmente afetos a um setor de atividade que permitia a dedução do imposto, e são, posteriormente, afetos a um setor de atividade isento dentro da empresa. Apesar de não ocorrer qualquer transferência do direito de propriedade, esta ficção, para efeitos tributários, tem plena justificação, uma vez que, como sabemos, apenas poderá ser deduzido IVA relativamente às operações tributáveis realizadas que confiram o direito à dedução[20].

Mais recentemente, com as novas regras aplicáveis às «vendas à distância» foram acrescentados outros conceitos a saber:

- Quando um SP facilitar, mediante a utilização de uma Interface Eletrónica (IE)[21], a realização de Vendas à Distância de Bens Importados (VDBI) em remessas de

[18] Por exemplo, numa empresa que se dedica ao comércio de computadores, o empresário «ofereceu» ao seu filho um computador que constava dos inventários da empresa, sem qualquer contrapartida. Obviamente que esta afetação irá originar uma regularização do IVA a favor do Estado.

[19] Ver Portaria 497/2008, de 24/06/2008.

[20] Por exemplo, uma empresa tem duas atividades: a formação profissional (isenta, ao abrigo do art. 9º) e a consultoria (tributada). Inicialmente adquiriu computadores que afetou à atividade de consultoria, tendo deduzido o IVA nessa aquisição. Mais tarde, tendo afetado esses computadores à atividade de formação profissional, vai ter de regularizar o IVA correspondente.

[21] Prevista na al. o) do nº 2 do art. 1º. Uma «interface eletrónica» é tida como um conceito abrangente que permite a comunicação entre dois sistemas independentes ou entre um sistema e o utilizador final com o auxílio de um dispositivo ou programa. Uma IE pode englobar um web*site*, um portal, uma porta de ligação, um mercado, uma interface de programação de aplicações, etc.

valor intrínseco não superior a 150 €, considera-se que adquiriu e transmitiu pessoalmente esses bens (nº 9 do art. 3º).

- Quando um operador facilitar, mediante a utilização de uma IE, a realização de transmissões de bens dentro da UE por um operador não estabelecido na UE a uma pessoa que não seja SP, considera-se que o operador que facilita a transmissão adquiriu e transmitiu pessoalmente esses bens (nº 10 do art. 3º).
- Assim, quando um operador adquirir e transmitir bens nestes termos, a expedição ou transporte dos bens é atribuída à transmissão de bens efetuada por este operador (nº 11 do art. 3º).

Em termos de exclusões (não sujeição ou delimitação negativa de incidência) do conceito de «transmissão de bens», para efeitos do IVA, muito sucintamente, realçamos as cessões, onerosas ou gratuitas, de estabelecimentos comerciais, bem como de todo um património, ou de parte dele, que seja suscetível de constituir um ramo de atividade independente, desde que o adquirente seja, ou venha a ser, um SP do imposto (nº 4 do art. 3º). Assim, não se dá relevância a estas transmissões de bens quando há uma certa continuidade no exercício da atividade exercida, situação que não influencia a economia de imposto (liquidação pelo cedente e dedução pelo cessionário)[22].

1.2. As importações de bens

A tributação das importações de bens assenta no princípio de tributação no destino, o que significa que, regra geral, os bens saem do país de origem desonerados de carga fiscal e que no país de destino o importador pague (no seu território) um montante de imposto equivalente àquele que incide sobre bens similares aos importados.

Ao sujeitar a IVA as importações de bens no país de destino, significa que haverá tributação no país onde os bens vão ser consumidos o que tem subjacente uma isenção (completa) das exportações, de modo a evitar uma dupla tributação.

Assim, sempre que os bens deem entrada em território nacional e tenham origem em países/territórios terceiros estamos perante uma importação, sendo de referir o seguinte (art. 5º):

---

[22] São exemplos de situações enquadráveis nesta norma: as cessões de estabelecimentos, as fusões e cisões de empresas e a transformação de empresas (empresas em nome individual que passam a sociedades por quotas, etc.). Nestes casos, verifica-se a não sujeição relativamente a todo o património, ou seja, ativos, inventários, consumíveis, etc.

- Bens originários ou provenientes de países terceiros[23] e que não se encontrem em livre prática;
- Bens com origem em territórios terceiros[24] e que se encontrem em livre prática.

Quanto aos bens em «livre prática», trata-se de bens que já foram objeto de desembaraço aduaneiro e do pagamento dos correspondentes direitos aduaneiros num outro EM (por exemplo, em Espanha), ou seja, em que foram cumpridas as formalidades alfandegárias, não havendo, neste caso, uma importação, para efeitos do IVA, em Portugal, nos termos da primeira parte da al. a) do nº 1 do art. 5º. Com efeito, a importação ocorre quando os bens entram no território da UE, dando-se desde logo a importação com a consequente cobrança dos direitos alfandegários, daí a expressão 'livre prática', no sentido que os bens circulam livremente até ao território nacional após a importação se ter verificado noutro EM da UE.

Relativamente aos bens procedentes de territórios terceiros (al. b) do nº 1 do art. 5º), trata-se de situações demasiado específicas relacionadas com territórios terceiros, em que os bens, mesmo em livre prática, são tributados em IVA em território nacional, caso, obviamente, Portugal seja o país de destino.

Ainda neste art. 5º (nº 2), explicita-se que se os bens forem colocados em algum dos regimes aí previstos (normalmente, regimes suspensivos), a liquidação de imposto fica suspensa, sendo que a importação só se verificará quando os bens forem introduzidos no consumo. Assim, o facto gerador e a exigibilidade só se verificam no momento em que deixam de estar sujeitos a esses regimes ou procedimentos (nº 8 do art. 7º).

Como veremos mais adiante, o SP é o «importador», independentemente da sua condição (al. b) do nº 1 do art. 2º). Isto é, seja qual for a qualidade do importador e o fim a que este destine os bens importados, as importações são operações tributáveis em sede de IVA. Todavia, os importadores de bens que o façam no exercício de uma atividade económica terão, em princípio, direito à dedução do IVA devido pela importação de bens (al. b) do nº 1 do art. 19º).

---

[23] São países não pertencentes à UE, «*... incluindo os seguintes territórios de Estados-membros da União Europeia: ilha de Helgoland e território de Busingen, da República Federal da Alemanha, Ceuta e Melilha, do Reino de Espanha, e Livigno, da República Italiana*» (al. c) do nº 2 do art. 1º).

[24] São territórios de EM da UE «*...os quais, salvo disposição especial, são tratados como países terceiros: ilhas Canárias, do Reino de Espanha, os territórios da República Francesa referidos no artigo 349º e no nº 1 do artigo 355º do Tratado sobre o Funcionamento da União Europeia, Monte Atos, da República Helénica, ilhas Anglo-Normandas do Reino Unido da Grã-Bretanha e Irlanda do Norte, ilhas Aland, da República da Finlândia, e Campione d'Italia e águas nacionais do lago de Lugano, da República Italiana*» (al. d) do nº 2 do art. 1º).

Por fim, deve referir-se ainda que existem isenções específicas no CIVA (art. 13º e art. 15º), que dada a sua especificidade estão fora do propósito deste trabalho.

1.3. As operações intracomunitárias

Com a abolição das fronteiras fiscais ostensivas dentro da UE (desde 01/01/1993), o termo «importação» refere-se apenas a bens provenientes de países ou territórios terceiros (alíneas c) e d) do nº 2 do art. 1º). Desta forma, a partir dessa altura, as operações intracomunitárias de bens efetuadas no território nacional, definidas e reguladas no RITI[25], estão sujeitas a IVA neste território (al. c) do nº 1 do art. 1º).

Assim, a partir dessa data, deu-se a abolição das fronteiras fiscais ostensivas dentro do território da UE, transformando os movimentos de bens, até aí considerados como importações e exportações, em aquisições intracomunitárias de bens e transmissões intracomunitárias de bens, nas quais o IVA continua a ser devido no país de destino, embora, nestes casos, não através de um controlo pelas autoridades alfandegárias mas sim recorrendo a sistemas informáticos de troca de informações como o *VAT Information Exchange System* (VIES)[26] e a outras formas de cooperação entre as administrações tributárias dos vários EM da UE.

Com efeito, ao contrário dos particulares que, em regra, suportam IVA no país de origem, a tributação nas operações intracomunitárias entre empresas ocorre no EM de destino (ainda que o regime tenha sido instituído a título transitório).

Ainda que mais à frente se faça uma abordagem detalhada, adiantamos desde já que, de uma forma sumária, a regra geral é que as TIB se encontram isentas, tratando-se de isenções completas (no caso português, ao abrigo do art. 14º do RITI), dado que,

---

[25] As normas do RITI prevalecem sobre as do CIVA, aplicando-se a disciplina geral prevista neste último Código com as devidas adaptações, caso não seja aplicável nenhuma norma do RITI, por força do estatuído no art. 33º do RITI.

[26] Com a abolição do controlo aduaneiro e de documentação de suporte às importações/exportações no seio da UE (a partir de 01/01/1993), foi necessário criar outro meio de controlo nas transações intracomunitárias com vista a evitar a fraude em sede de IVA. Enquanto a atribuição da identificação fiscal é obrigatória para as pessoas físicas ou jurídicas em qualquer relação de natureza ou com relevância tributária, o NIF_IVA é necessário para a realização de operações intracomunitárias. Com a atribuição do NIF_IVA o operador constará do registo no VIES. Esse NIF_IVA será antecedido do prefixo do respetivo país (no caso de Portugal será «PT»). Veja-se, Feria, Rita de la / Belim, Catarina — *Repartição das competências tributárias* ... ob. cit., p. 369-370.

embora não sendo liquidado IVA a jusante, é possível a dedução do IVA suportado a montante (nº 2 do art. 19º do RITI).

Pelo contrário, as AIB encontram-se sujeitas a IVA (art. 1º do RITI), devendo o imposto ser liquidado pelo próprio adquirente (al. a) do nº 1 do art. 23º do RITI), na própria fatura do fornecedor ou em documento interno (nº 1 do art. 28º do RITI), o qual é, em princípio, imediatamente dedutível (nº 1 do art. 19º do RITI)[27]. Quer dizer, à transmissão de um bem efetuada a partir de um EM (por exemplo, Espanha), e por isso uma TIB isenta nesse país, corresponde simetricamente, no EM de chegada (por exemplo, Portugal), uma AIB tributável, para que a tributação se dê no país de destino, sendo o IVA liquidado pelo adquirente.

De referir que, embora os procedimentos não sejam os mesmos (como daremos conta), também nas exportações (bens com destino a países/territórios terceiros) temos uma isenção completa (ao abrigo do art. 14º do CIVA), que se traduz, também, na não liquidação do IVA nas vendas para esses territórios, mas isso não condiciona a possibilidade de o operador económico, em princípio, poder, também, deduzir o IVA a montante.

Por outro lado, como já vimos, simetricamente, temos uma sujeição a imposto nas importações em território nacional (art. 5º), mas que, em princípio, também, poderá ser deduzido (art. 19º) .

Assim, no âmbito de operações internacionais em que está em causa a transmissão de bens, poderemos dizer, de uma forma pragmática, que um operador económico estabelecido em Portugal, nestas operações, em regra, depara-se com o seguinte:

Portugal		**UE**	**Fora da UE**	**Realiza uma:**
1	Venda	Compra		TIB isenta (art. 6º do CIVA e art. 14º do RITI)
2	Venda		Compra	Exportação isenta (artigos 6º e 14º, ambos do CIVA)
3	Compra	Venda		AIB (artigos 3º e 8º, ambos do RITI)
4	Compra		Venda	Importação (artigos 5º e 6º, ambos do CIVA)

Nota: no ponto 5 (operações transfronteiriças) deste livro veremos, de uma forma prática, estas situações e evidenciaremos as respetivas diferenças.

[27] É claro, dentro dos condicionalismos previstos no art. 21º do CIVA e os inerentes ao próprio enquadramento do SP.

1.4. Prestações de serviços

O legislador nacional apresenta, na linha aliás do estabelecido pelo legislador comunitário (nº 1 do art. 24º da Diretiva IVA), um conceito de «prestação de serviços» de âmbito residual, delimitando essa noção pela negativa.

Com efeito dispõe o nº 1 do art. 4º, que «*São consideradas como prestações de serviços as operações efetuadas a título oneroso que não constituem transmissões, aquisições intracomunitárias ou importações de bens.*» Deste modo, são qualificadas como prestações de serviços todas as operações realizadas a título oneroso que não se qualificam como transmissões, aquisições intracomunitárias ou importações de bens. Não obstante esta definição genérica, para uma operação ser tributada em IVA, tem de ter substância económica, isto é, ser enquadrada numa atividade económica[28].

Assim, dado o seu caráter abrangente, são qualificadas como prestações de serviços, para efeitos do IVA, certas operações efetuadas a título oneroso que, normalmente não têm subjacente uma natureza material na sua execução, designadamente: cessões temporárias de estabelecimentos; rendas de um contrato de *leasing*; indemnizações; cedência de direitos, patentes e marcas; cedência de pessoal; cedência de «carteira» de clientes; transferências (temporárias ou definitivas) de atletas, etc.

Por outro lado, à semelhança do que acontece nas transmissões de bens, também o art. 4º assimila as prestações de serviços a título oneroso a determinadas situações, em princípio não enquadráveis no conceito geral. Assim, o CIVA **assimila** determinadas operações efetuadas a título gratuito a prestações de serviços efetuadas a título oneroso, nomeadamente:

- A utilização de bens da empresa para uso próprio do seu titular, do pessoal, ou em geral para fins alheios à mesma quando, relativamente a esses bens, tenha havido lugar à dedução do IVA, para fins alheios à sua atividade tributável (autoconsumo externo)[29].

---

[28] No acórdão do Supremo Tribunal Administrativo, de 07/04/2022(02630/12.9BELRS 01385/17), recorrendo ao acórdão do TJUE de 24/02/2022 (Processo C-605/20) «*... estaremos perante operações sujeitas quando se considerem verificados os "cinco critérios" em que o artigo 2º, nº 1, alínea c) da Directiva 2006/112 faz repousar a sujeição a IVA das operações de prestação de serviços, a saber: 1) ser uma prestação de serviços; 2) efectuada a título oneroso; 3) ocorrida em território de um Estado-membro; 4) efectuada por um sujeito passivo; e 5) que actue nessa qualidade*».

[29] Nos termos da al. a) do nº 2 do art. 4º. Por exemplo, um SP «misto» que adquiriu uma máquina para a sua atividade tributada e, por isso, deduziu o IVA e que, num dado momento, utiliza a referida máquina na atividade isenta.

- As prestações de serviços realizadas pela própria empresa a título gratuito, com vista às necessidades particulares do seu titular, do pessoal ou, em geral, a fins alheios à mesma (autoconsumo interno)[30].

Como vimos, no caso das transmissões de bens, o legislador considera que estamos perante uma transmissão de bens quando o empreiteiro fornece a totalidade dos materiais. E quando apenas disponibiliza parte ou mesmo não fornece os bens? De modo a clarificar objetivamente se estamos perante uma transmissão de bens ou de uma prestação de serviços, o que é muito importante, como veremos, nomeadamente nas operações internacionais, o legislador diz-nos que estamos perante uma prestação de serviços (al. c) do nº 2 do art. 4º) sempre que «*A entrega de bens móveis produzidos ou montados sob encomenda com materiais que o dono da obra tenha fornecido para o efeito, quer o empreiteiro tenha fornecido, ou não, uma parte dos produtos utilizados*».

Esta norma encontra plena justificação, mormente porque a distinção entre transmissões de bens e prestações de serviços pode revelar-se fundamental, para efeitos da aplicação das regras de localização das operações. Além disso, também pode assumir alguma importância, para efeitos de aplicação de taxas, tendo-se presente que na tributação destas prestações de serviços, apenas releva a taxa aplicável aos bens obtidos após a execução da empreitada, pelo que será essa, a taxa dos bens, que será aplicável aos serviços prestados neste âmbito (nº 6 do art. 18º).

São havidas ainda como prestações de serviços, a cedência temporária ou definitiva de um jogador no âmbito de um acordo dos clubes envolvidos com o consentimento do desportista (nº 3 do art. 4º).

Também são tidas como prestações de serviços, as operações realizadas por um mandatário agindo em nome do mandante. Assim, perante prestações de serviços efetuadas por um mandatário agindo em nome próprio, mas por conta do adquirente, este será, sucessivamente, adquirente e prestador do serviço (nº 4 do art. 4º).

À semelhança do que vimos para as transmissões de bens, excluiu-se do conceito de «prestação de serviços» a cedência de um direito ou de um conjunto de direitos, efetuada autonomamente ou em conjunto, que seja suscetível de constituir um ramo de

---

[30] Nos termos da al. b) do nº 2 do art. 4º. Por exemplo, um restaurante oferece um almoço a um cliente, independentemente do seu valor.

atividade independente, quando, em qualquer dos casos, o adquirente seja ou venha a ser, por essa aquisição, um SP (nº 5 do art. 4º)[31].

Assim, em conclusão, diferentemente do que acontece nas transmissões de bens, a generalidade das prestações de serviços estão sujeitas a IVA, incluindo aquelas realizadas a título gratuito[32].

---

[31] Assim, conjugando o nº 5 do art. 4º, com o nº 4 do art. 3º, poderão não estar sujeitas a IVA as transmissões dos ativos incorpóreos (trespasses, marcas, patentes, alvarás, licenças, concessões, despesas de instalação, despesas de I&D, etc.)

[32] É claro que poderá haver situações muito específicas que estarão fora do campo de incidência. Por exemplo, uma empresa leva a efeito um *workshop* com vista a promover os seus produtos. Esta prestação de serviços realizada pela empresa, obviamente, está fora da órbita da incidência em sede de IVA.

2. Incidência subjetiva

Em termos de IVA, não podemos dissociar a incidência pessoal (subjetiva) da incidência real (objetiva). De facto, estão interrelacionadas pois as atividades que constituem o facto tributável só se consideram sujeitas a imposto na medida em que sejam realizadas pelas pessoas (singulares ou coletivas) que são definidas como SP, o que, por sua vez, é feito com referência ao exercício de uma atividade económica.

Desta forma, reveste-se de extrema importância o conceito de SP que está vertido no art. 2º. Assim, ainda que de forma sumária, podemos dizer que são SP as pessoas singulares ou coletivas que (nº 1 do art. 2º):

- De modo independente e com caráter de habitualidade, exerçam atividades de produção, comércio ou prestação de serviços, incluindo as atividades agrícolas, extrativas e das profissões livres (primeira parte da al. a) do nº 1 do art. 2º).

Estamos, portanto, perante uma noção formal, tendo em conta que o SP não é o destinatário do IVA, limitando-se a cumprir uma missão de intermediário no processo de cobrança do imposto. De facto, através do SP e mediante o mecanismo da repercussão do imposto, pretende-se tributar o consumidor final.

Assim, são considerados como SP do imposto as pessoas (singulares ou coletivas) que de uma forma independente (afasta os assalariados e outras formas de vínculos de subordinação), a título habitual (isto é, deve constituir uma prática reiterada), exerçam uma atividade económica (muito abrangente), seja de produção, comércio ou prestação de serviços, como, também, as atividades extrativas, agrícolas e as das profissões livres[33]:

- Que pratiquem uma só operação tributável, desde que essa operação seja conexa com o exercício de uma atividade económica ou, independentemente daquela

[33] Pese embora alguns SP poderem beneficiar, por vezes, de isenções que os afastam das obrigações decorrentes do imposto, nomeadamente devido ao facto de se tratar de pequenos operadores, como é o caso do regime de isenção previsto no art. 53º.

conexão, pratiquem uma operação isolada (ato isolado) que seja suscetível de tributação em sede de impostos sobre o rendimento (segunda parte da al. a) do nº 1 do art. 2º).

- As pessoas que, independentemente da qualidade em que atuem (podem ser particulares) realizem importações de bens, segundo a legislação aduaneira, conforme se referiu (al. b) do nº 1 do art. 2º)[34]. Assim, para que uma importação constitua uma operação tributável não é necessário que seja efetuada por um SP do imposto, contrariamente ao que se verifica relativamente às transmissões de bens e prestações de serviços.
- Aquelas que mencionem indevidamente IVA em fatura (al. c) do nº 1 do art. 2º).
- Efetuem operações intracomunitárias, nos termos do RITI (al. d) do nº 1 do art. 2º).

De seguida surgem um conjunto de situações em que se verifica a aplicação generalizada do *reverse charge*, ou seja, a inversão do SP, sendo que cabe ao adquirente (obviamente se tiver a condição de SP de IVA) a liquidação do IVA relativo à operação em causa, IVA esse que, depois, em princípio, tem direito a deduzir (al. c) do nº 1 do art. 19º), eliminando, assim, o efeito cascata e garantido a neutralidade fiscal, princípio basilar deste imposto.

Assim, tornam-se SP do imposto, pela respetiva aquisição, os seguintes adquirentes:

- As pessoas singulares ou coletivas referidas na al. a) do nº 1 do art. 2º pela aquisição de serviços referidos na al. a) do nº 6 do art. 6º (regra geral, aplicável às prestações de serviços), desde que os respetivos prestadores não tenham no território nacional sede, EE ou domicílio a partir do qual os serviços sejam prestados (por força da al. e) do nº 1 do art. 2º)[35].
- As pessoas singulares ou coletivas referidas na al. a) do nº 1 do art. 2º que sejam adquirentes em transmissões de bens ou prestações de serviços efetuadas (que se materializam) em território nacional por operadores não residentes, sem sede, EE

---

[34] Neste caso, o requisito da habitualidade; isto é, o SP não tem de se dedicar à atividade económica de importação.

[35] Aplicável num contexto transfronteiriço, que abrange os SP domiciliados em território nacional, incluindo, portanto, os operadores «isentos» (art. 9º e art. 53º). É claro que esta «inversão do SP» não será de aplicar quando a entidade não residente pratica objetivamente uma atividade isenta no seu território (enquadrada numa norma equivalente ao nosso artº 9º), como, por exemplo, saúde, educação, formação profissional, etc.

ou domicílio em território nacional (por força da al. g) do nº 1 do art. 2º) e que não disponham de representante legal nos termos do art. 30º[36].

- As pessoas singulares ou coletivas referidas na al. a) do nº 1 do art. 2º, que sejam adquirentes dos bens referidos no nº 4 do art. 6º (gás, através do sistema de distribuição de gás natural, e de eletricidade), desde que os respetivos transmitentes não tenham no território nacional sede, EE ou domicílio a partir do qual a transmissão seja efetuada (al. h) do nº 1 do art. 2º).
- As pessoas singulares ou coletivas referidas na al. a) do nº 1 do art. 2º, que sejam adquirentes, em território nacional, dos bens ou dos serviços mencionados no anexo E ao CIVA (sucatas, recicláveis...) e tenham direito à dedução total ou parcial do imposto, desde que os respetivos transmitentes ou prestadores dos serviços sejam SP do imposto (al. i) do nº 1 do art. 2º)[37].
- As pessoas singulares ou coletivas referidas na al. a) do nº 1 do art. 2º, que disponham de sede, EE ou domicílio em território nacional e que pratiquem operações que confiram o direito à dedução total ou parcial do imposto, quando sejam adquirentes de serviços de construção civil, incluindo a remodelação, reparação, manutenção, conservação e demolição de bens imóveis, em regime de empreitada ou subempreitada (al. j) do nº 1 do art. 2º)[38].
- As pessoas singulares ou coletivas referidas na al. a) do nº 1 do art. 2º, que disponham de sede, EE ou domicílio em território nacional e que pratiquem operações que confiram o direito à dedução total ou parcial do imposto, quando sejam adquirentes de prestações de serviços que tenham por objeto direitos de emissão, reduções certificadas de emissões ou unidades de redução de emissões de gases com efeito de estufa (al. l) do nº 1 do art. 2º).
- As pessoas singulares ou coletivas referidas na al. a) do nº 1 do art. 2º, que disponham de sede, EE ou domicílio em território nacional e que pratiquem operações que confiram o direito à dedução total ou parcial do imposto, quando sejam adquirentes de cortiça, madeira, pinhas e pinhões com casca (al. m) do nº 1 do art. 2º).

---

[36] Se o adquirente ou transmitente tiver representante nomeado (nº 4 do art. 30º), não há inversão do SP.

[37] Aplicável, também, num contexto interno.

[38] Trata-se de mais uma norma de inversão do SP aplicável em território nacional que entrou em vigor em 01/04/2007 e foi introduzida pelo DL 21/2007, de 29/01. Também aplicável apenas num contexto interno, isto é, imóvel sito em Portugal e o prestador e adquirentes com «domicílio» em território nacional.

- As pessoas singulares ou coletivas referidas na al. i) do art. 1º que disponham de sede, EE ou domicílio em território nacional, quando sejam adquirentes de eletricidade produzida em unidades de produção para autoconsumo, com potência instalada igual ou inferior a 1 MW, nos termos definidos nas alíneas f) e vvv) do art. 3º do DL 15/2022, de 14/01, na sua redação atual, a auto consumidores cujo enquadramento no regime normal do imposto resulte unicamente da prática destas transmissões (al. n) do nº 1 do art. 2º).

Deste modo, pode afirmar-se que o conceito de SP em sede de IVA é muito abrangente, incluindo as entidades sem fins lucrativos, assim como o Estado e demais pessoas coletivas de direito público. Todavia, neste último caso, não são SP do imposto quando realizem operações no exercício dos seus poderes de autoridade ou das suas funções públicas ainda que pela atividade dos seus serviços administrativos, sociais, educativos, culturais, desportivos, recebam quaisquer contraprestações ou taxas. Assim, serão considerados SP relativamente às atividades ou operações na medida em que a sua sujeição possa provocar distorções na concorrência[39].

Para terminar esta abordagem de referir que, estando em causa prestações de serviços cujo adquirente seja um SP, a regra geral contida na al. a) do nº 6 do art. 6º é aplicável, quer o adquirente se encontre enquadrado no Regime Normal do IVA, quer se encontre enquadrado no art. 9º (isenções objetivas) ou no Regime de Isenção do art. 53º (isenções subjetivas)[40]. Com efeito, conforme indica a referida al. a) do nº 6 do art. 6º, a regra geral aplica-se quando o adquirente seja um SP dos referidos no nº 5 do art. 2º.

Pois bem, o nº 5 do art. 2º refere expressamente que, para efeitos das alíneas e) e g) do nº 1, se consideram SP do imposto, relativamente a todos os serviços que lhes sejam prestados no âmbito da sua atividade, as pessoas singulares ou coletivas referidas na al. a) do nº 1, bem como quaisquer outras pessoas coletivas que devam estar registadas, para efeitos do art. 25º do RITI[41].

Assim, nos termos da al. a) do nº 1 do art. 2º, os operadores económicos que se encontrem enquadrados no art. 9º (isenções objetivas) ou no regime de isenção do art. 53º (isenções subjetivas), são considerados SP do imposto sempre que a operação se considerar localizada em território nacional, pelo que terão que proceder em conformidade, ou seja, proceder à liquidação do IVA sem, contudo, poder deduzi-lo.

---

[39] Neste âmbito, ver os nºs 2, 3 e 4 do art. 2º.

[40] Veja-se a posição da AT na Informação Vinculativa, Processo 20672, de 16/09/2021.

[41] Ver Ofício-Circulado 30235, de 27/04/2021, sobre os SP não residentes e as regras de inversão.

3. Incidência temporal

Quanto à aplicação da lei no tempo, os artigos 7º (facto gerador) e 8º (exigibilidade) estabelecem as respetivas regras gerais, definindo o momento em que se concretiza a incidência, isto é, quando é que nasce a obrigação de liquidação de imposto (facto gerador) e quando é que esse imposto é exigível (exigibilidade)[42].

Em princípio, estes dois momentos (facto gerador e exigibilidade) coincidem, isto é, o IVA é devido e torna-se exigível ao mesmo tempo, dependendo esse momento da natureza das operações em causa (nº 1 do art. 7º). Quer dizer, o facto gerador e a exigibilidade são aspetos relacionados com o nascimento da obrigação tributária.

Todavia, o art. 8º vem derrogar esta regra da exigibilidade, sempre que as transmissões de bens e prestações de serviços derem lugar à obrigação de emitir uma fatura nos termos do art. 29º (o que é a situação regra). Ora, de acordo com o nº 5 do art. 36º, a fatura deve ser emitida o mais tardar até ao quinto dia útil seguinte ao do momento em que o imposto é devido nos termos do art. 7º.

Desta forma, se o prazo para emissão de fatura for respeitado, o imposto torna-se exigível no momento da sua emissão (al. a) do nº 1 do art. 8º); se o prazo previsto para a emissão não for respeitado, a exigibilidade ocorre no momento em que termina (al. b) do nº 1 do art. 8º).

De referir que poderemos ter uma antecipação da exigibilidade face ao facto gerador, quando as transmissões de bens e prestações de serviços derem lugar ao pagamento, ainda que parcial, anteriormente à emissão de fatura (isto é, um adiantamento), no momento desse pagamento, pelo montante recebido (al. c) do nº 1 do art. 8º). Também o mesmo acontece nos casos em que se verifique a emissão de fatura, ou pagamento, precedendo o momento da realização das operações tributáveis (nº 2 do art. 8º).

Vistas estas regras gerais, atendamos agora, de uma forma sucinta, às situações particulares, em que o IVA é devido e torna-se exigível:

---

[42] Nesta abordagem, ignoramos deliberadamente os regimes especiais de exigibilidade, nomeadamente o «regime de caixa» (DL 71/2013, de 30/05 e complementado pelo Ofício-Circulado 30150, de 30/08/2013).

- Nos bens fornecidos seguidos de instalação e montagem — no momento em que a instalação ou montagem estiver concluída (nº 2 do art. 7º);
- Nas transmissões de bens e prestações de serviços de caráter continuado, em contratos que deem lugar a pagamentos sucessivos — no termo do período a que se refere cada pagamento (nº 3 do art. 7º)[43];
- Nos casos dos autoconsumos e das operações gratuitas (al. f) e g) do nº 3 do art. 3º e al. a) e b) do nº 2 do art. 4º) — no momento em que tais operações tiverem lugar (nº 4 do art. 7º);
- Nas transmissões de bens entre comitente e comissário (al. c) do nº 3 do art. 3º) — no momento em que o comissário transmitir os bens ao seu cliente (nº 5 do art. 7º);
- Nas mercadorias enviadas à consignação (al. d) do nº 3 do art. 3º) — no momento em que o comissário transmitir os bens ao seu cliente, ou no final de primeiro ano após o envio dos bens à consignação (nº 6 do art. 7º);
- Quando os bens forem postos à disposição de um contratante antes de se terem produzido os efeitos translativos do contrato — no momento em que esses efeitos se produzirem (nº 8 do art. 7º), salvo se se tratar das transmissões de bens referidas nas alíneas a) e b) do nº 3 do art. 3º;
- Sempre que os bens sejam colocados em regimes de suspensão de imposto, referidos no nº 2 do art. 5º, — no momento em que deixem de estar sujeitos a esses regimes ou procedimentos (nº 8 do art. 7º);
- Nas operações de caráter continuado, em que não seja fixada periodicidade de pagamento ou esta seja superior a 12 meses, — no final de cada período de 12 meses, pelo montante correspondente (nº 9 do art. 7º);
- Sempre que, em momento posterior à transmissão, aquisição intracomunitária ou importação de veículos automóveis, se mostre devido Imposto sobre Veículos pela sua transformação, alteração de cilindrada ou de chassis, — no momento em que ocorra essa transformação ou alteração (nº 10 do art. 7º);
- Nas transmissões de combustíveis à consignação efetuadas por distribuidores — na data da leitura dos contadores de bombas, a efetuar pelo consignatário, pelo menos uma vez por semana (nº 11 do art. 7º);

---

[43] Exemplos dos fornecimentos de água, de energia elétrica, de gás canalizado, telecomunicações, etc.

- Nas TIB isentas (art. 14º do RITI), efetuadas de forma continuada por um período superior a um mês — no final de cada mês, pelo montante correspondente (nº 12 do art. 7º);
- Nas cessões de vales de finalidade única — no momento em que ocorre cada cessão (nº 13 do art. 7º);
- Nos casos dos vales de finalidade múltipla, independentemente de quaisquer cessões dos mesmos previamente ocorridas — no momento em que o SP efetua a transmissão dos bens ou a prestação dos serviços a que o vale diz respeito (nº 14 do art. 7º);
- Se se verificar a realização, pelo SP que procede à cessão do vale de finalidade múltipla, de operações tributáveis distintas da própria cessão, ainda que efetuadas, designadamente, a título da respetiva promoção ou distribuição, o imposto é devido e exigível — no momento da sua realização, pela contraprestação que lhe seja devida a esse título (al. a) do nº 15 do art. 7º);
- Se se verificar a caducidade do direito de o respetivo titular obter a transmissão de bens ou a prestação de serviços a que o vale de finalidade múltipla diz respeito, sem que o SP que procedeu à cessão lhe restitua a contraprestação paga, o imposto relativo à prestação de serviços de colocação à disposição, a título oneroso, do referido direito é devido e exigível — no momento em que o mesmo caducar (al. b) do nº 15 do art. 7º);
- Nas VDBI de valor não superior a 150 €, mediante a utilização de uma IE, bem como na realização de transmissões de bens dentro da UE por um operador não estabelecido na UE a um não SP, mediante a utilização de uma IE — na data em que o pagamento tenha sido aceite (nº 16 do art. 7º);
- Nas prestações de serviços intracomunitárias, localizadas em território nacional à luz da regra geral (al. a) do nº 6 do art. 6º, como veremos mais à frente), — a exigibilidade ocorre nos termos do art. 7º (nº 3 do art. 8º);
- Nas TIB isentas (art. 14º do RITI) — no momento da emissão da fatura, ou quando esta não for emitida, até ao dia 15 do mês seguinte da colocação dos bens à disposição do adquirente.

Abordadas, ainda que de forma muito sucinta, a incidência objetiva, subjetiva e temporal, vamos de seguida direcionar a nossa atenção para o grande tema do nosso trabalho — a localização das operações, ou seja, a incidência territorial.

4. Incidência territorial

A incidência territorial reporta-se à localização das operações, isto é, à identificação do território com legitimidade para proceder à tributação.

A localização das operações é muito importante em qualquer imposto, mas é especialmente relevante na tributação em sede de IVA, pois cumpre uma dupla função: atribui a cada EM a competência para tributar as operações que sejam realizadas no seu território e, simultaneamente, há uma repartição da base tributável e arrecadação resultante segundo as regras harmonizadas.

O lugar da realização de uma operação em sede de IVA assenta no princípio de que um EM só pode tributar aquelas operações que, à luz das regras harmonizadas em todos os Estados, se consideram realizadas no seu território. Isto é, as regras atribuem competência aos EM para tributar determinadas operações, que forem consideradas efetuadas (localizadas) no seu território. Dito de outra forma, uma operação realizada por um operador económico, atuando nessa condição, apenas ficará sujeita a imposto se se considerar que é realizada no seu território de aplicação. Quando faltar o elemento de conexão que nos leva a considerar que a operação não foi realizada neste território, tal operação não ficará sujeita a imposto, não pela ausência do caráter empresarial, mas porque falta o elemento territorial que determina a sujeição a imposto. Assim, uma vez localizada uma operação num determinado EM por aplicação das regras de localização, teremos de determinar, segundo as normas domésticas, quem é o SP, a determinação da base tributável, a taxa aplicável, etc.

De forma a clarificarmos o significado de «**localização de uma operação**», dada a clareza do autor, transcrevemos integralmente a exposição de Laires, quando refere que «*Localizar uma operação para efeitos fiscais, significa determinar o território onde vai ser tributável, ou seja, o ordenamento jurídico fiscal que lhe será aplicável. Através da localização de uma operação, o legislador, ao estabelecer determinados critérios de conexão, permite identificar o Estado ao qual incumbe exigir o imposto devido por operações efectuadas entre pessoas ou entidades estabelecidas ou residentes em Estados diferentes (estamos, assim, perante regras de distribuição de competências do poder de tributar). Mas, antes da aplicação das regras de localização propriamente ditas, importa proceder à devida* *qualificação da operação, da qual dependerá a respectiva localização e que, muitas vezes, se revela especialmente problemática*[44]».

No âmbito da incidência territorial, é o art. 6º que estabelece as regras de localização nas operações tributáveis. Ao longo deste artigo, como veremos de seguida, são fixadas regras que determinam se a operação é sujeita a imposto (tributável) ou não sujeita a imposto (não tributável).

Assim, estamos perante normas de incidência, o que significa que uma dada operação ou está sujeita a imposto ou não está sujeita a imposto, não se podendo falar por isso, neste capítulo, em isenções. Ou é sujeito ou é não sujeito!

Quando estamos perante operações internas, regra geral, não há grande dificuldade na localização das operações, salvo situações muito particulares[45]. Porém, quando as operações se prendem com mais do que uma ordem jurídica, a localização das operações já não é linear e, nalguns casos, encerra alguma complexidade.

Assim, reitera-se, em termos fiscais, localizar uma operação significa determinar o território onde vai ser tributável, ou seja, o ordenamento jurídico fiscal que lhe será aplicável e, consequentemente, o país que tem direito ao imposto[46]. Deste modo, o legislador estabelece regras de localização, através de determinados critérios de conexão, permitindo identificar o Estado que fica habilitado a exigir o imposto devido nas operações transfronteiriças.

Como dissemos, o art. 6º é a disposição que no CIVA nos apresenta as regras para localizar as operações, dedicando-se às regras de localização das transmissões de bens e das prestações de serviços. Assim, como veremos, quando os intervenientes numa dada operação estão situados em territórios fiscais diferentes, a problemática da localização adensa-se, pelo que se justifica uma abordagem criteriosa às regras de localização previstas no referido art. 6º.

4.1. Localização das transmissões de bens

No que toca à localização das **transmissões de bens**, dispõe o CIVA (nºs 1 a 5 do art. 6º), o seguinte:

---

[44] Cfr. Laires, Rui — *A Incidência e os Critérios de Territorialidade do IVA*, Almedina, 2008.

[45] É o caso das operações que envolvem as Regiões Autónomas (Açores e Madeira), já que as operações consideram-se tributadas em Portugal continental ou nas Regiões Autónomas dos Açores e da Madeira de acordo com os critérios estabelecidos no artigo 6º (nº 16 do art. 6º).

[46] Cfr. Basto, José Guilherme Xavier de — *A tributação do consumo e a sua coordenação internacional*, Centro de Estudos Fiscais, nº 164, Lisboa, 1991, p. 186.

Artigo 6º — Localização das operações

1. São tributáveis as transmissões de bens que estejam situados no território nacional no momento em que se inicia o transporte ou expedição para o adquirente ou, no caso de não haver expedição ou transporte, no momento em que são postos à disposição do adquirente.

2. Não obstante o disposto no número anterior, são também tributáveis a transmissão feita pelo importador e as eventuais transmissões subsequentes de bens transportados ou expedidos de um país terceiro, quando as referidas transmissões ocorrerem antes da importação.

3. As transmissões de bens efetuadas a bordo de um navio, de uma aeronave ou de um comboio, durante um transporte intracomunitário de passageiros, só são tributáveis se o lugar de partida se situar no território nacional e o lugar de chegada no território de outro Estado-membro, tendo em conta as definições constantes do nº 3 do artigo 1º.

4. Não obstante o disposto nos nºs 1 e 2, as transmissões de gás, através de uma rede de gás natural ou de qualquer rede a ela ligada, de eletricidade, de calor ou de frio, através de redes de aquecimento ou de arrefecimento, são tributáveis:

a) Quando o adquirente seja um sujeito passivo revendedor de gás, de eletricidade, de calor ou de frio, cuja sede, estabelecimento estável ao qual são fornecidos os bens ou, na sua falta, o domicílio se situe em território nacional;

b) Quando o adquirente seja um dos sujeitos passivos referidos na alínea a) do nº 1 do artigo 2º, que não seja revendedor de gás, de eletricidade, de calor ou de frio, que disponha de sede, estabelecimento estável ao qual são fornecidos os bens ou, na sua falta, o domicílio em território nacional, na parte que não se destine a utilização e consumo próprios;

c) Quando a utilização e consumo efetivos desses bens, por parte do adquirente, ocorram no território nacional e este não seja um sujeito passivo revendedor de gás, de eletricidade, de calor ou de frio, que disponha de sede, estabelecimento estável ao qual são fornecidos os bens ou, na sua falta, o domicílio fora do território nacional.

5. Não obstante o disposto nos nºs 1 e 2, as transmissões de gás, através de uma rede de gás natural ou de qualquer rede a ela ligada, de eletricidade, de calor ou de frio, através de redes de aquecimento ou de arrefecimento, não são tributáveis:

a) Quando o adquirente seja um sujeito passivo revendedor de gás, de eletricidade, de calor ou de frio, cuja sede, estabelecimento estável ao qual são fornecidos os bens ou, na sua falta, o domicílio se situe fora do território nacional;

b) Quando a utilização e consumo efetivos desses bens, por parte do adquirente, ocorram fora do território nacional e este não seja um sujeito passivo revendedor de gás, de eletricidade, de calor ou de frio, que disponha de sede, estabelecimento estável ao qual são fornecidos os bens ou, na sua falta, o domicílio no território nacional.

Temos, portanto, uma regra geral plasmada no nº 1 do art. 6º[47], aplicável às transmissões de bens, que poderá, numa primeira abordagem, de uma forma simplista, resumir-se ao seguinte:

- Com expedição ou transporte: são tributáveis no lugar onde os bens se encontrem aquando do início da expedição ou transporte;
- Se não houver expedição ou transporte: são tributáveis no lugar onde se encontrem no momento em que são postos à disposição do adquirente.

Com efeito, o nº 1 determina, como regra geral, que as transmissões de bens são localizadas em Portugal, quando os bens se encontrem em território nacional, no momento em que se dá o facto gerador da transmissão, ou seja, quando os bens são postos à disposição do adquirente, independentemente do local onde se situa a sede dos agentes económicos intervenientes na operação.

Os bens que se encontram fora do território nacional, não estão sujeitos a imposto, mesmo que transmitidos por um operador, ainda que os intervenientes (vendedor e comprador) sejam residentes em Portugal.

Assim, a transmissão de bens por operadores residentes, que se encontrem em território português, pode ser efetuada *business to business* (B2B), configurando uma operação interna de venda (tributada) quando o adquirente está estabelecido no território nacional. Se a transmissão for efetuada para outro SP estabelecido noutro EM ou para fora da UE, em regra, estas operações, embora sejam inicialmente localizadas em Portugal, beneficiam de isenção, como veremos mais adiante. Ou seja, apesar de todas as transmissões de bens caírem no âmbito da incidência territorial, as operações internas estão efetivamente sujeitas a imposto e dele não isentas, enquanto as transmissões intracomunitárias e as exportações, pese embora estejam sujeitas a imposto, beneficiarão da isenção, em obediência à tributação segundo o princípio do destino.

A transmissão de bens por operadores residentes, que se encontrem em território português, pode ainda ser efetuada *business to consumer* (B2C), caso em que a operação será sempre tributada (salvo casos especiais)[48], independentemente de o cliente final ser uma pessoa residente em território nacional, configurando uma operação interna de venda, ou um residente na UE, podendo configurar uma operação de venda à distância. No entanto, tratando-se de consumidores finais estabelecidos fora da UE,

---

[47] Corresponde ao art. 31º e no 1º parágrafo do art. 32º, ambos da Diretiva IVA.

[48] Por exemplo, a venda de um imóvel, em princípio, estará isenta de IVA (nº 30 do art. 9º).

podem, ainda assim, beneficiar de uma operação de exportação, nos termos gerais, ou do reembolso (em certas circunstâncias) do imposto pago.

Abordada esta regra geral, vejamos de seguida, ainda que sumariamente, as regras específicas nas seguintes transmissões de bens (nºs 2 a 5 do art. 6º):

(i) Localização das transmissões de bens efetuadas pelo importador antes da importação (nº 2 do art. 6º)

À regra geral prevista no número anterior, acrescem as transmissões feitas pelo importador e as eventuais transmissões subsequentes, mesmo que as referidas transmissões ocorram antes da chegada dos bens a território nacional.

Estamos perante uma medida de simplificação uma vez que ajusta à situação concreta do normal funcionamento do imposto, tributando-se as transmissões de bens ocorridas no circuito económico, independentemente da sua ordem cronológica, funcionando na perfeição o mecanismo do direito à dedução.

Percebe-se a opção do legislador, já que a não existência desta regra poderia originar que ficasse afastado da tributação o valor acrescentado pelos intervenientes que operassem entre o importador e o consumidor final.

Apenas as vendas internas feitas pelo importador são efetivamente tributadas, uma vez que a subsequente venda para países/territórios terceiros (exportação) ou para outros EM da UE (TIB), beneficia da isenção do imposto, como se verá.

(ii) Localização das transmissões de bens efetuadas a bordo (nº 3 do art. 6º)

Abrange as transmissões de bens efetuadas a bordo de um navio, aeronave ou comboio, durante um transporte intracomunitário de passageiros (tributáveis no lugar de partida do transporte). Assim, esta previsão distingue as operações ocorridas durante um transporte intracomunitário de passageiros, das operações ocorridas durante um transporte internacional[49].

A legislação da UE estabelece, assim, que o consumo ocorrido durante um transporte intracomunitário de passageiros deve ser tributado, da mesma forma que o ocor-

---

[49] O conceito de «transporte intracomunitário de bens» encontra-se definido na al. e) do nº 1 do art. 1º como o *«transporte de bens cujos lugares de partida e de chegada se situem no território de Estados-membros diferentes»*.

rido nos transportes internos, ou seja, atribui competência para tributar ao EM onde se inicia o transporte.

Deste modo, estabelece-se que são tributadas em Portugal as transmissões de bens ocorridas durante um transporte intracomunitário quando este se inicie em território nacional, independentemente do lugar onde se situa a sede do prestador[50].

Naturalmente que em sentido inverso, isto é, as transmissões ocorridas a bordo durante um transporte intracomunitário que se inicie no território de outro EM (por exemplo em Itália) e que o lugar de chegada ocorra no território nacional, não são tributadas neste território (serão em Itália).

(iii) Localização das transmissões de gás, através de gasoduto, de eletricidade e de calor ou frio, através de redes de aquecimento ou arrefecimento (nºs 4 e 5 do art. 6º).

Para efeitos do IVA, o gás, a eletricidade, o calor e o frio são, como vimos, considerados bens em que é particularmente difícil determinar o respetivo lugar de fornecimento.

Com a finalidade de uma justa tributação (evitar a dupla tributação ou a dupla não tributação), o lugar de fornecimento deste género específico de bens, antes de estes bens alcançarem a fase final de consumo, deverá ser aquele em que o adquirente tem a sede da sua atividade económica. Por sua vez, o fornecimento na fase final, efetuado pelos operadores e distribuidores ao consumidor final, deverá ser tributado no lugar em que o adquirente utiliza e consome efetivamente os bens.

Assim, o fornecimento deste tipo de bens (intracomunitários) é tributado no lugar do adquirente. A fim de evitar a dupla tributação, a importação desses bens deverá, por conseguinte, ser isenta de IVA.

Deste modo, estas aquisições consideram-se localizadas em território nacional e, por isso, tributadas em Portugal, quando:

- o adquirente seja um revendedor com sede, EE ou domicílio em território nacional;
- o adquirente seja SP não revendedor, que não destine os bens para consumo próprio, e que tenha sede, EE ou domicílio em território nacional;
- a utilização e consumo efetivos ocorra em território nacional.

[50] Por exemplo, durante um voo entre o Lisboa e Atenas, em que um passageiro adquire um perfume. Neste caso, a transmissão é tributada em Portugal, uma vez que se trata de um transporte intracomunitário de passageiros com início em território nacional.

Esta abordagem à localização das transmissões de bens obviamente que não se esgota aqui, pois, como veremos mais adiante, num contexto transfronteiriço, a complexidade aumenta e a análise terá de ser mais detalhada, designadamente quando estamos perante exportações, TIB, importações, AIB, vendas à distância, vendas seguidas de instalação e montagem, operações deslocalizadas ou não sujeitas a imposto, etc.

De seguida apresentamos alguns exemplos de aplicação prática relacionados com a localização das transmissões de bens (nºs 1 a 5 do art. 6º), ainda que, como supra dissemos, esta abordagem prática terá de ser complementada com temas que serão desenvolvidos mais adiante.

Exemplo 1: Empresa alemã (A) vendeu bens a uma empresa de Braga (B), mas, por indicação desta, os bens foram entregues diretamente numa empresa em Coimbra (C). A empresa de Braga (B) faturou os referidos bens à empresa recetora dos bens (C).

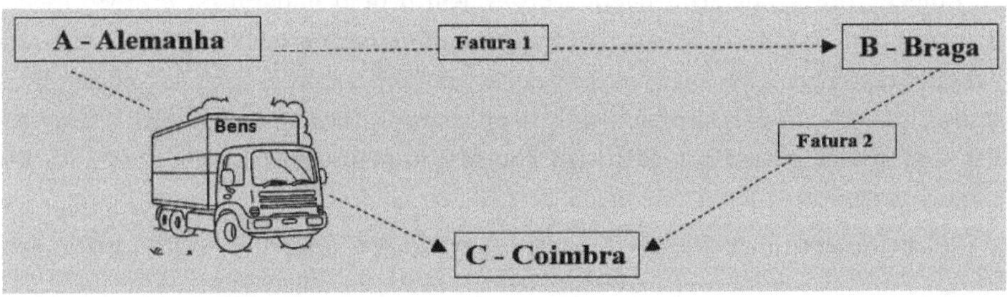

Comentário: Na situação em apreço, a entidade alemã está a realizar uma TIB, isenta de IVA na Alemanha (fatura 1)[51] e a empresa de Braga (B) está a realizar uma AIB[52], pelo que deverá proceder à liquidação de IVA em território nacional, sendo este imposto (presume-se) suscetível de dedução nos termos gerais.

Quanto à fatura (2), considerando que (B), coloca os bens à disposição de (C) em território nacional, esta transmissão é sujeita a IVA nos moldes gerais previstos no CIVA (nº 1 do art. 6º)[53].

[51] Por enquadramento na norma reflexa vigente nesse país da nossa al. a) do nº 1 do art. 14º do RITI.

[52] Nos termos dos artigos 3º e 8º, ambos do RITI. No ponto 5 (operações transfronteiriças) deste livro, abordaremos com detalhe estas operações.

[53] Ver Informação Vinculativa, Processo 13801, de 17/07/2018.

Exemplo 2: Empresa brasileira (A) vendeu bens a uma empresa sediada na Região Autónoma da Madeira (B). Por sua vez, esta empresa (B), revendeu esses bens a uma empresa espanhola (C). Os bens foram remetidos diretamente do Brasil para Espanha.

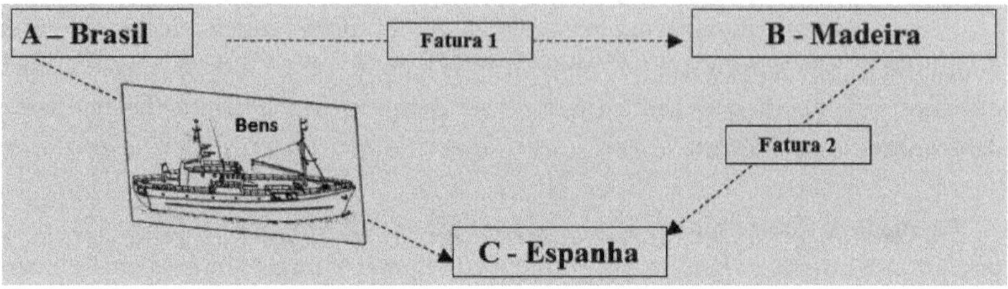

Comentário: A operação referida dá origem a uma importação no EM de chegada dos bens, ou seja, em Espanha. Face à regra da territorialidade, concluímos que nenhuma das operações em apreço é sujeita a IVA em território nacional, pois os bens transacionados em nenhum momento se encontram fisicamente em território nacional. Assim, a empresa portuguesa (B) não realiza nenhuma importação nem posteriormente nenhuma TIB. Deste modo, a venda da empresa portuguesa (B) para o seu cliente (C) traduz uma operação fora do âmbito do imposto (não sujeição, nos termos do nº 1 do art. 6º, a *contrario*), a inscrever no campo 8 da respetiva DP_IVA.

Exemplo 3: Empresa dos Estados Unidos (C) vendeu bens a uma empresa de Braga (A), tendo esta faturado os bens a uma empresa do Porto (B), antes de ocorrer a importação daqueles bens. Sabe-se que a empresa de Braga (A) imputou à empresa do Porto (B) o pagamento dos direitos e impostos devidos pelo desalfandegamento (importação) dos citados bens.

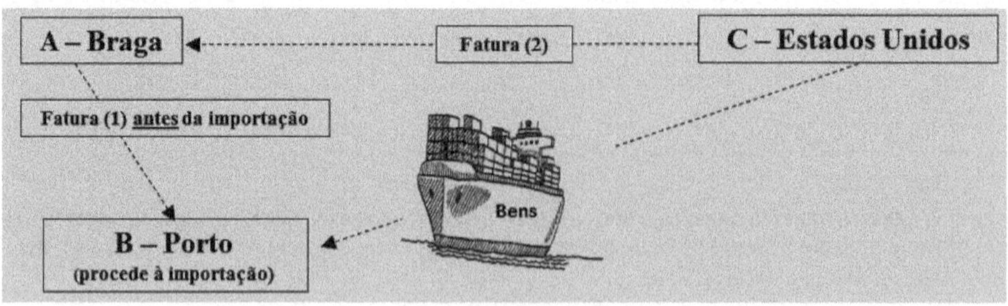

Comentário: A empresa de Braga (A) adquiriu bens a uma empresa dos Estados Unidos (C), mas procedeu à sua transmissão (venda) antes de ter ocorrido a sua importação em Portugal, ou seja, (A) está a revender os bens, ainda antes da sua entrada em território nacional. Sendo assim, a empresa (A) deve liquidar IVA pela transmissão dos bens à empresa (B), dado o disposto no nº 2 do art. 6º, nos termos do qual são tributáveis as transmissões feitas pelo importador e as eventuais transmissões subsequentes de bens expedidos ou transportados de um país terceiro, quando as referidas transmissões ocorrerem antes da importação.

Assim, se a importação é efetuada pela empresa compradora (A), será esta que pagará o IVA liquidado pelos serviços aduaneiros da AT, podendo deduzir o imposto na medida do seu direito à dedução. A essa importação seguir-se-á uma transmissão interna localizada em Portugal, sujeita a IVA nos termos gerais do CIVA.

Caso a importação já seja efetuada pelo cliente (B), será este que pagará o IVA liquidado pelos serviços aduaneiros da AT, podendo deduzir o imposto na medida do seu direito à dedução.

Exemplo 4: Empresa de Braga (A), representante de uma empresa nos Estados Unidos (C), faturou bens a uma empresa do Porto (B), antes de ocorrer a importação daqueles bens, imputando a esta (B) o pagamento dos direitos e impostos devidos pelo desalfandegamento (importação) dos citados bens. A empresa dos Estados Unidos (C), faturou (2) os bens à empresa (A), representante em Portugal.

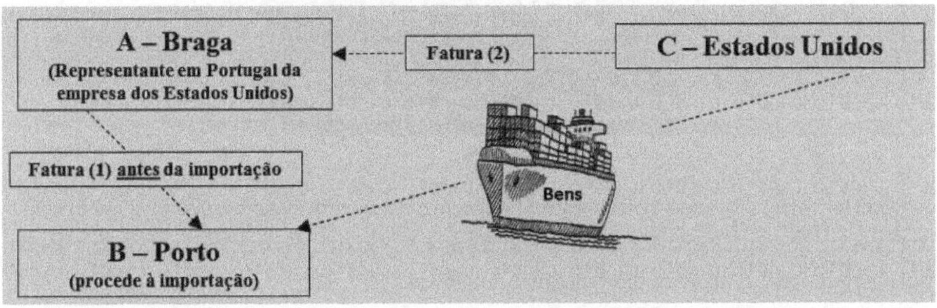

Comentário: Na situação em apreço, entendemos que não é aplicável o nº 2 do art. 6º, dado que o representante em Portugal do fornecedor dos Estados Unidos fatura os mesmos bens (no âmbito de uma operação de intermediação entre o fornecedor estrangeiro e o verdadeiro importador) com vista à transferência dos valores devidos àquele (fornecedor não residente).

Seguindo o entendimento da AT[54], a faturação interna efetuada entre o operador (A) e o operador (B), que procede ao desembaraço alfandegário, não será passível de IVA, na medida em que não tem subjacente a realização de uma transmissão de bens efetuada por um importador ao destinatário dos bens. De facto, é (B) que se apresenta perante os serviços aduaneiros para proceder ao desembaraço alfandegário dos bens importados, assumindo, ele próprio, a qualidade de importador dos bens.

Ainda assim, deverá esclarecer-se que na eventualidade de o valor faturado ao importador dos bens (B) não coincidir com o montante pago por (A) ao fornecedor dos Estados Unidos (C), deverá ser observado o seguinte: *(i)* se aquela importância estiver incluída no valor que serve de base à liquidação do IVA no momento da importação[55], encontra-se isenta de imposto[56]; *(ii)* se a referida importância, relativa à intermediação, não foi considerada no valor tributável que serviu de base à liquidação no momento da importação, então haverá que proceder à liquidação de IVA, a título de prestação de serviços, sobre tal montante.

Caso não se verifique uma operação de intermediação deverá proceder à liquidação do IVA que se mostre devido pelas transações ocorridas antes da importação[57].

Exemplo 5: Empresa de Albufeira transmite bens durante um transporte de passageiros (embarcação), entre Portugal e Malta.

Comentário: Como já vimos, estas operações estão abrangidas pelo nº 3 do art. 6º e, portanto, não contempladas no RITI (al. b) do nº 2 do art. 7º do RITI), sendo tributadas no EM de partida, ou seja, em território nacional.

---

[54] Vertido no Ofício-Circulado 76599, de 04/09/1987.

[55] Determinado na al. b) do nº 2 do art. 17.°.

[56] Ao abrigo da al. f) do nº 1 do art. 13.°.

[57] Ainda que já antiga, veja-se a Informação Vinculativa, Processo 302 2007010, de 08/04/2008 (nomeadamente o ponto 11), mas que contém também uma referência a situações em que poderá ficar afastada a aplicação daquele nº 2 do art. 6º.

Exemplo 6: Entidades residentes em Portugal adquirem eletricidade e gás natural a revendedores sediados em Espanha.

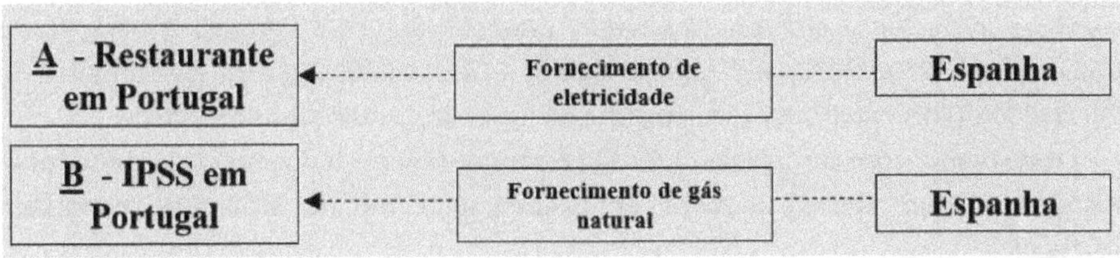

Comentário: A aquisição de eletricidade a uma empresa espanhola não pode ser tratada como uma AIB, como veremos, dado o disposto na al. d) do nº 2 do art. 7º do RITI.

Com efeito, estabelece o nº 4 do art. 6º do CIVA, que são tributáveis em território nacional as transmissões de bens (eletricidade)[58], não obstante o disposto nos nºs 1 e 2 do art. 6º do CIVA, quando a respetiva utilização e consumo efetivos ocorram neste território. Assim, verificadas estas condições, dispõe a al. h) do nº 1 do art. 2º do CIVA que o SP do imposto será o adquirente desde que SP dos referidos na al. a) do nº 1 do art. 2º do CIVA e o transmitente não disponha no território nacional de sede, EE a partir do qual a transmissão seja efetuada ou domicílio. Não obstante, admitindo que o operador económico (restaurante) pratica operações tributáveis, poderá exercer o direito à dedução do IVA, nos termos da al. c) do nº 1 do art. 19º.

Quanto à segunda situação (aquisição de gás por parte de uma IPSS), os comentários deixados atrás, podem ser replicados aqui. De facto, pese embora se trate de uma entidade que pratica, em princípio, operações exclusivamente isentas (art. 9º), tal não modifica a regra da localização. A única diferença é que, neste caso, a IPSS não poderia deduzir o IVA dado que pratica operações exclusivamente isentas[59].

---

[58] A eletricidade (e o gás) é considerada um bem corpóreo para efeitos do IVA (nº 2 do artigo 3º do CIVA).

[59] Com efeito, a aquisição (neste caso de gás) seja realizada por um SP que pratique exclusivamente operações isentas de IVA, mesmo assim, este SP (IPSS) insere-se no âmbito da sujeição a imposto, uma vez que a isenção é uma particularidade da sujeição a imposto. Assim, pela aquisição de gás a Espanha terá de se efetuar o preenchimento da DP_IVA, devendo inscrever-se os respetivos valores no quadro 06, nos campos 3 (base) e 4 (IVA liquidado) e ainda o valor da base inscrito no campo 3 deverá ser incluído no campo 97 do quadro 06-A. Por se tratar de um SP exclusivamente isento, é-lhe vedado o direito à dedução do imposto.

4.2. Localização das prestações de serviços

Atualmente, para efeitos de determinar a sujeição a imposto das **prestações de serviços**, deve ter-se em conta as regras estabelecidas pela Diretiva 2008/8/CE do Conselho, de 12/02/2008, pela qual se alterou a Diretiva 2006/112/CE do Conselho, de 28/11/2006 (Diretiva IVA), relativamente ao lugar das prestações de serviços.

Deste modo, com caráter geral, os EM foram obrigados à acomodação destas alterações, modificando a legislação até então em vigor, como, naturalmente, ocorreu em Portugal.

Esta Diretiva foi objeto de aprovação à luz do incremento das regras existentes, assim como consequência do complexo conteúdo das mesmas, ao incluir-se elementos de caráter subjetivo tais como: os critérios de localização de determinados serviços; o NIF_IVA; a natureza dos serviços prestados e o volume de negócios realizado pelo vendedor no EM de consumo. Perante este conjunto de motivos, o Conselho da UE, tendo presente a proposta da Comissão e as opiniões do Parlamento Europeu, aprovou esta Diretiva com impacto direto na localização das prestações de serviços.

Assim, internamente, o legislador nacional acomodou todas as regras inerentes à localização das prestações de serviços, que estão previstas nos nºs 6 e seguintes do art. 6º [60].

Deste modo, tendo presentes as regras atuais aplicáveis às prestações de serviços, iniciaremos a nossa abordagem com as denominadas «regras gerais», para depois nos centrarmos nas regras especiais/comuns e nas exceções específicas, na extensão territorial para determinadas operações em que a exploração/utilização ocorre em território nacional e, ainda, na derrogação das regras de localização no EM do destino (serviços de telecomunicações, de radiodifusão ou televisão e serviços prestados por via eletrónica).

4.2.1. As regras gerais

A globalização económica proporcionou a internacionalização das economias, a liberalização dos mercados e, por outro lado, as inovações tecnológicas originaram um acréscimo significativo da diversidade dos serviços, em especial as prestações de caráter

[60] Mediante o DL 186/2009, de 12/08/2009.

imaterial (muitas delas a serem efetuadas à distância), o que motiva uma séria abordagem à sua tributação em sede de IVA[61].

Com efeito, *«(...) as realidades do mercado interno, da globalização, da desregulamentação e da inovação tecnológica, conjugadas, contribuíram para uma profunda modificação do volume e da estrutura do comércio de serviços»*[62], pelo que se tornou imprescindível a adoção de regras, em sede de IVA, capazes de responderem a este fluxo de transações.

Assim, e tendo presente o atual estádio de desenvolvimento da UE, tornou-se necessária a implementação de regras de localização condizentes com estas dinâmicas empresariais, estabelecendo-se que, regra geral, relativamente às prestações de serviços, a sua tributação seja o lugar onde ocorre o seu consumo efetivo, deixando, no entanto, algumas exceções a esta regra, quer por motivos administrativos, quer de natureza política.

Neste contexto, os atuais artigos 44º e 45º da Diretiva IVA[63] consagram duas regras gerais para a localização dos serviços: *(i)* o lugar de realização daquelas prestações de serviços, que tenham como adquirentes SP, serão consideradas localizadas no adquirente, ou seja, no território em que este tenha a sede da sua atividade económica ou o EE para quem o serviço foi prestado; *(ii)* pelo contrário, quando os adquirentes dos serviços não tenham a consideração de SP, o lugar de localização da prestação será atribuído ao local da sede ou o EE do prestador do serviço, através do qual o serviço foi prestado[64].

Em suma, temos, portanto, duas regras gerais atendendo à natureza do adquirente. Sendo o adquirente um SP, que comunicou tal facto ao prestador, as prestações de serviços ficam submetidas a tributação no território onde se encontre estabelecido o adquirente (critério da tributação no destino)[65]; tratando-se de um adquirente não SP, isto é, um «particular» ou uma entidade que não tem a condição de SP[66], as prestações

[61] Esta «imaterialidade» de muitos dos serviços, contribui sempre para a sua complexa localização, isto é, a conexão espacial das respetivas prestações de serviços (veja-se Basto, José Guilherme Xavier de — *A tributação do consumo* ... ob. cit., p. 186-196).

[62] Cfr. Feria, Rita de la / Belim, Catarina - *Repartição das competências tributárias* ... ob. cit., p. 351.

[63] Alterados com efeitos a partir de 01/01/2010 pela Diretiva 2008/8/CE. Neste âmbito, veja-se o Ofício-Circulado 30115/2009.

[64] Em termos práticos trata-se de um adquirente que não tem o NIF_IVA, ou, tendo-o, não o comunicou ao prestador do serviço.

[65] Ainda que os padrões de consumo dos serviços sejam difíceis de estabelecer, ou seja, o lugar onde o adquirente está estabelecido não é necessariamente o lugar do consumo (Cfr. Feria, Rita de la / Belim, Catarina — *Repartição das competências tributárias*... ob. cit., p. 356).

[66] Nestes casos, o IVA é pago e determinado pela taxa aplicável no país de origem da transação, e que a receita agregada é entregue ao país de origem (Feria, Rita de la / Belim, Catarina — *Repartição das competências tributárias*... ob. cit., p. 346).

de serviços são consideradas localizadas onde se encontre situada a sede ou o EE do prestador[67].

Sendo o IVA um imposto sobre o consumo, a tributação no país de destino funciona como critério instrumental para definir o território onde o consumo tem lugar[68]. Assim, a prestação dos serviços será considerada localizada no lugar onde o SP ao qual sejam prestados tais serviços (ou seja, ao adquirente), tenha o seu domicílio/residência habitual, ainda que os serviços não tenham sido prestados realmente nesse território[69].

Não há dúvida que se trata de regras claras, simples e pragmáticas, necessárias para a obtenção da corresponde localização, embora coexistam uma série de exceções à regra geral como veremos mais adiante[70].

Em termos nacionais, o legislador português também adotou uma norma análoga, que constitui a **regra geral**. Assim, quando o adquirente seja um SP, os serviços prestados serão, regra geral, tributados no local da sua sede, EE ou, na sua falta, o domicílio fiscal, para o qual os serviços são prestados (al. a) do nº 6 do art. 6º)[71]. Tratando-se de um adquirente que não tem a condição de SP, o imposto é devido no território onde está sediado o prestador (al. b) do nº 6 do art. 6º)[72].

Artigo 6º — Localização das operações

6. *São tributáveis as prestações de serviços efetuadas a:*

a) Um sujeito passivo dos referidos no nº 5 do artigo 2º, cuja sede, estabelecimento estável ou, na sua falta, o domicílio, para o qual os serviços são prestados, se situe no território nacional, onde quer que se situe a sede, estabelecimento estável ou, na sua falta, o domicílio do prestador;

b) Uma pessoa que não seja sujeito passivo, quando o prestador tenha no território nacional a sede da sua atividade, um estabelecimento estável ou, na sua falta, o domicílio, a partir do qual os serviços são prestados.

---

[67] Corresponde ao art. 44º da Diretiva IVA (equivalente ao nº 6 do art. 6º).

[68] Utilizando as assertivas palavras de Feria, Rita de la / Belim, Catarina – *Repartição das competências tributárias*... ob. cit., p. 357.

[69] O elemento de conexão assegura, deste modo, o pleno respeito da tributação única pelo país de destino (Cfr. Basto, José Guilherme Xavier de — *A tributação do consumo* ... ob. cit., p. 187).

[70] A este respeito referem-se os *Considerandos* 3, 4 e 5 da Exposição de Motivos da Diretiva 2008/8/CE.

[71] Corresponde ao art. 44º da Diretiva IVA. Ou seja, aquilo que se designa por *B2B — Business to Business*. Veja-se, neste âmbito, a Informação Vinculativa, Processo 9469, de 15/12/2015.

[72] Corresponde ao art. 45º da Diretiva IVA.

Assim, numa operação, qualificada como «prestação de serviços», a sua localização vai depender da qualidade do adquirente, como sintetiza o quadro infra:

Prestadores	Localização (tributação)
Serviços prestados a SP (B2B)	O lugar da sede, EE ou domicílio do adquirente
Serviços prestados a não SP (B2C)	O lugar da sede, EE ou domicílio do prestador

É o caso, por exemplo, quando um advogado português presta serviços jurídicos a um SP registado em Espanha, a operação não é localizada em Portugal, mas sim em Espanha (caso não seja afastada pelas exceções à regra geral). Desta forma, o prestador dos serviços português (advogado) não deverá liquidar IVA, mesmo que os serviços sejam realizados exclusivamente em território nacional, devendo o adquirente espanhol liquidá-lo em Espanha, à taxa aí vigente através do mecanismo do *reverse charge*. Por outro lado, se pensarmos na situação inversa, isto é, em que o adquirente é um SP português e o prestador é um advogado espanhol, deverá o adquirente português (SP) liquidar o IVA em Portugal, passando este a ser SP pela aquisição[73].

A regra do *reverse charge* foi, assim, alargada, atribuindo-se ao adquirente dos serviços, a obrigação de liquidação do IVA devido e da sua entrega ao Estado respetivo, reconhecendo-se, no entanto, o direito à dedução do IVA autoliquidado[74].

Por outro lado, quando o adquirente seja um particular, os serviços prestados serão, regra geral, tributados na sede, EE ou domicílio do prestador[75]. Isto é, quando o adquirente não reveste a natureza de SP[76], a tributação das prestações de serviços ocorre no local onde o prestador tem a sua sede ou EE. Retomando o exemplo anterior, se o advogado português prestar um determinado serviço a um cidadão espanhol (consumidor final), a operação é tributada em Portugal (caso não seja afastada pelas exceções à regra), devendo liquidar IVA em Portugal. Na situação inversa, isto é, em que o adquirente é um consumidor (particular) português e o prestador é um advogado SP em Espanha, deverá o prestador espanhol liquidar o IVA à taxa vigente em Espanha.

Parece claro que as principais finalidades tiveram como propósito uma maior simplificação, harmonização, diminuição de encargos administrativos e o combate à

[73] Em Portugal, o conceito de SP foi alterado em conformidade, sendo aditado o nº 5 ao art. 2º.

[74] No caso português, segundo a al. c) do nº 1 do art. 19º.

[75] Será a segunda regra geral, prevista na al. b) do nº 6 do art. 6º.

[76] Ou seja, aquilo que se designa por *B2C – Business to Consumer.*

fraude e evasão fiscais, adotando-se regras mais simples e ao mesmo tempo mais práticas, que se materializam na generalização do mecanismo do *reverse charge*[77].

De forma a concretizarmos melhor aquilo que pretendemos dizer, atenda-se aos seguintes exemplos:

Exemplo 1: Uma sociedade de advogados (A), estabelecida no Porto, presta serviços de advocacia (realizados em todo o mundo) a diversos clientes:

(i) Adquirente, residente noutro EM, que é SP;
(ii) Adquirente, residente noutro EM, que não tem a condição de SP;
(iii) Adquirente, pessoa coletiva, residente fora da UE;
(iv) Adquirente, pessoa singular, residente fora da UE;
(v) Adquirente, SP estabelecido na Região Autónoma dos Açores.

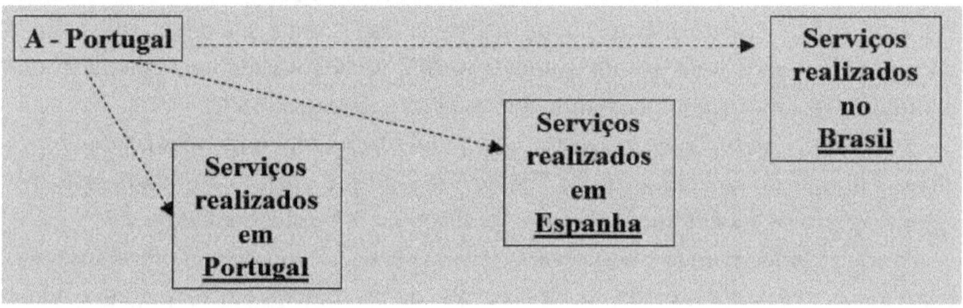

Comentário:

(i) Estes serviços, desde que prestados a SP de outros EM (B2B), são considerados localizados no espaço fiscal do adquirente (regra geral, al. a) do nº 6 do art. 6º, *a contrario*), a quem cabe a obrigação de liquidação do IVA[78]. O prestador português, nesta hipótese, não procederá à liquidação de IVA, devendo mencionar na respetiva fatura o motivo justificativo da não sujeição, contendo a expressão *«IVA – autoliquidação»*[79]. Pese

[77] De realçar que a Diretiva 2006/69/CE, de 24/07/2006, já tinha estabelecido a possibilidade de os EM aplicarem o *reverse charge* a várias operações e atividades onde há maior risco de fraude e de evasão fiscais ao IVA, como é caso, entre outros, dos serviços de construção civil.

[78] Norma equivalente à nossa al. e) do nº 1 do art. 2º. É claro que se o adquirente fosse um SP estabelecido em território nacional, independentemente do local onde os serviços foram prestados, a operação seria localizada em Portugal, competindo ao prestador nacional a liquidação do IVA.

[79] Em obediência ao disposto no nº 13 do art. 36º.

embora a não liquidação do IVA, o valor do serviço será mencionado no campo 7 do quadro 06 da Declaração Periódica do IVA (DP_IVA)[80] e na Declaração Recapitulativa (DR_IVA)[81] a que se referem os artigos 23º e 30º do RITI, com o código 5, nos termos da al. i) do nº 1 do art. 29º do CIVA[82].

(ii) Estes serviços, desde que prestados a não SP de outros EM (B2C), são considerados localizados no espaço fiscal do prestador, a quem cabe a obrigação de liquidação do IVA, nos termos normais (al. b) do nº 6 do art. 6º). Neste caso, o prestador português deverá proceder à liquidação de IVA português, da mesma forma que o faria se se tratasse de um cliente nacional e deve mencionar os respetivos valores nos campos 3 e 4 do quadro 06 da DP_IVA (admitindo a aplicação da taxa normal).

(iii) Estes serviços, desde que prestados a operadores económicos de países/territórios terceiros, são deslocalizados, ou seja, não são tributados em território nacional (também aplicável a regra geral, al. a) do nº 6 do art. 6º, *a contrario*). Assim, à semelhança da primeira situação, o prestador português não procederá à liquidação de IVA, devendo, neste caso, mencionar os respetivos valores no campo 8 do quadro 06 da DP_IVA, não o fazendo constar da DR_IVA (aplicável apenas quando o adquirente está na UE).

(iv) Nos serviços prestados a adquirentes residentes em países/territórios terceiros que não são SP (operações B2C), o prestador português continuará a não proceder à liquidação de IVA, só que por força do disposto na al. c) do nº 11 do art. 6º, devendo, tal como na situação anterior, mencionar os valores respetivos no campo 8 do quadro 06 da DP_IVA, que não constarão da DR_IVA.

(v) Os serviços prestados a adquirentes estabelecidos na Região Autónoma dos Açores são considerados localizados à luz do disposto na al. a) do nº 6 do art. 6º. Contudo, estabelece o nº 16 deste art. 6º, que as operações tributáveis considerar-se-ão localizadas no continente ou nas Regiões Autónomas (Açores e Madeira), de acordo com os

---

[80] A Portaria 206/2021, de 14/10, procedeu à alteração da DP_IVA, anexo R e respetivas instruções de preenchimento. A Portaria 159/2021, de 22/07, já tinha procedido à alteração da Portaria 221/2017, de 21/07 (que foi republicada), aprovando os novos modelos da DP_IVA, do anexo R e dos anexos das regularizações do campo 40 e do campo 41, que dela fazem parte integrante, bem como as respetivas instruções de preenchimento.

[81] A Portaria 157/2021, de 22/07, procedeu à alteração da Portaria 215/2020, de 10/09 (que foi republicada), aprovando o novo modelo da DR_IVA, a que se referem a al. i) do nº 1 do art. 29º e a al. c) do nº 1 do art. 23º do RITI, bem como as respetivas instruções de preenchimento.

[82] Doravante, sempre que seja aplicada esta regra geral, nas mais das vezes, para evitar repetições e redundâncias inapropriadas, não nos referiremos às obrigações declarativas e de faturação.

critérios estabelecidos pelo art. 6º, com as devidas adaptações. Assim, neste caso, como o adquirente é um SP nos Açores, os serviços de advocacia são considerados localizados na Região Autónoma dos Açores, pelo que a empresa do Porto (prestadora) deve liquidar o IVA, mas à taxa normal em vigor naquela Região Autónoma[83].

Exemplo 2: Uma empresa estabelecida em Madrid (B) presta serviços de publicidade (em todo o mundo) a diversos clientes: *(i)* adquirente residente em Portugal que é SP; *(ii)* adquirente residente em Portugal que não tem a condição de SP.

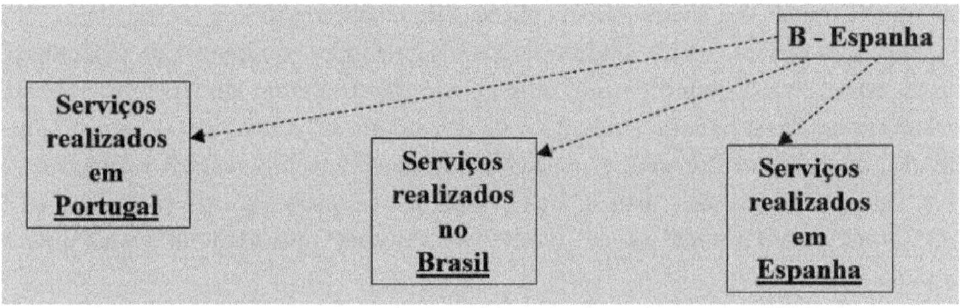

Comentário: Relativamente ao adquirente residente em Portugal que é SP, estes serviços são considerados localizados no espaço fiscal do adquirente (regra geral), ou seja, uma operação tributada em Portugal (al. a) do nº 6 do art. 6º) e operação não sujeita em Espanha por uma norma equivalente do ordenamento jurídico nesse país (*a contrario*). Assim, o SP nacional deverá proceder à liquidação do IVA português devido, na sua qualidade de adquirente dos serviços (por força da al. e) do nº 1 do art. 2º), mencionando os valores em causa nos campos 16 (valor da prestação) e 17 (IVA liquidado) e, em princípio, no campo 24 (IVA dedutível)[84] do quadro 06 da DP_IVA.

Quanto ao adquirente, residente em Portugal, que não tem a condição de SP, nestes serviços efetuados a consumidores finais (operações B2C), o IVA é devido no país onde o prestador tenha a sede da sua atividade, um EE ou, na sua falta, o domicílio, a partir

[83] A partir de 01/07/2021 a taxa normal aplicável às operações consideradas localizadas nos Açores passou a ser de 16% (era de 18%), nos termos do Decreto Legislativo Regional 15-A/2021/A (ver ainda o Ofício-Circulado 30237, de 22/06/2021).

[84] Estamos a admitir que o IVA liquidado é dedutível pela empresa adquirente, na medida do seu direito à dedução (al. c) do nº 1 do art. 19º).

do qual os serviços são prestados (neste caso, Espanha). Isto é, em Espanha é uma operação tributada (norma equivalente à al. b) do nº 6 do art. 6º).

Exemplo 3: Uma empresa sediada no Brasil (B) presta serviços de publicidade (em todo o mundo) a diversos clientes, incluindo residentes em Portugal: *(i)* adquirente residente em Portugal que é SP; *(ii)* adquirente residente em Portugal que não tem a condição de SP.

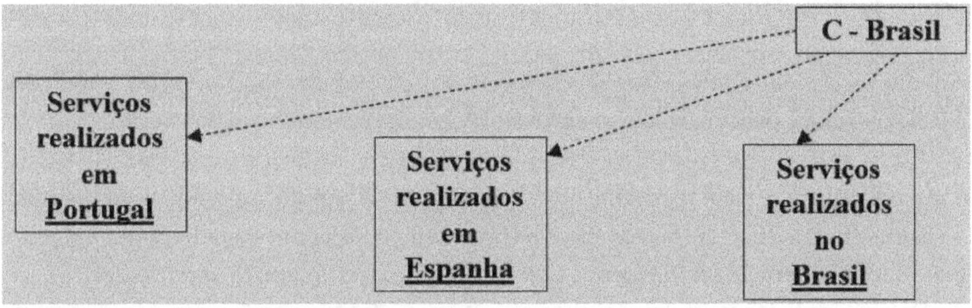

Comentário: Pese embora se trate de um prestador sediado fora da UE, em termos substantivos, a resolução é semelhante à anterior. Com efeito, independentemente do local onde os serviços foram prestados, desde que o adquirente seja um SP registado em Portugal, tais serviços são considerados localizados em território nacional (regra geral, al. a) do nº 6 do art. 6º), pelo que o SP português deverá proceder à liquidação do IVA português devido, na sua qualidade de adquirente dos serviços (por força da al. e) do nº 1 do art. 2º).

Em termos declarativos é que temos de assinalar que, diferentemente do caso anterior, a base tributável das operações deve ser mencionada (admitindo a taxa normal) no campo 3 do quadro 06 e no campo 98 do quadro 06-A da DP_IVA, sendo o imposto mencionado no campo 4 também do quadro 06[85]. O IVA assim liquidado, poderá, regra geral, ser dedutível, através da sua menção no campo 24 do mesmo quadro 06.

Quanto ao adquirente residente em Portugal, que não tem a condição de SP, estes tipos de serviços não são localizados em território nacional.

---

[85] O campo 98 do quadro 6-A da DP_IVA terá de ser preenchido nos casos de substituição fiscal em aquisições de bens e prestações de serviços, faturadas por fornecedores de países/territórios terceiros (fora da UE) cuja base tributável está incluída nos campos 1, 3 e 5 do quadro 06 da DP_IVA.

Exemplo 4: Uma empresa estabelecida em Lisboa presta serviços de «programação informática», tendo clientes (todos SP) em outros EM (Espanha, França, Itália...) e em diversos países terceiros (Angola, Brasil, Canadá...).

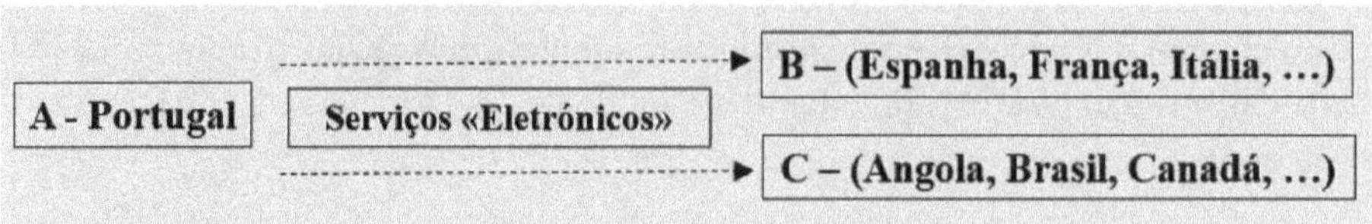

Comentário: Trazemos este exemplo à colação pois, como veremos mais adiante, embora as regras relativas aos serviços eletrónicos tenham sofrido várias alterações, quando estamos perante relações entre SP (B2B), aplicam-se as regras gerais.

Assim, se os clientes da UE provarem a sua condição de SP através do NIF_IVA (validado no VIES) e os demais clientes (fora da UE) enviaram documentos comprovativos da sua condição de SP (prova do registo comercial ou fiscal nos respetivos países), estamos perante operações não sujeitas a IVA (al. a) do nº 6 do art. 6º, *a contrario*).

Neste sentido, tanto nas faturas que emite aos clientes da UE como aos clientes de países terceiros, a empresa portuguesa deveria fazer constar a menção *«IVA – autoliquidação»*. A única diferença verificar-se-ia em termos declarativos: os valores dos serviços para os clientes da UE deveriam ser relevados no campo 7 do quadro 06 da DP_IVA e ainda ser enviada a DR_IVA, com a identificação dos adquirentes, os montantes respetivos e o código 5; os serviços prestados aos adquirentes dos países terceiros também deveriam ser relevados na DP_IVA, mas no campo 8 e sem o preenchimento da DR_IVA.

Exemplo 5: Uma empresa estabelecida no Porto, fez aquisições de serviços eletrónicos no âmbito de dois contratos distintos: *(i)* uma assinatura digital de uma publicação de uma revista alemã, especializada em turismo; *(ii)* um contrato com uma empresa sediada nos Estados Unidos relativo à utilização de espaços publicitários em vários *sites*.

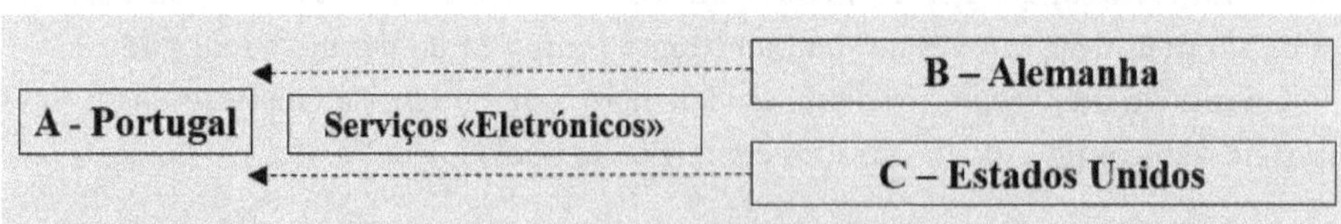

Comentário: Nos dois casos, à semelhança das situações anteriores, as prestações de serviços eletrónicos faturadas à empresa portuguesa, são consideradas localizadas no território nacional (regra geral, a) nº 6 do art. 6º), competindo a esta a liquidação do IVA[86]. Em termos declarativos deveria ser observado aquilo que já referimos nos outros casos, nomeadamente nos exemplos 2 e 3.

4.2.2. As regras especiais

As regras de localização das prestações de serviços comportam, no entanto, determinadas exceções, algumas das quais são comuns às duas regras gerais, enquanto outras são específicas das operações entre SP e não SP e, ainda, aquelas relacionadas com a extensão territorial e as prestações de serviços de telecomunicações, de radiodifusão ou televisão e serviços prestados por via eletrónica:

- As **exceções comuns** às regras gerais estão previstas nos nºs 7 e 8 do art. 6º e têm como característica determinante o facto da sua localização (tributação) ocorrer no local (território) onde os serviços foram efetivamente prestados, independentemente do prestador e do adquirente;
- As **exceções específicas** estão previstas nos nºs 9 e 10 do art. 6º e destinam-se a consagrar a localização (tributação), quando o adquirente é não SP (particular);
- Ainda neste âmbito, no nº 11 do art. 6º temos as exceções à regra geral, um conjunto de prestações de serviços efetuadas a não SP, pessoas singulares (particulares), **residentes ou domiciliados em países/territórios terceiros** (serviços de caráter imaterial);
- Por sua vez, nos nºs. 12 e seguintes do art. 6º, temos algumas situações muito específicas, que se traduzem naquilo que designamos por **extensão territorial** que, a não terem sido previstas, ocasionariam ausência de tributação e nefastas distorções de concorrência;
- Finalmente, temos a derrogação às regras de localização no EM de destino, no âmbito das prestações de **serviços de telecomunicações, de radiodifusão ou televisão e serviços prestados por via eletrónica** (art. 6º - A).

Vejamos abaixo, de uma forma individualizada, quais as prestações de serviços abrangidos pelas regras comuns.

---

[86] No caso do prestador alemão *(i)* a assinatura da revista — verba 2.1 (lista I), à taxa reduzida — 6%; no caso do prestador dos Estados Unidos *(ii)*, à taxa normal de 23%.

Dadas as características intrínsecas a determinadas prestações de serviços, designadamente a sua conexão com o território da situação, estão reguladas um conjunto de regras especiais, localizando as operações no território da situação, independentemente da condição dos intervenientes (prestador e adquirente).

Assim, o legislador nacional estabeleceu nos nºs 7 e 8 do art. 6º as denominadas **exceções comuns** às duas regras gerais:

Artigo 6º — Localização das operações

7. *O disposto no número anterior não tem aplicação relativamente às seguintes operações:*

a) Prestações de serviços relacionadas com um imóvel sito fora do território nacional, incluindo os serviços prestados por arquitetos, por empresas de fiscalização de obras, por peritos e agentes imobiliários, e os que tenham por objeto preparar ou coordenar a execução de trabalhos imobiliários, assim como a concessão de direitos de utilização de bens imóveis e a prestação de serviços de alojamento efetuadas no âmbito da atividade hoteleira ou de outras com funções análogas, tais como parques de campismo;

b) Prestações de serviços de transporte de passageiros, pela distância percorrida fora do território nacional;

c) Prestações de serviços de alimentação e bebidas, que não as referidas na alínea d), que sejam executadas fora do território nacional;

d) Prestações de serviços de alimentação e bebidas, executadas a bordo de uma embarcação, de uma aeronave ou de um comboio, durante um transporte intracomunitário de passageiros, quando o lugar de partida do transporte ocorra fora do território nacional;

e) Prestações de serviços relativas ao acesso a manifestações de caráter cultural, artístico, científico, desportivo, recreativo, de ensino e similares, incluindo o acesso a feiras e exposições, assim como as prestações de serviços acessórias relacionadas com o acesso, que não tenham lugar no território nacional;

f) Locação de curta duração de um meio de transporte, quando o lugar da colocação à disposição do destinatário se situe fora do território nacional.

8. *Não obstante o disposto no nº 6, são tributáveis as seguintes operações:*

a) Prestações de serviços relacionadas com um imóvel sito no território nacional, incluindo os serviços prestados por arquitetos, por empresas de fiscalização de obras, por peritos e agentes imobiliários, e os que tenham por objeto preparar ou coordenar a execução de trabalhos imobiliários, assim como a concessão de direitos de utilização de bens imóveis e a prestação de serviços de alojamento efetuadas no âmbito da atividade hoteleira ou de outras com funções análogas, tais como parques de campismo;

b) Prestações de serviços de transporte de passageiros, pela distância percorrida no território nacional;

c) Prestações de serviços de alimentação e bebidas, que não as referidas na alínea d), que sejam executadas no território nacional;

> *d) Prestações de serviços de alimentação e bebidas, executadas a bordo de uma embarcação, de uma aeronave ou de um comboio durante um transporte intracomunitário de passageiros, quando o lugar de partida do transporte ocorra no território nacional;*
>
> *e) Prestações de serviços relativas ao acesso a manifestações de caráter cultural, artístico, científico, desportivo, recreativo, de ensino e similares, incluindo o acesso a feiras e exposições, assim como as prestações de serviços acessórias relacionadas com o acesso, que tenham lugar no território nacional;*
>
> *f) Locação de curta duração de um meio de transporte, quando o lugar da colocação à disposição do destinatário se situe no território nacional.*

Estas exceções às duas regras gerais suprarreferidas dizem respeito às prestações de serviços relacionadas com imóveis, alojamento, hotelaria, transporte de passageiros, restauração, *catering*, alimentação e bebidas, acesso a manifestações de caráter cultural, artístico, científico, desportivo, recreativo, de ensino e similares, incluindo feiras e exposições, e a locação de curta duração de meio de transporte.

Têm como pressuposto para a localização (tributação), o local (território) onde os serviços foram efetivamente prestados (fora ou dentro do território nacional), independentemente do domicílio/residência, quer do prestador quer do adquirente. Assim, se alguma das prestações ali elencadas for realizada em Portugal, será devido IVA em território nacional, dado que a operação se considera aqui localizada (nº 8 do art. 6º).

Se o prestador é um operador económico estabelecido em território nacional e realiza qualquer um desses serviços, materialmente executados no território nacional, independentemente da condição dos adquirentes não residentes, terá de liquidar o IVA, regra geral à taxa normal[87].

Caso se trate de um prestador não residente e o adquirente seja um operador económico em território nacional, competirá a este (adquirente) a responsabilidade para a liquidação do IVA (por força da al. g) do nº 1 do art. 2º), desde que o não residente (prestador da UE ou fora da UE) não esteja registado em território nacional, ou aqui não nomeie representante. Neste caso, em termos declarativos, o adquirente, na sua DP_IVA, admitindo a aplicação da taxa normal, fará constar o valor do serviço no campo 3 do quadro 06 e o imposto no campo 4 do mesmo quadro. Mencionará também o valor do serviço no campo 97 do quadro 06-A da mesma DP_IVA. O IVA assim

[87] Deve referir-se que, nos casos dos serviços de construção civil (portanto sobre bens imóveis — al. a) do nº 8 do art. 6º) se o adquirente for um SP registado em Portugal, que possa deduzir o IVA (total ou parcialmente), haverá inversão do SP, isto é, competirá ao adquirente liquidar o respetivo IVA (al. j) do nº 1 do art. 2º).

liquidado será deduzido pela empresa portuguesa, na medida do seu direito, devendo constar dos campos 20 a 24 do quadro 06 da DP_IVA. Só não poderá deduzir o imposto um adquirente que pratique operações exclusivamente isentas de IVA, como poderá ser o caso de uma clínica médica, enquadrada, por norma, no art. 9º (a inversão do SP ocorre, ainda, nestes casos em que o prestador é um não residente).

No caso inverso, ou seja, nas operações não sujeitas (deslocalizadas) em território nacional (nº 7 do art. 6º), em que o prestador de serviços é um operador económico em Portugal, não haverá IVA em território nacional, independentemente da condição e da residência dos adquirentes. Nestes casos, o prestador nacional deverá emitir a fatura com a indicação de *«IVA – autoliquidação»* (nº 13 do art. 36º). No entanto, porque tais operações conferem direito à dedução do IVA português suportado a montante (dado o disposto na subalínea II) da al. b) do nº 1 do art. 20º), o valor dos serviços prestados deve ser mencionado no campo 8 do quadro 06 da DP_IVA[88].

Dada a importância que estas prestações de serviços se revestem no âmbito do imposto, vamos agora abordar, individualmente, cada uma delas.

4.2.2.1. Relacionadas com imóveis

Os serviços relacionados com imóveis são considerados localizados no espaço fiscal onde o imóvel se situa, de acordo com o disposto no art. 47º da Diretiva IVA[89], transposto para o direito interno português pelas alíneas a) dos nºs 7 e 8 do art. 6º, independentemente da residência ou domicílio do prestador e do adquirente.

Além dos serviços relacionados com os imóveis, estão ainda incluídos outros serviços, como de alojamento em estabelecimentos de hotelaria, campos de férias e terrenos para campismo. Trata-se de uma regra destinada igualmente à aproximação ao lugar de consumo, na medida em que exista um imóvel ao que está vinculado a prestação do serviço.

---

[88] Ao abrigo da subalínea II) da al. b) do nº 1 do art. 20º.

[89] Dispõe o art. 47º da Diretiva IVA: *«O lugar das prestações de serviços relacionadas com bens imóveis, incluindo os serviços prestados por peritos e agentes imobiliários, a prestação de serviços de alojamento no setor hoteleiro ou em setores com funções análogas, tais como campos de férias ou terrenos destinados a campismo, a concessão de direitos de utilização de bens imóveis e os serviços de preparação e de coordenação de obras em imóveis, tais como os serviços prestados por arquitetos e por empresas de fiscalização de obras, é o lugar onde está situado o bem imóvel.»*

O que se torna relevante pois, é a localização do imóvel, pelo que a prestação de serviços é considerada sempre localizada em Portugal, desde que o imóvel esteja situado neste território, independentemente da residência do prestador e do adquirente.

Assim, se o imóvel se localizar no território nacional, as prestações de serviços desta natureza são sempre tributáveis em Portugal. Isto é, o elemento de conexão determinante é a localização do imóvel (al. a) do nº 8 do art. 6º). Pelo contrário, se o imóvel se situar fora do território nacional, as prestações de serviços não são cá tributadas, ainda que o prestador e adquirente estejam identificados, para efeitos do IVA, em Portugal (al. a) do nº 7 do art. 6º)[90].

Como tentaremos demonstrar através de exemplificação prática, que segue abaixo, estes serviços relacionados com imóveis, para serem considerados localizados no território de aplicação do imposto, não necessitam de ser eminentemente físicos ou ter uma natureza física a caracterizá-los. São os casos dos serviços de arquitetura, fiscalização de obras, peritos e agentes imobiliários, armazenagem, gestão de imóveis, arrendamento, concessão de direitos de utilização de bens imóveis; e a prestação de serviços de alojamento efetuadas no âmbito da atividade hoteleira ou de outras com funções análogas, tais como parques de campismo. Estes serviços têm, contudo, de constituir uma atividade principal (ou seja, não acessória), e estarem relacionados com bens imóveis.

Vejamos de seguida um conjunto alargado de exemplos, onde tentamos abranger a maioria das situações que estão contempladas no art. 31º - A do Regulamento de Execução (UE) 282/2011, de 15/03 (Regulamento de Execução)[91] e que, em suma, assentam nas regras expressas neste quadro:

Serviços sobre:	Adquirente	Localização	CIVA
Imóveis em território nacional	Qualquer que seja o adquirente	Território nacional	al. a) do nº 8 do art. 6º
Imóveis fora do território nacional	Qualquer que seja o adquirente	Não localizada em território nacional	al. a) do nº 7 do art. 6º

[90] Assim, quando um operador nacional prestar serviços relacionados com um imóvel sito fora do território nacional, deverá emitir a fatura sem IVA e inscrever o valor no campo 8 do quadro 06 da DP_IVA. Estas operações não vão à DR_IVA.

[91] Artigo introduzido pelo Regulamento de Execução (UE) 1042/2013, do Conselho, de 07/10/2013, complementa e esclarece o art. 47º da Diretiva IVA. Importa sublinhar que este Regulamento de Execução (UE) 1042/2013, que alterou o Regulamento de Execução (UE) 282/2011, de 15/03/2011, apenas entrou em vigor a 01/01/2017, pelo que não é aplicável a factos que ocorreram em data anterior.

Exemplo 1: André, arquiteto, estabelecido em Braga, elabora diversos projetos relacionados com a construção de imóveis em vários países, incluindo Portugal.

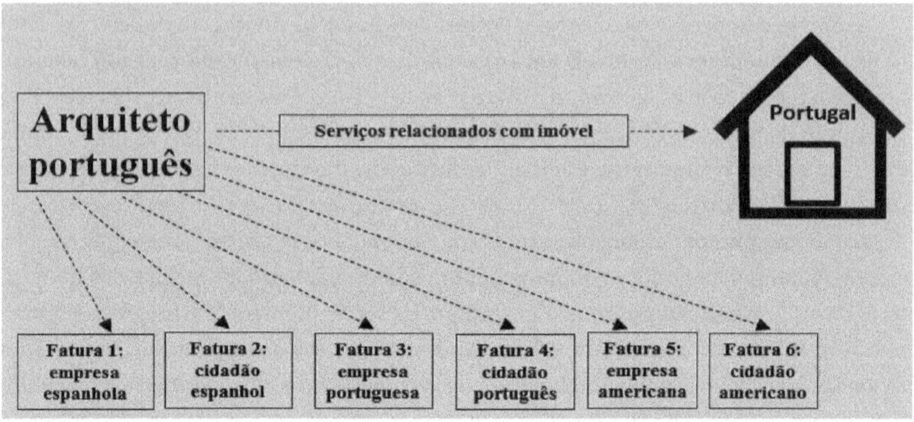

Comentário: Todas estas prestações de serviços são consideradas localizadas em território nacional, uma vez que se refere a um imóvel aqui situado, independentemente da qualidade do adquirente dos serviços (al. a) do nº 8 do art. 6º), competindo ao prestador nacional a liquidação do IVA[92].

[92] Como já demos conta, nos serviços de construção civil (o que não é o caso presente, pois não estamos perante uma «empreitada»), nas operações internas, a liquidação do IVA é da responsabilidade do adquirente se este puder deduzir total ou parcialmente o imposto (al. j) do nº 1 do art. 2º). Em todas as outras situações, desde que a operação se localize em território nacional (al. a) do nº 8 do art. 6º), competirá ao prestador proceder à liquidação do IVA.

Exemplo 2: Belmiro, arquiteto, estabelecido no Porto, elabora diversos projetos relacionados com a construção de imóveis em Espanha.

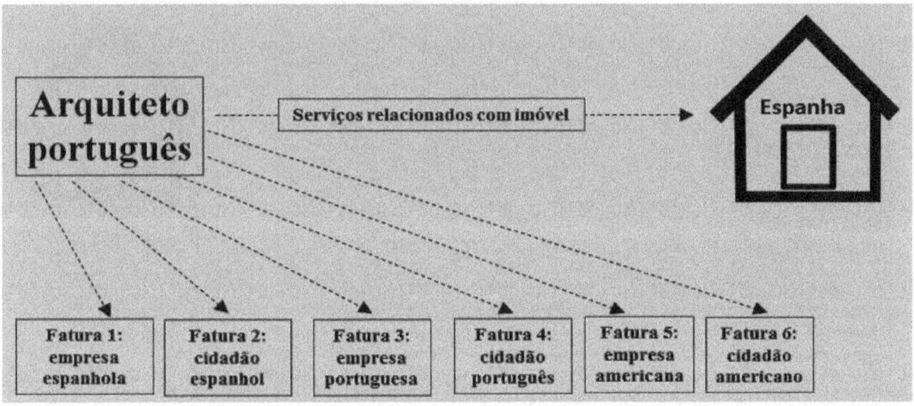

Comentário: Independentemente da sede/domicílio fiscal do prestador e do adquirente, o que é relevante é a situação do imóvel. Assim, neste caso em concreto, todas as prestações de serviços são consideradas como sendo efetuadas (localizadas) em Espanha, uma vez que se refere a imóveis aí situados (al. a) do nº 7 do art. 6º)[93].

[93] Das faturas emitidas deve constar a expressão *«IVA – autoliquidação»* (nº 13 do art. 36º). No entanto, porque tais operações conferem direito à dedução do IVA português suportado a montante (subalínea II) da al. b) do nº 1 do art. 20º), o valor dos serviços prestados deve ser mencionado no campo 8 do quadro 06 da DP_IVA.

Exemplo 3: Celestino, arquiteto, estabelecido em Sintra, elabora diversos projetos relacionados com a construção de imóveis no Dubai.

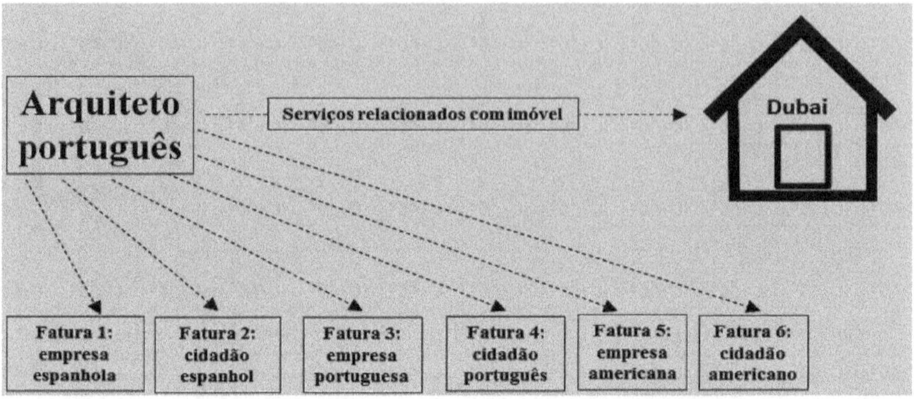

Comentário: O que muda em relação ao caso anterior é que o imóvel está fora da UE. Todavia, a resolução é a mesma, ou seja, independentemente da sede/domicílio fiscal do prestador e do adquirente, o que é relevante é a situação do imóvel. Assim, neste caso em concreto, a prestação de serviços é considerada como sendo efetuada no Dubai (fora da UE), uma vez que se refere a um imóvel aí situado, pelo que não é localizada em Portugal (al. a) do nº 7 do art. 6º)[94].

[94] Em Portugal, a AT também tem este posicionamento. Entre outras, veja-se a Informação Vinculativa, Processo 221/2020, de 07/01/2010; Informação Vinculativa, Processo 289, de 04/02/2010.

Exemplo 4: Um arquiteto residente em Espanha e um outro arquiteto com domicílio nos Estados Unidos elaboraram projetos para a construção de imóveis em Portugal. Sabe-se que debitaram esses serviços a residentes em Portugal, na UE e fora da UE.

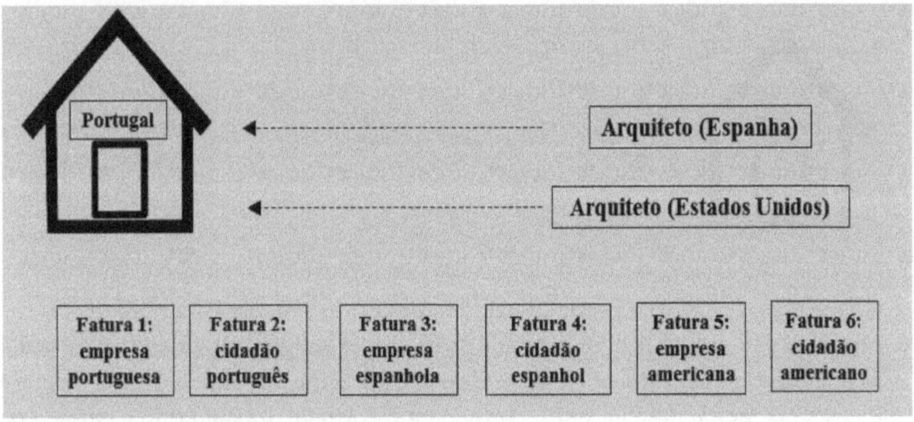

Comentário: Estes casos servem apenas para reforçar aquilo que dissemos anteriormente, isso é, independentemente da sede/domicílio fiscal do prestador e do adquirente, o que é relevante é a situação do imóvel. Por isso, em todas as situações, o IVA é devido em território nacional uma vez que as prestações de serviços se consideram aqui localizadas (al. a) do nº 8 do art. 6º).

Na fatura (1), caso os prestadores (residentes fora do território nacional), não nomeiem representante em Portugal, a liquidação do IVA é da competência da empresa portuguesa, adquirente do serviço (por força da al. g) do nº 1 do art. 2º)[95]. Nos restantes casos (faturas 2, 3, 4, 5 e 6), tratando-se de serviços localizados em Portugal, os prestadores não residentes terão de proceder ao seu registo como SP do IVA em Portugal, ou aqui nomear um representante fiscal (art. 30º do CIVA) e entregar o imposto ao Estado português.

[95] Nestes casos, em princípio, a empresa portuguesa poderá deduzir o IVA (al. d) do nº 1 do art. 19º), dependendo sempre, como é óbvio, do seu enquadramento em sede de IVA.

<u>**Exemplo 5**</u>: Empresa francesa executou o pavimento em asfalto de um parque de estacionamento, situado em Barcelos. Esse serviço foi debitado à empresa portuguesa, proprietária do parque.

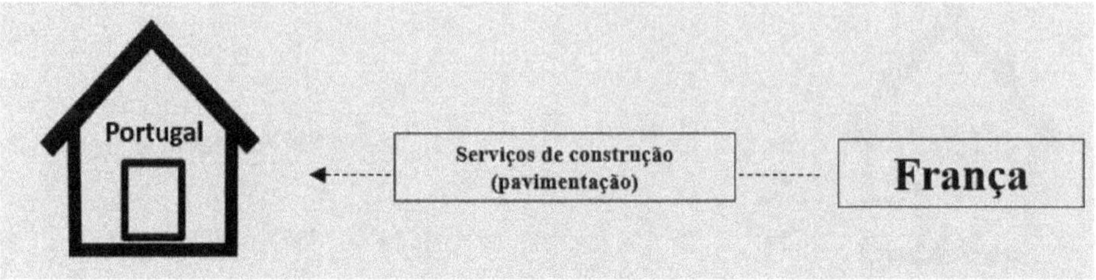

<u>Comentário</u>: O serviço prestado pela empresa francesa consistiu numa operação relacionada com um imóvel situado em Portugal, sendo, por isso, considerada localizada em território nacional al. a) do nº 8 do art. 6º. Como o prestador é uma empresa não residente, que não se encontra registada em Portugal, a liquidação e entrega do imposto, como já dissemos, compete ao adquirente do serviço (por força da al. g) do nº 1 do art. 2º), podendo, em princípio, deduzir o imposto (ao abrigo da al. d) do nº 1 do art. 19º).

<u>**Exemplo 6**</u>: Empresa brasileira (<u>B</u>) prestou serviços de construção (trabalhos na realização da estrutura do prédio) num imóvel sito em Portugal, pertença de uma empresa portuguesa. Por sua vez, uma empresa espanhola (<u>A</u>), prestou serviços de acabamento no referido imóvel.

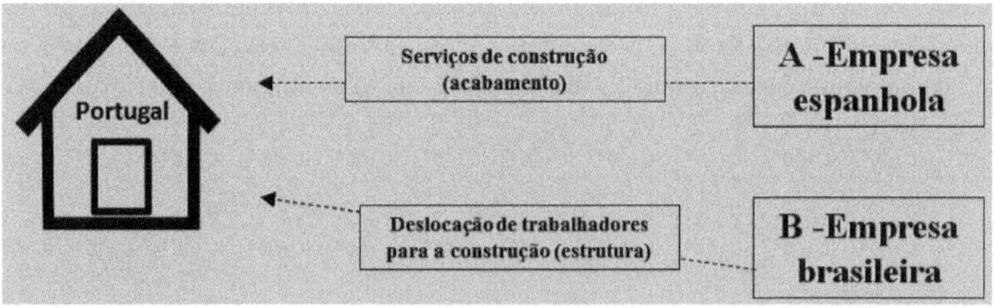

<u>Comentário</u>: A resolução é idêntica aos casos anteriores. As prestações de serviços são consideradas localizadas em território nacional, uma vez que se refere a um

imóvel aqui situado (al. a) do nº 8 do art. 6º). Caso as empresas não residentes (espanhola e brasileira) não nomeiem representante em Portugal, a liquidação do IVA é da competência do adquirente do serviço, pelo que a empresa portuguesa a quem o serviço é faturado, mesmo que apenas pratique operações exclusivamente isentas[96], terá de proceder à liquidação do IVA a favor do Estado (por força da al. g) do nº 1 do art. 2º).

Exemplo 7: Empresa portuguesa (A) tem como atividade o aluguer de tendas/ *stands* em feiras que se realizam em Portugal. Nesse âmbito, habitualmente, coloca à disposição *stands* em feiras, em conjunto com outros serviços afins destinados a permitir a exposição dos produtos, faturando esses serviços a não residentes.

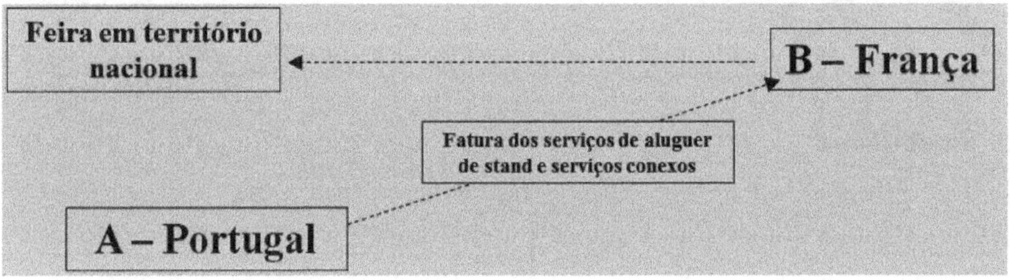

Comentário: De modo a evitar a dupla tributação ou a dupla não tributação, estabelece o Regulamento de Execução (al. e) do nº 3 do art. 31º - A), que a colocação à disposição de um *stand* numa feira ou local de exposição, em conjunto com outros serviços afins destinados a permitir a exposição dos produtos, a conceção do *stand*, o transporte e a armazenagem, o fornecimento de máquinas, a instalação de cabos, os seguros e os serviços publicitários, etc., não são considerados serviços relacionados com bens imóveis. Isto significa que se estas locações forem acompanhadas de um ou mais serviços afins, desde que prestadas a SP, a localização ocorrerá no espaço fiscal do seu adquirente (regra geral, neste caso, al. a) do nº 6 do art. 6º, *a contrario*)[97].

[96] Por exemplo, estar enquadrada no art. 9º. Nesse caso, o pagamento do respetivo IVA teria de ser efetuado até ao final do mês seguinte àquele em que se torna exigível (nº 3 do art. 27º), não podendo, obviamente, deduzir o imposto.

[97] Ver, entre outras, as Informações Vinculativas: Processo 13834, de 20/07/2018 e Processo 16697, de 30/10/2020.

Na verdade, o prestador não se limita a deixar um espaço vazio, prestando antes um pacote de serviços necessário à promoção temporária dos produtos ou da atividade do expositor. Ainda que a colocação à disposição de um *stand* só seja acompanhada de um serviço afim e os serviços sejam prestados como um pacote, tal é suficiente para que a prestação não esteja relacionada com bens imóveis[98].

Exemplo 8: Empresa portuguesa (A) procedeu a trabalhos numa loja, sita num Centro Comercial de Braga (pintura, eletricista, serralharia, etc.), faturando os trabalhos a uma empresa espanhola (B).

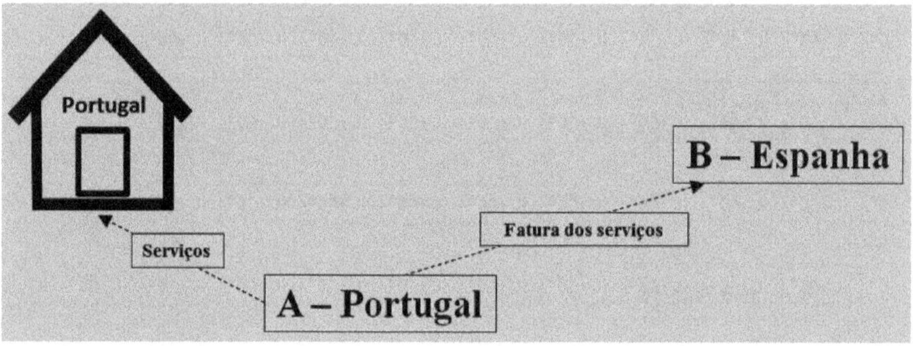

Comentário: Como já dissemos, o serviço prestado num imóvel em Portugal é uma operação considerada localizada em território nacional (al. a) do nº 8 do art. 6º), ainda que o adquirente seja um não residente. Assim, neste caso, a empresa portuguesa deve liquidar IVA português, à taxa aplicável (em princípio à taxa normal) fazendo constar os referidos valores nos campos 3 e 4 do quadro 06 da DP_IVA.

Por sua vez, a empresa espanhola poderá solicitar o reembolso do IVA português, nos termos da Diretiva 2008/9/CE, de 12/02[99], mas apenas no caso de tal imposto não se encontrar excluído do direito à dedução[100].

[98] Seguindo o Regulamento de Execução (al. e) do nº 3 do art. 31º-A), a colocação à disposição, temporariamente, de um *stand* consiste na disponibilidade de uma superfície delimitada e/ou estrutura móvel (por exemplo, uma cabina, uma banca ou um balcão), para efeitos de participação numa exposição ou feira.

[99] Transposta para o direito interno português pelo Regime de Reembolso do IVA a operadores não estabelecidos no EM de reembolso, aprovado em anexo ao DL 186/2009, de 12/08/2009.

[100] Designadamente pelo art. 21º.

Exemplo 9: Empresa de Braga (B) foi subcontratada por uma empresa de Aveiro (A), para executar parte de um serviço/obra num imóvel em França (C), ficando contratualizado o seguinte: a empresa (A) vai faturar o serviço/obra (global) ao seu cliente francês (C); a empresa subcontratada (B) vai faturar o seu serviço à empresa (A); a empresa (B) fabrica janelas para a obra e fatura esses bens à empresa (A), que por sua vez os transporta por sua conta e coloca na obra em França (C).

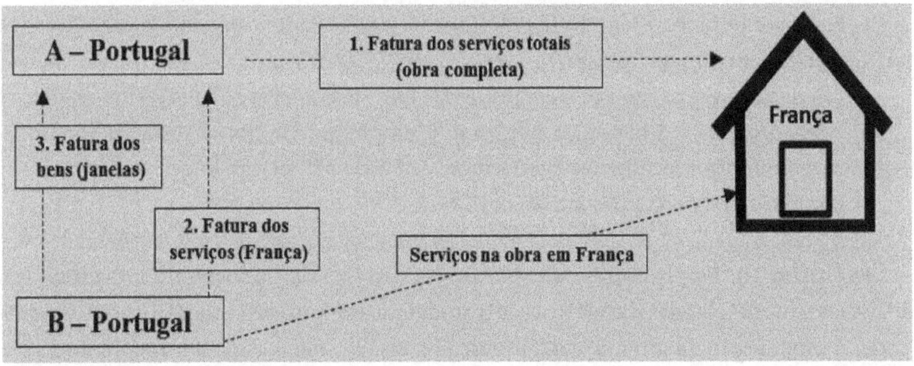

Comentário: As prestações de serviços relacionadas com imóveis sitos fora do território nacional, não são localizados/tributados em Portugal (al. a) do nº 7 do art. 6º). Por outro lado, se os serviços forem prestados a SP em França, em princípio, a empresa (A), e também a empresa (B), não terá necessidade de proceder à liquidação do IVA francês[101]. Mas se a empresa (A) prestar os mesmos serviços a não SP, terá obrigatoriamente de se registar em França, para efeitos do IVA, tendo de proceder à liquidação do IVA francês. Deste modo, vejamos os seguintes cenários:

- Empresa (A) está registada em França: se a empresa (A), a quem os serviços vão ser prestados por (B), se encontrar registada em França, para efeitos do IVA, a empresa (B), em princípio, não terá de se registar naquele país, para efeitos deste imposto. A empresa (A) ao estar registada em França (tem de possuir NIF_IVA francês), funciona como um normal SP daquele país, pelo que, se a empresa (B) não liquidar IVA, por não se encontrar registada em França, a empresa (A) procederá à respetiva liquidação. Neste caso, a empresa (B), prestadora do serviço,

[101] Em princípio, haverá em França uma norma equivalente à al. g) do nº 1 do art. 2º.

mencionará nas faturas «*IVA – autoliquidação*» (nº 13 do art. 36º) e fará constar o valor do serviço prestado no campo 8 do quadro 06 da DP_IVA.

- Empresa (A) não está registada em França: se a empresa (A), a quem os serviços são prestados, não se encontrar registada em França, para efeitos do IVA, tudo se modifica, considerando-se, nesse caso, que os serviços são prestados a um não SP. Assim, como a operação é localizada em França (al. a) do nº 7 do art. 6º do CIVA), o prestador do serviço (B) terá de proceder ao seu registo como SP em França e liquidar e entregar IVA francês, pelos serviços prestados considerados localizados naquele país[102].
- Janelas entregues em Portugal por (B) a (A): se a empresa (B) fabricar as janelas e as entregar, em território nacional, à empresa (A), efetua uma vulgar transmissão interna localizada em Portugal (nº 1 do art. 6º), pelo que a empresa (B) liquidará IVA português à taxa aplicável.

Exemplo 10: Empresa francesa (C) presta serviços de publicidade utilizando um imóvel em Portugal. Para o efeito, subcontrata uma empresa espanhola (B) que vai proceder à preparação de um muro e à pintura no imóvel, necessária para a publicidade.

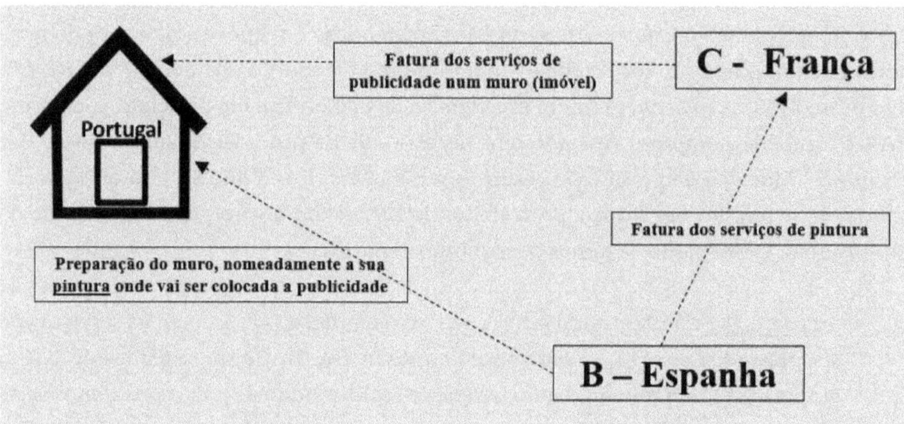

[102] Em Portugal, continuará a mencionar nas faturas «*IVA – autoliquidação*» (nº 13 do art. 36º) e a fazer constar o valor do serviço prestado no campo 8 do quadro 06 da DP_IVA.

Comentário: Em primeiro lugar, os serviços publicitários, mesmo que envolvam a utilização de bens imóveis, são regulados pelas regras gerais[103]. Assim, se uma empresa de publicidade prestar um serviço publicitário que envolve a pintura de um muro, tal serviço não está relacionado com bens imóveis e o IVA cobrado pela empresa de publicidade ao seu cliente deve ser determinado pela aplicação da regra geral.

Todavia, se a empresa de publicidade celebrar um contrato distinto com um operador que irá, efetivamente, pintar o muro para a empresa de publicidade, o serviço prestado à empresa de publicidade é um serviço relacionado com bens imóveis e, por conseguinte, tributado no território onde está o imóvel.

No caso apresentado, os serviços de (B) a (C) são localizados em Portugal (al. a) do nº 8 do art. 6º), pelo que a empresa (B) ou a empresa (C), uma delas, teria de se registar em Portugal e liquidar o respetivo IVA.

Exemplo 11: Empresa francesa (B) presta serviços de reparações, restauros e outros serviços análogos, de modo a fixar ao solo (imobilidade) determinados bens móveis onde são exercidas atividades relacionadas com a restauração, alojamento e similares.

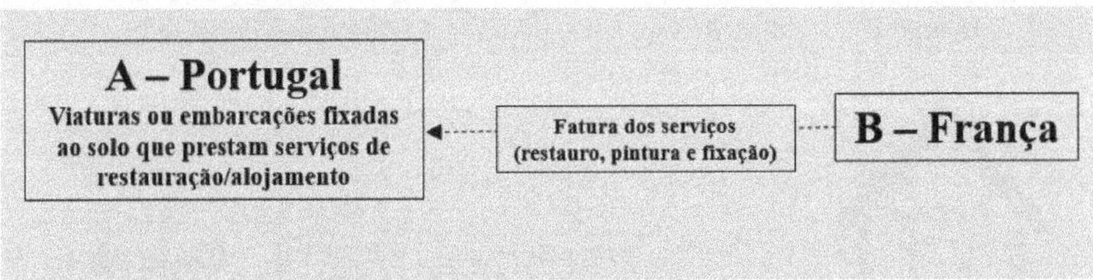

Comentário: Neste caso específico, temos de atender se a estrutura está fixada ao solo e de que modo, pelo que a análise tem que ser feita de forma casuística.

[103] Os serviços publicitários não devem ser considerados serviços relacionados com bens imóveis, mesmo quando envolvem a utilização de bens imóveis, ainda que essa publicidade se refira à potencial venda do próprio imóvel (al. c) do nº 3 do art. 31º-A do Regulamento de Execução). Tal pode ser explicado pelo facto de, no cenário descrito, o bem imóvel (muro ou painel publicitário) ser apenas um suporte de apoio ao serviço, e não o objeto do serviço. Todavia, se fossem serviços publicitários, com uma relação direta com o imóvel concreto, localizado em território nacional, cujo objeto era a alteração jurídica da sua propriedade, a sua localização e consequente tributação ocorreria em território nacional (al. a) do nº 8 do art. 6º do CIVA e nº 1 e suas alíneas a) e b) do art. 31º-A do Regulamento de Execução). Neste sentido, acompanhada também pela decisão do CAAD, Processo 258/2018-T, de 27/11/2018.

Em regra, estes bens (viaturas ou embarcações) onde são prestados serviços de restauração/alojamento, presentes no mesmo local durante um determinado prazo, não devem ser considerados bens imóveis, mesmo que possam ser fixados ao solo, se as peças de fixação ao solo forem apenas suficientes para os imobilizar durante o período de utilização, isto é, desde que os mesmos sejam, na realidade, estruturas provisórias fáceis de deslocar ou desmantelar (seria aplicável, nesses casos, a regra geral, al. a) do nº 6 do art. 6º). Já assim não será se os mesmos forem utilizados como um local permanente no exercício de uma atividade económica, não sendo fáceis de desmantelar ou deslocar pelo facto de a sua fixação ao solo ser suficiente para que possam ser imobilizados durante um período mais longo (regra do «imóvel», al. a) do nº 8 do art. 6º).

Assim, a utilização de um determinado bem de uma forma duradoura pode ser um indicador da «imobilidade», mas não é suficiente enquanto critério para determinar se uma estrutura (maquinaria, painéis solares, escadas...) deve ser considerada um bem imóvel. Para o efeito, o que deve ser verificado é se a estrutura em causa está fixada ao solo, ou no solo, de tal modo que não pode ser facilmente desmantelada ou deslocada.

Exemplo 12: Empresa espanhola leva a efeito diversos estudos e trabalhos em Portugal, mas em que a localização específica do imóvel é ainda desconhecida.

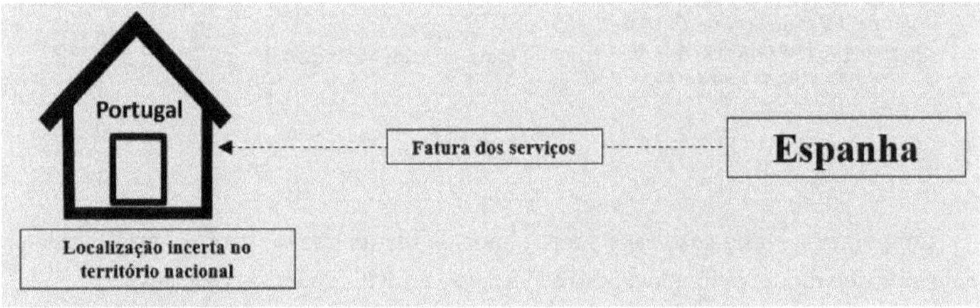

Comentário: Para estarmos perante serviços relacionados com bens imóveis, é condição necessária a localização precisa do imóvel. Assim, num qualquer estudo e/ou trabalhos preparatórios em que não haja uma identificação clara da localização do imóvel, não estamos perante serviços relacionados com bens imóveis, pelo que se aplicará a regra geral (nº 6 do art. 6º)[104].

[104] É o que acontece quando, por exemplo, o prestador dos serviços participa num processo de um concurso, mas não lhe é adjudicado o contrato.

Exemplo 13: Empresa espanhola presta serviços de fiscalização e de segurança num imóvel sito em Portugal.

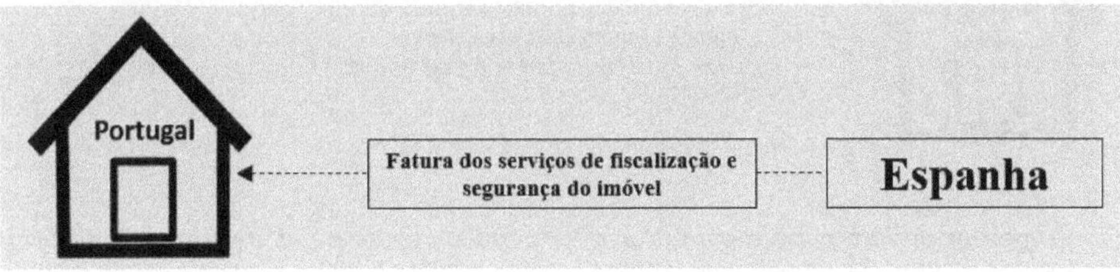

Comentário: Os serviços de fiscalização consistem em serviços especializados que envolvem, em regra, a coordenação de diferentes contratantes e visam salvaguardar a conclusão com êxito de um projeto. Parte do serviço de fiscalização pode envolver a presença regular ou permanente de peritos no local. Outra parte, incluindo as tarefas como o planeamento dos trabalhos, a coordenação dos subcontratantes e o preenchimento e a emissão de documentos, certificados e declarações, pode ser efetuada fora do estaleiro de construção.

Diferentemente, os serviços de segurança podem ser prestados durante a fase preparatória dos trabalhos ou de construção, para impedir o furto de equipamentos e outros materiais ou, ainda, para evitar danos nos estaleiros. Por outro lado, os serviços de segurança podem igualmente ser prestados após a conclusão dos trabalhos de construção ou renovação, a fim de garantir a segurança dos imóveis. Esta monitorização pode ser assegurada quer pela presença física de pessoal, quer por outros meios, designadamente através de câmaras de videovigilância em circuito fechado, etc.

Assim, quer os serviços de fiscalização, quer os serviços de segurança de um bem imóvel, independentemente de se tratar de uma construção, um edifício ou apenas um terreno, são localizados no território onde está o imóvel (al. a) do nº 8 do art. 6º)[105].

Exemplo 14: Empresa espanhola presta serviços de fiscalização, mas presta esses serviços à distância.

[105] Por exemplo, os serviços de apoio no parqueamento de viaturas são tributados em território nacional, considerando que se trata de prestações de serviços relacionadas com um imóvel aqui situado.

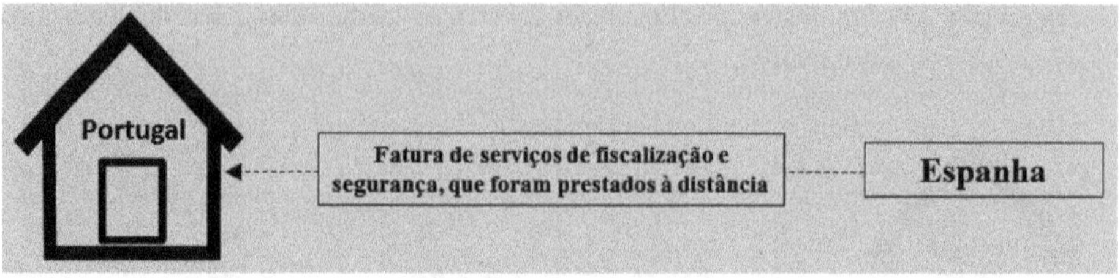

Comentário: Temos de reconhecer que as novas tecnologias permitem hoje levar a efeito serviços que não há muito tempo apenas poderiam realizar-se fisicamente no local. Assim, os serviços associados a estas modernas formas de fiscalização e de segurança devem receber o mesmo tratamento fiscal, para efeitos do IVA, independentemente de serem prestados através da presença física de recursos humanos no local ou de serem prestados à distância, como seja, recorrendo a meios tecnológicos instalados no local. Tanto para os serviços de fiscalização como para os de segurança, a condição exigida deve ser a de que o bem imóvel é um elemento essencial do serviço prestado. Deste modo, estando o bem imóvel em território nacional, a operação considera-se localizada neste território (al. a) do nº 8 do art. 6º).

Exemplo 15: Empresa espanhola procede à instalação de um sistema de segurança num imóvel sito em Portugal, tendo como adquirente uma empresa portuguesa.

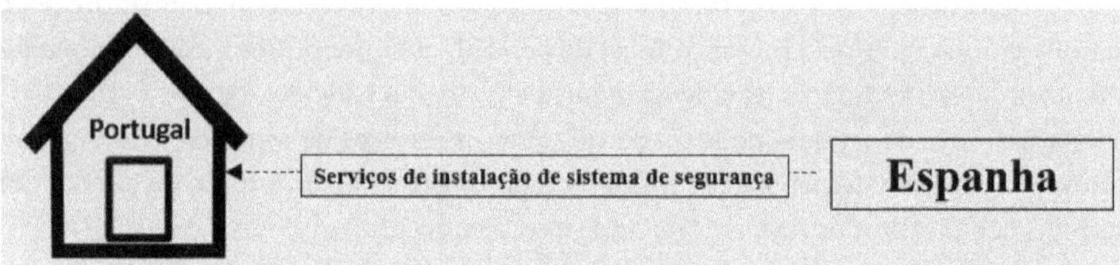

Comentário: Em primeiro lugar, temos de apurar se a instalação de um sistema de segurança é considerada uma entrega de bens ou uma prestação de serviços, para efeitos do IVA. Pode ser considerada como uma entrega de bens com instalação quando o sistema de segurança for instalado ou montado (art. 36º da Diretiva IVA); pode ser, igualmente, uma prestação de serviços relacionada com bens imóveis quando as condições previstas na al. m) do nº 2 do art. 31º do Regulamento de Execução são satisfeitas.

Segundo as condições exigidas no art. 13º – B do Regulamento de Execução, um serviço de instalação de um sistema de segurança pode estar relacionado com um bem imóvel se: *(i)* o sistema de segurança instalado fizesse parte integrante de um edifício ou de uma construção, sem o qual estes não estariam completos, dando como exemplo, se o sistema de segurança tivesse sido instalado num estabelecimento prisional ou numa instituição bancária onde os objetos de valor são armazenados (al. c) do art. 13º - B do Regulamento de Execução); *(ii)* ou, o sistema de segurança estivesse permanentemente instalado num edifício ou numa construção e não pudesse ser deslocado sem destruir ou alterar o edifício ou a construção, como seria o caso em relação a apartamentos ou escritórios (al. d) do art. 13º do Regulamento de Execução).

Assim, caso estes trabalhos de instalação de um sistema de segurança se tornem parte integrante dos bens imóveis, o serviço é considerado como estando relacionado com bens imóveis e, por isso, tributáveis no território da situação («regra do imóvel»).

Exemplo 16: Empresa portuguesa procede à cedência de trabalhadores para a execução de trabalhos num bem imóvel em França.

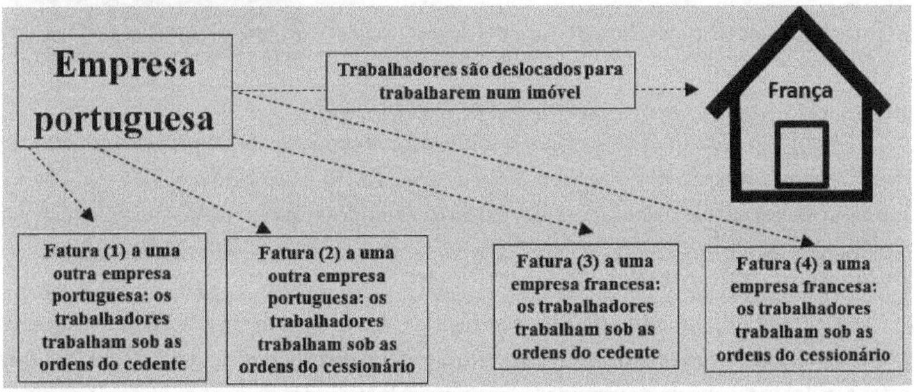

Comentário: Em princípio, a cedência de trabalhadores, independentemente dos fins para que foram contratados, constitui uma prestação de serviços sujeita às regras gerais.

No caso em apreço, o serviço só deve ser considerado como relacionado com bens imóveis se o prestador, responsável pela colocação à disposição de pessoal junto do seu destinatário, também assumir a responsabilidade pela execução e os resultados dos trabalhos de construção, o que equivaleria à prestação de serviços de construção, isto é, à prestação de um serviço relacionado com bens imóveis[106]. Deste modo:

- Fatura 1: operação não sujeita (regra do imóvel, al. a) do nº 7 do art. 6º);
- Fatura 2: operação sujeita a IVA a liquidar pelo prestador (regra geral, al. a) do nº 6 do art. 6º);
- Fatura 3: operação não sujeita (regra do imóvel, al. a) do nº 7 do art. 6º);
- Fatura 4: operação não sujeita (regra geral, al. a) do nº 6 do art. 6º, *a contrario*).

Exemplo 17: Uma empresa portuguesa (A) fez deslocar a França um conjunto de 10 trabalhadores com a finalidade de preparar um terreno para cultivo.

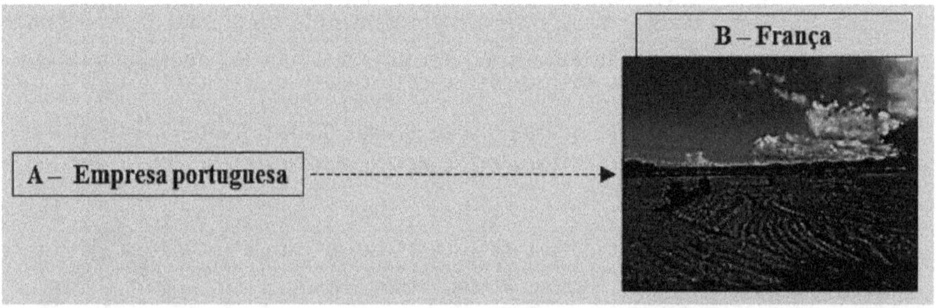

Comentário: Também os serviços qualificados como «serviços agrícolas» podem ser qualificados como relacionados com bens imóveis (al. e) do nº 2 do art. 31º – A do Regulamento de Execução). Nesse sentido, estão abrangidos aqueles trabalhos que têm por finalidade preparar o terreno para o cultivo de culturas ou cultivar o terreno, através da lavra, da colheita, abate de árvores, etc.

Segundo o Regulamento de Execução (al. f) do nº 2 do art. 31º – A), dado que os serviços agrícolas podem abranger um grande leque de atividades, deve ficar claro que estes serviços só devem ser considerados como relacionados com bens imóveis se disserem respeito a trabalhos efetuados em terrenos[107].

[106] Entre outras, veja-se a Informação Vinculativa, Processo 9204, 16/12/2015. A mesma lógica que é seguida nas locações de equipamentos. Isto é, uma locação de equipamento tendo em vista a realização de obras em bens imóveis deve ser considerada uma prestação de serviços relacionados com bens imóveis, na medida em que o prestador responsável pela locação do equipamento assume a responsabilidade pela execução das obras (art. 31º-B do Regulamento de Execução).

[107] Por exemplo, a criação de gado é uma atividade agrícola que não deve ser considerada como relacionada com bens imóveis, bem como a triagem, a transformação, a embalagem, a rotulagem e o

Exemplo 18: Empresa espanhola presta serviços relacionados com estudos e avaliação do risco de integridade de bens imóveis em território nacional, tendo como adquirente uma empresa portuguesa.

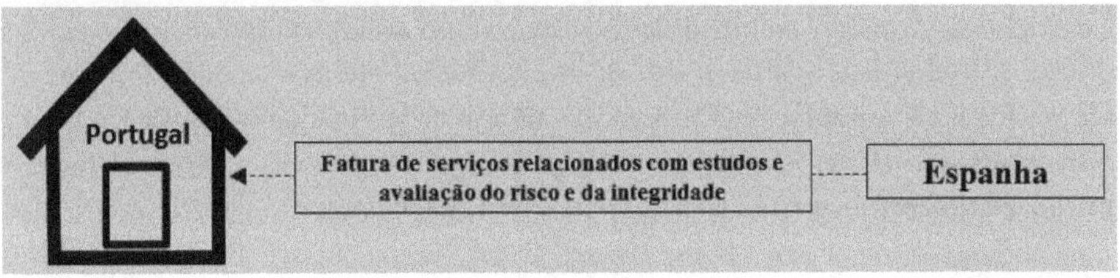

Comentário: Os serviços realizados por peritos, que tem como objetivo o estudo e avaliação do risco e da integridade dos bens imóveis, devem ser tributados no lugar onde o bem imóvel está situado[108]. Ora, no caso em concreto, sendo realizados em Portugal, será a operação localizada em território nacional (al. a) do nº 8 do art. 6º).

Exemplo 19: Empresa espanhola procede à avaliação de bens imóveis sitos em Portugal, tendo como adquirente uma empresa portuguesa.

Comentário: Uma vez que os serviços de avaliação podem ser prestados em muitas circunstâncias, todos os serviços de avaliação, independentemente dos propósitos desta,

transporte de culturas após a sua colheita ou de árvores após terem sido cortadas não se qualificariam também como serviços relacionados com bens imóveis.

[108] São dados como exemplos de serviços de avaliação do risco e da integridade, os prestados por peritos a companhias de seguros para determinar as condições de um contrato de seguro associado a um edifício; os estudos de viabilidade realizados tendo em vista trabalhos de construção; a avaliação técnica do estado físico e/ou da integridade do bem imóvel específico; a avaliação da eficiência energética, a avaliação da documentação relativa à segurança e a conformidade com outras obrigações em matéria de ambiente, saúde ou segurança.

estão relacionados com bens imóveis (al. g) do nº 2 do art. 31º – A do Regulamento de Execução). Assim, estão contemplados, designadamente, os serviços de avaliação para efeitos de seguros, para determinar o valor de um bem utilizado como garantia de um empréstimo ou para avaliar os riscos e danos no âmbito de litígios, etc. Embora o estudo e a avaliação do risco e da integridade (visto no caso anterior) possam, por vezes, ser prestados juntamente com serviços de avaliação, os mesmos podem, igualmente, ser prestados separadamente. Deste modo, não só os serviços de avaliação, mas também outros serviços de peritos que servem propósitos semelhantes, são considerados e, por isso, a tributação ocorre no território da situação do imóvel.

Exemplo 20: Um conjunto de peritos de uma empresa espanhola desloca-se a Portugal para avaliar o risco de uma transação comercial.

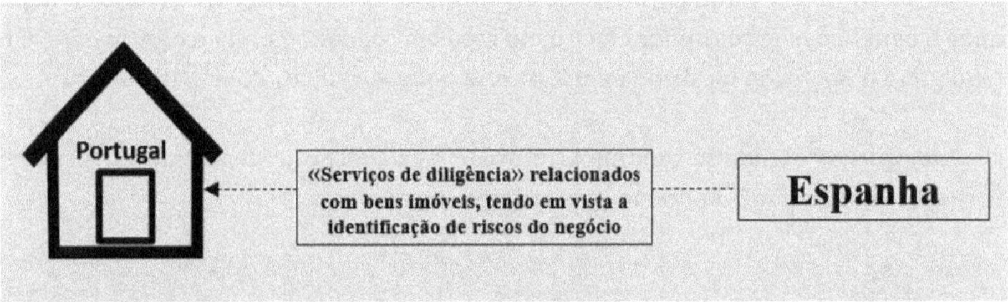

Comentário: Estes serviços de diligência abrangem um conjunto alargado de serviços de peritos que consistem na investigação e na análise da situação de uma entidade antes da realização de uma transação comercial. Em regra, visam identificar potenciais riscos e permitir uma melhor valorização dos ativos da entidade.

Se estes serviços prestados por peritos, normalmente realizados por auditores e engenheiros, fazem parte de um conjunto complexo de serviços, e a avaliação do bem imóvel é predominante, o serviço de diligência que foi prestado deve ser considerado como relacionado com bens imóveis (al. g) do nº 2 do art. 31º – A do Regulamento de Execução).

Exemplo 21: Empresa portuguesa arrenda a uma empresa espanhola um imóvel em Portugal.

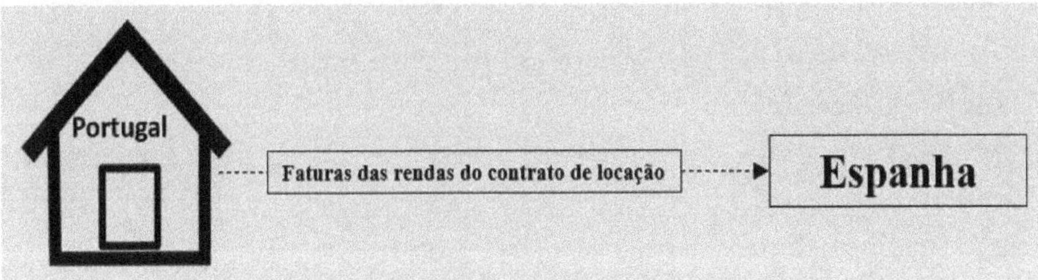

Comentário: Na Diretiva IVA não se prevê qualquer definição de locação/arrendamento de bens imóveis. Assim, geralmente aceita-se que a locação/arrendamento de bens imóveis consiste essencialmente em conferir a uma parte, durante um período acordado e em contrapartida de remuneração, o direito de ocupar um imóvel como se fosse o seu proprietário, excluindo qualquer outra pessoa do benefício desse direito[109]. Deste modo, a locação/arrendamento de bens imóveis só pode ser abrangida pelo art. 47º da Diretiva IVA na medida em que seja considerada uma prestação de serviços e não uma entrega de bens ao abrigo da legislação interna aplicável[110].

[109] No entanto, se a ocupação de espaços físicos envolver outros serviços, como, por exemplo, cedência de pessoal, estamos perante contratos de prestação de serviços, os quais estão sujeitos a IVA, não beneficiando da isenção a que alude o nº 30 do art. 9º (neste sentido, veja-se o acórdão do Tribunal Central Administrativo Norte 01492/05.7BEVIS, de 11/03/2021).

[110] Segundo jurisprudência consolidada do TJUE, um imóvel dado de arrendamento não constitui EE em circunstâncias em que o proprietário desse imóvel não dispõe do seu próprio pessoal para executar a prestação relacionada com o arrendamento. Veja-se, o recente acórdão, Processo C-931/19 de 03/06.

Exemplo 22: Empresa espanhola (B) recorre ao serviço de armazenagem de bens em Portugal, prestados por uma empresa portuguesa (A) que envia a respetiva fatura.

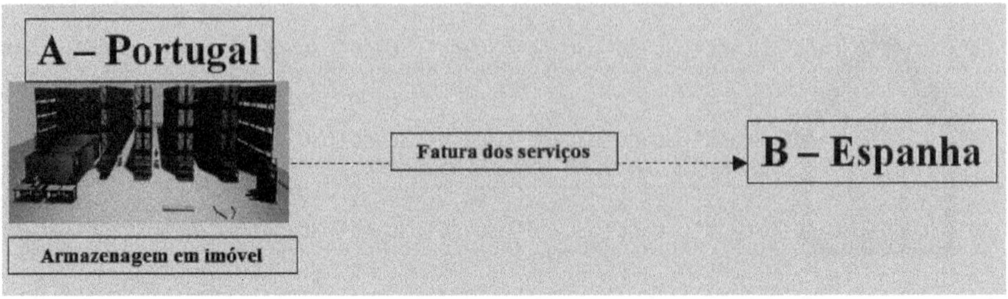

Comentário: Nestes casos, teremos de atender à parte específica do imóvel onde os bens são armazenados, nomeadamente ao uso exclusivo do destinatário.

Seguindo o Regulamento de Execução (al. h) do nº 2 do art. 31º - A), para que a armazenagem seja considerada como estando relacionada com bens imóveis, o espaço onde os bens são armazenados tem de estar perfeitamente identificado, o destinatário ser conhecido e esse espaço estar consagrado exclusivamente à satisfação das suas necessidades durante a totalidade do período de vigência do contrato. Quer dizer, nos casos em que é atribuído um espaço a um destinatário, exclusivamente para efeitos de armazenagem de bens (isto é, um espaço onde apenas esse destinatário pode armazenar bens), poderá ser considerada um serviço relacionado com bens imóveis, ainda que o beneficiário da prestação apenas possa aceder a esse espaço em determinados momentos ou sob determinadas condições[111].

Pelo contrário, se o adquirente da armazenagem não tem, por exemplo, direito de acesso à parte do imóvel onde os seus bens estão armazenados, ou então que o bem imóvel em causa não constitua um elemento central e indispensável da prestação de

---

[111] Através da Informação Vinculativa, Processo 7269, de 26/09/2014, a AT considerou que, caso a prestação de serviços de armazenagem contratada se trate de uma única prestação e apresente uma *«ligação suficientemente direta com um bem imóvel»*, no sentido de os adquirentes do serviço terem *«direito de acesso à parte do imóvel onde as mercadorias estão armazenadas»*, está em causa uma operação localizada e tributada no local da situação do imóvel. Caso contrário, isto é, se a prestação de serviços de armazenagem for acessória de outra prestação de serviços, então dever-se-á aplicar a regra geral (neste sentido, o TJUE no caso *Donnelley Global S. Poland*, Processo C-155/12, de 27/06/2013).

serviços, já não estamos no âmbito de uma prestação de serviços relacionada com um bem imóvel[112].

Exemplo 23: Empresa portuguesa (A) presta serviços de armazenagem e um conjunto de outros serviços adicionais a um seu cliente estabelecido em Espanha (B).

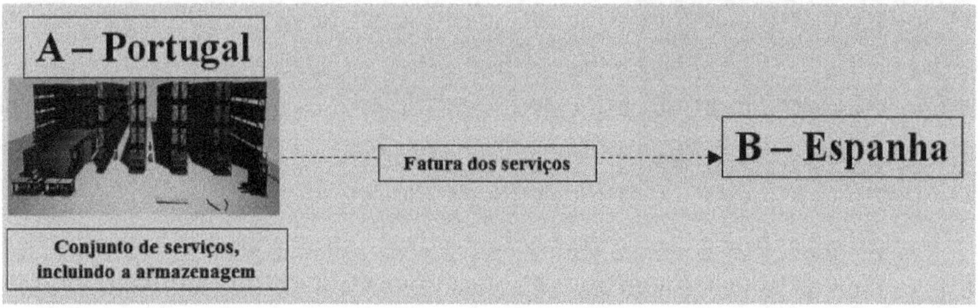

Comentário: Este conjunto de serviços, nos quais se integra a armazenagem, é por natureza complexo, pelo que, em primeiro lugar, teremos que verificar se se trata de prestações únicas ou de múltiplas prestações. Para o efeito, seguindo o Regulamento de Execução, deve ser realizado o seguinte teste: *(i)* se o serviço de armazenagem de bens é prestado juntamente com outros serviços que estão interligados e que formam, objetivamente, um serviço único indissociável cuja decomposição teria natureza artificial, sendo o elemento de armazenagem do serviço único, em todo o caso, o elemento principal; ou *(ii)*, se o serviço de armazenagem é prestado juntamente com outros serviços meramente acessórios, constituindo apenas um meio de beneficiar, nas melhores condições, do serviço de armazenagem.

Em qualquer uma das situações, em caso afirmativo, a prestação complexa deve ser tratada como uma prestação única. Assim, desde que uma parte específica da instalação de armazenagem esteja afeta ao uso exclusivo do destinatário, os serviços indissociáveis (no primeiro caso) e todos os componentes da prestação complexa, tanto a armazenagem de bens como os serviços acessórios conexos (segundo caso), devem estar sujeitos a IVA no lugar onde a instalação de armazenagem está situada.

[112] Assim, deve ser feita uma distinção entre a simples colocação à disposição de bens imóveis (al. h) do nº 2 do art. 31º-A), como relacionados com bens imóveis, e a colocação à disposição de um *stand* em conjunto com outros serviços afins que permitem ao expositor expor os seus produtos (al. e) do nº 3 do art. 31º-A), como não relacionados com bens imóveis.

Exemplo 24: Serviços de alojamento prestados no setor hoteleiro e fora do setor hoteleiro (chalés de férias, casas de férias, trocas de casas de férias, parques de campismo, etc.), prestados no Algarve, por uma empresa portuguesa.

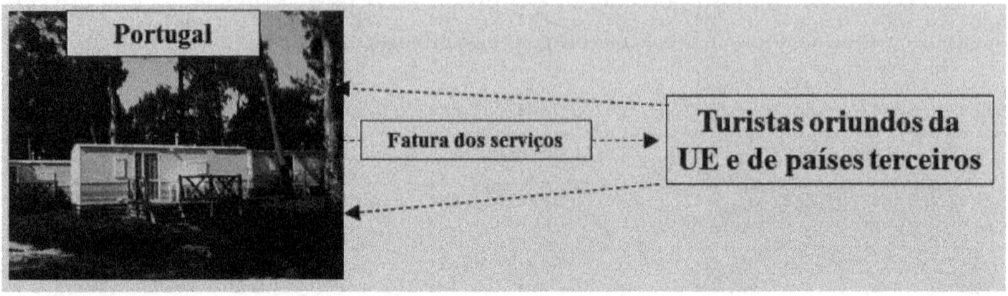

Comentário: Neste domínio, tanto os serviços de alojamento em hotéis, mas também os serviços de alojamento em setores com funções similares, bem como os campos de férias ou os terrenos destinados a campismo, estão abrangidos pelo art. 47º da Diretiva IVA, sendo critério importante saber se o bem imóvel será utilizado ou não para fins de alojamento. Assim, seguindo o Regulamento de Execução (al. i) do nº 2 do art. 31º - A), qualquer serviço de alojamento sujeito a IVA (isto é, considerado uma prestação tributável) deverá ser considerado como estando relacionado com bens imóveis, independentemente do tipo de alojamento envolvido na prestação do serviço (um quarto de hotel, uma habitação, um *bungalow*, uma casa na árvore, uma iurta, uma tenda circular, um parque de campismo, etc.).

Exemplo 25: Titulares, não residentes, de direitos de utilização periódica de imóveis em Portugal, mediante uma contrapartida económica, abdicam ou trocam essa utilização a que têm direito.

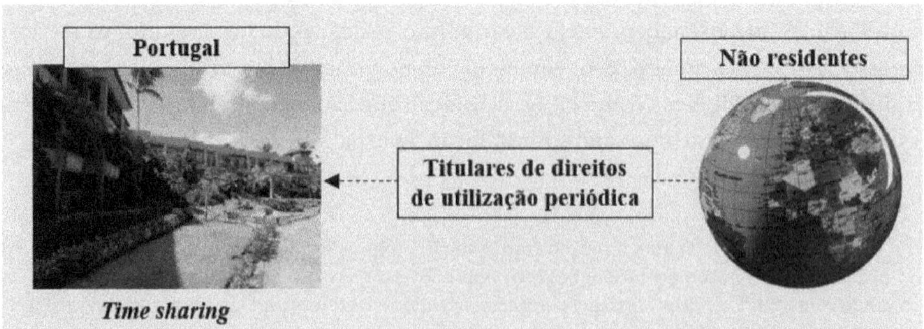

Comentário: Como vimos, os serviços de alojamento em hotéis e estabelecimentos semelhantes estão relacionados com bens imóveis e, por isso, são tributados no território da situação.

Neste caso, está também abrangida a troca dos direitos de utilização periódica, isto é, quando temos uma conversão de direitos de utilização periódica (constituem direitos sobre bens imóveis) em que se permite aos destinatários exercer, mediante uma contrapartida económica, o direito de utilizar temporariamente um bem imóvel (hotel, alojamentos, moradias...)[113].

Regra geral, um titular de direitos de utilização periódica, que pretenda trocar o seu direito pelo direito de outro titular, não contacta diretamente com a(s) pessoa(s) que pretendem essa troca, mas antes com uma entidade cuja atividade consiste em organizar o intercâmbio entre os seus membros mediante uma contrapartida económica. O serviço de facilitar, organizar ou permitir o intercâmbio de direitos de utilização periódica é consumido no lugar onde os bens imóveis em relação aos quais os direitos de utilização periódica, objeto de intercâmbio, estão situados, pelo que os serviços prestados por entidades que administram e organizam qualquer tipo de intercâmbio, entre os seus membros, estão relacionados com bens imóveis.

Exemplo 26: Direitos de utilização de zonas específicas relacionados com bens imóveis, como sejam, a licença para utilizar parte de um bem, a concessão de direitos de pesca e de caça ou o acesso a salas de espera nos aeroportos, ou ainda a utilização de uma infraestrutura pela qual são cobradas portagens como pontes e túneis.

---

[113] Nos termos da al. i) do nº 2 do art. 31º-A do Regulamento de Execução, aos serviços relacionados com «o direito a permanecer num lugar específico resultante da conversão de direitos de utilização periódica» é aplicável o art. 47º da Diretiva IVA. De referir ainda que a intermediação relacionada com estes serviços, por exemplo, facilitando o intercâmbio dos direitos de utilização, pode estar relacionada com bens imóveis, desde que o intermediário não esteja a agir em nome e por conta de outrem (al. d) do nº 3 do art. 31º-A do Regulamento de Execução).

Em Portugal são prestados serviços relacionados com a utilização de salas de aeroporto, «estacionamento» de embarcações, licença e concessão de direitos de pesca e de caça ou ainda a utilização de uma infraestrutura pela qual são cobradas portagens.

Comentário: Já vimos que os serviços de locação, arrendamento e a armazenagem (al. h) do nº 2 do art. 31º – A do Regulamento de Execução) e os serviços de alojamento (al. i) do nº 2 do art. 31º – A do Regulamento de Execução), são tributáveis no local onde está o imóvel.

Este tipo de serviços específicos, relacionados com a atribuição e transmissão de outros direitos de utilização de bens imóveis, é mais abrangente, já que visa incluir outros serviços que não estão nas duas alíneas suprarreferidas. Assim, a atribuição e a transmissão de direitos de utilização da totalidade ou de partes de um bem imóvel, tem enquadramento, designadamente, quanto a direitos de pesca e de caça, acesso a salas de espera nos aeroportos, utilização de pontes ou túneis sujeitos ao pagamento de portagens[114], ou outros de natureza análoga (al. j) do nº 2 do art. 31º – A do Regulamento de Execução).

Outros exemplos trazidos pelo Regulamento de Execução são os serviços de «estacionamento» (amarração, ancoragem, atracagem...) em instalações portuárias ou aeroportuárias, a concessão de direitos de utilização de zonas específicas de portos ou aeroportos, etc.

---

[114] Assim, nas portagens que, por exemplo, um transportador nacional suporte no estrangeiro, nomeadamente em outros EM, o IVA é devido nesses territórios, uma vez que se trata de serviços relacionados com bens imóveis (em regra, autoestradas) situados fora do território nacional (al. a) do nº 7 do art. 6º). De igual modo, caso houvesse comissões que incidissem sobre as portagens, a regra seria a mesma, ou seja, localizada no território do respetivo imóvel (ponte, túnel, autoestrada...). O SP terá a possibilidade de solicitar o reembolso do imposto suportado nesses EM, seguindo os procedimentos estabelecidos no anexo ao DL 186/2009. Neste sentido, veja-se a Informação Vinculativa, Processo 19850, de 07/01/2022.

Os serviços adicionais, como a manutenção de embarcações amarradas em lugares de amarração alugados, serviços de limpeza e de lavandaria ou os serviços de telecomunicações, restauração e assistência de restauração prestados em salas de espera VIP de aeroportos, em princípio, não estão abrangidos, ou seja, será aplicada a regra geral. Contudo, se se tratar de um serviço global (prestação única), deve ser entendido que estamos perante serviços relacionados com bens imóveis.

Exemplo 27: Um conjunto de escritórios em território nacional é partilhado por diversas empresas (pessoas físicas e jurídicas, residentes e não residentes).

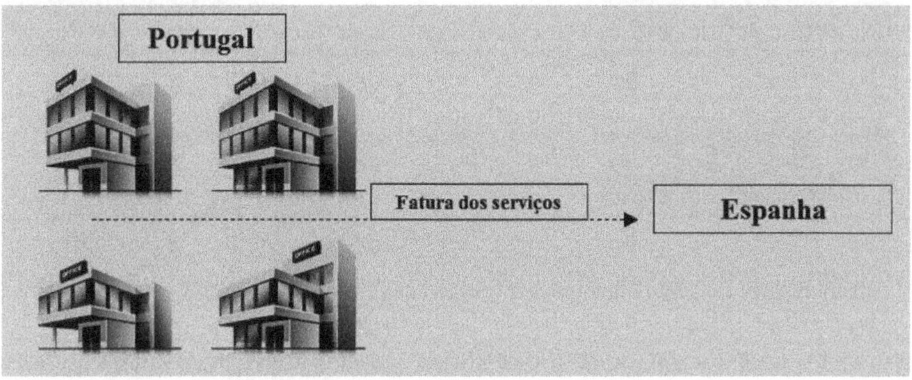

Comentário: Esta partilha de escritórios é, em regra, uma prática que permite às entidades a obtenção de sinergias. De facto, estes espaços que são ocupados em comum ou parcialmente, entre outros benefícios, potenciam, por um lado, o alargamento da rede profissional e, por outro lado, minimizam os encargos com o arrendamento.

Os serviços prestados podem assumir diferentes componentes que vão desde o simples arrendamento de uma secretária à utilização de uma ampla gama de serviços, tais como a utilização de telefones, fotocopiadoras, impressoras, cozinhas, salas de reunião, etc. Por isso, destes serviços pode resultar em faturas distintas: por um lado, o arrendamento básico, e, por outro, serviços adicionais.

Para efeitos do IVA, o lugar das prestações desses serviços depende da sua qualificação como um serviço único ou vários serviços. Para cada prestação única, incluindo as prestações agrupadas consideradas como uma prestação única, há que examinar se a utilização da totalidade ou de partes do bem imóvel (áreas de gabinetes) constitui o elemento central e indispensável do contrato. Sempre que assim seja, o IVA é devido no território onde os escritórios estão situados (al. i) do nº 2 do art. 31º – A do Regulamento de Execução).

Exemplo 28: Uma embarcação, pertença de uma empresa espanhola está «estacionada» no Rio Tejo, onde são levados a cabo diversos serviços de alojamento e eventos sociais.

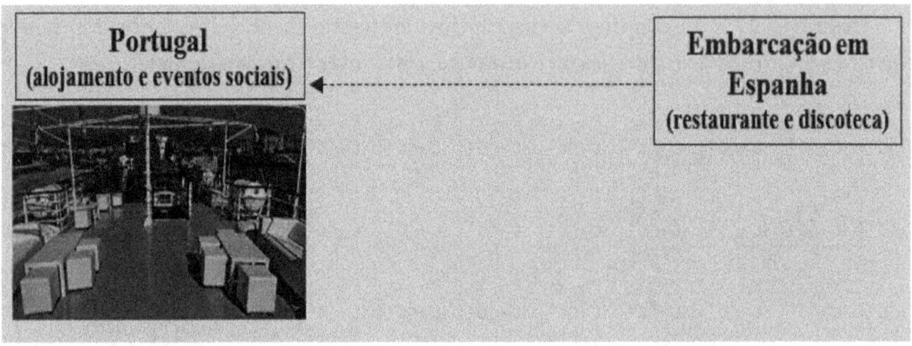

Comentário: Este tipo bens móveis (barco-casa) podem ser considerados «imóveis», para efeitos do IVA, quando se encontrem imobilizados por meio de amarras num local delimitado e neles são exercidas, mediante um contrato, atividades económicas, como seja o arrendamento para fins de alojamento, de organização de eventos sociais, prestação de serviços de restauração, etc. (al. j) do nº 2 do art. 31º – A do Regulamento de Execução). Assim, verificadas estas condições, o direito de utilização da totalidade ou de partes da embarcação em causa pode ser considerada um serviço relacionado com bens imóveis[115].

Exemplo 29: Empresas não residentes (da UE e fora da UE) realizam diversos serviços em bens imóveis sitos em território nacional.

[115] Veja-se a Informação Vinculativa, Processo 2592, de 13/10/2011. Uma doca é considerada um bem imóvel e, como tal, as operações de amarração e estacionamento de uma embarcação, nas quais se depreende está incluída a operação descrita como *«aluguer de estadia de embarcações no seu porto de recreio»*, devem considerar-se operações relacionadas com bens imóveis, e como tal localizadas e tributáveis em Portugal. Acresce que esta locação não está isenta de IVA (al. b) do nº 29 do art. 9º).

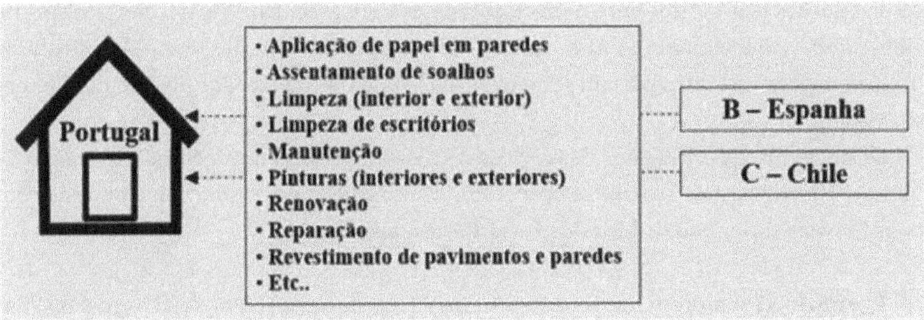

Comentário: Conforme está explícito no Regulamento de Execução (al. k) do nº 2 do art. 31º – A), o âmbito de aplicação abrange um amplo conjunto de serviços, como sejam as obras de renovação, serviços de reparação, manutenção, limpeza interior e exterior de um edifício etc.[116]. Assim, neste caso em concreto, em todos os serviços referidos, relacionados com imóveis em Portugal, será devido IVA em território nacional, independentemente do prestador e do adquirente (al. a) do nº 8 do art. 6º).

Exemplo 30: Empresa espanhola procede em território nacional à reparação/substituição de infraestruturas de telecomunicações.

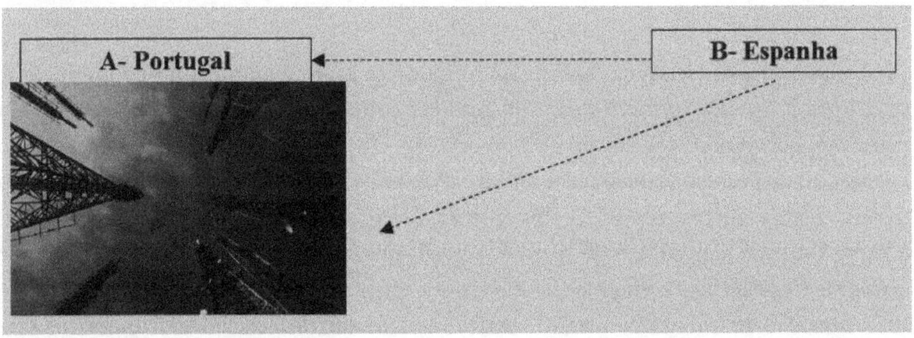

Comentário: Com a finalidade de ilustrar o conceito de «estruturas permanentes», o Regulamento de Execução (al. l) do nº 2 do art. 31º – A), apresenta uma lista exemplificativa, fazendo referência às condutas de gás, de água e de esgotos, infraestruturas

[116] Nesse sentido, veja-se a Informação Vinculativa, Processo 14774, de 11/04/2019.

ou instalações necessárias para a prestação de serviços essenciais (tais como transporte, eletricidade, aquecimento, abastecimento de água, comunicações, etc.). As estruturas utilizadas para estes fins podem ser enterradas, assentes ou fixadas ao solo de diferentes formas.

Deste modo, as prestações de serviços de manutenção, renovação ou reparação de infraestruturas de telecomunicação podem ser consideradas como relacionadas com bens imóveis e, por isso, tributadas no território da situação.

Exemplo 31: Empresa dos Estados Unidos (B) deslocou-se a Portugal para a instalação e montagem de um teleférico, debitando o serviço a uma empresa portuguesa (A).

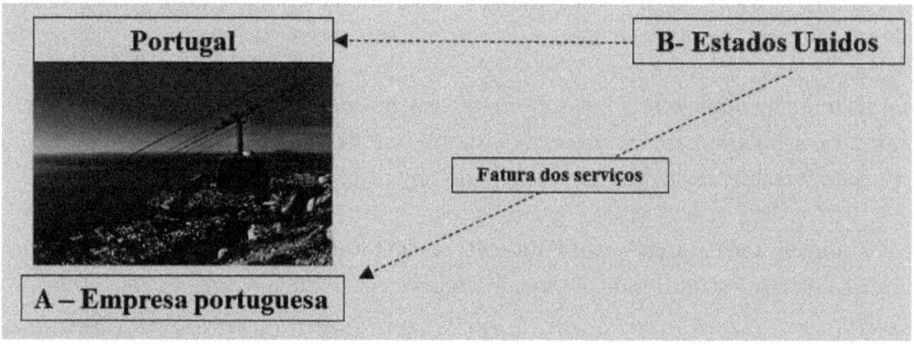

Comentário: Os serviços de instalação/montagem de máquinas ou equipamentos que, após a instalação/montagem, possam ser considerados bens imóveis, estão, em princípio, abrangidos (al. m) do nº 2 do art. 31º – A). Neste sentido, «*qualquer elemento que tenha sido instalado e faça parte integrante de um edifício ou de uma construção, sem o qual estes não estão completos*»[117] e «*qualquer elemento, equipamento ou máquina permanentemente instalado num edifício ou numa construção que não possa ser deslocado sem destruir ou alterar o edifício ou a construção*»[118] devem ser considerados bens imóveis.

Assim, a al. m) do nº 2 do art. 31º – A do Regulamento de Execução destina-se a esclarecer explicitamente que os serviços de instalação/montagem de bens móveis, quando instalados/montados em bens imóveis, devem ser considerados serviços relacionados com bens imóveis. Por seu turno, a al. n) do nº 2 do art. 31º – A do Regulamento de

[117] Nos termos da al. c) do art. 13º-B.

[118] Nos termos da al. d) do art. 13º-B.

Execução complementa a disposição prevendo a aplicação do mesmo tratamento no que diz respeito à manutenção, reparação, inspeção e fiscalização de tais bens.

Exemplo 32: Empresa espanhola presta serviços de manutenção de equipamentos e máquinas que constituem bens imóveis em Portugal. Umas vezes os técnicos da empresa espanhola deslocam-se a Portugal, outras vezes esses serviços são prestados à distância (desde Espanha).

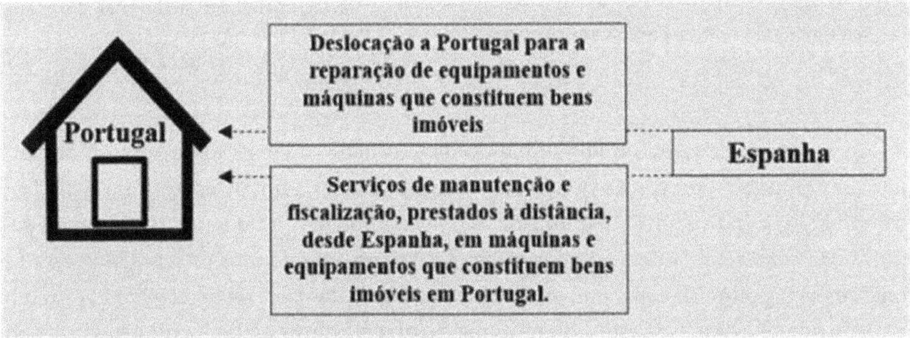

Comentário: Seguindo o Regulamento de Execução, assim que as máquinas ou os equipamentos, instalados e/ou montados, sejam considerados bens imóveis, a manutenção e reparação, inspeção e fiscalização dos serviços prestados relativamente a tais máquinas ou equipamentos devem ser consideradas como estando relacionadas com bens imóveis. Assim, independentemente do modo como o serviço é prestado (fisicamente ou à distância), dada a natureza do serviço (sobre bens imóveis) o tratamento, para efeitos do IVA, é o mesmo (al. m) do nº 2 do art. 31º – A, do Regulamento de Execução)[119]. Consequentemente, como as máquinas e os equipamentos (que constituem bens imóveis) estão em Portugal, os serviços prestados consideram-se aqui localizados (al. a) do nº 8 do art. 6º).

Exemplo 33: Empresa portuguesa (A), que presta serviços de «gestão de imóveis», tem como adquirentes não residentes (B).

[119] É claro que os serviços de montagem realizados num local diferente antes da entrega dos bens no local de instalação/montagem, bem como o transporte ou entrega de tais bens não estão abrangidos pelo âmbito desta norma.

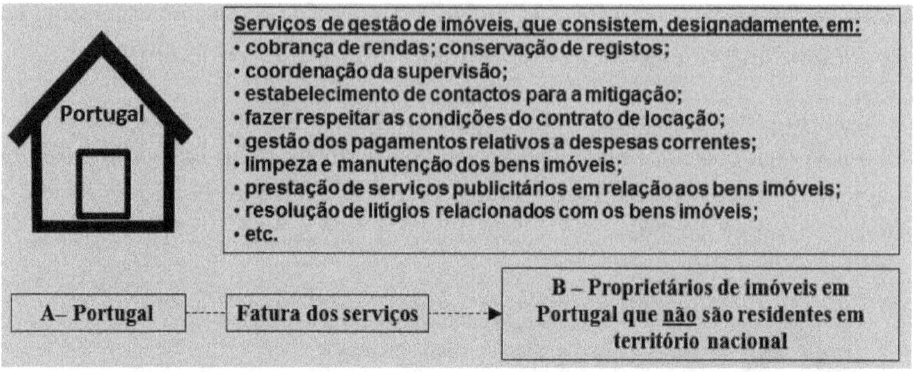

Comentário: Seguindo o Regulamento de Execução, o conceito de «gestão de bens imóveis» engloba a prestação de serviços administrativos a fim de assegurar o bom funcionamento, a manutenção e a utilização de bens imóveis, independentemente da sua utilização comercial, industrial ou residencial. Assim, como todos os serviços prestados referem-se à gestão de bens imóveis *«pelo proprietário dos bens ou em seu nome»*, tal não impede que os serviços prestados em nome do arrendatário ou do locatário sejam considerados como relacionados com bens imóveis ao abrigo de outras disposições específicas ou das disposições gerais do Regulamento de Execução (al. o) do nº 2 do art. 31º – A do Regulamento de Execução)[120]. Deste modo, os serviços prestados consideram-se localizados em Portugal (al. a) do nº 6 do art. 8º).

Exemplo 34: Venda de um imóvel localizado fora do território nacional, efetuada com a intermediação de uma empresa portuguesa (A). O adquirente dos serviços de intermediação é uma empresa holandesa (B).

[120] Já a gestão de investimentos, como é o caso da gestão de carteiras, não deve ser considerada um serviço relacionado com bens imóveis, mesmo que os investimentos digam respeito a bens imóveis. Neste âmbito, a gestão de carteiras de investimentos é uma prestação de natureza financeira e, como tal, pode ser considerada uma operação financeira.

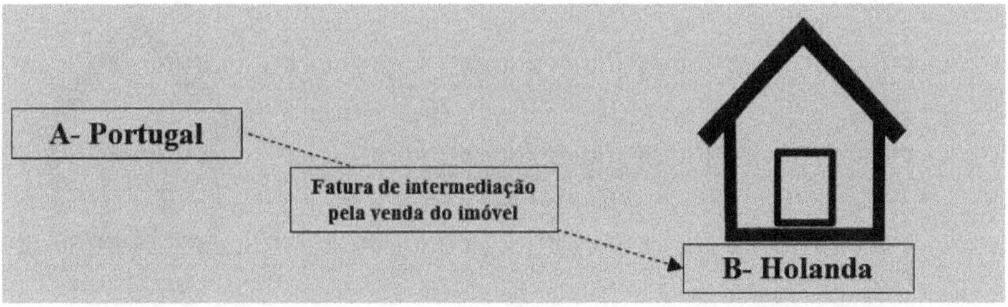

Comentário: As intermediações relacionadas com imóveis estão abrangidas pelo art. 47º da Diretiva IVA, que inclui, explicitamente, no seu âmbito de aplicação, os serviços de peritos e agentes imobiliários, ainda que estes serviços de intermediação possam ser prestados por outros profissionais ou entidades jurídicas (al. p) do nº 2 do art. 31º - A do Regulamento de Execução). Por outro lado, apenas quando o elemento principal for identificado como intermediação na venda ou na locação ou arrendamento de bens imóveis, ou na constituição ou transferência de determinados direitos ou direitos reais sobre bens imóveis, pode o serviço, na sua totalidade, ser abrangido, ou seja, a prestação intermediária única é considerada como estando relacionada com bens imóveis (al. p) do nº 2 do art. 31º - A do Regulamento de Execução). Em sentido contrário, não se consideram serviços relacionados com bens imóveis a intermediação na prestação de serviços de alojamento no setor hoteleiro e em setores similares[121].

Neste caso em concreto, como o imóvel está situado fora do território nacional, estamos perante uma operação não sujeita a IVA (al. a) do nº 7 do art. 6º).

Exemplo 35: Venda de um imóvel localizado fora do território nacional, efetuada com a intermediação de uma empresa portuguesa (A). O adquirente dos serviços de intermediação é um particular.

[121] O Regulamento de Execução (al. d) do nº 2 do art. 31º-A) exclui expressamente estes serviços de intermediação, se o intermediário agir em nome e por conta de outra pessoa. De sublinhar que, quando um SP age em nome próprio, não é tratado como um intermediário, mas como um prestador, em conformidade com o art. 28º (ou com os artigos 306º e seguintes, se for caso disso) da Diretiva IVA.

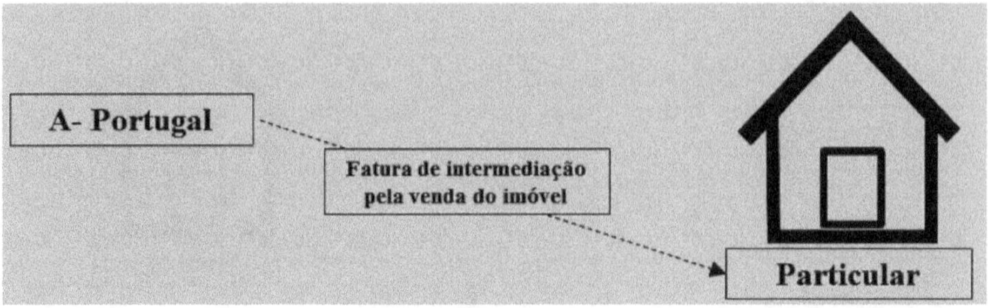

Comentário: Como na situação anterior, a operação de intermediação localiza-se fora do território nacional, dada a situação do imóvel (al. a) do nº 7 do art. 6º). Todavia, neste caso, como o adquirente é um particular, a empresa portuguesa teria de cumprir com as obrigações (fiscais) no território da situação. Ou seja, no caso do IVA, admitindo que o imóvel se situava na UE (exemplo, Espanha), a empresa portuguesa teria de entregar nesse EM o IVA (espanhol) correspondente.

Exemplo 36: Venda de um imóvel localizado no território nacional, efetuada com a intermediação de uma empresa italiana (B). O adquirente dos serviços de intermediação é uma empresa portuguesa (A).

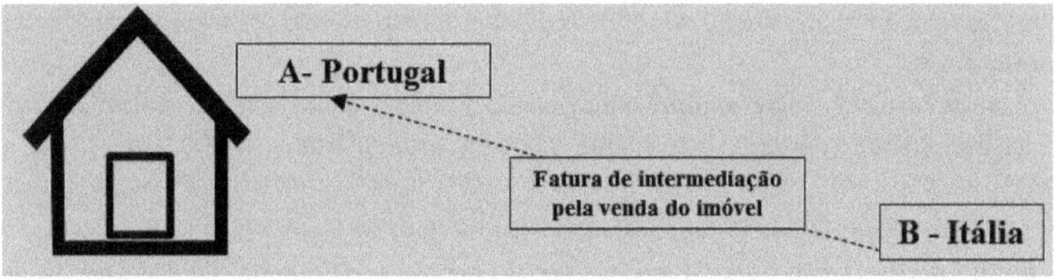

Comentário: A operação de intermediação localiza-se no território nacional (al. a) do nº 8 do art. 6º). O responsável pela liquidação do IVA é o SP português, adquirente dos serviços (por força da al. g) do nº 1 do art. 2º).

Exemplo 37: Venda de um imóvel localizado no território nacional, efetuada com a intermediação de uma empresa espanhola (B). O adquirente dos serviços de intermediação é uma empresa francesa (C).

Comentário: A operação de intermediação localiza-se em Portugal (al a) do nº 8 do art. 6º). O responsável pela liquidação do IVA é o intermediário, podendo, para o efeito, nomear representante no território nacional (art. 30º).

Exemplo 38: Venda de um imóvel localizado no território nacional, efetuada com a intermediação de uma empresa estabelecida na Polónia (B). O adquirente dos serviços de intermediação é uma pessoa que não tem a condição de SP.

Comentário: À semelhança da situação anterior, a operação de intermediação localiza-se no território nacional (al. a) do nº 8 do art. 6º), competindo à empresa da Polónia a entrega do IVA em Portugal.

Exemplo 39: Empresas não residentes prestam «serviços jurídicos» relacionados com imóveis em território nacional.

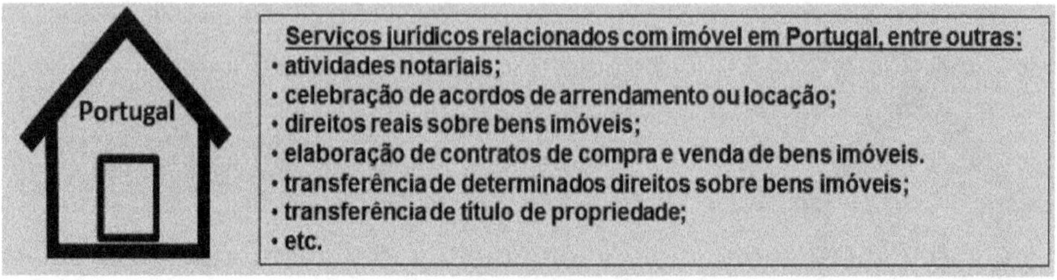

Comentário: Para ficarem abrangidos pela aplicação do art. 47º da Diretiva IVA, os serviços jurídicos têm de estar relacionados com a transferência de um título de propriedade imobiliária, o estabelecimento ou transferência de determinados direitos ou direitos reais sobre bens imóveis. Assim, os serviços jurídicos abrangidos pela «regra do imóvel» são apenas os relacionados com a alteração jurídica da propriedade (al. q) do nº 2 do art. 31º – A do Regulamento de Execução), o que significa que podem ficar abrangidos por esta norma quando estiverem relacionados com situações passadas.

Neste âmbito, as atividades notariais e a elaboração de contratos de compra e venda de bens imóveis relacionadas com a transferência da propriedade estão abrangidos. O mesmo já não acontecerá se, por exemplo, estiverem relacionados com investimentos imobiliários, liquidações, elaboração de contratos de construção ou de locação. Quer dizer, no caso dos serviços jurídicos relacionados com a celebração de acordos de arrendamento ou locação e a celebração de tal acordo estabeleça ou transfira determinados direitos ou direitos reais sobre o bem imóvel em causa, tais serviços devem ser considerados como relacionados com bens imóveis.

Em suma, apenas a transferência de um título de propriedade imobiliária ou a transferência de determinados direitos sobre bens imóveis ou ainda a transferência de direitos reais sobre bens imóveis estão abrangidos. Qualquer outro tipo de alteração jurídica não são se considera para efeitos desta disposição.

Quanto ao prestador, o Regulamento de Execução (al. q) do nº 2 do art. 31º – A) não limita a prestação aos advogados ou notários que, em regra, prestam estes serviços. Exige é que o prestador, responsável pela prestação dos serviços jurídicos, seja um SP e que tais serviços estejam diretamente relacionados com a transferência de um título de propriedade imobiliária, a transferência de determinados direitos ou direitos reais sobre bens imóveis[122].

---

[122] Por exemplo, se estivessem em causa serviços que tenham a ver com uma contestação a ser discutida em tribunal, relacionada com um bem imóvel, esses serviços escapam «à regra do imóvel».

Exemplo 40: Uma empresa não residente prestou serviços de aconselhamento (de natureza jurídica, de consultadoria, de financiamento, etc.), relativamente a um imóvel sito em território nacional.

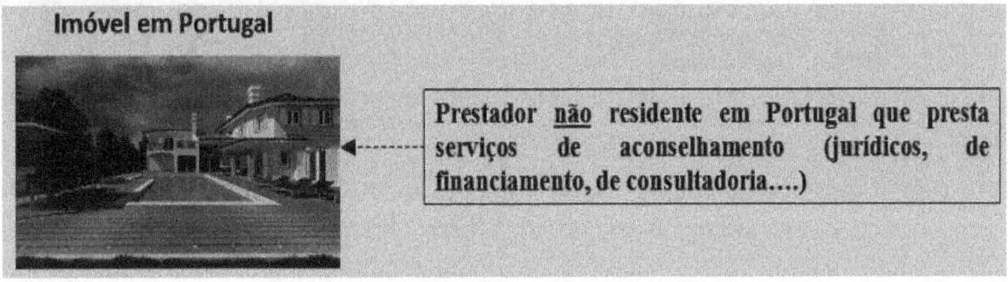

Comentário: Tratando-se exclusivamente deste tipo de serviços, a sua localização deve ser vista à luz da regra geral, já que não estamos perante serviços relacionados com bens imóveis. Assim, nem os serviços jurídicos relacionados com o financiamento de uma aquisição de bens imóveis nem com a consultoria fiscal em matéria de investimento, são considerados como estando relacionados com bens imóveis, uma vez que não visam diretamente a transferência de um título de propriedade imobiliária, o estabelecimento ou transferência de determinados direitos ou direitos reais sobre bens imóveis (al. q) do nº 2 do art. 31º – A do Regulamento de Execução)[123].

Exemplo 41: Uma empresa portuguesa (A), foi contratada por uma empresa (C), sediada em Singapura, para a realização de uma obra de empreitada num imóvel situado nesse país (fatura 1). Nesse âmbito, a empresa portuguesa, subcontratou uma outra empresa de Singapura (B) para a prestação de serviços de consultoria técnica, relacionados com o referido imóvel (fatura 2).

---

[123] São apresentados, a título exemplificativo, serviços jurídicos não abrangidos: aconselhamento jurídico no que se refere às condições contratuais ou a litígios relacionados com a propriedade; aconselhamento fiscal no que se refere a deduções fiscais por investimento a respeito de uma propriedade específica; aconselhamento jurídico no que se refere a impostos associados à transferência de bens imóveis; serviços jurídicos relacionados com a concessão de direitos em penhoras e hipotecas ou serviços relacionados com processos de insolvência.

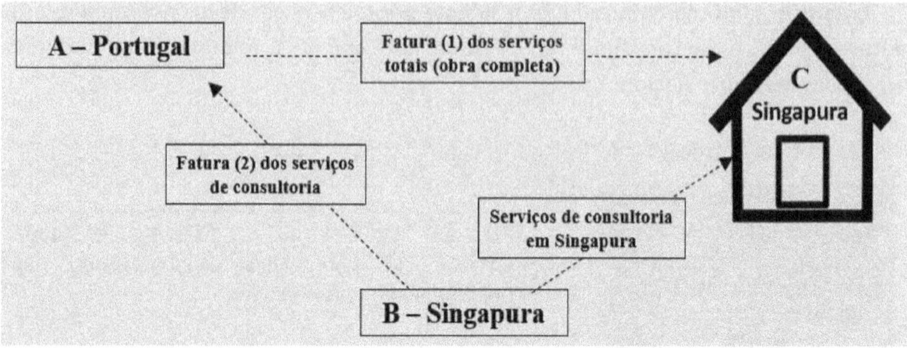

Comentário: Como já temos referido, dado que o imóvel não está situado em território nacional, trata-se de operações (serviços) não localizadas em Portugal (al. a) do nº 7 do art. 6º).

Assim, no que concerne à fatura 1, a empresa portuguesa não liquidaria IVA, tendo de obter informações em Singapura, no sentido de apurar quais as consequências fiscais que deverão ser observadas nesse território.

Quanto à fatura 2, emitida pela empresa de Singapura (B), como o serviço não é localizado em Portugal, uma vez que está diretamente relacionado com um imóvel sito fora deste território, não implicará quaisquer obrigações para efeitos do IVA em território nacional.

Exemplo 42: Uma empresa portuguesa (A) aluga a uma empresa espanhola (B), andaimes para esta prestar serviços de construção civil num imóvel sito em Portugal

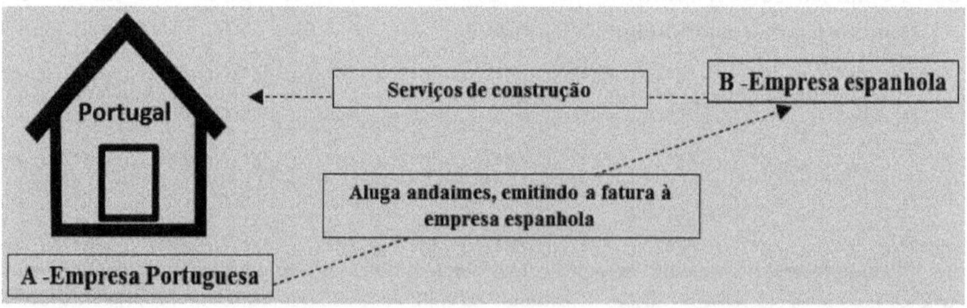

Comentário: Nestes casos de locações (andaimes, máquinas, equipamentos, etc.), só é considerada uma prestação de serviços relacionada com bens imóveis se o prestador assumir a responsabilidade pela execução das obras (art. 31º – B do Regulamento de Execução). Ou seja, já não seria assim se o prestador (empresa portuguesa) assumisse a responsabilidade pela execução dos trabalhos de construção, reparação ou limpeza de imóveis[124].

Assim, estamos perante uma operação abrangida pela regra geral, pelo que a operação é não sujeita a IVA em território nacional (regra geral, al. a) do nº 6 do art. 6º, *a contrario*), devendo o prestador nacional emitir a fatura à empresa espanhola, sem IVA, e inscrever o valor no campo 7 do quadro 06 da DP_IVA e na DR_IVA como operação tipo 5[125].

4.2.2.2. Transporte de passageiros

As prestações de serviços de transporte de passageiros, referidas na al. b) dos nºs 7 e 8 do art. 6º, são tributáveis no lugar onde se efetua o transporte, em função das distâncias percorridas, independentemente da qualidade dos intervenientes. Assim, o IVA correspondente às distâncias percorridas no território nacional é devido em território nacional, independentemente da qualidade do adquirente dos serviços, isto é, seja o adquirente dos serviços SP ou não e seja ele português, da UE ou fora da UE (al. b) do nº 8 do art. 6º). Pelo contrário, já não é devido em Portugal o IVA correspondente às distâncias percorridas fora do território nacional, ainda que tais serviços sejam prestados por operadores nacionais (al. b) do nº 7 do art. 6º).

No entanto, no âmbito de transportes internacionais, há uma isenção generalizada prevista na al. r) do nº 1 do art. 14º, o que, na prática conduz a que não haja IVA nestes transportes na maioria das situações[126].

Por outro lado, deve referir-se, estas regras não se aplicam às situações abrangidas pelo regime especial das agências de viagens e organizadores de circuitos turísticos, regulado pelo DL 221/85, de 03/07.

---

[124] Seria também o caso dos serviços de limpeza e higienização de edifícios, que são enquadráveis na regra de localização das prestações de serviços relacionados com bens imóveis. Neste sentido, veja-se a Informação Vinculativa, Processo 3961, de 08/11/2012.

[125] Veja-se a Informação Vinculativa, Processo 13655, de 21/06/2018.

[126] O transporte de pessoas provenientes ou com destino ao estrangeiro, bem como o das provenientes ou com destino às Regiões Autónomas, e, ainda, o transporte de pessoas efetuado entre as ilhas naquelas Regiões.

Exemplo 1: Empresa espanhola (A), que exerce a atividade de transporte de passageiros, efetuou os seguintes transportes: *(i)* transporte de Madrid para o Porto; *(ii)* transporte do Porto com destino ao estrangeiro (França).

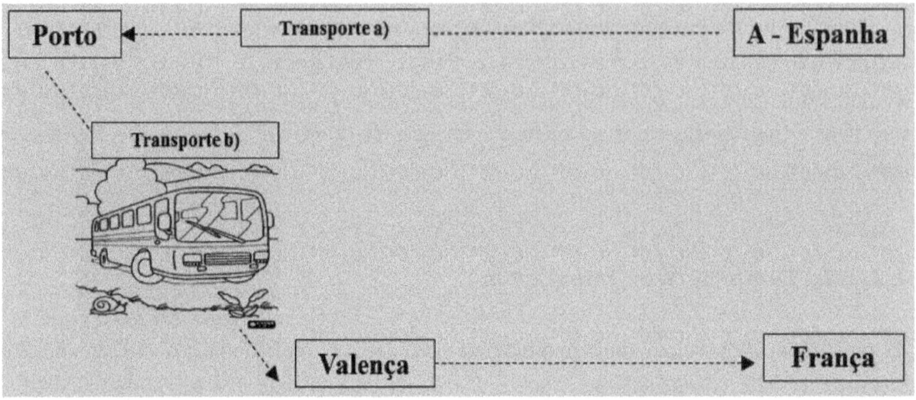

Comentário: Como vimos, no que respeita ao transporte de passageiros, só ficam sujeitas a IVA as prestações de serviços de transporte de passageiros pela distância percorrida em território nacional (al. b) do nº 7 e al. b) do nº 8 do art. 6º).

Assim, estas prestações, se efetuadas por prestadores estabelecidos em território nacional são feitas nos termos gerais do CIVA, o que implica o seguinte enquadramento:

- Sujeito e tributado o transporte de passageiros integralmente efetuado em território nacional[127].
- Sujeito, mas isento de IVA o transporte de passageiros de e para o estrangeiro.

Neste caso, mesmo que os serviços de transporte se considerassem parcial ou totalmente localizados em território nacional, beneficiariam da isenção prevista na já citada al. r) do nº 1 do art. 14º. Por outro lado, não são consideradas localizadas e, por conseguinte, não são tributadas em território nacional, as prestações de serviços de transporte de passageiros efetuadas, cujos percursos são realizados fora deste território, ou

[127] Por exemplo, viagem de avião em território continental, à taxa reduzida de 6% (verba 2.14 da Lista I anexa ao CIVA).

seja, são localizadas em Espanha e França (países onde os percursos são realizados)[128]. Assim, tendo em conta que o transporte de passageiros, se realiza do estrangeiro para Portugal e de Portugal para o estrangeiro, consideramos que a operação é isenta de IVA[129].

Exemplo 2: Empresa portuguesa (A) exerce a atividade de transporte de passageiros em França. Na sequência desses transportes, emite faturas para clientes portugueses, franceses e de outros EM, relativos a serviços realizados em França.

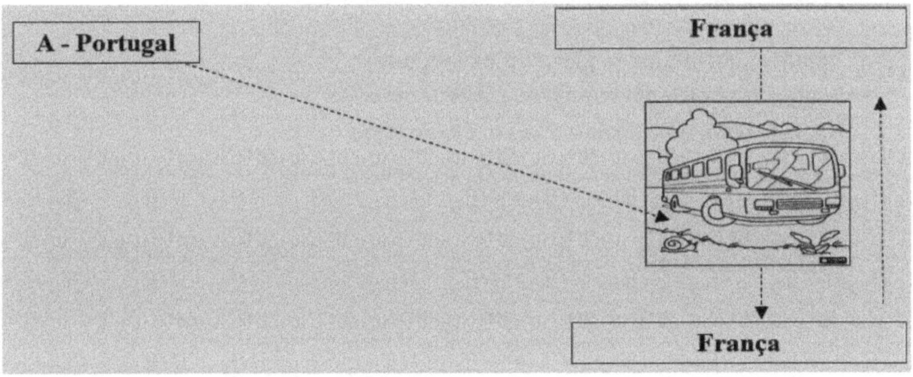

Comentário: O serviço de transporte de passageiros é considerado localizado no espaço fiscal onde é efetuado, pelo que, pela distância percorrida em França, é considerado localizado naquele país (al. b) do nº 7 do art. 6º). Por isso, a empresa portuguesa não liquidará IVA, devendo, contudo, mencionar o valor dos serviços no campo 8 do quadro 06 da DP_IVA, não sendo de mencionar na DR_IVA.

Em França, a empresa portuguesa deve liquidar IVA francês, mesmo quando os adquirentes sejam SP «portugueses», o que implica que tenha de se registar como SP naquele país.

Caso os serviços sejam prestados apenas a SP em França, o IVA poderia ser liquidado pelas empresas francesas, na qualidade de adquirentes de tais serviços[130].

---

[128] Esta operação deverá ser relevada no campo 8 do quadro 06 da DP_IVA (operações previstas na subalínea I) da al. b) do art. 20º). São operações isentas que conferem direito à dedução.

[129] Norma reflexa à nossa al. r) do nº 1 do art. 14º.

[130] Admitindo a existência em França de uma norma equivalente à al. g) do nº 1 do art. 2º. Veja-se a Informação Vinculativa, Processo 12513, de 16/11/2017, relativamente aos transportes de passageiros

Exemplo 3: Uma equipa de futebol da China vem a Portugal realizar um estágio no Algarve, tendo para o efeito sido celebrado um contrato de prestação de serviços global, através de um operador turístico, estabelecido em Portugal, em que, são fornecidos diversos serviços:

- Voo para Portugal e regresso à China;
- Utilização dos parques desportivos, como os campos relvados;
- Utilização dos balneários, ginásio e restantes instalações desportivas por parte dos jogadores e técnicos;
- Fornecimento de refeições nas instalações desportivas;
- *Transferes* de autocarro de e para o aeroporto;
- Estadia em hotel, em regime de pensão completa;
- Passeios (com guia) pela zona, em dia de folga.

Comentário: Neste caso, temos de fazer referência ao DL 221/85 (Regime Especial de IVA aplicável das Agências de Viagens) que transpôs para a legislação interna os princípios estabelecidos a nível da UE (previstos anteriormente na Sexta Diretiva — 77/388/CEE e atualmente na Diretiva IVA, que é aplicável):

- Às operações das agências de viagens e organizadores de circuitos turísticos com sede ou EE em território nacional, a partir do qual os serviços sejam prestados;

de táxi, efetuado de Portugal para Espanha e vice-versa, cujo adquirente dos serviços é um SP espanhol.

Na prestação de serviços de transporte de passageiros, realizados integralmente em território nacional, deve-se proceder à liquidação de IVA, mesmo quando o adquirente é um SP em Espanha. Se tal serviço é realizado integralmente fora do território nacional, a operação não será aqui localizada, independentemente da condição do adquirente (SP ou não).

Quando a prestação de serviços de transporte de passageiros é feita em ambos os países (por exemplo, início em Portugal com chegada a Espanha, ou com início nesse país e com chegada a Portugal), ambas as situações (percurso Portugal-Espanha ou Espanha-Portugal) beneficiam da isenção prevista na al. r) do nº 1 do art. 14º, pela distância percorrida no território nacional.

- Que atuem em nome próprio perante os clientes; e
- Recorram, para a realização dessas operações, a transmissões de bens ou a prestações de serviços efetuadas por terceiros.

Deve referir-se que mesmo que não estejamos perante uma agência de viagens ou operador turístico, este regime especial não está limitado a estas entidades, sendo as condições para a sua aplicação as constantes no referido diploma. Isto é, a qualidade formal do operador não é relevante para a aplicação deste regime especial, mas apenas a verificação das condições exigidas para o efeito, pelo que, reunidas as condições para a aplicação do regime, este poderá ser aplicado por um operador, independentemente de este ser, ou não, uma agência de viagens.

Em regra, estes «pacotes turísticos» fornecidos pelas agências de viagens ficam submetidos ao «regime da margem» quando estes operadores adquirem estes serviços a terceiros. Assim, caso a entidade (operador) forneça serviços através de recursos próprios, o regime especial não é aplicável.

Como decorre dos n.ºs 3 e 4 do art. 1º DL 221/85, se as operações relativamente às quais a agência de viagens recorre a terceiros forem efetuadas por estes fora da UE, a prestação de serviços da agência é assimilada a uma atividade de intermediário, isenta de IVA (al. s) do nº 1 do art. 14º); se as operações forem efetuadas na UE e fora dela, só é considerada isenta a parte da prestação de serviços da agência de viagens referente às operações realizadas fora da UE[131].

Assim, quando se colocam à sua disposição um conjunto alargado de serviços (transportes, viagens, *transferes*, seguros, hotel, alimentação, etc. estes são considerados pela agência que lhe vende o «pacote turístico», como se de uma única prestação de serviços se tratasse e fica sujeita a tributação no espaço fiscal em que o prestador de serviços (agência) tem a sede ou EE a partir do qual os serviços são prestados.

Por outro lado, os vários agentes (transportadores, hotel, restaurantes, etc.), ao faturarem os seus serviços à agência ou operador (que os irá faturar ao cliente final), aplicarão as regras de localização que estão previstas no art. 6º e harmonizadas a nível da UE.

---

[131] De referir que ficam afastadas do regime especial e abrangidas pelas normas gerais as prestações de serviços efetuadas pelas agências de viagens e organizadores de circuitos turísticos em nome e por conta do cliente (art. 8º do DL 221/85).

4.2.2.3. Alimentação e bebidas

Estes serviços prestados de alimentação e bebidas (exceto os fornecidas a bordo...) são tributáveis no lugar onde ocorre a sua prestação, independentemente da qualidade do adquirente. Assim, o IVA correspondente às prestações de serviços de alimentação e bebidas efetuadas no território nacional, é devido em Portugal (al. c) do nº 8 do art. 6º). Pelo contrário, se forem prestados fora do território nacional, ainda que o prestador e o adquirente estejam sediados em Portugal, tais prestações não serão tributáveis neste território (al. c) do nº 7 do art. 6º). Ou seja, a aplicação desta regra especial implica que estes serviços serão considerados localizados onde forem prestados materialmente, conforme explicação prática que se segue.

Exemplo 1: Empresa portuguesa (A) contabilizou despesas incorridas em Espanha pelo seu gerente (X) numa deslocação a um cliente a Vigo (2 dias num hotel em Vigo). Aproveitando o fim de semana, a mesma pessoa, agora na esfera particular (Y), almoçou num restaurante na Corunha.

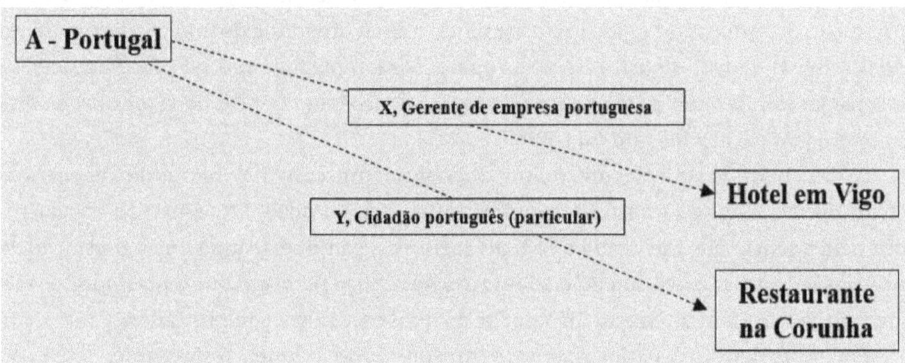

Comentário: Em ambas a situações, o IVA não é devido em território espanhol (al. a) do nº 7 do art. 6º). Eventualmente, no primeiro caso, a empresa portuguesa poderia, à luz da Diretiva 2008/9/CE, de 12/02, solicitar o reembolso da despesa ocorrida no hotel em Vigo (se a legislação espanhola assim o permitisse)[132].

[132] Em Portugal isso não seria possível, face às disposições do art. 21º

Exemplo 2: Empresa espanhola (B) deslocou-se a Portugal para prestar serviços de *catering* no âmbito da festa de Natal da empresa portuguesa (A), tendo faturado os respetivos serviços. Aproveitando a ocasião, a empresa espanhola (B), prestou ainda serviços da mesma natureza num casamento realizado em Barcelos, tendo faturado esses serviços ao casal.

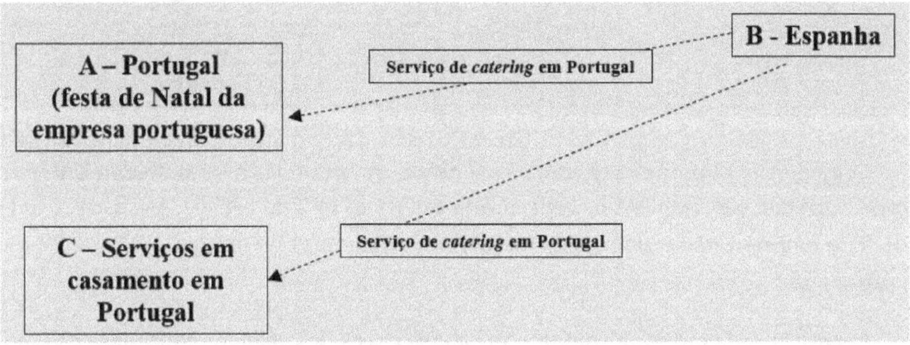

Comentário: Em ambas as situações, como os serviços são prestados em território nacional, é devido IVA neste território (al. a) do nº 8 do art. 6º).

Relativamente aos serviços prestados à empresa portuguesa (A), esta deverá proceder à liquidação do IVA (por força da al. g) do nº 1 do art. 2º).

Já quanto aos serviços prestados no casamento, a empresa espanhola teria de proceder à entrega do IVA devido ao Estado português (por si, ou nomear representante).

Exemplo 3: Empresa espanhola (B), através dos seus colaboradores, deslocou-se a Portugal para prestar serviços de *catering* no âmbito da festa de Natal da empresa portuguesa (A). Contudo, os respetivos serviços foram faturados a (C), não residente em Portugal, mas sim em Espanha.

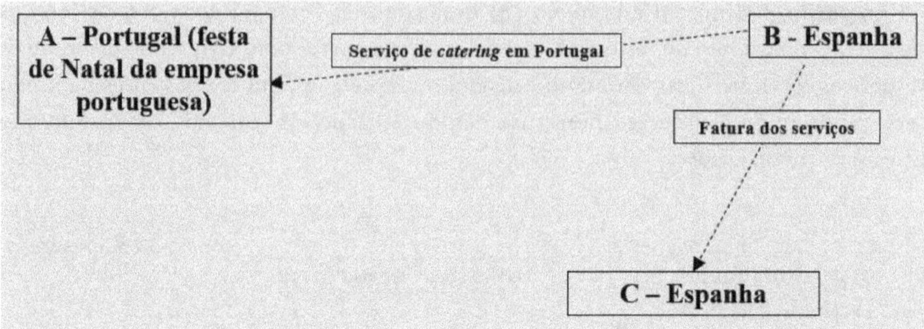

Comentário: Mais uma vez, como os serviços são prestados materialmente em território nacional, é devido IVA neste território (al. a) do nº 8 do art. 6º). Neste caso, teria de ser a empresa não residente (prestador ou adquirente) a entregar o IVA ao Estado português.

Exemplo 4: Empresa portuguesa prestou serviços de *catering*, realizados em Espanha (que não se enquadram na al. d) dos nºs 7 e 8 do art. 6º), tendo faturado esses serviços a vários clientes:

- Fatura 1: SP em Espanha (A);
- Fatura 2: particular, residente em Espanha (B);
- Fatura 3: SP em Portugal (C);
- Fatura 4: particular, residente em Portugal (D);
- Fatura 5: empresa sediada no Brasil (E);
- Fatura 6: particular, residente no Brasil (F).

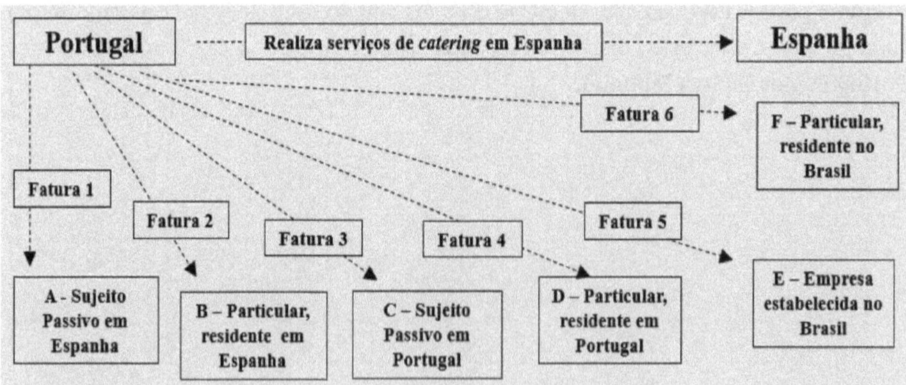

Comentário: Todos estes serviços não estão sujeitos a IVA em território nacional (al. c) do nº 7 do art. 6º). Dado que a empresa presta diversos serviços, provavelmente deveria registar-se em Espanha e aí cumprir com todas as suas obrigações declarativas e de pagamento.

Exemplo 5: Serviços de *catering* realizados em Portugal, por empresa espanhola (que não se enquadram na al. d) dos nºs 7 e 8 do art. 6º), tendo como adquirentes clientes de todo o mundo:

- Fatura 1: SP em Portugal (A);
- Fatura 2: particular, residente em Portugal (B);
- Fatura 3: SP em Espanha (C);
- Fatura 4: particular, residente em Espanha (D);
- Fatura 5: empresa sediada no Brasil (E);
- Fatura 6: particular, residente no Brasil (F).

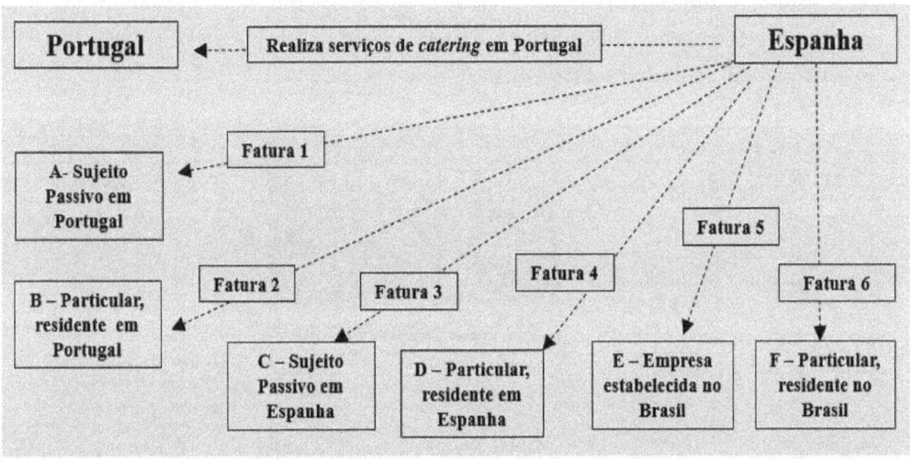

Comentário: Em sentido contrário ao caso anterior, todos os serviços são considerados localizados em território nacional (al. c) do nº 8 do art. 6º). Assim, dada a variedade de serviços prestados, a empresa espanhola deveria registar-se em Portugal e proceder às obrigações declarativas e de pagamento.

4.2.2.4. Serviços de alimentação e bebidas executados a bordo

Também nas situações específicas dos serviços de alimentação e bebidas, executados a bordo de uma embarcação, de uma aeronave ou de um comboio, durante um transporte intracomunitário de passageiros, se o lugar de partida do transporte se localizar em Portugal, estes serviços são tributáveis em Portugal, quer o adquirente dos serviços seja SP ou não.

Para uma melhor compreensão, atenda-se aos dois exemplos seguintes:

Exemplo 1: Serviços de alimentação e bebidas a bordo de uma embarcação (pertença de uma empresa da Grécia), durante um transporte intracomunitário de passageiros entre Itália e Portugal, prestados por uma empresa portuguesa, tendo como adquirentes clientes de todo o mundo:

- Fatura 1: SP em Portugal (A);
- Fatura 2: SP em Espanha (B);
- Fatura 3: SP em Itália (C);
- Fatura 4: SP na Grécia (D);
- Fatura 5: SP sediado no Brasil (E).

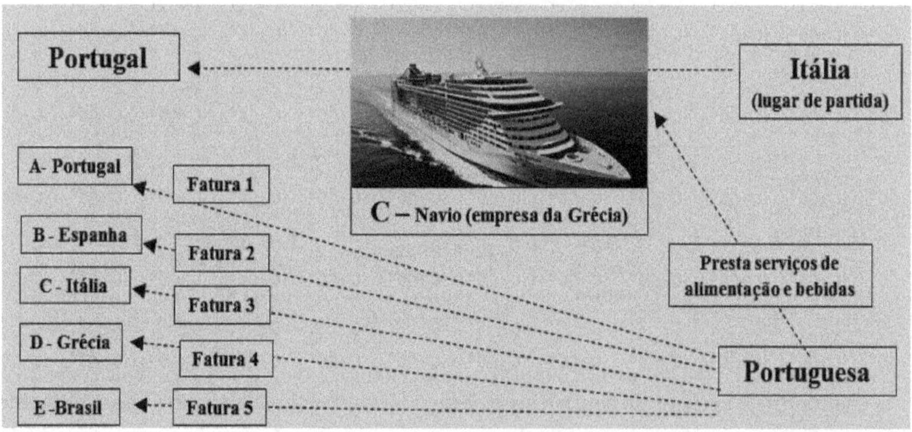

Comentário: Todos os serviços não se localizam em território nacional, pelo que estas operações não estão sujeitas a IVA em Portugal (al. d) do nº 7 do art. 6º). Como o lugar de partida é em Itália, a empresa portuguesa teria de cumprir nesse país com todas as obrigações (declarativas e de pagamento).

Exemplo 2: Serviços de alimentação e bebidas a bordo de uma embarcação (de uma empresa de Malta), durante um transporte intracomunitário de passageiros entre Portugal e Grécia, prestados por uma empresa espanhola, tendo como adquirentes clientes de todo o mundo:

- Fatura 1: SP em Portugal (A);
- Fatura 2: SP em Espanha (B);
- Fatura 3: SP de em Malta (C);
- Fatura 4: SP de na Grécia (D);
- Fatura 5: SP sediado no Brasil (E).

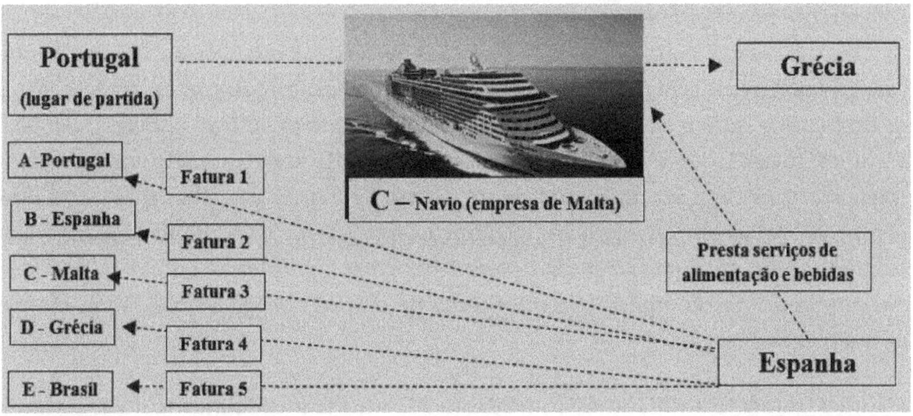

Comentário: Todos os serviços são considerados localizados em território nacional, sendo, por isso, devido IVA em território nacional (al. d) do nº 8 do art. 6º). Assim, a empresa espanhola teria de se registar em Portugal para proceder à liquidação e entrega do IVA correspondente. No caso da aquisição pelo SP português (fatura 1), é verdade que podemos admitir a possibilidade de esse operador poder liquidar o IVA (por força da al. g) do nº 1 do art. 2º).

4.2.2.5. Acesso ou ingresso em eventos

Uma outra exceção às regras gerais prende-se com o acesso aos serviços relacionados com manifestações de caráter cultural, artístico, científico, desportivo, recreativo, de ensino e similares, incluindo feiras e exposições, compreendendo as dos organizadores destas atividades e as prestações de serviços que lhe sejam acessórias.

Pois bem, a localização deste tipo de serviços alterou-se a partir do ano 2011, já que na Diretiva 2008/8/CE estabelece-se uma diferença entre os serviços de acesso a manifestações deste tipo e aqueles outros serviços relacionados com as referidas manifestações, prevendo-se um conjunto de regras especiais de localização diferenciadas para cada caso.

Assim, quanto ao direito de acesso a esses eventos, temos que os serviços são considerados localizados onde se realizam essas atividades, isto é, apenas é tributado no local onde são levados a cabo esses eventos, **o direito de ingresso**, como é o caso, por exemplo, da aquisição de um bilhete para a uma peça de teatro, independentemente da condição do adquirente.

Para este efeito, consideram-se «prestações de serviços relativas ao acesso» as que consistam na permissão do ingresso nos eventos, mediante aquisição de um bilhete ou de outro título para o efeito, incluindo a entrada por intermédio de bilhetes de época. Portanto, a noção de acesso cinge-se às prestações de serviços cujas características essenciais consistam na atribuição de tal direito de ingresso[133]. Quer dizer, não está abrangido pela referida regra de localização, por exemplo, o direito de utilização de instalações ou equipamentos desportivos, como ginásios e outros, ainda que em contrapartida da aquisição de um título de ingresso ou da adesão a um regime de quotizações[134].

---

[133] No que respeita às características essenciais dos serviços respeitantes ao acesso a estas manifestações, o nº 1 do art. 32º do Regulamento de Execução, estabelece que os mesmos *«consistem na concessão do direito de acesso a uma manifestação em troca de um bilhete ou remuneração, incluindo uma remuneração sob a forma de assinatura, bilhete de época ou quotização periódica»*. Não se encontram aqui abrangidas a utilização de instalações, tais como salas de ginástica ou outros recintos, em troca do pagamento de uma quotização. Adicionalmente, os serviços acessórios do direito ao acesso às manifestações em causa, nos termos do art. 33º do citado Regulamento, prestados a título oneroso à pessoa que assiste a uma manifestação, incluindo, nomeadamente, a utilização de vestiários ou instalações sanitárias, mas não incluem os meros serviços de intermediação respeitantes à venda de bilhetes. (ver decisão do CAAD, Processo 608/2019-T, de 13/07/2019, em que estava em causa a realização de uma Assembleia Geral em Portugal, cuja participação estava sujeito a pagamento e que, por isso, foi considerada uma prestação de serviços localizada em território nacional).

[134] A título exemplificativo, estão abrangidas, o direito de ingresso nos seguintes eventos: entrada para assistir a concertos, peças de teatro, sessões de cinema, espetáculos de circo, locais de diversão, feiras, exposições e eventos similares; entrada para assistir a jogos desportivos e outras competições desportivas; entrada para assistir a eventos educativos ou científicos, como sejam seminários e conferências, mesmo que os direitos de ingressos sejam adquiridos pela Internet.

Neste âmbito, consideram-se ainda «prestações de serviços acessórias relacionadas com o acesso» as que sejam efetuadas às pessoas que assistem, como espetadores ou visitantes, aos eventos abrangidos por esta regra de localização, e que, embora possam ser objeto de pagamento autónomo, estejam relacionadas com o acesso[135].

Resumindo, os direitos de acesso a esses eventos são considerados localizados onde se realizam essas atividades, independentemente da condição do adquirente. Deste modo, se o evento ocorrer em território nacional, o direito de ingresso fica submetido a IVA «português» (al. e) do nº 8 do art. 6º), ao passo que se o evento ocorrer no estrangeiro, não será tributado em Portugal (al. e) do nº 7 do art. 6º)[136].

Exemplo 1: Prestações de serviços relativas ao acesso a eventos em Portugal, tendo como adquirentes clientes não residentes (SP e não SP):

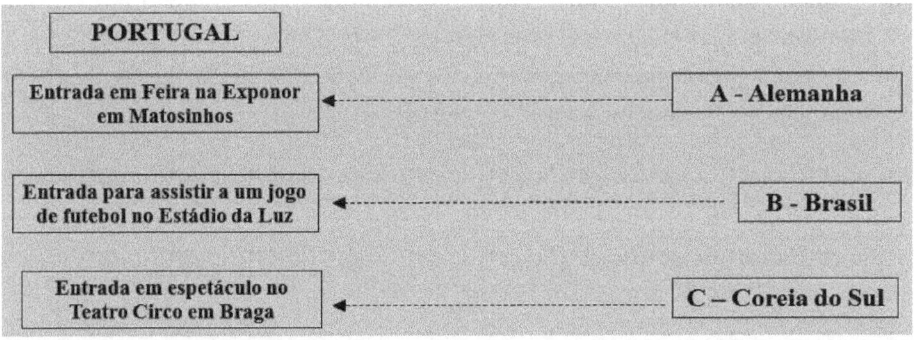

Comentário: Estes serviços de disponibilização do acesso e a serviços acessórios do acesso aos eventos culturais, artísticos, científicos, educativos, desportivos, recreativos e similares, são tributados no lugar onde são materialmente executados, independentemente da condição do adquirente do serviço, ou seja, independentemente de ser um SP ou um particular. Assim, estas prestações de serviços são consideradas localizadas em território nacional (al. e) do nº 8 do art. 6º).

Exemplo 2: Prestações de serviços relativas ao acesso a eventos fora do território nacional, em que uma empresa portuguesa se tornou adquirente:

[135] Por exemplo, serviços de bengaleiro ou relativos à utilização de instalações sanitárias.

[136] Ver artigos 53º e 54º da Diretiva IVA na sua redação dada pela Diretiva 2008/8/CE.

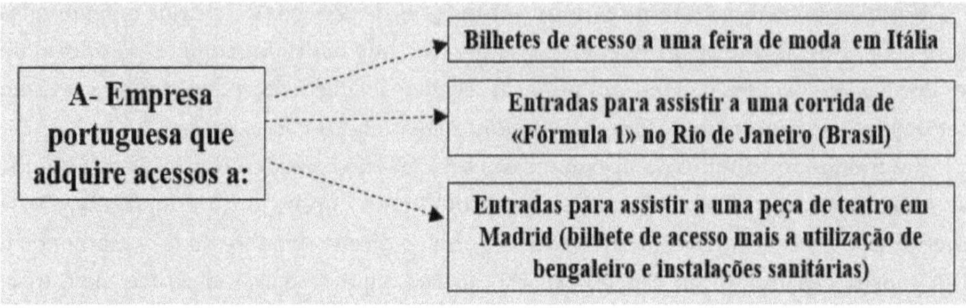

Comentário: Em todos estes «acessos» não será devido IVA em Portugal. Assim, a empresa portuguesa suportaria IVA no país onde ocorre o evento (al. e) do nº 7 do art. 6º).

Exemplo 3: As entidades não residentes (A, B e C) adquiriram «bilhetes de acesso» para acederem presencialmente a eventos em Portugal. A aquisição desses acessos foi realizada por intermediários, através da Internet.

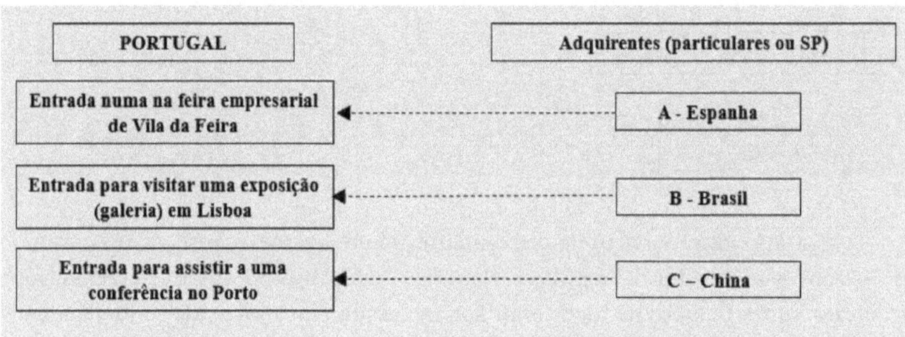

Comentário: A distribuição dos bilhetes com a intervenção de intermediários não modifica as regras estabelecidas (mesmo que distribuídos por via eletrónica), ou seja, a tributação ocorrerá no lugar onde o evento se realiza efetivamente.

Se o intermediário age em seu nome e por conta do organizador da manifestação, a venda efetiva de bilhetes é, em termos jurídicos, efetuada pelo organizador. Por seu turno, se o intermediário intervém na venda de bilhetes, agindo em seu nome e por conta própria, aquando da venda de bilhetes, atua na qualidade de mandante.

Porém, o intermediário pode também intervir na venda de bilhetes, agindo em seu nome, mas por conta do organizador do(s) evento(s). Nesse caso, o art. 33º - A do Regulamento de Execução clarifica que se considera que o intermediário, agindo em seu nome, mas por conta do organizador ou por um SP que não seja o organizador, agindo por sua própria conta, fica abrangido pelo art. 53º da Diretiva IVA, ou seja, o serviço vai ser considerado localizado no lugar onde essas atividades são materialmente executadas, sendo coerente com a ficção jurídica prevista no art. 28º da Diretiva IVA. Assim, a venda de bilhetes, apesar de ser feita através de intermediários será tributável no lugar onde a manifestação se realiza efetivamente.

A venda através da Internet não altera a regra, pelo que, independentemente da forma como os bilhetes são distribuídos, o tratamento fiscal continua a ser o mesmo[137].

4.2.2.6. Locação de curta duração de um meio de transporte

Por fim, os serviços de locação de curta duração de um meio de transporte (período não superior a 30 dias ou, tratando-se de uma embarcação, por um período não superior a 90 dias)[138], são tributáveis no lugar onde o bem é colocado à disposição do adquirente. Assim, se a colocação do meio de transporte à disposição do adquirente ocorrer no território nacional, a locação é tributável em Portugal, independentemente da sede ou do domicílio do prestador e do adquirente (al. f) do nº 8 do art. 6º). Se essa colocação do meio de transporte à disposição do destinatário ocorrer fora do território nacional, a operação já não será tributável em Portugal (al. f) do nº 7 do art. 6º).

Exemplo 1: Empresa de *rent-a-car*, estabelecida em Lisboa (A), aluga, durante 15 dias, a uma empresa francesa uma viatura para as deslocações em Portugal do seu gerente.

[137] Por exemplo, os serviços de formação prestados aos de uma empresa portuguesa por uma entidade não residente, independentemente do local onde são realizados (mesmo que sejam efetuados por via eletrónica, ou seja, à distância), são subsumíveis na regra geral de localização (al. a) do nº 6 do art. 6º do CIVA). Porém, caso as prestações de serviços digam respeito à disponibilização do acesso e a serviços acessórios do acesso à formação e estes ocorram em território português, as mesmas são aqui tributadas, por aplicação do disposto na al. e) do nº 8 do art. 6º do CIVA (veja-se a Informação Vinculativa, Processo 13938, de 26/07/2018).

[138] Nos termos da al. j) do nº 2 do art. 1º.

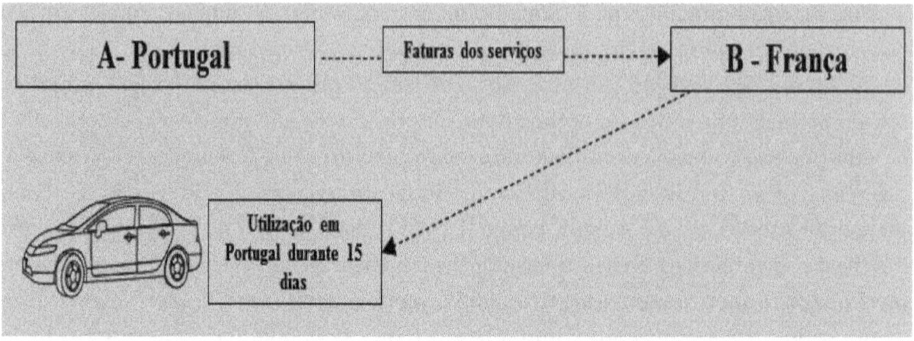

Comentário: Como se trata de uma locação de curta duração, esta prestação de serviços é considerada localizada no território nacional, pelo que terá de ser faturada com IVA português (al. f) do nº 8 do art. 6º).

Exemplo 2: Empresa portuguesa (A), estabelecida no Algarve, dedica-se a fazer publicidade aérea e à locação de aeronaves. A empresa detém várias aeronaves e nelas são encaixadas mangas publicitárias que voam pelo sul da costa da Península Ibérica, abrangendo tanto as praias nacionais como também as praias espanholas.

- Publicidade: os seus habituais clientes são as discotecas sediadas em Espanha.
- Locação: aluga aeronaves a clientes espanhóis, colocando o avião num aeródromo espanhol.

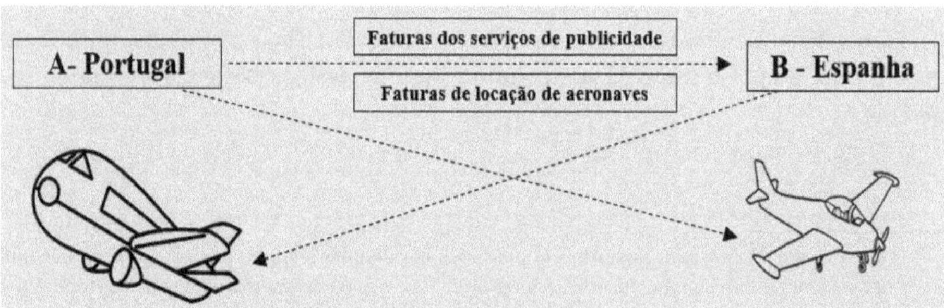

Comentário: Relativamente aos serviços de publicidade, desde que prestados a SP, são localizados no espaço fiscal do adquirente, independentemente do local onde os mesmos sejam efetuados. Assim, neste caso, trata-se de operações localizadas em

Espanha, não sendo devido IVA em Portugal (regra geral, al. a) do nº 6 do art. 6º, *a contrario*).

Quanto às locações, tratando-se de uma locação que seja de curta duração, é uma operação localizada no espaço fiscal onde se verifique a colocação do meio de transporte à disposição do destinatário. Assim, como neste caso o meio de transporte é colocado à disposição do destinatário em território espanhol, a operação é considerada localizada naquele país (al. f) do nº 7 do art. 6º).

Por seu turno, tratando-se de uma locação que não seja de considerar de curta duração (período superior a 30 dias ou, tratando-se de uma embarcação, por um período superior a 90 dias), a operação será localizada no espaço fiscal do adquirente, ou seja, como no exemplo anterior, segue a regra geral (al. a) do nº 6 do art. 6º, *a contrario*).

Dado que a empresa portuguesa não se encontra registada em Espanha, a liquidação do IVA espanhol competirá ao adquirente do serviço[139].

Exemplo 3: Empresa portuguesa (A) aluga viaturas a uma empresa espanhola (B), colocando à sua disposição as viaturas, tanto em Portugal como em Espanha.

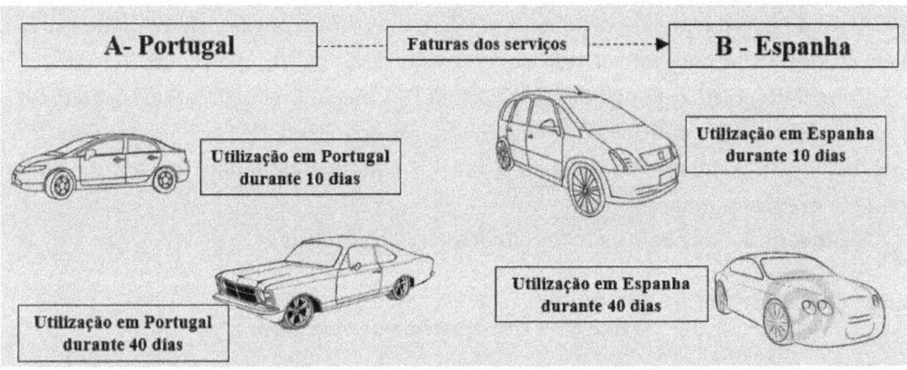

Comentário: Como já referido, a locação de curta duração de viaturas (período não superior a 30 dias) é um serviço considerado localizado no espaço fiscal onde as mesmas são colocadas à disposição do destinatário[140]. Assim, se as viaturas são colocadas à disposição da empresa espanhola em Portugal, a empresa portuguesa liquidará IVA à

139 Norma equivalente à al. g) do nº 1 do art. 2º.

140 De acordo com o disposto nas alíneas f) dos nºs 7 e 8 do art. 6º.

taxa normal; pelo contrário, se as viaturas são colocadas à disposição da empresa espanhola em Espanha, a empresa portuguesa não liquidará IVA e mencionará o respetivo valor no campo 8 do quadro 06 da DP_IVA.

Se as viaturas forem colocadas noutro EM, a empresa portuguesa terá de liquidar imposto do país onde coloca as viaturas à disposição da empresa espanhola, o que implicará o seu registo naquele país como SP.

Caso se trate de locações de longa duração de viaturas (período superior a 30 dias), desde que o adquirente dos serviços seja um SP, serão consideradas localizadas no espaço fiscal do seu adquirente (neste caso, em Espanha) nos termos da regra geral (al. a) do nº 6 do art. 6º, *a contrario*).

4.2.3. Exceções específicas, em que o adquirente é um não SP (B2C)

Trata-se de prestações de serviços em que o adquirente é um não SP, e em que o elemento de conexão determinante é o território da situação. Assim, as prestações de serviços infra, em que o adquirente é um particular ou equiparado, serão localizadas em Portugal, se tiverem uma ligação material com o território português (nº 10 do art. 6º). Pelo contrário, se não houver essa ligação, não serão cá tributáveis (nº 9 do art. 6º).

Com efeito, o nº 2 do art. 54º da Diretiva IVA, na sua redação atual, contempla a regra de localização aplicável a determinados serviços prestados a consumidores finais (particulares), residentes na UE ou fora da UE, os quais se entendem prestados no lugar onde se executem materialmente[141].

Neste sentido, dispõem os nºs 9 e 10 do art. 6º o seguinte:

Artigo 6º — Localização das operações

9. *O disposto na alínea b) do nº 6 não tem aplicação relativamente às seguintes operações:*

a) Prestações de serviços de transporte de bens, com exceção do transporte intracomunitário de bens, pela distância percorrida fora do território nacional;

[141] Nomeadamente aos serviços acessórios aos transportes de bens; transportes intracomunitários de bens; trabalhos sobre bens móveis corpóreos e informações periciais; intermediação; serviços relacionados com manifestações culturais, artísticas, recreativas e similares; locações que não sejam de curta duração e serviços de telecomunicações, de radiodifusão ou televisão e serviços por via eletrónica, nomeadamente os descritos no anexo D.

b) Prestações de serviços de transporte intracomunitário de bens, quando o lugar de partida ocorra fora do território nacional;

c) Prestações de serviços acessórias do transporte, que sejam materialmente executadas fora do território nacional;

d) Prestações de serviços que consistam em trabalhos efetuados sobre bens móveis corpóreos e peritagens a eles referentes, quando executadas total ou essencialmente fora do território nacional;

e) Prestações de serviços efetuadas por intermediários agindo em nome e por conta de outrem, quando a operação a que se refere a intermediação tenha lugar fora do território nacional.

f) Prestações de serviços de caráter cultural, artístico, científico, desportivo, recreativo, de ensino e similares, incluindo feiras e exposições, não abrangidas pela alínea e) do nº 7, compreendendo as dos organizadores daquelas atividades e as prestações de serviços que lhes sejam acessórias, que não tenham lugar no território nacional.

g) Locação de um meio de transporte, que não seja de curta duração, quando o destinatário for uma pessoa estabelecida ou domiciliada fora do território nacional.

h) Prestações de serviços de telecomunicações, de radiodifusão ou televisão e serviços por via eletrónica, nomeadamente os descritos no anexo D, quando o destinatário for uma pessoa estabelecida ou domiciliada fora do território nacional.

***10.** Não obstante o disposto na alínea b) do nº 6, <u>são tributáveis</u> as seguintes operações:*

a) Prestações de serviços de transporte de bens, com exceção do transporte intracomunitário de bens, pela distância percorrida no território nacional;

b) Prestações de serviços de transporte intracomunitário de bens, quando o lugar de partida ocorra no território nacional;

c) Prestações de serviços acessórias do transporte, que sejam materialmente executadas no território nacional;

d) Prestações de serviços que consistam em trabalhos efetuados sobre bens móveis corpóreos e peritagens a eles referentes, quando executadas total ou essencialmente no território nacional;

e) Prestações de serviços efetuadas por intermediários agindo em nome e por conta de outrem, quando a operação a que se refere a intermediação tenha lugar no território nacional.

f) Prestações de serviços de caráter cultural, artístico, científico, desportivo, recreativo, de ensino e similares, incluindo feiras e exposições, não abrangidas pela alínea e) do nº 8, compreendendo as dos organizadores daquelas atividades e as prestações de serviços que lhes sejam acessórias, que tenham lugar no território nacional.

g) Locação de um meio de transporte, que não seja de curta duração, quando o destinatário for uma pessoa estabelecida ou domiciliada no território nacional.

h) Prestações de serviços de telecomunicações, de radiodifusão ou televisão e serviços por via eletrónica, nomeadamente os descritos no anexo D, quando o destinatário for uma pessoa estabelecida ou domiciliada no território nacional.

De seguida, abordaremos individualmente cada uma dessas (oito) exceções, acompanhadas de uma exemplificação prática, onde se verá que serão tributadas em Portugal, desde que sejam executadas neste território e tenham como adquirentes «particulares», ou seja, alguém que não tem ou não forneceu o seu NIF_IVA.

De modo a estabelecermos uma diferenciação clara quanto à aplicação das regras de localização e quanto ela é afetada pelo facto de o adquirente fornecer (ou não) um NIF_IVA validado por outro EM, apresentaremos, nas mais das situações, exemplos em que o adquirente é um SP e, por isso, a regra específica não é aplicável, nomeadamente nos transportes intracomunitários de bens, nos serviços sobre bens móveis corpóreos ou ainda nas intermediações.

4.2.3.1. Transporte de bens, com exceção do transporte intracomunitário de bens

Esta **primeira** regra específica regula os serviços de transporte de bens, com exceção do transporte intracomunitário de bens, em que o adquirente é um particular.

Com efeito, estas prestações de serviços, referidas na al. a) dos nºs 9 e 10 do art. 6º, são tributáveis no lugar onde se efetua o transporte, em função das distâncias percorridas. Assim, quando o adquirente dos serviços é um não SP, estas prestações de serviços são tributáveis no território nacional, pelas distâncias percorridas em Portugal (não são tributáveis pelas distâncias percorridas fora do território português)[142].

Deste modo, as legislações nacionais dos diversos EM têm estas regras acomodadas na sua legislação interna, estabelecendo-se a localização dos serviços de transporte, pela parte do trajeto percorrido no território de aplicação do imposto, em dois casos: os serviços de transporte de passageiros qualquer que seja o seu adquirente, como já vimos; e os serviços de transporte de bens distintos dos transportes intracomunitários de bens, cujo adquirente não seja um SP ou não tenha fornecido o seu NIF_IVA.

Exemplo 1: Empresa transitária, com sede na Maia, no âmbito da sua atividade, procede a despachos de bens do Brasil para Angola. As faturas dos transportes são faturadas à empresa portuguesa, por outros operadores estabelecidos noutros mercados.

---

[142] Ver os artigos 48º e 49º da Diretiva IVA.

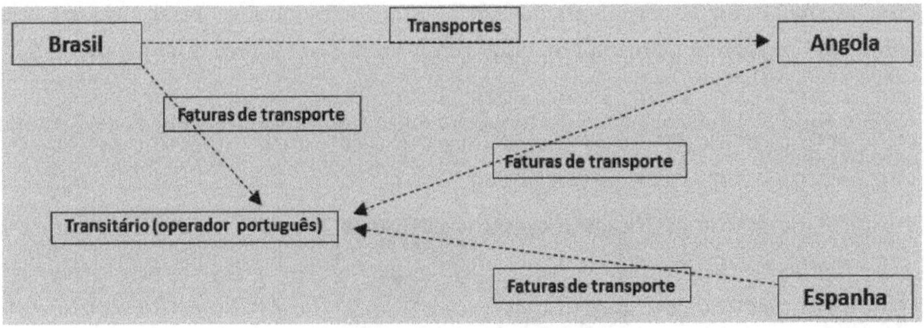

Comentário: Estamos perante transportes de bens (não transportes intracomunitários de bens), cujos serviços são considerados localizados e tributados no espaço fiscal do adquirente (neste caso em Portugal), sendo irrelevante que o lugar de chegada do transporte se situe num país terceiro ou noutro EM da UE (regra geral, al. a) do nº 6 do art. 6º). Assim, dado que o prestador não se encontra registado em Portugal, a liquidação do IVA compete à empresa portuguesa (SP), na qualidade de adquirente do serviço (por força da al. e) do nº 1 do art. 2º), sendo que o IVA assim liquidado, é dedutível pela empresa adquirente, na medida do seu direito à dedução.

Exemplo 2: Empresa portuguesa adquiriu um serviço de transporte de um equipamento, com início em Vigo, onde possui um escritório, e chegada em Madrid, para aí ser reparado. O referido serviço de transporte foi efetuado por uma empresa espanhola.

Comentário: À semelhança da situação anterior, o que está em causa são transportes de bens (não transportes intracomunitários de bens), sendo considerados localizados e tributados no espaço fiscal do adquirente (Portugal). Neste caso é irrelevante que o lugar de chegada do transporte se situe num país terceiro ou noutro EM da UE (regra geral, al. a) do nº 6 do art. 6º). Assim, também nesta situação, como o prestador não se encontra registado em Portugal, a liquidação do IVA compete à empresa portuguesa

(SP), na qualidade de adquirente do serviço (por força da al. e) do nº 1 do art. 2º), sendo o IVA dedutível pela empresa adquirente, na medida do seu direito à dedução.

Exemplo 3: Transportadora portuguesa realiza um transporte de bens de Portugal para fora da UE.

Comentário: Trata-se de um transporte de bens de Portugal para a Suíça (país terceiro), que está associado a uma exportação, pelo que esta operação beneficia de isenção (ao abrigo da al. p) do nº 1 do artº 14º), devendo a empresa transportadora estar habilitada a fazer prova desse facto (nº 8 do art. 29º).

Na hipótese de o adquirente ser um particular, a prestação de serviços de transporte de bens será localizada em território nacional[143]. Todavia, também nestes casos, se os serviços de transporte de bens estiverem relacionados com a exportação (saída de bens do território nacional para países terceiros), a operação beneficia de isenção (ao abrigo da al. p) do nº 1 do art. 14º).

Exemplo 4: Transportadora portuguesa realiza um transporte de bens de um país terceiro para Portugal.

[143] Regra específica prevista na al. a) do nº 10 do art. 6º.

Comentário: Em regra, o valor do transporte está incluído no montante que serve de base à liquidação do IVA no momento da importação (al. b) do nº 2 do art. 17.°). Sendo assim, esta prestação de serviços beneficia de isenção em sede de IVA, devendo, no entanto, a empresa estar habilitada a fazer prova desse facto. Desta forma, a fatura emitida pelo transportador beneficiava de uma isenção «técnica» (al. f) do nº 1 do art. 13.°).

Exemplo 5: Um transportador espanhol presta serviços de transporte de bens destinados a Andorra, Canárias e Ceuta, Suíça, com início em território nacional.

Comentário: Estas operações não são consideradas TIB, mas exportações[144]. Assim, os serviços de transportes referidos beneficiam de isenção em sede de IVA (ao abrigo da al. p) do nº 1 do art. 14º), desde que comprovados através dos documentos alfandegários apropriados (nº 8 do art. 29º).

Exemplo 6: Empresa portuguesa de transportes presta serviços a não SP (particulares), relativos ao transporte dos seus bens pessoais, quando saem do território nacional com destino a países/territórios terceiros.

[144] Dado o disposto nas alíneas b), c) e d) do nº 2 do art. 1º.

Comentário: Apesar dos adquirentes serem particulares, mais uma vez estão isentas de IVA as prestações de serviços que se relacionem com a expedição ou transporte de bens para países/territórios fora da UE (ao abrigo da al. p) do nº 1 do art. 14º), sem prejuízo da comprovação através de documentos alfandegários apropriados (nº 8 do art. 29º).

Exemplo 7: Empresa transportadora espanhola (B) debita à empresa portuguesa (A), o transporte de bens de Faro para Sines (fatura 1). Por sua vez, a empresa portuguesa (A) debitou à empresa espanhola (C), o transporte dos bens de Faro para Sines (fatura 2).

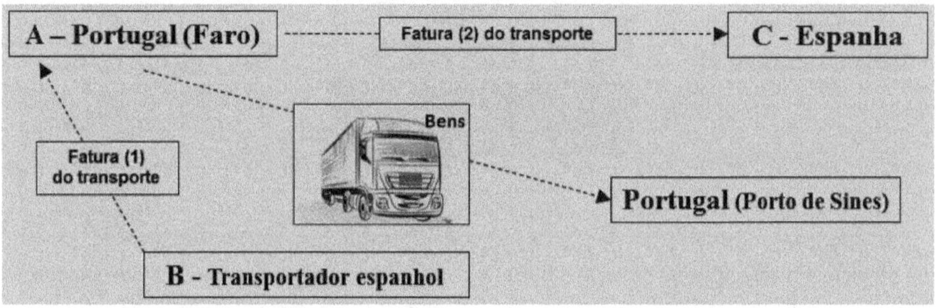

Comentário: Relativamente ao débito do transporte por parte do transportador espanhol (fatura 1), a operação é localizada em território nacional (regra geral, al. a) do nº 6 do art. 6º), competindo à empresa portuguesa (A) proceder à liquidação do IVA em território nacional (por força da al. e) do nº 1 do art. 2º). Nestes casos, como já temos assinalado, aquando do preenchimento da DP_IVA, deverá constar dos campos 16 (base tributável), 17 (IVA liquidado) e 24 (IVA dedutível, se aplicável).

Quanto ao débito do transporte por parte da empresa portuguesa a uma empresa espanhola (fatura 2), o mesmo não será aqui tributado porque o adquirente é SP em Espanha (operação deslocalizada face à al. a) do nº 6 do art. 6º, *a contrario*). Assim, a empresa portuguesa não deverá liquidar IVA na fatura que efetuar à empresa espanhola, devendo inscrever no campo 07 do quadro 06 da DP_IVA, e, ainda, ser mencionada na DR_IVA com o código 5.

4.2.3.2. Transporte intracomunitário de bens

Trata-se da **segunda** regra específica de localização aplicável às prestações de serviços em que o destinatário (adquirente) é um não SP.

Diferentemente da situação precedente, os transportes intracomunitários[145], cujo adquirente seja um SP atuando como tal, serão considerados localizados no território de aplicação do imposto por todo o trajeto realizado, apesar de terem percorrido distâncias noutros EM, sendo-lhes aplicável a regra geral. Quer dizer, e para desde já ficar clarificado, os transportes intracomunitários, quando o adquirente é um SP (transações B2B), segue a regra geral (al. a) do nº 6 do art. 6º), isto é, a operação é localizada no território onde está registado o adquirente.

Todavia, estas prestações de serviços, referidas na al. b) dos nºs 9 e 10 do art. 6º, são tributáveis no lugar de partida do transporte quando o destinatário dos serviços é um não SP. Isto é, a sua localização ocorre no território nacional, quando o lugar de partida do transporte se dá neste território e, por conseguinte, não são tributáveis quando o lugar de partida do transporte ocorrer em qualquer outro EM da UE.

Assim, com o propósito de podermos clarificar as regras aplicáveis aos serviços de transporte, temos de diferenciar entre os serviços de transporte e os serviços de transportes intracomunitários. Em relação aos primeiros (serviços de transporte), assiste-se a um critério de caráter espacial em virtude do qual as referidas prestações de serviços são consideradas localizadas no lugar em que se realizem em função da distância percorrida. Quando aos segundos (transportes intracomunitários), serão considerados localizados no lugar onde se iniciam, a não ser que o adquirente do serviço de transporte (não o adquirente dos bens transportados) comunique um NIF_IVA validado por outro EM, caso em que aplicar-se-á a regra geral.

É o que acontece quando uma empresa portuguesa realiza um transporte intracomunitário de bens com início, por exemplo, em Portugal, com destino à UE (por exemplo, Espanha), faturando esse serviço a um não SP, a operação considera-se localizada no EM onde ocorreu o início do transporte (Portugal), sendo o transportador o responsável pela liquidação e entrega do IVA (neste caso, ao Estado português). Pelo contrário, se o adquirente é um SP, a operação localiza-se no EM do adquirente, sendo este o responsável pela liquidação do IVA, através do mecanismo do *reverse*

[145] Considera-se «transporte intracomunitário de bens» *o transporte de bens cujos lugares de partida e de chegada se situem no território de Estados-membros diferentes»* (Cfr. al. e) do nº 2 do art. 1º).

charge (no exemplo, Espanha), ou seja, segue a regra geral (al. a) do nº 6 do art. 6º, *a contrario*).

Vejamos já de seguida um conjunto de situações que, estamos convictos, representarão a quase totalidade de situações que se poderão colocar:

Exemplo 1: Transportes com início em Portugal e chegada a outro EM, sendo transportador um operador português e tendo como adquirentes vários clientes:

- Fatura 1: SP português;
- Fatura 2: SP identificado noutro EM da UE;
- Fatura 3: pessoa que não tem a condição de SP, residente em Portugal;
- Fatura 4: pessoa que não tem a condição de SP, residente num outro EM da UE;
- Fatura 5: empresa situada em país/território terceiro.

Comentário: Trata-se de um transporte intracomunitário de bens com o lugar de partida em Portugal e lugar de chegada noutro EM da UE.

- Fatura 1: a operação localiza-se em território nacional (regra geral, al. a) do nº 6 do art. 6º). Contudo, como o transporte está relacionado com a saída de bens do território nacional para outro EM, beneficia de isenção (ao abrigo da al. q) do nº 1 do art. 14º).
- Fatura 2: a operação localiza-se no EM do adquirente (regra geral, al. a) do nº 6 do art. 6º, *a contrario*), em que o responsável pela liquidação do IVA é o adquirente do serviço *(reverse charge)* no respetivo EM da UE[146]. Assim, nos termos da al. b) do nº 1 do art. 29º, deveria constar o motivo justificativo da não liquidação do IVA, nos termos da al. e) do nº 5 do art. 36º, que, no caso da prestação de serviços em apreço, deve conter a menção *«IVA – Autoliquidação»* (nº 13 do art. 36º).

[146] Haverá certamente uma norma equivalente à al. e) do nº 1 do art. 2º.

O valor do serviço faturado deveria ser colocado no campo 7 do quadro 06 da DP_IVA e na DR_IVA, com o código 5.

- Fatura 3: a operação localiza-se no território nacional, sendo responsável pela liquidação do IVA o transportador (regra geral, al. b) do nº 6 do art. 6º).
- Fatura 4: a operação localiza-se no território nacional, sendo responsável pela liquidação do IVA o transportador português (al. b) do nº 10 do art. 6º).
- Fatura 5: neste caso, apesar de o adquirente estar sediado num país terceiro, aplica-se também (à semelhança da fatura 2) a regra geral (al. a) do nº 6 do art. 6º). Assim, os procedimentos seriam semelhantes, com a diferença que, neste caso, o montante deveria ser inserido no campo 8 do quadro 06 da DP_IVA e não haveria o envio da DR_IVA, uma vez que o adquirente não pertence à UE[147].

Exemplo 2: Transporte com início em Portugal e chegada a outro EM, por um transportador registado em Espanha (ou qualquer outro da UE) e tendo como adquirentes vários clientes:

- Fatura 1: SP português;
- Fatura 2: SP em Espanha ou noutro EM da UE;
- Fatura 3: pessoa residente em Portugal, que não tem a condição de SP;
- Fatura 4: pessoa não residente em Portugal, que não tem a condição de SP.

Comentário: Estamos também perante um transporte intracomunitário, com a diferença que o prestador é um transportador espanhol.

- Fatura 1: a operação localiza-se em Portugal (regra geral, al. a) do nº 6 do art. 6º). No entanto, como o transporte está relacionado com a saída de bens do

[147] Neste âmbito, veja-se a Informação Vinculativa, Processo 16210, de 21/02/2020.

território nacional para outro EM, beneficia da isenção (ao abrigo da al. q) do nº 1 do art. 14º), desde que seja comprovada a operação (nº 8 do art. 29º).

- Fatura 2: a operação não é localizada em território nacional. O IVA será devido e liquidado pelo transportador, caso este e o adquirente estejam estabelecidos no mesmo EM. Pelo contrário, seria o adquirente do serviço *(reverse charge)* no respetivo EM, caso estivesse estabelecido num EM diferente do transportador.
- Fatura 3: a operação localiza-se no território nacional (al. b) do nº 10 do art. 6º), sendo responsável pela liquidação do IVA o transportador, que poderá nomear representante fiscal no território nacional (nº 1 do art. 30º).
- Fatura 4: igual à situação anterior.

Exemplo 3: Transporte com início noutro EM e chegada em Portugal, sendo transportador um operador nacional e tendo como adquirentes vários clientes:

- Fatura 1: SP português;
- Fatura 2: SP noutro EM;
- Fatura 3: pessoa residente em Portugal, que não tem a condição de SP;
- Fatura 4: pessoa não residente, que não tem a condição de SP.

Comentário: Este transporte intracomunitário inicia-se noutro EM, tendo como transportador um operador nacional.

- Fatura 1: a operação localiza-se em Portugal (regra geral, al. a) do nº 6 do art. 6º), sendo o transportador o responsável pela liquidação do IVA, uma vez que estão ambos (prestador e adquirente) estabelecidos no mesmo EM (Portugal).
- Fatura 2: estamos perante uma operação deslocalizada, ou seja, localiza-se no EM do adquirente (regra geral, al. a) do nº 6 do art. 6º, *a contrario*), competindo a este a liquidação do IVA *(reverse charge)* no respetivo EM.

- Fatura 3: a operação localiza-se no EM onde se inicia o transporte (al. b) do nº 9 do art. 6º). O responsável pela liquidação do IVA é o transportador português, que deverá cumprir no EM onde se inicia o transporte todas as obrigações (declarativas e de pagamento).
- Fatura 4: igual à situação anterior.

Exemplo 4: Transporte com início noutro EM (por exemplo, em Espanha) e chegada em Portugal, sendo transportador um operador espanhol e tendo como adquirentes vários clientes:

- Fatura 1: SP português;
- Fatura 2: SP noutro EM (por exemplo, em França);
- Fatura 3: pessoa residente em Portugal, que não tem a condição de SP;
- Fatura 4: pessoa não residente, que não tem a condição de SP.

Comentário: Este transporte intracomunitário inicia-se também noutro EM, mas em que o transportador é um operador não residente.

- Fatura 1: a operação localiza-se em Portugal (regra geral, al. a) do nº 6 do art. 6º), sendo o adquirente o responsável pela liquidação do IVA (por força da al. e) do nº 1 do art. 2º).
- Fatura 2: a operação localiza-se no EM do adquirente (França), pelo que competirá a este, por via do *reverse charge*, liquidar o IVA nesse país, podendo deduzir o mesmo em função do seu enquadramento.
- Fatura 3: a operação localiza-se no EM (Espanha) onde se inicia o transporte (al. b) do nº 9 do art. 6º). O responsável pela liquidação do IVA é o transportador.
- Fatura 4: igual à situação anterior.

Exemplo 5: Transporte com início num EM (no caso, Espanha) e chegada noutro EM (no caso, Alemanha), sendo transportador um operador português e tendo como adquirentes vários clientes:

- Fatura 1: SP estabelecido em Portugal;
- Fatura 2: SP estabelecido noutro EM (por exemplo, França);
- Fatura 3: pessoa residente em Portugal, que não tem a condição de SP;
- Fatura 4: pessoa residente noutro EM, que não tem a condição de SP.

Comentário: Este transporte intracomunitário é realizado por um operador nacional, sendo que o transporte não passa pelo território nacional.

- Fatura 1: a operação localiza-se no território nacional. O responsável pela liquidação do IVA é o transportador português (prestador e adquirente no mesmo território).
- Fatura 2: nesta hipótese, a operação localiza-se na Alemanha, onde está o adquirente (regra geral, al. a) do nº 6 do art. 6º, *a contrario*).
- Fatura 3: a operação localiza-se em Espanha, onde se inicia o transporte (al. b) do nº 9 do art. 6º). O responsável pela liquidação do IVA é o transportador, que poderá nomear representante em Espanha (onde se inicia o transporte).
- Fatura 4: igual à situação anterior.

Exemplo 6: Um transporte de bens, com início no Porto e chegada a Madrid, foi contratualizado à empresa portuguesa (A). Contudo, como esta não tinha viaturas disponíveis, teve de recorrer à subcontratação de outras empresas portuguesas: *(i)* subcontratou a empresa (B) para a realização do transporte; *(ii)* como a empresa (B), não tinha disponibilidade para realizar todo o percurso, subcontratou a empresa (C) para fazer o transporte de Lisboa para Madrid.

- Fatura 1: a empresa (C) fatura à empresa (B) o transporte de Lisboa – Madrid;
- Fatura 2: a empresa (B) fatura à empresa (A) o serviço que prestou (transporte Porto – Lisboa), mais o transporte Lisboa – Madrid, que lhe foi prestado por (C);
- Fatura 3: a empresa (A) fatura ao seu cliente o transporte Porto – Madrid.

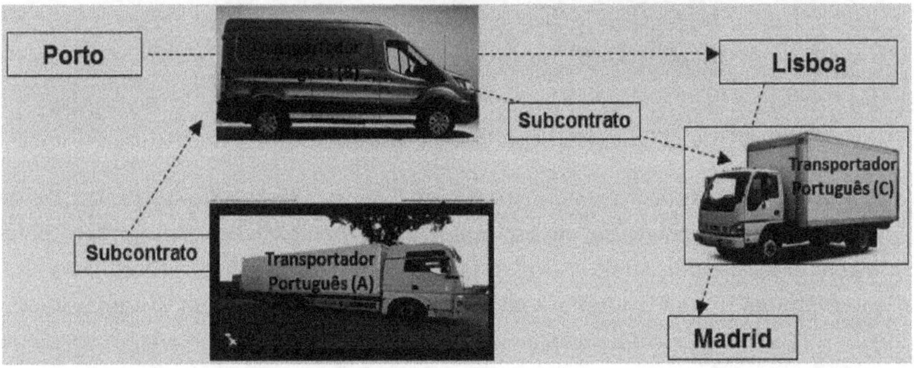

Comentário: Apesar de estarmos perante subcontratações, em nossa opinião, nada muda em relação às regras que vimos assinalando. Assim, admitindo que os adquirentes estão em Portugal, as operações localizam-se neste território (regra geral, al. a) do nº 6 do art. 6º). No entanto, como os transportes estão relacionados com a saída de bens do território nacional para outro EM[148], entendemos que todas as operações beneficiam de isenção (ao abrigo da al. q) do nº 1 do art. 14º) [149].

Exemplo 7: Transporte rodoviário, com início em Madrid e chegada a Paris, realizado da seguinte forma: *(i)* Madrid – Barcelona, por um transportador português; *(ii)* Barcelona – Paris, por um transportador francês. Os dois transportes são faturados a um SP em Portugal.

---

[148] São equiparados a transportes intracomunitários de bens no termos do nº 5 do art. 1º.

[149] A este propósito foi esclarecido através do Ofício-Circulado 33128, de 29/04/1993, que os transportes de aproximação, porque ainda são serviços relacionados com a expedição/transporte de bens para outros EM, também se encontram abrangidos por esta isenção, desde que o adquirente dos serviços seja um SP. Acresce que continua a verificar-se a referida isenção nos casos em que um SP contrata um transitário ou transportador para lhe prestar um serviço de transporte de bens destinados a outros EM e estes, por sua vez, subcontratam tal serviço a outro SP. Naturalmente que estas isenções carecem da comprovação prevista no nº 8 do art. 29º.

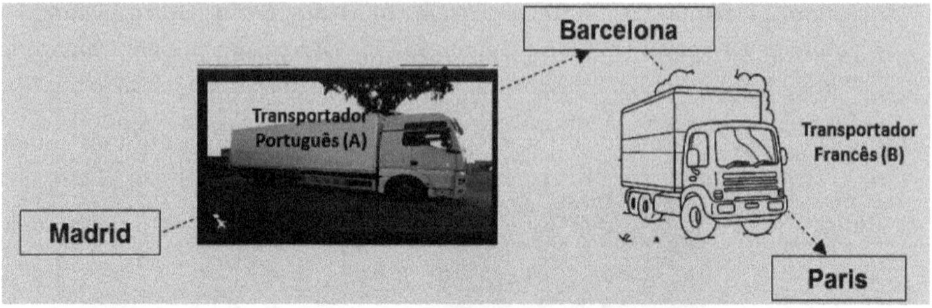

Comentário: Quanto ao primeiro transporte *(i)*, apesar de se tratar na prática de um transporte interno (neste caso, em Espanha), desde que esteja ligado a um transporte intracomunitário, nada muda. Assim, esta operação localiza-se no território nacional. Como o prestador e o adquirente estão estabelecidos no mesmo EM (neste caso, Portugal), o responsável pela liquidação do IVA é o transportador. Todavia, como estará ligado a uma TIB, beneficiará de isenção (ao abrigo da al. q) do nº 1 do art. 14º).

Relativamente ao segundo transporte *(ii)*, a operação localiza-se também em Portugal (regra geral, al. a) do nº 6 do art. 6º). Porém, estando relacionado com uma TIB, também beneficiará de isenção (ao abrigo da al. q) do nº 1 do art. 14º).

Exemplo 8: Transporte rodoviário, com início em Madrid e chegada a Paris, realizado da seguinte forma: *(i)* Madrid — Barcelona, realizado por um transportador português; *(ii)* Barcelona — Paris, realizado por um transportador francês. Os dois transportes são faturados a um SP registado noutro EM.

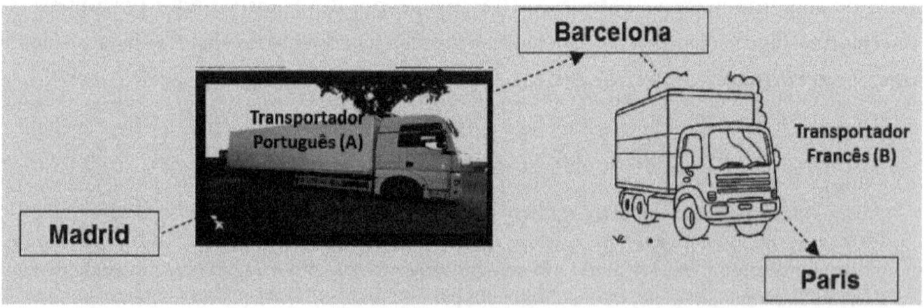

Comentário: Relativamente ao transporte intracomunitário com conexão com o território nacional (primeira situação), dado que o adquirente está registado na UE, estamos perante uma operação não tributada em território nacional, nos termos da regra geral (al. a) do nº 6 do art. 6º, *a contrario*).

Exemplo 9: Realização de dois transportes com início no Luxemburgo e chegada em Portugal, sendo o transportador um operador registado em França e tendo como adquirentes um SP português (fatura 1) e uma pessoa que não tem a condição de SP (fatura 2).

Comentário: No primeiro caso (fatura 1), a operação localiza-se em Portugal (regra geral, al. a) do nº 6 do art. 6º), sendo o adquirente o responsável pela liquidação do IVA (por força da al. e) do nº 1 do art. 2º); na segunda situação (fatura 2), a operação localiza-se no EM (Luxemburgo) onde se inicia o transporte (al. b) do nº 9 do art. 6º).

Exemplo 10: Transporte com início na Polónia e chegada a Espanha, sendo transportador um operador holandês. O adquirente do serviço de transporte é um EE (pertencente a uma empresa portuguesa) sito em Madrid (Espanha), e aí SP.

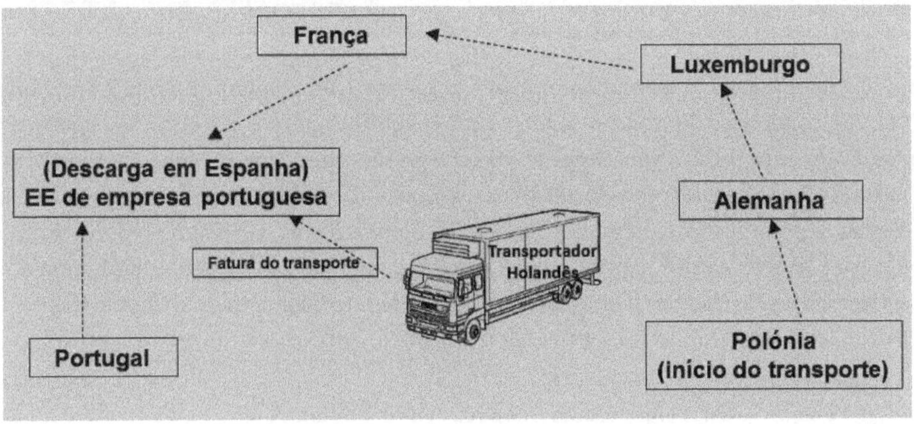

Comentário: O transporte intracomunitário de bens é, sem dúvida, um caso paradigmático da relevância do adquirente dos serviços, desconsiderando-se completamente o âmbito espacial do transporte. Assim, com este esquema queremos apenas reforçar aquilo que vimos assinalando, isto é, nestas operações, para efeitos da localização da operação, o que releva é onde está estabelecido o adquirente dos serviços. Com efeito, como podemos constatar, ainda que existam pelo menos sete países que estão, de uma forma ou de outra, «ligados» a esta operação, a tributação ocorrerá em Espanha, competindo ao SP adquirente (EE em Espanha) a liquidação do IVA[150].

Exemplo 11: Transporte de bens com início no Paquistão e chegada (entrega dos bens) em diversos EM, sendo transportador um operador holandês. O adquirente do serviço de transporte de bens é uma empresa portuguesa.

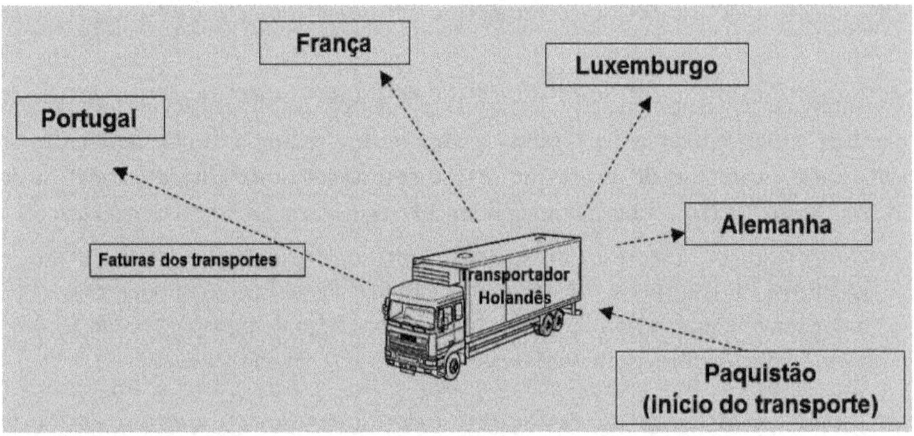

Comentário: Não estamos perante transportes intracomunitários de bens, uma vez que os serviços de transporte em causa envolvem um país terceiro (transporte do Paquistão para a UE). Não obstante, os serviços de transportes de bens, quando prestados a SP, são considerados localizados no espaço fiscal do adquirente, neste caso em Portugal, por aplicação da regra geral (al. a) do nº 6 do art. 6º). Como o prestador do serviço não se encontra registado em Portugal, a empresa portuguesa, adquirente dos serviços, deverá proceder à liquidação do IVA (por força da al. e) do nº 1 do art. 2º).

[150] Ao abrigo de uma norma análoga à nossa al. a) do nº 6 do art. 6º.

4.2.3.3. Serviços acessórios do transporte

Esta **terceira** exceção, prevista na al. c) dos nºs 9 e 10 do art. 6º, determina que os serviços acessórios de transporte são tributáveis no lugar onde são materialmente executados. Inclui os transportes de aproximação e serviços conexos, tais como carga e descarga, depósito, manutenção, conservação dos bens, aluguer de veículos e de materiais próprios para a carga e descarga (gruas, tapetes rolantes, carros, aluguer de contentores e outros equipamentos destinados à proteção dos bens).

Deste modo, o IVA correspondente a estas prestações de serviços, quando o adquirente é um não SP, é devido em Portugal, se tais prestações de serviços forem materialmente executadas no território nacional (al. c) do nº 10 do art. 6º). Pelo contrário, não é devido em Portugal o IVA correspondente a tais prestações de serviços, se forem materialmente executadas fora do território nacional (al. c) do nº 9 do art. 6º). À semelhança das regras dos transportes, sempre que o adquirente seja um SP, a operação segue a regra geral, ou seja, será localizada no território fiscal do adquirente (al. a) do nº 6 do art. 6º), conforme exposição prática que se segue.

Exemplo 1: Serviços acessórios de transporte (carga, descarga, transbordo, estiva, etc.) que foram materialmente realizados em Portugal, por uma empresa portuguesa, tendo como adquirentes vários clientes:

- Fatura 1: SP identificado em Espanha;
- Fatura 2: pessoa que não tem a condição de SP, residente na Alemanha;
- Fatura 3: particular, sendo residente em Angola.

Serviços acessórios de transporte realizados em Portugal

Comentário: Relativamente à primeira situação (fatura 1), os serviços não são localizados em território nacional, sendo antes tributados no EM onde estiver registado o adquirente, isto é, aplica-se a regra geral (al. a) do nº 6 do art. 6º).

Já nas situações seguintes (faturas 2 e 3), as prestações de serviços são localizadas em território nacional, devendo a empresa portuguesa liquidar o correspondente IVA (al. b) do nº 10 do art. 6º).

Exemplo 2: Serviços acessórios de transporte (carga e descarga) que foram materialmente realizados em Espanha, por uma empresa espanhola, tendo como adquirentes um SP português (fatura 1) e uma pessoa que não tem a condição de SP, residente em Portugal (fatura 2).

Comentário: No primeiro caso (fatura 1) os serviços são localizados em Portugal, apesar de as prestações acessórias de transporte terem sido materialmente executadas em Espanha (regra geral, al. a) do nº 6 do art. 6º). O IVA terá de ser liquidado pelo adquirente das prestações de serviços em causa (por força da al. e) do nº 1 do art. 2º), embora, tenha igualmente direito à sua dedução (al. c) do nº 1 do art. 19º).

Já no segundo caso (fatura 2) a prestação de serviços é localizada em Espanha (onde o serviço foi materialmente executado) e, consequentemente, aí tributada[151].

Exemplo 3: Serviços acessórios de transporte (carga e descarga), que foram materialmente realizados no Brasil, por uma empresa espanhola, tendo como adquirentes: SP português (fatura 1) e uma pessoa que não tem a condição de SP, residente em Portugal (fatura 2).

[151] Nos termos de uma norma equivalente à al. b) do nº 10 do art. 6º.

Comentário: No primeiro caso (fatura 1) os serviços são localizados em Portugal e, apesar de as prestações acessórias de transporte terem sido materialmente executadas num país terceiro (Brasil) por um prestador estabelecido na UE (Espanha), aplicar-se-á a regra geral (al. a) do nº 6 do art. 6º). Já o segundo caso (fatura 2) é uma operação não sujeita a IVA em Portugal[152].

Exemplo 4: No âmbito de um transporte de bens da Alemanha para Portugal, foram realizadas prestações acessórias executadas quer na Alemanha, quer em França. O adquirente das prestações acessórias de transporte é uma empresa portuguesa.

Comentário: A operação é localizada em Portugal, apesar de as prestações acessórias de transporte terem sido materialmente executadas noutros EM. (regra geral, al. a) do nº 6 do art. 6º). O IVA terá de ser liquidado pelo adquirente das prestações de serviços em causa (por força da al. e) do nº 1 do art. 2º), embora tenha igualmente direito à sua dedução (al. c) do nº 1 do art. 19º).

[152] Nos termos da al. c) do nº 9 do art. 6º.

Exemplo 5: Transporte de um bem de Portugal para a Bélgica em que houve prestações acessórias de transporte (carga) executadas em Portugal, tendo como adquirente uma empresa francesa.

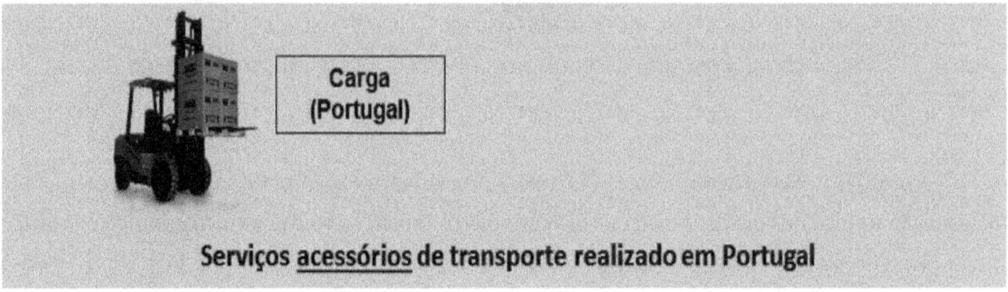

Comentário: As operações são localizadas em França, apesar de as prestações acessórias de transporte terem sido materialmente executadas em Portugal (regra geral, al. a) do nº 6 do art. 6º, *a contrario*).

Exemplo 6: Serviços acessórios de transporte realizados no Luxemburgo (descarga e carga), prestados por um operador estabelecido na Bélgica. O adquirente dos serviços acessórios de transporte é um EE (sucursal que pertence a uma empresa portuguesa) situado em Espanha, e aí SP.

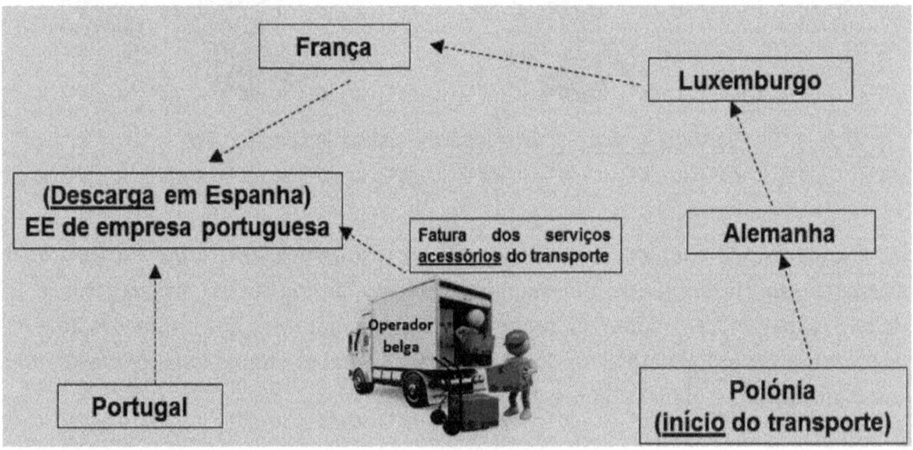

Comentário: Mais uma vez, à semelhança daquilo que referimos a propósito dos transportes intracomunitários de bens, também nos serviços acessórios de transporte o que é relevante, para efeitos da localização da operação em sede de IVA, é onde está situado o adquirente. Assim, neste caso concreto, consideramos que esta operação será localizada em Espanha, competindo ao EE a liquidação do IVA[153].

4.2.3.4. Trabalhos efetuados sobre bens móveis corpóreos

As prestações de serviços que consistam em trabalhos efetuados sobre bens móveis corpóreos e peritagens a eles respeitantes, previstas na al. d) dos nºs 9 e 10 do art. 6º, são tributáveis no lugar onde são materialmente executadas (**quarta** exceção), quando o adquirente é um particular (não SP).

Por conseguinte, o IVA correspondente a este tipo de serviços é devido em Portugal, se tais prestações de serviços forem materialmente executadas no território nacional (al. d) do nº 10 do art. 6º). Inversamente, não é devido em Portugal o IVA correspondente a tais prestações de serviços, se forem materialmente executadas fora do território nacional (al. d) do nº 9 do art. 6º).

Porém, como nas regras precedentes, se o adquirente for um SP, a operação segue a regra geral, ou seja, será localizada no território fiscal do adquirente (al. a) do nº 6 do art. 6º), como veremos nos exemplos que se seguem.

Exemplo 1: Empresa portuguesa (A) efetua reparações em Espanha de máquinas escavadoras, cujos adquirentes são SP em Espanha.

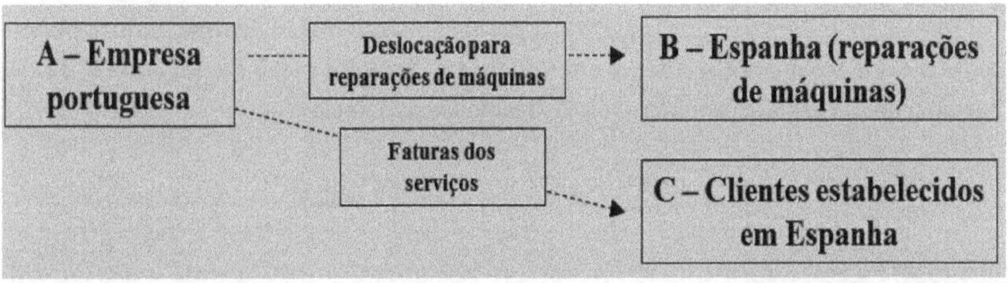

Comentário: Pese embora os serviços sejam prestados materialmente em Espanha, dado que os adquirentes são SP, aplicar-se-á a regra geral al. a) do nº 6 do art. 6º, *a contrario*). A regra em análise só se aplica quando o adquirente é um não SP (o que não é o caso). Assim, estes serviços de reparações de máquinas, são considerados localizados no espaço fiscal dos adquirentes (Espanha), competindo aos clientes da empresa portuguesa a liquidação do imposto (espanhol).

[153] Ao abrigo de uma norma análoga à nossa al. a) do nº 6 do art. 6º.

Exemplo 2: Empresa estabelecida em Espanha realizou nesse país dois serviços: *(i)* reparação de uma viatura, sendo adquirente um não SP, residente em Portugal; *(ii)* reparação de outra viatura, sendo adquirente uma empresa portuguesa (ou seja, SP).

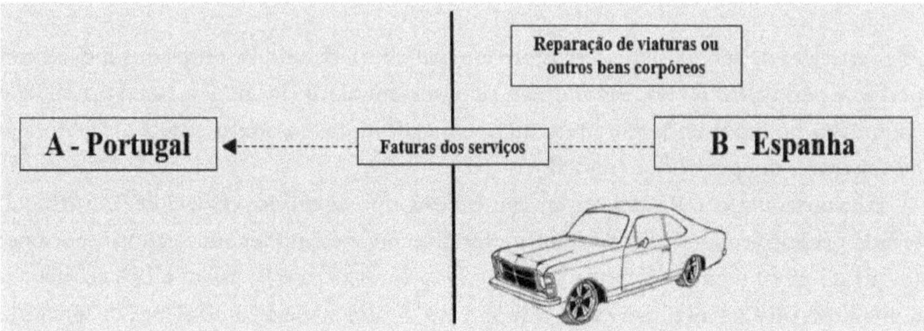

Comentário: Estamos perante serviços prestados em Espanha, sobre bens móveis corpóreos. Assim, quanto ao primeiro caso, a operação localiza-se em Espanha, dado a condição do adquirente (al. d) do nº 9 do art. 6º); no segundo caso a operação é localizada em Portugal, dado que o adquirente é um SP (regra geral, al. a) do nº 6 do art. 6º), competindo à empresa portuguesa a liquidação do imposto (al. e) do nº 1 do art. 2º).

Exemplo 3: Empresa portuguesa (A) procedeu à reparação de uma viatura pertencente a cidadão, não SP, residente em Angola (B), e à reparação de uma outra viatura pertencente a cidadão, também não SP, residente na Grécia (C).

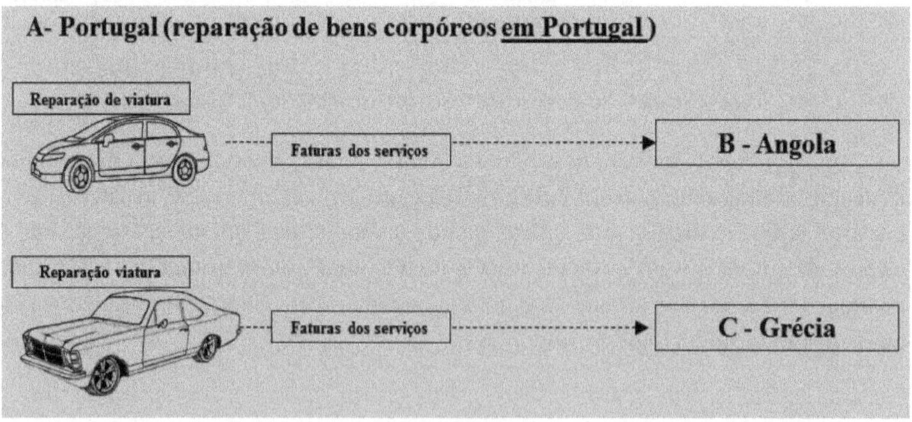

Comentário: Nos dois casos, dado que os adquirentes não são SP (são particulares), e apesar de um ser residente num país terceiro (Angola) e outro residente na UE (Grécia), a resolução prática é a mesma, isto é, ambas as prestações de serviços são consideradas localizadas em território nacional, nos termos do disposto na al. d) do nº 10 do art. 6º. Assim, o prestador nacional deverá liquidar IVA nas duas faturas.

Exemplo 4: Empresa portuguesa (A), com o objeto social de reparação de viaturas automóveis e outras reparações, procedeu hoje à emissão das seguintes faturas:

- Fatura 1: respeitante a uma viatura sinistrada, com matrícula portuguesa, que sofreu um acidente em Espanha. Uma companhia de seguros espanhola, assumiu a responsabilidade pelo pagamento da reparação (B);
- Fatura 2: referente a uma máquina (empilhador), reparada em Portugal. A fatura foi emitida a uma empresa sediada em Marrocos (C).

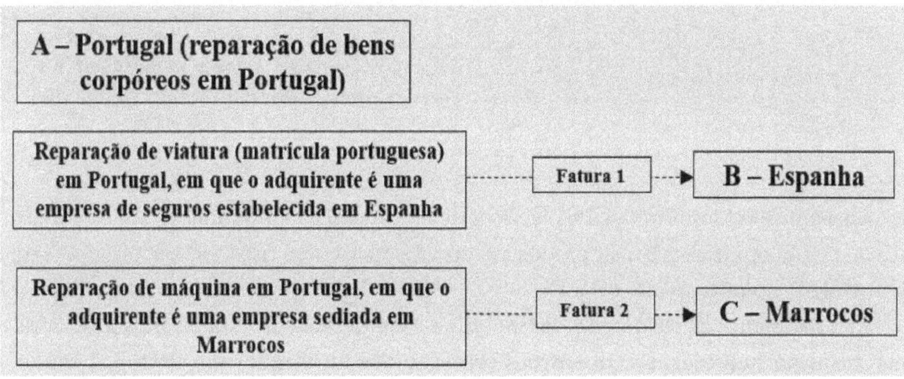

Comentário: Também nesta situação, trata-se de serviços prestados em território nacional sobre bens móveis corpóreos, ainda que a qualidade dos adquirentes seja diferente.

Na primeira situação (fatura 1), a viatura é de uma empresa portuguesa (matrícula portuguesa) e o serviço foi materialmente executado em território português. Contudo, uma vez que o destinatário (adquirente) do serviço é um SP, registado em Espanha, a operação não se localiza em Portugal (regra geral, al. a) do nº 6 do art. 6º, *a contrario*). O valor do serviço deve ser relevado no campo 7 do quadro 06 da DP_IVA do período de imposto respetivo e também na DR_IVA com a indicação do código 5.

Na segunda situação (fatura 2), uma vez que o destinatário do serviço é um operador económico, apesar de sediado num país terceiro, a operação também não se localiza em Portugal (aplica-se igualmente a referida regra geral). Contudo, nesta situação, como o adquirente é de um país terceiro, o valor do serviço deve ser relevado no campo 8 do quadro 06 da DP_IVA do período de imposto respetivo, não havendo DR_IVA.

Exemplo 5: Empresa portuguesa (A) prestou serviços de reparação de máquinas em Angola. Os serviços são prestados a uma empresa angolana e a uma empresa portuguesa.

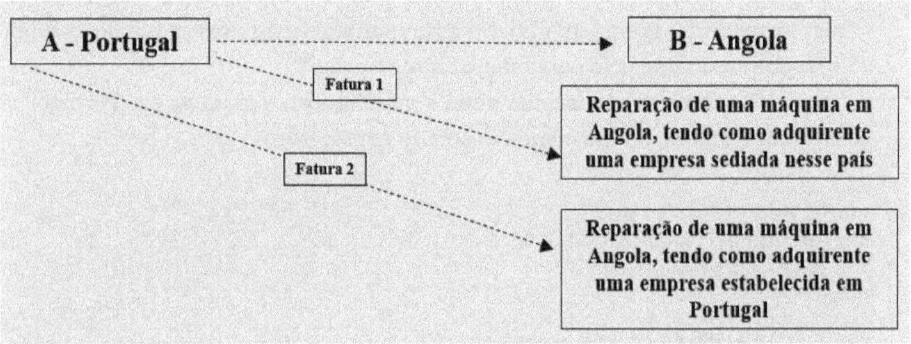

Comentário: Mais uma vez, os serviços de reparação de máquinas, desde que prestados a SP, são operações consideradas localizadas no espaço fiscal do adquirente (regra geral, al. a) do nº 6 do art. 6º).

Relativamente às reparações de máquinas, efetuadas em Angola, mas faturadas a empresas portuguesas, são operações consideradas localizadas em Portugal, sendo a responsabilidade da liquidação do IVA do prestador nacional.

Já quanto às reparações efetuadas em Angola, mas faturadas a empresas angolanas, trata-se de operações deslocalizadas, não sendo devido IVA português[154]. O prestador nacional deverá mencionar os valores em causa no campo 8 do quadro 06 da DP_IVA, não fazendo constar as operações da DR_IVA.

Exemplo 6: Empresa portuguesa (A) envia para Marrocos matérias-primas (tecido) para que uma empresa (B) aí sediada proceda à confeção de camisas. No fim dos tra-

[154] Operações não sujeitas, nos termos da regra geral (al. a) do nº 6 do art. 6º, *a contrario*).

balhos realizados, a empresa marroquina remete os produtos acabados (camisas) para Portugal.

Comentário: Estamos perante o denominado «aperfeiçoamento passivo», em que a saída das matérias-primas não releva, para efeitos do IVA, devendo ser obviamente objeto de controlo aduaneiro, através da estância aduaneira competente. Posteriormente, quando os produtos acabados dão entrada em território nacional, o valor tributável na importação será determinado nos termos do nº 5 do art. 17º do CIVA. Esta operação (prestação de serviços) é localizada em território nacional (regra geral, al. a) do nº 6 do art. 6º), competindo à empresa portuguesa a liquidação do IVA (al. e) do nº 1 do art. 2º).

4.2.3.5. Serviços de intermediação

Esta **quinta** exceção (al. e) dos nºs 9 e 10 do art. 6º) refere-se às prestações de serviços efetuadas por intermediários agindo em nome e por conta de outrem, em que se prevê que, quando na operação a que se refere a intermediação, o adquirente é um não SP, a respetiva prestação será tributável no lugar onde se efetua a operação principal.

O art. 46º da Diretiva IVA, veio regulamentar os serviços de mediação exclusivamente em relação àqueles casos em que a dita mediação seja realizada para uma pessoa que não tenha a condição de SP, indicando-se que, nesse caso, o serviço será considerado localizado no lugar onde se entendem realizadas as operações objeto da respetiva mediação[155].

[155] Este critério contempla, exclusivamente, os serviços de mediação em nome e por conta alheia, cujo adquirente não seja um SP, localizando-se a referida prestação do serviço no lugar onde se entendam realizadas as operações objeto dessa mediação (al. e) do nº 10 do art. 6º).

Assim, ressalvando aqueles serviços de mediação relacionados com prestações de serviços com imóveis (em que, como vimos, é indiferente a qualidade do adquirente para a localização da operação, sendo tributáveis no local onde esteja situado o imóvel), quando o adquirente for um SP, aplicar-se-á a regra geral, isto é, a operação será localizada onde está estabelecido o adquirente.

Todavia, já assim não será quando o adquirente é um particular, isto é, um não SP. Desta forma, quando o adquirente de serviços de intermediação, efetuados por intermediários agindo em nome e por conta de outrem, não tiver a condição de SP, a prestação de serviços será localizada em Portugal, quando a operação a que se refere a intermediação tenha lugar no território nacional (al. e) do nº 10 do art. 6º). Pelo contrário, se a operação a que se refere a intermediação não tiver lugar em território nacional, não haverá tributação neste território (al. e) do nº 9 do art. 6º).

Para melhor explicitação, veja-se o quadro infra, a que se seguem um conjunto de exemplos ilustrativos:

<table>
<tr><th rowspan="4">Serviços de intermediação efetuados por intermediários agindo em nome e por conta de outrem, quando a operação a que se refere a intermediação tenha lugar no território nacional</th><th>Adquirente</th><th>Localização</th><th>CIVA</th></tr>
<tr><td>SP português</td><td>Território nacional</td><td>al. a) do nº 6 do art. 6º</td></tr>
<tr><td>SP estabelecido fora do território nacional</td><td>Lugar da sede, EE ou domicílio do adquirente</td><td>al. a) do nº 6 do art. 6º, a contrario</td></tr>
<tr><td>Não SP</td><td>Território nacional</td><td>al. e) do nº 10 do art. 6º</td></tr>
</table>

Exemplo 1: Venda de bens (TIB) a partir do território nacional, por uma empresa portuguesa (A), efetuada com a intermediação de uma empresa do Luxemburgo (B). O adquirente dos serviços de intermediação é uma empresa alemã (C).

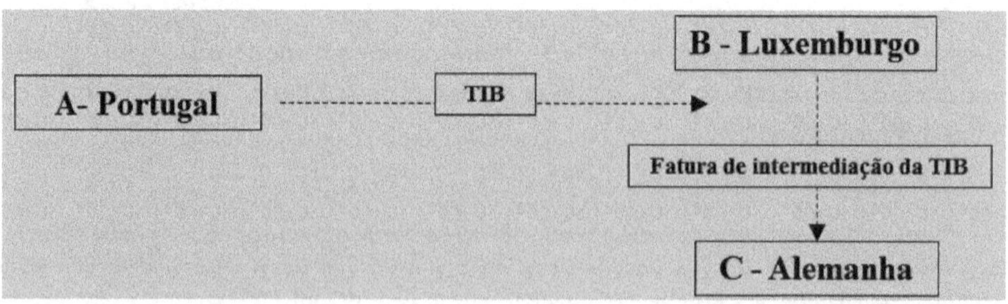

Comentário: A operação localiza-se no EM do adquirente (Alemanha), ou seja, segue a regra geral (al. a) do nº 6 do art. 6º).

Exemplo 2: Venda de bens (TIB) a partir do território nacional, por uma empresa portuguesa (A), efetuada com a intermediação de uma empresa belga (B). O adquirente dos serviços de intermediação é uma pessoa que não tem a condição de SP (C).

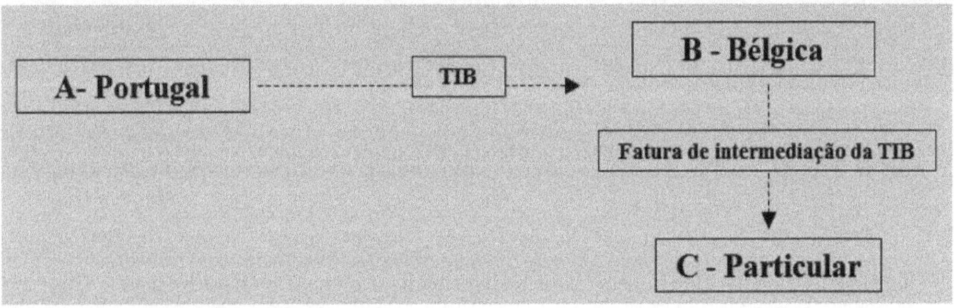

Comentário: A operação de intermediação localiza-se no EM, que é aquele onde ocorre a AIB (al. e) do nº 9 do art. 6º), sendo responsável pela liquidação do IVA o prestador dos serviços.

Exemplo 3: Espetáculo realizado no território nacional, efetuado com a intermediação de um operador estabelecido nos Estados Unidos (B). O adquirente dos serviços de intermediação é uma empresa portuguesa (A).

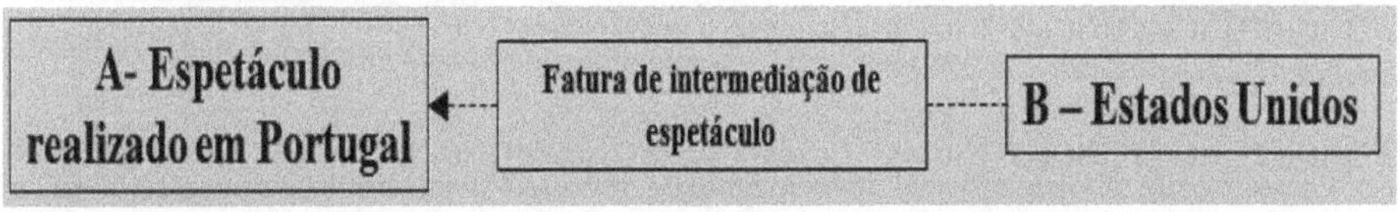

Comentário: A operação de intermediação localiza-se no território nacional (regra geral, al. a) do nº 6 do art. 6º), sendo responsável pela liquidação do IVA o adquirente dos serviços (por força da al. e) do nº 1 do art. 2º).

Exemplo 4: Espetáculo realizado no território nacional, efetuado com a intermediação de um operador estabelecido no Brasil (B). O adquirente dos serviços de intermediação é uma empresa da Roménia (C).

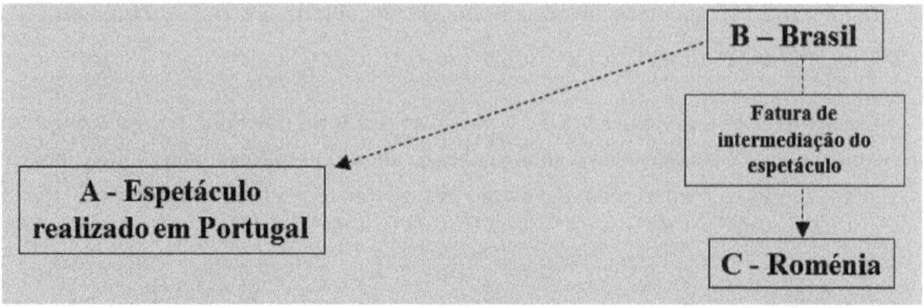

Comentário: A operação de intermediação localiza-se no EM do adquirente, não sendo devido IVA em território nacional (aplicar-se-á na Roménia uma norma equivalente à al. a) do nº 6 do art. 6º).

Exemplo 5: Espetáculo realizado no território nacional, efetuado com a intermediação de um operador estabelecido no Brasil (B). O adquirente dos serviços de intermediação é uma pessoa que não tem a condição de SP (C).

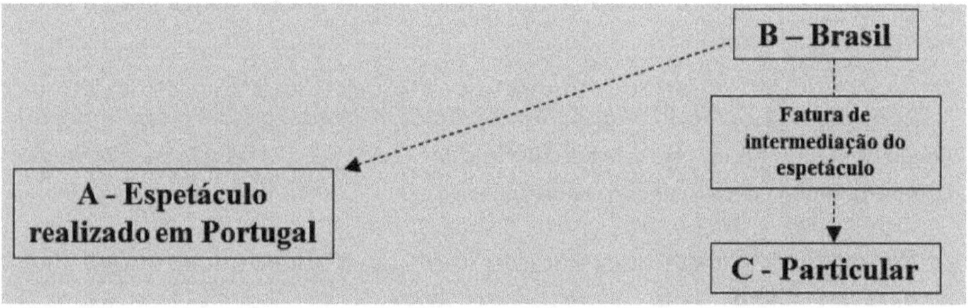

Comentário: A operação de intermediação localiza-se no território nacional (al e) do nº 10 do art. 6º), sendo responsável pela liquidação do IVA o intermediário, que terá de nomear representante no território nacional.

Exemplo 6: Venda de bens (TIB) a partir do território nacional para uma empresa espanhola (B), efetuada com a intermediação de uma empresa de Coimbra (C).

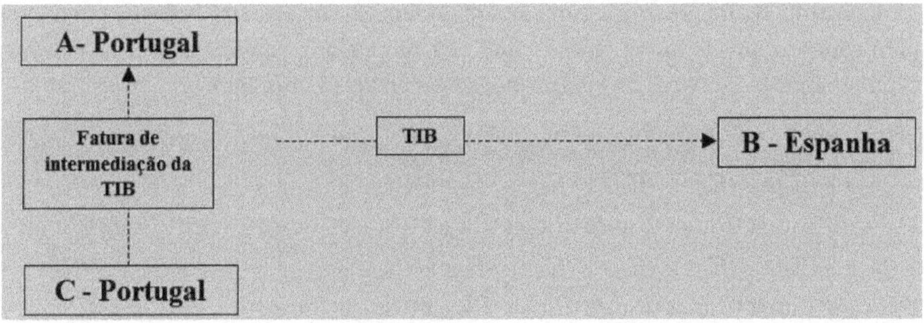

Comentário: A operação de intermediação localiza-se no território nacional (regra geral, al. a) do nº 6 do art. 6º). Contudo, neste caso, como a intermediação está relacionada com uma TIB, esta operação beneficia de isenção (ao abrigo da al. q) do nº 1 do art. 14º).

Exemplo 7: Venda de bens para Angola (B), efetuada com a intermediação de uma empresa de Lisboa (C). O adquirente dos serviços de intermediação é uma empresa estabelecida no Porto (A).

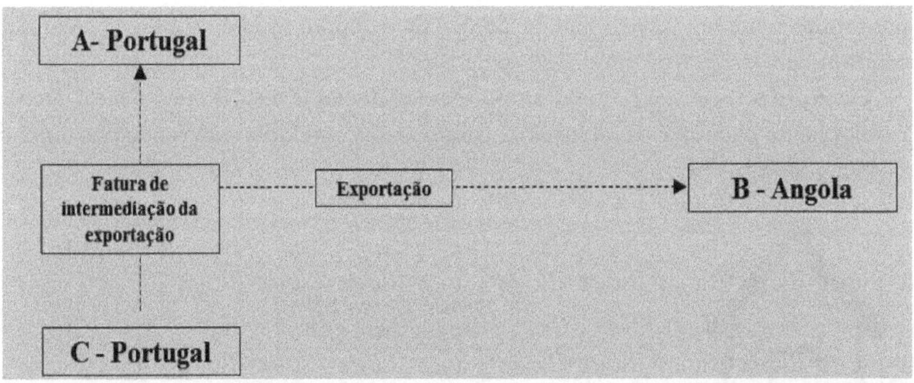

Comentário: A operação de intermediação localiza-se no território nacional (regra geral, al. a) do nº 6 do art. 6º). Todavia, como a intermediação está relacionada com uma exportação, beneficia de isenção (ao abrigo da al. s) do nº 1 do art. 14º).

Exemplo 8: Empresa portuguesa (A) obtém comissões que lhe são pagas por uma empresa brasileira (B), em resultado de vendas que esta realiza para o exterior. O adquirente dos serviços de intermediação é a empresa brasileira (B).

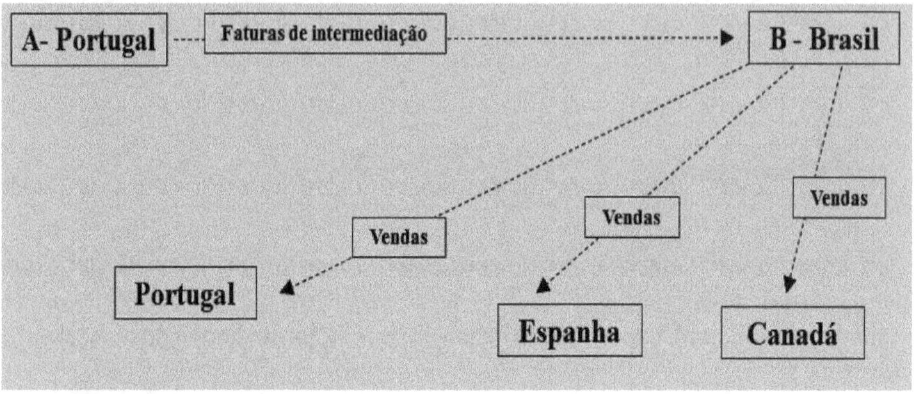

Comentário: Os serviços de intermediação, desde que prestados a SP, são considerados localizados no espaço fiscal do adquirente (regra geral, al. a) do nº 6 do art. 6º). Nesta situação, a empresa portuguesa (intermediária) não deve liquidar IVA, independentemente do local onde as vendas agenciadas são efetuadas, devendo mencionar nas faturas o motivo da não liquidação do IVA e, ainda, fazendo constar o valor das comissões no campo 8 do quadro 06 da DP_IVA.

Exemplo 9: Empresa portuguesa (A), com a atividade de alojamento local, efetua regularmente pagamentos relativos a «comissões» a entidades não residentes como a Booking, Airbnb, Uber, etc.

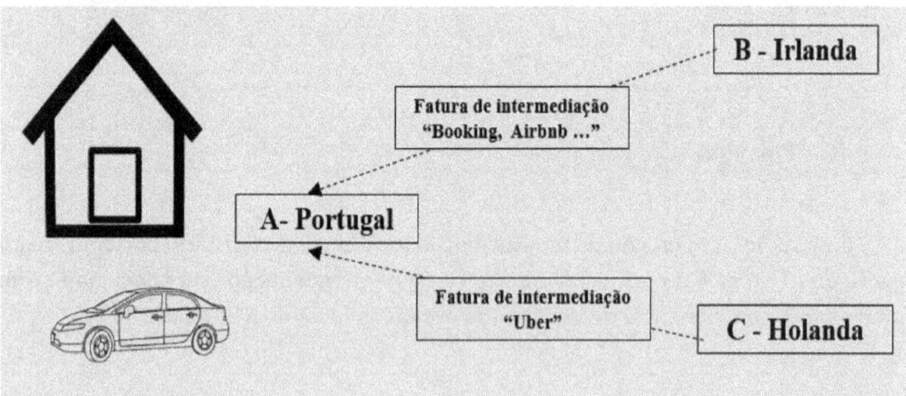

Comentário: Nestes casos, aplica-se a regra geral pois as prestações de serviços de intermediação relacionados com o alojamento no setor hoteleiro ou em setores com funções similares são excecionadas da regra específica dos imóveis (al. d) do nº 3 do art. 31º - A do Regulamento de Execução).

Desta forma, estes serviços de intermediação, desde que prestados a SP, são considerados localizados no espaço fiscal do seu adquirente, pelo que são localizados em Portugal (regra geral, al. a) do nº 6 do art. 6º), sendo responsável pela liquidação do IVA a empresa portuguesa (por força da al. e) do nº 1 do art. 2º).

4.2.3.6. Serviços de caráter cultural, artístico, científico, desportivo, recreativo, de ensino e similares

Nesta exceção (**sexta**), estão abrangidas as prestações de serviços de caráter cultural, artístico, científico, desportivo, recreativo, de ensino e similares, incluindo feiras e exposições (não abrangidas pela al. e) dos nºs 7 e 8 do art. 6º), compreendendo as dos organizadores destas atividades e as prestações de serviços que lhe sejam acessórias, desde que materialmente realizadas no território nacional.

Se tal acontecer, o IVA é devido em território nacional quando o adquirente não tem a condição de SP (al. f) do nº 10 do art. 6º). Pelo contrário, não é devido em território nacional, quando os serviços suprarreferidos não sejam materialmente realizadas neste território (al. f) do nº 9 do art. 6º).

Como nas outras exceções precedentes, estes serviços seguem a regra geral quando o adquirente é um SP de IVA (aplicar-se-á, nesses casos, a regra geral).

Exemplo 1: Uma associação cultural e recreativa, estabelecida em Barcelos, realiza, em território espanhol, um espetáculo, debitando o serviço prestado a um adquirente espanhol que não consta do VIES.

Comentário: Será aplicável a al. f) do nº 9 do art. 6º, o que implica que a prestação de serviços não é localizada no território nacional, não havendo, por isso, lugar à liquidação de IVA em Portugal. Assim, competiria à entidade portuguesa averiguar junto da AT espanhola, quais as obrigações que deve cumprir naquele país, decorrentes da realização, em território espanhol, de um espetáculo.

Exemplo 2: Um artista (palhaço) espanhol atua em Portugal no aniversário de um residente (particular) em Braga.

Comentário: Neste caso, será aplicável a al. f) do nº 10 do art. 6º, o que implica que a prestação de serviços é localizada no território nacional, havendo, por isso, lugar à liquidação de IVA em Portugal. Assim, o não residente deverá entregar o IVA correspondente à AT ou nomear representante que o possa substituir nas respetivas obrigações (estamos a ignorar a eventual isenção consagrada no nº 15 do art. 9º).

4.2.3.7. Locação de um meio de transporte, que não seja de curta duração

No que concerne à locação de um meio de transporte, que não seja de curta duração (**sétima** exceção), estabelece-se a não sujeição a IVA quando o destinatário for uma pessoa estabelecida/domiciliada fora do território nacional (al. g) do nº 9 do art. 6º). Pelo contrário, estes serviços de locação são tributáveis quando o destinatário for uma pessoa estabelecida/domiciliada no território nacional (al. g) do nº 10 do art. 6º). Assim, nestes casos, por regra, a tributação é no lugar onde o destinatário (não SP) está estabelecido, tem domicílio ou residência habitual. No entanto, temos de ter em atenção as disposições dos nºs 12 e 13 do art. 6º (neste caso quanto às embarcações de recreio).

Da leitura conjugada das normas suprarreferidas, resulta que, quando o adquirente do serviço de locação não tem a condição de SP de IVA e tem domicílio noutro EM, a operação não será localizada em território nacional, ainda que o meio de transporte seja utilizado neste território, ou aqui ocorra a sua exploração efetiva.

Por outro lado, quando o adquirente do serviço de locação não tem a condição de SP de IVA e tem domicílio num país/território terceiro, a operação é localizada em território nacional, desde que o meio de transporte seja utilizado neste território, ou aqui ocorra a sua exploração efetiva[156].

Exemplo 1: Uma *Rent-a-car* (Porto) prestou um serviço de aluguer de uma viatura ligeira de passageiros, sem condutor, colocando à disposição a referida viatura em território nacional, a um cliente que é residente em Espanha, por um período de 50 dias.

Comentário: Este serviço não é considerado localizado em território nacional, de acordo com o disposto na al. g) do nº 9 do art. 6º, uma vez que o destinatário é residente em Espanha, e a operação não se encontra excecionada no nº 12 do art. 6º. Assim,

[156] Ver anexo ao Ofício-Circulado 30140, de 28/12/2012.

esta operação será localizada em Espanha, que certamente terá uma norma no seu ordenamento jurídico equivalente, pelo que, sendo devido IVA em Espanha, competirá à empresa portuguesa (locadora) cumprir nesse território todas as obrigações, designadamente a entrega do IVA devido.

Exemplo 2: Uma *Rent-a-car* (Braga) prestou um serviço de aluguer de uma viatura ligeira de passageiros, sem condutor, colocando a referida viatura à disposição em território nacional de um cliente, residente no Canadá, por um período de 40 dias.

Comentário: Neste caso, não se aplica a não sujeição da al. g) do nº 9 do art. 6º, uma vez que a operação se encontra excecionada na al. c) do nº 12 do art. 6º, segundo o qual, são tributáveis em território nacional as locações que não sejam de curta duração (mais de 30 dias), quando o adquirente esteja estabelecido ou domiciliado fora da UE e a utilização ou exploração efetivas do meio de transporte ocorram em território nacional. Assim, neste caso, a locação é sujeita a IVA em território nacional.

4.2.3.8. Serviços de telecomunicações, de radiodifusão ou televisão e serviços por via eletrónica

Finalmente (**oitava** exceção) temos os serviços específicos, mais propriamente relacionados com telecomunicações[157], de radiodifusão ou televisão[158] e serviços por via eletrónica[159], nomeadamente os descritos no anexo D do CIVA (lista exemplificativa dos serviços prestados por via eletrónica).

[157] Entende-se por «serviços de telecomunicações» os serviços que possibilitem a transmissão, a emissão ou a receção de sinais, texto, imagem e som ou de informações de todo o tipo através de fios, da rádio, de meios óticos ou de outros meios eletromagnéticos, incluindo a cessão ou a concessão com elas relacionadas de direitos de utilização de instalações de transmissão, emissão ou receção e a disponibilização do acesso a redes de informação mundiais.

[158] Os «serviços de radiodifusão e televisão» devem incluir os serviços de conteúdo áudio e audiovisual, tais como programas de rádio ou televisão fornecidos ao público em geral através de redes de comunicações por e sob a responsabilidade editorial de um prestador de serviços de comunicação social, de visualização e audição simultânea, com base numa grelha de programas.

[159] Os «serviços prestados por via eletrónica» compreendem os serviços que são prestados através da Internet ou de uma rede eletrónica cuja natureza torna a sua prestação essencialmente automatizada, requerendo uma intervenção humana mínima, e que não têm qualquer viabilidade na ausência de tecnologia da informação.

Neste âmbito, está previsto uma regra específica em que se estabelece (al. h) do nº 9 do art. 6º) que as prestações de serviços supracitadas não são localizadas em território nacional quando o destinatário for uma pessoa estabelecida/domiciliada fora do território nacional (operação deslocalizada).

Pelo contrário, segundo a al. h) do nº 10 do mesmo art. 6º, as operações são localizadas (tributadas) em território nacional quando o destinatário for uma pessoa estabelecida/domiciliada no território nacional.

Assim, estes serviços não são localizados em Portugal quando o adquirente dos serviços é um não SP, neste caso com residência num outro EM (que não Portugal), sendo a operação localizada no EM do seu domicílio fiscal[160]. Ou seja, são tributados no lugar onde o destinatário (não SP) está estabelecido ou tem o seu domicílio.

Assim, se determinado operador português prestar um serviço por via eletrónica, quando o destinatário (particular) for uma pessoa estabelecida/domiciliada fora do território nacional, não poderá liquidar IVA português, porque a operação não é localizada neste território (al. h) do nº 9 do art. 6º)[161].

Em suma, explicitando as regras dos nºs 9 e 10 do art. 6º, atenda-se ao quadro infra, a que se segue um conjunto de quatro exemplos[162]:

<table>
<tr><th rowspan="4">Serviços de telecomunicações, de radiodifusão e televisão e serviços prestados por via eletrónica</th><th>Prestador</th><th>Adquirente</th><th>Localização</th></tr>
<tr><td>Estabelecido em território nacional</td><td>Não SP domiciliado no território nacional</td><td>Em território nacional</td></tr>
<tr><td>Estabelecido em território nacional</td><td>Não SP domiciliado fora do território nacional</td><td>Fora do território nacional (deslocalizada)</td></tr>
<tr><td>Estabelecido fora do território nacional</td><td>Não SP domiciliado no território nacional</td><td>Em território nacional</td></tr>
</table>

[160] A partir de 01/01/2015 (ver DL 158/2014). Contudo, estes serviços da «moda» prestados por via eletrónica, como sejam os «serviços de acompanhamento e monitorização das redes sociais», que inclui, designadamente, Facebook, Instagram, Linkedln & Twiter, tendo como adquirentes SP, seguem a regra geral, isto é, são localizados no espaço fiscal do seu adquirente, de acordo com o disposto no art. 44º da Diretiva IVA (internamente, al. a) do nº 6 do art. 6º).

[161] Ver Ofício-Circulado 30165, de 26/12/2014 e Ofício-Circulado 30166, de 30/12/2014.

[162] De referir que, de forma a facilitar o cumprimento das obrigações declarativas relativas a tais prestações de serviços foi criado um mecanismo de Mini Balcão Único (*MOSS – «Mini One Stop Shop»*), de adesão opcional, para os operadores da UE, que permitia proceder à entrega da declaração e ao pagamento do respetivo IVA no portal eletrónico da AT do EM do prestador, e que, como veremos, foi substituído pelo Balcão Único (*OSS – One Stop Shop*). Assim, perante as regras atuais, quem tivesse um registo no *MOSS* transita diretamente para o novo regime (OSS).

Duas notas: *(i)* para a prestação de serviços ser considerada localizada em território nacional, exige-se que a utilização e exploração efetiva desses serviços ocorra no território nacional[163]; *(ii)* estas disposições têm de ser articuladas com a al. d) do nº 12 do art. 6º e, sobretudo, com as novas regras previstas para o comércio eletrónico (a desenvolver mais adiante), pelo que a exemplificação que se segue tem de ser vista sempre tendo em conta essas normas em concreto.

Exemplo 1: Empresa do Porto vendeu um jogo «virtual» a um cidadão italiano (particular).

Comentário: Esta operação não se considera localizada em território português. Estamos perante serviços prestados por via eletrónica (descritos no anexo D), não se considerando efetuados no território nacional (al. h) do nº 9 do art. 6º).

Exemplo 2: Um cidadão português (particular) adquire a uma empresa espanhola, um jogo que lhe é vendido através da Internet.

Comentário: Esta operação considera-se localizada em território português. Com efeito, trata-se de serviços prestados por via eletrónica (descritos no anexo D), sendo considerando efetuada no território nacional (al. h) do nº 10 do art. 6º) [164].

Exemplo 3: Empresa de Lisboa transmitiu, via Internet, um dos serviços constantes do anexo D ao CIVA a um não SP (particular) residente no Brasil.

Comentário: Como existe uma regra específica para este tipo de serviços, quando o adquirente é um não SP residente fora do território nacional, esta prestação de serviços não é localizada no território nacional, pela al. h) do nº 9 do art. 6º, pelo que a empresa portuguesa não terá de liquidar IVA na fatura.

Exemplo 4: Empresa sediada no Canadá, sem qualquer EE na UE, transmitiu, via Internet, um dos serviços constantes do anexo D ao CIVA a um não SP (particular) residente em Portugal.

Comentário: Esta prestação de serviços é considerada localizada no território nacional pela al. h) do nº 10 do art. 6º.

---

[163] A consideração de utilização e exploração efetiva no território nacional está previsto no nº 14 do art. 6º.

[164] Será o caso típico, em que assistimos pela TV ou online a um jogo de futebol que decorre em Espanha, mas não saímos do sofá.

4.2.4. Serviços específicos prestados a particulares, residentes fora da UE

O CIVA apresenta ainda outras exceções à regra da localização das prestações de serviços, quando o adquirente for uma pessoa estabelecida ou domiciliada fora da UE, ou seja, os serviços são prestados a «particulares» (pessoas físicas) residentes em países/territórios terceiros.

Com efeito, não obstante o disposto na al. b) do nº 6 do art. 6º, o nº 11 deste artigo diz-nos que não são tributáveis as prestações de serviços adiante enumeradas, quando o adquirente for uma pessoa (singular) estabelecida ou domiciliada fora da UE, independentemente onde os serviços sejam materialmente executados. Ou seja, trata-se de pessoas (físicas) que não desenvolvam uma atividade económica, na aceção do sistema comunitário do IVA (na posição adotada pelo Comité do IVA), não sendo, portanto, considerados SP, para efeitos de aplicação da regra geral de localização dos serviços prestados. Assim, esta norma não terá aplicação quando o adquirente for um SP de IVA, ou um não SP estabelecido na UE.

Caso o adquirente desenvolva uma atividade económica, decorre a obrigatoriedade de os prestadores de serviços obterem a confirmação do estabelecimento ou da residência do seu cliente fora da UE, bem como, assegurarem que o adquirente é uma entidade que exerce uma atividade económica nesse país/território terceiro. Para o efeito exige-se a certificação do estatuto empresarial, nomeadamente, um certificado emitido pelas autoridades fiscais desse país/território terceiro.

Não sendo possível, estamos perante um particular, fora da UE, a que se deve aplicar o nº 11 do art. 6º (infra), quando estamos perante os seguintes serviços.

Artigo 6º — Localização das operações

11. *Não obstante o disposto na alínea b) do nº 6, não são tributáveis as prestações de serviços adiante enumeradas, quando o adquirente for uma pessoa estabelecida ou domiciliada fora da União Europeia:*

a) Cessão ou concessão de direitos de autor, brevets, licenças, marcas de fabrico e de comércio e outros direitos análogos;

b) Prestações de serviços de publicidade;

c) Prestações de serviços de consultores, engenheiros, advogados, economistas e contabilistas, e de gabinetes de estudo em todos os domínios, compreendendo os de organização, investigação e desenvolvimento;

d) Tratamento de dados e fornecimento de informações;

e) Operações bancárias, financeiras e de seguro ou resseguro, com exceção da locação de cofres-fortes;

> *f) Colocação de pessoal à disposição;*
>
> *g) Locação de bens móveis corpóreos, com exceção de meios de transporte;*
>
> *h) Cessão ou concessão do acesso a uma rede de gás natural ou a qualquer rede a ela ligada, à rede de eletricidade, ou às redes de aquecimento e arrefecimento, bem como prestações de serviços de transporte ou envio através dessas redes e prestações de serviços diretamente conexas;*
>
> *i) [Revogada];*
>
> *j) [Revogada];*
>
> *l) [Revogada];*
>
> *m) Obrigação de não exercer, mesmo a título parcial, uma atividade profissional ou um direito mencionado no presente número.*

Assim, confrontando estas disposições deste nº 11 do art. 6º com as regras gerais como vimos, estabelecidas no nº 6 do referido art. 6º, podemos, quanto à localização das operações em sede IVA, resumir no seguinte quadro:

<table>
<tr><th></th><th>Adquirente</th><th>Localização</th><th>CIVA</th></tr>
<tr><td rowspan="5">Serviços elencados no nº 11 do art. 6º.</td><td>SP português</td><td>Território nacional</td><td>al. a) do nº 6 do art. 6º</td></tr>
<tr><td>SP da UE</td><td>EM onde está estabelecido</td><td>al. a) do nº 6 do art. 6º, a contrario</td></tr>
<tr><td>SP fora da UE</td><td>Não localizada na UE</td><td>al. a) do nº 6 do art. 6º, a contrario</td></tr>
<tr><td>Não SP da UE</td><td>Território nacional</td><td>al. b) do nº 6 do art. 6º</td></tr>
<tr><td>Não SP fora da UE</td><td>Não localizada na UE</td><td>nº 11 do art. 6º</td></tr>
</table>

Segue uma exemplificação prática (9 casos), comentada de uma forma muito pragmática, de todas as alíneas do nº 11 do art. 6º:

A. Cessão ou concessão de direitos de autor, *brevets*, licenças, marcas de fabrico e de comércio e outros direitos análogos;

Exemplo 1: Empresa portuguesa cede uma patente a um cidadão (não SP), residente no Brasil.

Comentário: Esta operação não se considera localizada em território nacional (al. a) do nº 11 do art. 6º).

B. Serviços de publicidade;

Exemplo 2: Empresa portuguesa presta serviços de publicidade a um cidadão (não SP), residente no Japão, que consiste na colocação numa revista portuguesa de um anúncio para a venda de um apartamento que possui no Algarve.
Comentário: Esta operação não se considera localizada em território nacional (al. b) do nº 11 do art. 6º).

C. Prestações de serviços de consultores, engenheiros, advogados, economistas e contabilistas, de gabinetes de estudo em todos os domínios, compreendendo os de organização, investigação e desenvolvimento;

Exemplo 3: Um advogado, residente em Barcelos, emitiu um parecer (consultadoria fiscal) sobre investimento em Portugal, em que o adquirente é residente no Brasil, que não tem a condição de SP.
Comentário: Esta operação não se considera localizada em território nacional (al. c) do nº 11 do art. 6º).

D. Tratamento de dados e fornecimento de informações;

Exemplo 4: Empresa portuguesa, especializada em tratamento de dados, debita serviços dessa natureza a um cidadão (não SP), residente em Angola.
Comentário: Esta operação não se considera localizada em território nacional (al. d) do nº 11 do art. 6º).

E. Operações bancárias, financeiras e de seguro ou resseguro, com exceção da locação de cofres-fortes;

Exemplo 5: Uma instituição financeira (banco) portuguesa realiza operações financeiras que têm por adquirente um cidadão (não SP), residente no Canadá.
Comentário: Esta operação não se considera localizada em território nacional (al. e) do nº 11 do art. 6º).

F. Colocação de pessoal à disposição;

Exemplo 6: Empresa portuguesa cede dois trabalhadores a um cidadão (não SP), residente em Timor, para a realização de serviços de construção civil nesse território.

Comentário: Esta operação não se considera localizada em território nacional (al. f) do nº 11 do art. 6º).

G. Locação de bens móveis corpóreos, com exceção de meios de transporte;

Exemplo 7: Empresa portuguesa alugou uma «cadeira de rodas» a uma cidadã brasileira que, no início da sua estadia em Portugal, sofreu um acidente.
Comentário: Trata-se de uma locação de bens móveis corpóreos, que não de um meio de transporte, a que se reportam as regras específicas previstas na al. g) do nº 11 e a al. a) do nº 12 do art. 6º. Sendo o locatário um não SP residente num país não pertencente à UE, uma operação de locação de bens móveis corpóreos, com exceção de meios de transporte, poderia, noutras circunstâncias, ser não sujeita a IVA em território nacional, atendendo ao previsto no disposto na al. g) do nº 11 do art. 6º. Todavia, dado que os bens locados são objeto de utilização em território nacional, a al. a) do nº 12 do art. 6º determina que a prestação de serviços de locação seja considerada efetuada em território nacional, competindo ao prestador do serviço proceder à liquidação do correspondente IVA.

H. Cessão ou concessão do acesso a sistemas de distribuição de gás natural ou de eletricidade, bem como prestações de serviços de transporte ou envio através desses sistemas e prestações de serviços diretamente conexas;

Exemplo 8: Empresa portuguesa presta serviços de acesso a uma rede de gás natural, a um cidadão (não SP), residente em Cabo Verde.
Comentário: Esta operação não se considera localizada em território nacional (al. h) do nº 11 do art. 6º).

I. (Revogada);
J. (Revogada);
L. (Revogada);

M. Obrigação de não exercer, mesmo a título parcial, uma atividade profissional ou um direito mencionado no presente número.

Exemplo 9: Um cidadão (não SP), residente em Moçambique, aceita não realizar determinados serviços.

Comentário: Esta operação não se considera localizada em território nacional (al. m) do nº 11 do art. 6º).

4.2.5. Extensão da territorialidade a certas prestações de serviços

Existem ainda outras situações específicas, que designamos por «extensão da territorialidade», que têm a ver com serviços cuja utilização ou exploração efetivas ocorram em território nacional. Assim, resumidamente, as prestações de serviços a seguir indicadas nas alíneas a) a e) do nº 12 do art. 6º são tributáveis no território nacional, em função da utilização ou exploração efetivas nas seguintes condições:

Artigo 6º — Localização das operações

12. *Não obstante o disposto nos nºs 6 a 11, são tributáveis as prestações de serviços a seguir enumeradas:*

a) Locação de bens móveis corpóreos, com exceção de meios de transporte, efetuada a pessoa estabelecida ou domiciliada fora do território da União Europeia, quando a utilização ou exploração efetivas desses bens ocorram no território nacional;

b) Locação de curta duração de um meio de transporte, efetuada a pessoa que não seja um sujeito passivo, quando a respetiva colocação à disposição do destinatário tenha ocorrido fora da União Europeia e a utilização ou exploração efetivas do meio de transporte ocorram no território nacional;

c) Locação de um meio de transporte, que não seja de curta duração, efetuada a pessoa que não seja um sujeito passivo, quando este esteja estabelecido ou domiciliado fora da União Europeia e a utilização ou exploração efetivas do meio de transporte ocorram no território nacional;

d) Prestações de serviços de telecomunicações, de radiodifusão ou televisão e serviços por via eletrónica, nomeadamente os descritos no anexo D, cujo destinatário seja uma pessoa estabelecida ou domiciliada fora da União Europeia, quando o prestador tenha no território nacional a sede da sua atividade, um estabelecimento estável ou, na sua falta, o domicílio, a partir do qual os serviços sejam prestados, e a utilização e exploração efetivas desses serviços tenham lugar no território nacional;

e) Locação de uma embarcação de recreio, que não seja de curta duração, efetuada a pessoa que não seja um sujeito passivo, quando o locador tenha no território nacional sede, estabelecimento estável ou, na sua falta, domicílio, a partir do qual os serviços são prestados, e a efetiva colocação da embarcação à disposição do destinatário ocorra no território nacional.

13. *O disposto na alínea g) do nº 10 não tem aplicação relativamente à locação de uma embarcação de recreio, que não seja de curta duração, quando o locador tenha sede, estabelecimento estável ou, na sua falta, domicílio fora do território nacional, a partir do qual os serviços* *são prestados, e a efetiva colocação da embarcação à disposição do destinatário ocorra no mesmo território.*[165]

14. *Para efeitos da alínea d) do nº 12, considera-se que a utilização e exploração efetivas ocorrem no território nacional em situações em que a presença física neste território do destinatário direto dos serviços seja necessária para a prestação dos mesmos, nomeadamente, quando os mesmos sejam prestados em locais como cabines ou quiosques telefónicos, lojas abertas ao público, átrios de hotel, restaurantes, cibercafés, áreas de acesso a uma rede local sem fios e locais similares.*[166]

15. *Sendo o destinatário dos serviços uma pessoa que não seja um sujeito passivo dos referidos no nº 5 do artigo 2º, além das situações abrangidas pelo número anterior, considera-se que a utilização e exploração efetivas ocorrem no território nacional quando se situar neste território o local em que aquele disponha de uma linha fixa instalada, o local a que pertença o indicativo da rede móvel de um módulo de identificação de assinante (cartão SIM), ou o local em que esteja situado um descodificador ou dispositivo similar ou, sendo este local desconhecido, para onde tenha sido remetido um cartão de visualização, através dos quais os serviços de telecomunicações, de radiodifusão ou televisão ou os serviços por via eletrónica sejam prestados.*[167]

Vejamos individualmente cada situação em concreto, com exemplos práticos:

A. Locação de bens móveis, com exceção de meios de transporte (al. a) do nº 12 do art. 6º);

As prestações de serviços relativas à locação de bens móveis (com exceção dos meios de transporte) são tributáveis no território nacional, nas seguintes condições:

- Utilização ou exploração: ocorra no território nacional.
- Prestador: qualquer que seja a sede, EE ou domicílio.
- Adquirente: residente fora da UE.

[165] Temos aqui uma exceção específica, que se traduz numa exceção à exceção.

[166] Assim, determina-se a tributação em território nacional dos serviços referidos, se o consumo efetivo ocorrer em território nacional. Na delimitação da utilização e exploração efetivas utilizam-se os critérios previstos no art. 24º-A do Regulamento de Execução, independentemente da qualidade do adquirente (B2B e B2C).

[167] Assim, determina-se a tributação em território nacional dos serviços referidos, se o consumo efetivo ocorrer em território nacional. Na delimitação da utilização e exploração efetivas utilizam-se os critérios previstos no art. 24º-B, alíneas a), b) e c) do Regulamento de Execução. Aplica-se unicamente quando o adquirente for um não SP (B2C).

Exemplo 1: Utilização ou exploração em território nacional de uma máquina de filmar ou outro equipamento que não seja um meio de transporte.

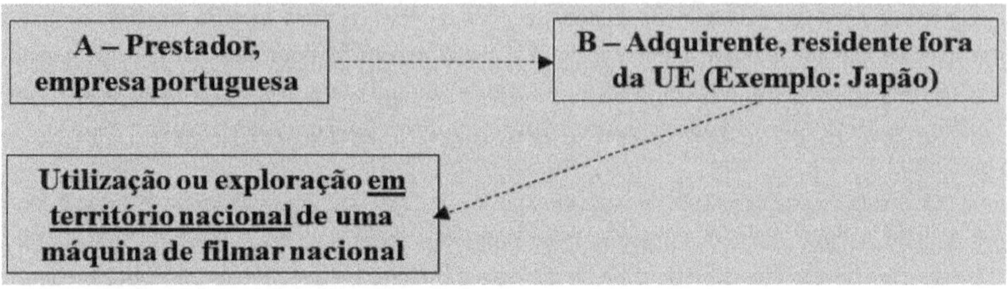

Comentário: Trata-se de um serviço localizado em território nacional (al. a) do nº 12 do art. 6º).

B. Locação de curta duração de um meio de transporte (al. b) do nº 12 do art. 6º);

As prestações de serviços relativas à locação (de curta duração) são tributáveis no território nacional, nas seguintes condições:

- Colocação à disposição: fora da UE e a utilização ou exploração ocorra no território nacional.
- Prestador: qualquer que seja a sede, EE ou domicílio.
- Adquirente: não tem a condição de SP.

Exemplo 2: Utilização ou exploração em território nacional de um meio de transporte através de um contrato de locação de curta duração, em que o adquirente é um particular.

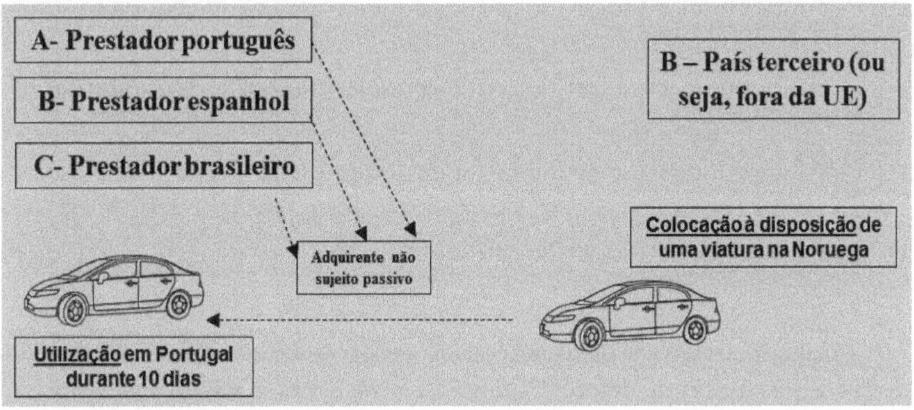

Comentário: Trata-se de uma prestação de serviços de locação de curta duração de um meio de transporte, efetuada a um consumidor final, tendo a respetiva colocação à disposição do destinatário ocorrido fora da UE e a utilização ou exploração efetivas do meio de transporte no território nacional. Assim, a localização ocorre no território nacional, uma vez que, apesar de o locatário ser uma entidade estabelecida fora da UE, a utilização ou exploração efetiva do bem locado ocorre no território nacional, competindo ao prestador dos serviços proceder à liquidação do correspondente IVA (al. b) do nº 12 do art. 6º).

C. Locação de meios de transporte, que não seja de curta duração (al. c) do nº 12 do art. 6º);

As prestações de serviços relativas à locação de meios de transporte (que não sejam de curta duração) são tributáveis no território nacional, nas seguintes condições:

- Utilização ou exploração: ocorra no território nacional.
- Prestador: qualquer que seja a sede, EE ou domicílio.
- Adquirente: não SP, estabelecido ou domiciliado fora da UE.

Exemplo 3: Utilização ou exploração em território nacional de uma viatura por um prazo de dois meses.

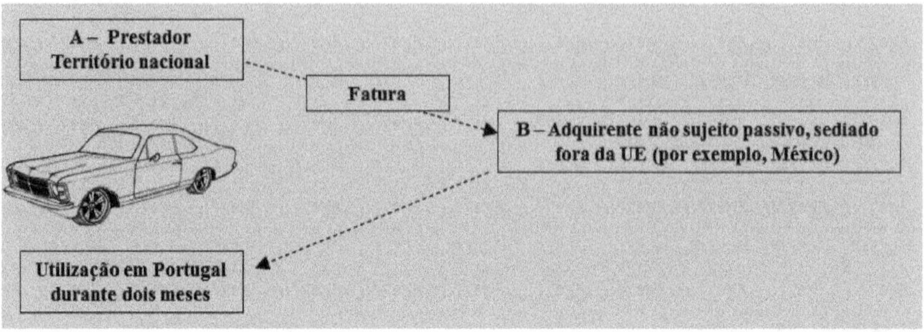

Comentário: Trata-se de uma prestação de serviços de locação de um meio de transporte que não é de curta duração[168]. Uma vez que o locatário utilizou efetivamente o meio de transporte no território nacional, os serviços de locação são considerados aqui efetuados (al. c) do nº 12 do art. 6º).

D. Prestações de serviços de telecomunicações, de radiodifusão ou televisão e as prestações de serviços por via eletrónica nomeadamente os do anexo D (al. d) do nº 12 do art. 6º[169];

As prestações de serviços relativas a telecomunicações, radiodifusão ou televisão e via eletrónica, são tributáveis no território nacional, nas seguintes condições:

- Prestador: tenha no território nacional a sede da sua atividade, um EE ou, na sua falta, o domicílio, a partir do qual os serviços sejam prestados e a utilização e exploração efetivas desses serviços tenham lugar no território nacional.
- Destinatário: seja uma pessoa estabelecida ou domiciliada fora da UE.

[168] Nas condições previstas na al. j) do nº 2 do art. 1º.

[169] Estas alterações foram transpostas para a legislação interna de todos os EM (em Portugal através do DL 158/2014, de 24/10/2014). Devemos assinalar que a partir de 01/01/2015, a prestação de serviços de telecomunicações, de radiodifusão e televisão e de serviços eletrónicos será, em todos os casos, tributável no país do destinatário, independentemente de onde o prestador se encontra estabelecido. Neste âmbito, foi precisado o conceito de «utilização e exploração efetivas» (nºs 14 e 15 do art. 6º).

Exemplo 4: Utilização ou exploração em território nacional, através de presença física do destinatário que acede a uma rede local sem fios (ver nº 14 do art. 6º)[170].

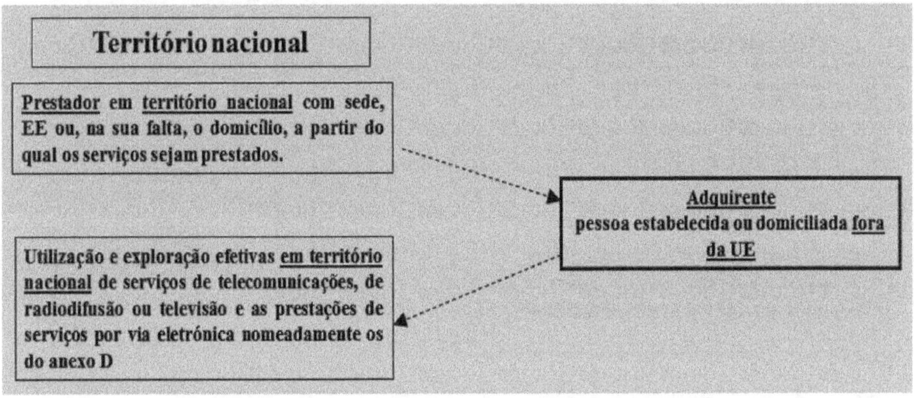

Comentário: Trata-se de uma prestação de serviços constante do anexo D ao CIVA, sendo localizada no território nacional (al. d) do nº 12 do art. 6º)[171].

---

[170] Veja-se a Informação Vinculativa, Processo 8093, de 19/08/2015, relativamente a operações disponibilizadas no serviço de *homebanking*. É claro que se algum dos serviços de *homebanking*, ainda que prestado através da Internet ou de uma rede eletrónica, requerer intervenção humana, aplicar-se-á, nesse caso, a regra geral do nº 6 do art. 6º.

[171] No art. 31º-C do Regulamento de Execução consta uma solução prática e pragmática que clarifica que, sempre que os serviços de telecomunicações, de radiodifusão e televisão ou serviços eletrónicos são prestados em conjunto com o alojamento no setor hoteleiro ou em setores com funções similares, os serviços são considerados como sendo prestados nesses locais. Tal apenas se aplica quando os serviços são prestados por um prestador de alojamento que age em seu nome, juntamente com o alojamento prestado pelo mesmo prestador. Para que o art. 31º-C seja aplicável, tem de existir uma distinção na prestação destes serviços que o destinatário deve pagar separadamente. Este abrange as prestações efetuadas em conjunto com o alojamento prestado pelo setor hoteleiro, mas também sempre que o alojamento é prestado em setores com funções similares, tais como campos de férias ou terrenos destinados a campismo. Esses são os setores referidos no art. 47º da Diretiva IVA.

Exemplo 5: Um hotel, sito no Porto, transmitiu, via Internet, um jogo, a um particular, residente na Austrália, que se encontrava aí hospedado.

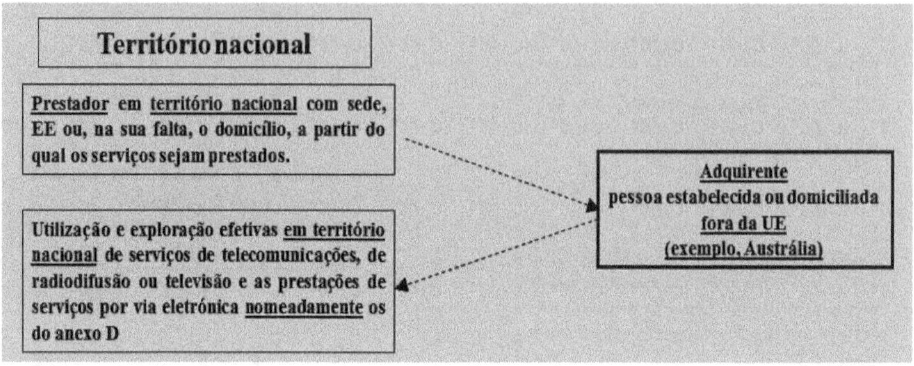

Comentário: Trata-se de uma prestação de serviços constante do anexo D ao CIVA, sendo localizada no território nacional (al. d) do nº 12 do art. 6º).

E. Locação de uma embarcação de recreio, que não seja de curta duração (al. e) do nº 12 do art. 6º).

As prestações de serviços relativas à locação de uma embarcação de recreio (que não seja de curta duração) são tributáveis no território nacional, nas seguintes condições:

- Efetiva colocação da embarcação à disposição do destinatário: ocorra no território nacional.
- Prestador: tenha no território nacional a sede da sua atividade, um EE ou, na sua falta, o domicílio, a partir do qual os serviços sejam prestados.
- Destinatário: que não seja um SP.

Exemplo 6: Empresa portuguesa aluga durante quatro meses a um turista, residente na Holanda, um barco à vela, tendo-o colocado à sua disposição na Marina de Vilamoura.

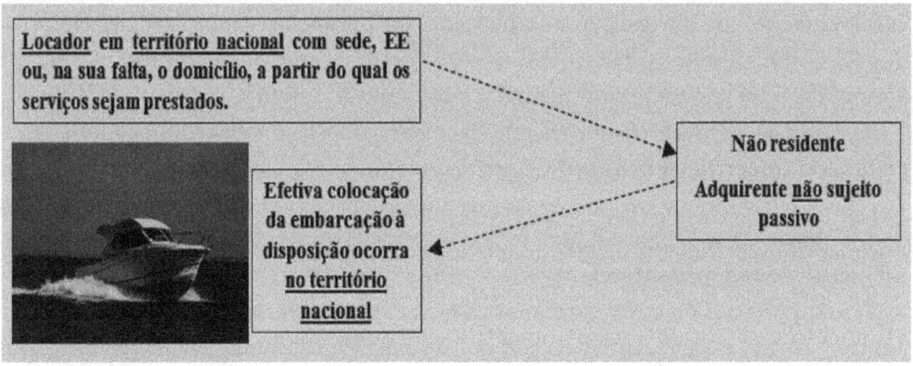

Comentário: Trata-se de uma prestação de serviços localizada no território nacional (al. e) do nº 12 do art. 6º).

4.2.6. Derrogação: serviços de telecomunicações, de radiodifusão ou televisão e serviços por via eletrónica e vendas à distância

O desenvolvimento de novas tecnologias e sistemas de informação conduziram à «digitalização da economia». Designadamente o comércio eletrónico e as vendas à distância tiveram um crescimento exponencial em todo o mundo.

De facto, pese embora o modelo B2B domine a economia digital, há um crescimento projetado pela digitalização da economia, e que agora mesmo foi exponenciado pela pandemia (covid-19), nas operações B2C, ou seja, diretamente do fornecedor/prestador para o consumidor final. Por isso, estamos perante um enorme desafio para o sistema tributário internacional, e, para aquilo que nos interessa de momento, também em sede de IVA.

Com efeito, desde sempre, foram patentes as dificuldades e a ineficiência quando estamos perante operações em que os adquirentes são consumidores finais. A dicotomia da tributação origem/destino em face da globalização económica, das dinâmicas empresariais e sobretudo nas duas últimas décadas com a crescente digitalização da economia, implicam que, também no âmbito da tributação indireta, tenha de haver regras de tributação capazes (eficientes e justas, sobretudo).

Com a entrada em vigor da Lei 71/2018, de 31/12 (Orçamento do Estado para 2019), foi aditado ao CIVA o art. 6º – A, que derrogou a regra de localização no EM do adquirente, no que diz respeito à localização das prestações de serviços de telecomunicações, radiodifusão ou televisão e serviços prestados por via eletrónica, mas que se tornou ainda insuficiente para responder a estes novos desafios.

Era preciso produzir alterações que tivessem em vista a modernização do IVA no âmbito do comércio eletrónico, fundamentalmente que assegurassem a neutralidade do regime e o bom funcionamento do mercado interno, bem como garantir a eficácia da tributação da economia digital, com o objetivo claro da aplicação do princípio da tributação do IVA no destino.

A luta por estes objetivos tornou-se cada vez mais importante quando se assiste a um crescimento exponencial das vendas à distância a consumidores finais fornecidos por operadores estabelecidos quer em outros EM quer em países/territórios terceiros, e numa realidade em que, até então, não se verificava uma efetiva tributação no EM onde o consumo teve lugar. Acresce ainda a necessidade de serem implementados mecanismos de simplificação e de desburocratização para o cumprimento de obrigações de IVA que emergem dessas operações, embora sem colocar em causa alguma autonomia por parte dos diversos EM da UE.

Assim, era preciso adotar medidas que respondessem a todas estas preocupações, onde, por via da digitalização da economia, se assiste a uma desintermediação nos negócios e o papel do consumidor final assume, cada vez mais, um papel determinante.

Neste sentido, surgiram a Diretiva (UE) 2017/2455 do Conselho, de 05/12/2017, e a Diretiva (UE) 2019/1995 do Conselho, de 21/11/2019, que foram transpostas para o direito interno português pela Lei 47/2020, de 24/08.

Com esta Lei 47/2020, foram efetuadas alterações ao CIVA e ao RITI, mas também foi estabelecida legislação complementar relativa a este imposto, no âmbito do tratamento do comércio eletrónico[172]. Assim, iniciando esta incursão pelo CIVA, foi alterado

---

[172] Ver Ofício-Circulado 30233, de 19/04/2021. Com a transposição das referidas Diretivas, isso implicou a revogação do regime especial do IVA para SP não estabelecidos no EM de consumo ou não estabelecidos na UE que prestem serviços de telecomunicações, de radiodifusão ou televisão e serviços por via eletrónica a adquirentes que não sejam SP, estabelecidas ou domiciliadas na UE (publicado em anexo ao DL 158/2014, identificado como «Mini Balcão Único» ou «MOSS»). Em sua substituição foram aprovados, em Anexo I à Lei 47/2020, regimes especiais aplicáveis aos operadores que prestem serviços a adquirentes que não sejam SP, efetuem vendas à distância e determinadas transmissões internas de bens.

o 6º - A (infra)[173] que acrescentou a esta regra de derrogação as Vendas à Distância Intracomunitárias de Bens (VDI).

Artigo 6º-A — Derrogação à regra de localização no Estado-membro do adquirente

1. *Não obstante o disposto na alínea h) do nº 9 e na alínea h) do nº 10 do artigo anterior e na alínea a) do artigo 10º do Regime do IVA nas Transações Intracomunitárias, as prestações de serviços de telecomunicações, de radiodifusão ou televisão e serviços por via eletrónica, nomeadamente os descritos no anexo D, efetuadas a uma pessoa que não seja sujeito passivo, e as vendas à distância intracomunitárias de bens aí referidas, são tributáveis, respetivamente, nos termos da alínea b) do nº 6 ou do nº 1, ambos do artigo anterior, quando estejam reunidas as seguintes condições:*

a) O prestador ou transmitente tenha sede, estabelecimento estável ou, na sua falta, o domicílio em território nacional e não esteja sediado, estabelecido ou domiciliado noutro Estado-membro;

b) As prestações de serviços sejam efetuadas a destinatários estabelecidos ou domiciliados em outros Estados-membros ou os bens sejam expedidos ou transportados para outros Estados-membros; e

c) O valor total, líquido do IVA, das operações referidas na alínea anterior não seja superior, no ano civil anterior ou no ano civil em curso, a 10 000 €.

2. *Não obstante o disposto na alínea h) do nº 9 e na alínea h) do nº 10 do artigo anterior e na alínea a) do artigo 11º do Regime do IVA nas Transações Intracomunitárias, as prestações de serviços de telecomunicações, de radiodifusão ou televisão e serviços por via eletrónica, nomeadamente os descritos no anexo D, efetuadas a uma pessoa que não seja sujeito passivo, e as vendas à distância intracomunitárias de bens aí referidas, não são tributáveis em território nacional quando estejam reunidas as seguintes condições:*

a) O prestador ou transmitente tenha sede, estabelecimento estável ou, na sua falta, o domicílio apenas no território de um outro Estado-membro;

b) As prestações de serviços sejam efetuadas a destinatários estabelecidos ou domiciliados em Estados-membros que não o referido na alínea anterior ou os bens sejam expedidos ou transportados para Estados -membros que não o referido na alínea anterior; e

c) O valor total, líquido do IVA, das operações referidas na alínea anterior não seja superior, no ano civil anterior ou no ano civil em curso, a 10 000 €.

Tendo em vista facilitar o cumprimento das obrigações pelos SP que efetuem tais operações, procedeu-se à criação de um balcão único de âmbito mais alargado, comportando três regimes distintos, que passou a designar-se de «Balcão Único» ou «*OSS – One Stop Shop*». Pré-registo no «Balcão Único» ou «*OSS – One Stop Shop*». Os operadores que pretendam aplicar qualquer dos referidos regimes especiais a partir de 1/07/2021, poderiam proceder ao seu registo no «Balcão Único» até 30/06/2021, por via eletrónica. Os operadores que, em 30/06/2021, se encontravam abrangidos pelo regime atualmente em vigor, transitaram diretamente para o novo regime especial a partir de 1/07/2021 (a desenvolver no ponto 6 — Comércio eletrónico).

[173] Que tinha sido aditado pela Lei 71/2018, de 31/12 e que foi alterado pela Lei 47/2020.

__3.__ O disposto nos números anteriores não é aplicável a partir da data em que, no decurso de um ano civil, seja excedido o limiar aí referido.

__4.__ Os sujeitos passivos abrangidos pelo disposto no nº 1, cujas operações não tenham excedido o montante mencionado na alínea c) desse número, podem optar pela sujeição a tributação desses serviços ou vendas à distância intracomunitárias de bens, respetivamente, no Estado-membro em que o adquirente estiver estabelecido ou domiciliado ou no Estado-membro de chegada da expedição ou transporte dos bens, devendo manter esse regime por um período mínimo de dois anos civis.

__5.__ O disposto na alínea h) do nº 10 do artigo anterior e na alínea a) do artigo 11º do Regime do IVA nas Transações Intracomunitárias é aplicável quando os sujeitos passivos abrangidos pelo disposto no nº 2 tenham exercido a opção de sujeitar esses serviços e vendas à distância intracomunitárias de bens a tributação, respetivamente, no Estado-membro em que o adquirente estiver estabelecido ou domiciliado ou no Estado-membro de chegada da expedição ou transporte dos bens.

Assim, no que respeita às regras aplicáveis às prestações de serviços abrangidas por este artigo, para adquirentes que não são SP, quando estamos perante um operador económico português, temos o seguinte:

- Sendo os serviços prestados a não SP de países/territórios terceiros, não será liquidado imposto, por força do disposto na al. h) do nº 9 do art. 6º. Isto é, trata-se de operações não sujeitas em território nacional, cujo valor do serviço deverá ser mencionado no campo 8 do quadro 06 da DP_IVA;
- Se o operador prestar serviços, em conjunto com as vendas à distância, de valor ≤ 10 000 €, tendo como adquirentes não SP residentes na UE, as operações são tributáveis em Portugal, por força do disposto no nº 1 do art. 6º - A;
- Caso o operador preste serviços, em conjunto com as vendas à distância, de valor superior a 10 000 €, tendo como adquirentes não SP de outros EM, as operações são localizadas no espaço fiscal dos adquirentes dos serviços, em conformidade com a citada al. h) do nº 9 do art. 6º. O operador económico terá de liquidar o imposto à taxa do EM onde o adquirente do serviço reside. Nestes casos (conforme desenvolveremos mais adiante), ou o operador se regista no EM do adquirente, como SP do imposto, e aí procede à liquidação e entrega do imposto devido, ou adere ao «Regime da União» (Balcão Único ou OSS — *One Stop Shop*), caso em que liquidará e entregará o imposto em Portugal, mas à taxa em vigor nos EM dos adquirentes dos serviços. Quer dizer, ou se regista em cada um dos EM dos adquirentes e aí cumpre com as suas obrigações para efeitos do IVA ou

adere ao OSS e cumpre, a partir de Portugal, com as obrigações para efeitos do IVA de todos esses EM;

- Caso o operador preste serviços a não SP domiciliados em Portugal, serão considerados localizados em território nacional, dado o disposto na al. h) do nº 10 do art. 6º.

Deste modo, de uma forma esquemática, podemos elaborar o seguinte quadro síntese:

<table>
<tr><th colspan="2">Aplicação das regras de localização dos serviços prestados por via eletrónica</th><th colspan="2">Sujeitos passivos estabelecidos unicamente em Portugal</th><th colspan="2">Sujeitos passivos estabelecidos unicamente noutro EM da UE</th></tr>
<tr><td rowspan="2">Volume de serviços prestados ≤ 10 000 €</td><td>Regra</td><td>nº 1 do art. 6º-A e al. b) do nº 6 do art. 6º</td><td>Localizados em território nacional</td><td>nº 2 do art. 6º-A</td><td>Localizados fora do território nacional</td></tr>
<tr><td>Opção (nº 4 do art. 6º-A)</td><td>al. h) do nº 9 do art. 6º</td><td>Localizados fora do território nacional</td><td>al. h) do nº 10 do art. 6.</td><td>Localizados no território nacional</td></tr>
<tr><td colspan="2">Volume de serviços prestados > 10 000 €</td><td>al. h) do nº 9 do art. 6º</td><td>Localizados fora do território nacional</td><td>al. h) do nº 10 do art. 6.</td><td>Localizados no território nacional</td></tr>
</table>

Adicionalmente, o atual regime de derrogação às regras de localização — aplicável, até então, exclusivamente, às prestações de serviços de telecomunicações, de radiodifusão ou televisão e serviços por via eletrónica —, passou a abranger também as VDI (tema que será objeto de abordagem autónoma mais à frente), sendo aplicável apenas se o valor total, líquido do IVA, das operações (em conjunto) não for superior, no ano civil anterior ou no ano civil em curso, a 10 000 €. Quer dizer, no caso específico das VDI, se o operador não ultrapassar aquele limiar (em conjunto com os serviços em apreciação), aplicar-se-á a regra geral da localização dos bens (nº 1 do art. 6º), devendo o fornecedor (português) liquidar IVA à taxa efetiva do respetivo bem.

Não obstante, os SP abrangidos, mesmo que não tenham excedido 10 000 €, podem optar pela sujeição a tributação desses serviços e/ou VDI no EM onde o adquirente estiver estabelecido ou domiciliado, devendo manter esse regime por um período mínimo de dois anos civis.

Em suma, um operador económico com sede EE, ou domicílio em Portugal, liquidará IVA português, se o somatório dos serviços em questão mais as VDI não ultrapassar 10 000 € no ano anterior ou no decorrer do próprio ano. Caso esse montante seja ultrapassado, temos de atender às disposições deste art. 6º – A o qual estabelece (nº 3) que logo que for excedido esse limiar, ainda que no decurso do ano civil, a partir dessa data, passou a aplicar-se a regra de localização no lugar do adquirente.

Como veremos de uma forma pormenorizada mais adiante, estas alterações não se ficaram por aqui. Com efeito, o anexo I deste diploma (Lei 47/2020) prevê novos regimes especiais do IVA aplicáveis aos SP que prestem serviços a adquirentes particulares, efetuem vendas à distância e determinadas transmissões internas de bens.

Assim, embora esta temática seja desenvolvida autonomamente mais adiante, podemos desde já adiantar que estão previstos três regimes especiais aplicáveis:

- Regime especial aplicável às VDI, às transmissões de bens num EM efetuadas por IE e aos serviços prestados por SP na UE, mas não no EM de consumo («Regime da União»);
- Regime especial aplicável a serviços prestados por SP não estabelecidos na UE («Regime extra-União»); e
- Regime especial aplicável às VDBI («Regime de importação»).

De modo a explicitar melhor o alcance de todas estas medidas, os exemplos de aplicação prática estão concentrados mais adiante na abordagem ao comércio eletrónico (ponto 6 do nosso trabalho).

5. Operações transfronteiriças

Com o «mercado único», a partir de 01/01/1993 foram suprimidos os controlos nas fronteiras internas da UE para o comércio intracomunitário de bens, e que, em conformidade com o atual nº 1 do art. 402º da Diretiva IVA em vigor, se estabelece que «*O regime de tributação das trocas comerciais entre Estados-membros previsto na presente diretiva é transitório e é substituído por um regime definitivo baseado no princípio da tributação, no Estado-membro de origem, das entregas de bens e das prestações de serviços.*»

Este regime, no que diz respeito às operações relativas a bens entre empresas (B2B), divide os movimentos transfronteiriços de bens em duas operações diferentes:

- Uma transmissão de bens intra-UE isenta no EM (por exemplo, Espanha) a partir do qual se inicia a expedição ou transporte dos bens (TIB); e
- Uma aquisição intracomunitária tributada no EM (por exemplo, Portugal) de destino em que termina a expedição ou transporte dos bens (AIB)[174].

Assim, os bens são tributados apenas no EM onde ocorre o seu consumo, o que significa que não são tributados à saída do EM de origem sendo submetidos no EM de destino às mesmas taxas aplicadas a bens de produção interna ou externa (nº 1 do art. 94º da Diretiva IVA).

Esta disciplina tende a assegurar que os bens com o mesmo destino são tributados à mesma taxa, pelo que tenderá a promover, pelo menos no plano económico, a eficiência produtiva (o custo final do bem no EM do destino, vai depender do seu custo de produção), sendo de destacar os seguintes aspetos:

- É um modelo que está mais de acordo com a natureza do IVA como imposto que tributa o consumo e não a produção;

[174] O local de tributação é o local onde os bens se encontram no momento em que termina a expedição ou transporte para o adquirente (princípio de tributação no país de destino), como consagra o art. 16º do Regulamento de Execução (no caso de Portugal, a norma aplicável está prevista no nº 1 do art. 8º do RITI).

- Os operadores (vendedores) deixam de ser devedores do IVA quando os seus bens atravessam as fronteiras entre EM da UE;
- A liquidação do IVA devido no EM de destino é efetuada pelo SP adquirente dos bens (*reverse charge*) o qual tem direito a deduzir o IVA autoliquidado na AIB;
- Haverá maiores recursos alocados à gestão e administração face à necessidade de controlo dos fluxos físicos dos bens;
- A isenção do IVA concedida no EM da origem dos bens, conjugada com o mecanismo do *reverse charge* aplicado na AIB pode prejudicar a igualdade de tratamento das operações internas;
- Poderá incentivar o comércio transfronteiriço por via da deslocalização das aquisições para países com taxas de IVA mais atrativas, por parte dos consumidores finais.

Estas regras inicialmente temporárias, mas em vigor há praticamente três décadas, podem apresentar, em tese, algumas desvantagens, uma vez que, ao permitirem que os bens sejam adquiridos com isenção de IVA, aumentam as oportunidades de fraude e evasão fiscais, e simultaneamente alguma complexidade no sistema de controlo pode não favorecer as transações comerciais transfronteiriças. Não obstante, como veremos mais à frente, têm sido dados passos no sentido da implementação de medidas tendentes a uma fiscalização e controlo adequados, sem que isso possa constituir um obstáculo à livre circulação dos bens.

5.1. Regras gerais (AIB/TIB)

Regra geral, o mecanismo do regime em vigor na Diretiva IVA aplicável às transmissões intracomunitárias de bens efetuadas entre SP (art. 138º da Diretiva IVA), também aplicável entre entidades que estão registadas, para efeitos do IVA, no seio da UE, mas não necessariamente que sejam juridicamente independentes (al. c) do nº 2 do art. 138º da Diretiva IVA), e que praticam total ou parcialmente operações tributáveis, consiste, basicamente, no seguinte:

- por um lado, isentar, no EM de partida (ou seja, da origem), a entrega que dá lugar à expedição ou transporte intracomunitário, mantendo o direito à dedução ou reembolso do IVA pago a montante nesse EM, e,

- por outro lado, tributar, no EM de chegada (ou seja, do destino) a correspondente AIB. Ou seja, a uma TIB declarada num EM terá de estar associada uma AIB declarada noutro EM da UE.

Por vezes, neste tipo de transações, existem operações intracomunitárias, envolvendo bens, que não preenchem os requisitos de TIB (no território de origem) e AIB (no território de destino), nomeadamente porque não existe uma verdadeira transmissão jurídica dos bens, como sucede quando uma empresa «transfere» bens para um seu EE que está localizado num outro EM da UE. No entanto, por razões de controlo, de neutralidade na tributação e de combate à evasão fiscal, são consideradas operações assimiladas e sujeitas ao mesmo regime das TIB e AIB nos respetivos territórios, isto é, uma isenção completa na origem e incidência no destino. Assim, cria-se uma ficção jurídica, tudo se passando como se tratasse de uma TIB, seguida de uma AIB, atingindo-se dessa forma o mesmo resultado[175].

Assim, de uma forma muito linear, conjugando as disposições do CIVA e do RITI, no âmbito das aquisições/transmissões de bens com o exterior, em regra, temos as seguintes quatro situações:

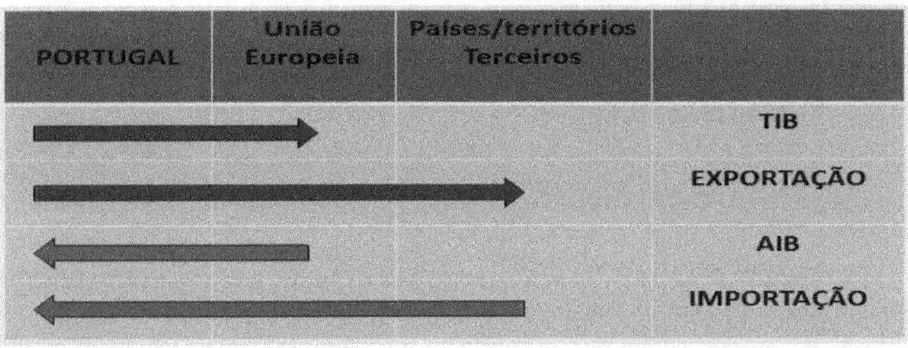

[175] Sobre a problemática das operações intracomunitárias de bens, veja-se, entre outros, Lima, Emanuel Vidal — «Transmissões "B2B" de bens intra-UE isentas de IVA. A Jurisprudência do Tribunal de Justiça da União Europeia», *Revista de Finanças Públicas e Direito Fiscal*, Ano VI, nº 3, Lisboa, 2013, pp. 177-228.

- **Uma TIB é caracterizada da seguinte forma (bens que saem de um EM para outro EM da UE):**

Comentário: A operação considera-se localizada em território nacional (nº 1 do art. 6º do CIVA). Porém, admitindo que ambos os operadores estão registados para efeitos de IVA no VIES, em Portugal a empresa (A) efetua uma TIB isenta de IVA, ao abrigo da al. a) do nº 1 do art. 14º do RITI.

Consequentemente, a empresa portuguesa deverá mencionar o respetivo valor no campo 7 do quadro 06 da DP_IVA e na DR_IVA, a que se referem os artigos 23º e 30º do RITI, com o código 1.

- **Uma exportação é caracterizada da seguinte forma (bens que saem da UE e que têm como destino países ou territórios terceiros):**

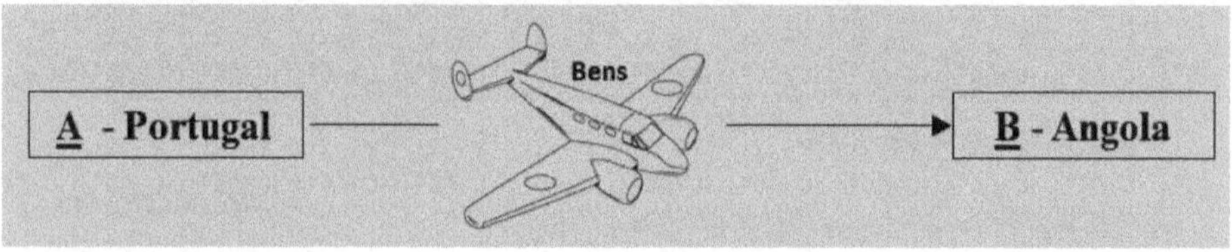

Comentário: Também se considera que estamos perante uma operação localizada em território nacional (nº 1 do art. 6º do CIVA). Todavia, estão isentas de IVA as transmissões de bens expedidos ou transportados para fora da UE pelo vendedor ou por um terceiro por conta deste, não sendo relevante que a estância aduaneira através da qual a exportação é efetuada seja nacional (ao abrigo da al. a) do nº 1 do art. 14º do CIVA).

Neste caso, a referida exportação terá de ser comprovada, através de documentos alfandegários apropriados (nº 8 do art. 29º), devendo o valor ser mencionado no campo 8 do quadro 06 da DP_IVA.

- **Uma AIB é caracterizada da seguinte forma (bens que saem de um EM e que têm como destino outro EM da UE):**

Comentário: Esta aquisição por parte de uma empresa portuguesa constitui uma AIB (art. 3º do RITI), localizada em território nacional (art. 8º do RITI) e, por isso, sujeita a IVA, devendo a empresa nacional mencionar os respetivos valores nos campos 12 (base) e 13 (IVA liquidado) do quadro 06 da DP_IVA. Este imposto liquidado, em princípio, será dedutível na medida do seu direito à dedução, através da sua menção num dos campos 20 a 23, de acordo com a natureza dos bens[176].

- **Uma importação é caracterizada da seguinte forma (bens provenientes de países ou territórios terceiros com destino à UE):**

Comentário: Numa importação bens provenientes de países/territórios terceiros (art. 5º do CIVA), o IVA referente à operação é, regra geral, liquidado pela alfândega, sobre o valor aduaneiro apurado, podendo este ser diferente do valor faturado pelo fornecedor dos bens. Todavia, com as alterações introduzidas aos artigos 27º e 28º, pela Lei 42/2016, de 28/12, os SP abrangidos pelo regime de periodicidade mensal podem, observadas determinadas condições, optar pelo pagamento do IVA devido pelas importações de bens através da DP_IVA[177].

---

[176] A emissão da fatura pelo fornecedor deve ocorrer até ao 15º dia do mês seguinte.

[177] Nas importações, o facto gerador do imposto não é coincidente com o momento em que os bens são colocados à disposição do adquirente. Com efeito, o IVA é devido e torna-se exigível no momento

Vistas estas quatro realidades (TIB, exportações, AIB e importações), ainda que de uma forma muito pragmática, entendemos que, relativamente às exportações e importações (disciplinadas no CIVA), a sua análise e enquadramento é mais simples.

Por isso, de seguida iremos abordar com mais detalhe o enquadramento das TIB e das AIB (disciplinadas no RITI)[178] pelo que, infra, reproduz-se a legislação deste diploma que, nosso entendimento, é mais relevante nesta matéria:

Artigo 1º — Incidência objetiva

Estão sujeitas a imposto sobre o valor acrescentado (IVA):

a) As aquisições intracomunitárias de bens efetuadas no território nacional, a título oneroso, por um sujeito passivo dos referidos no nº 1 do artigo seguinte, agindo como tal, quando o vendedor for um sujeito passivo, agindo como tal, registado para efeitos do IVA noutro Estado-membro que não esteja aí abrangido por um qualquer regime particular de isenção de pequenas empresas, não efetue no território nacional a instalação ou montagem dos bens nos termos do nº 2 do artigo 9º nem os transmita nas condições previstas no artigo 11º;

b) As aquisições intracomunitárias de meios de transporte novos efetuadas no território nacional, a título oneroso, por um sujeito passivo, ainda que se encontre abrangido pelo disposto no nº 1 do artigo 5º, ou por um particular;

c) As aquisições intracomunitárias de bens sujeitos a impostos especiais de consumo, exigíveis em conformidade com o disposto no Código dos Impostos Especiais sobre o Consumo, efetuadas no território nacional, a título oneroso, por um sujeito passivo que se encontre abrangido pelo disposto no nº 1 do artigo 5º;

d) As operações assimiladas a aquisições intracomunitárias de bens previstas no nº 1 do artigo 4º; e) As transmissões de meios de transporte novos efetuadas a título oneroso, por qualquer pessoa, expedidos

---

determinado pelas disposições aplicáveis aos direitos aduaneiros, sejam ou não devidos estes direitos (al. c) do nº 1 do art. 7º).

Nos termos da al. c) do nº 1 do art. 29º, e desde que reunidas as condições previstas nas alíneas a) a c) do nº 8 do citado art. 27º, o adquirente, em regra, paga o IVA liquidado pela alfândega que pode deduzir (campos 20 a 23 do quadro 06 da DP_IVA). Se reunir as condições para o regime de autoliquidação nas importações (Portaria 215/2017), liquida (campo 18) e deduz (campo 19) do quadro 06 da DP_IVA. Sobre esta matéria, veja-se o Ofício-Circulado 30193, de 11/08/2017, e o Ofício-Circulado 30203, de 04/07/2018.

[178] A legislação portuguesa apresenta um diploma autónomo para regular o Regime do IVA nas Transações Intracomunitárias (RITI), aprovado pelo DL 290/92, de 28/12/1992, no âmbito da abertura das fronteiras (físicas) a partir de 01/01/1993. Para além disso, no âmbito da transposição das diretivas comunitárias, foram criados diplomas específicos, como, por exemplo, «*O regime especial dos bens usados, objetos de arte, antiguidades e objetos de coleção*»; «*O regime especial do ouro de investimento*»; ou o «*Regime especial das agências de viagens*».

ou transportados pelo vendedor, pelo adquirente ou por conta destes, a partir do território nacional, com destino a um adquirente estabelecido ou domiciliado noutro Estado-membro.

Artigo 3º — Conceito de aquisição intracomunitária de bens

Considera-se, em geral, aquisição intracomunitária a obtenção do poder de dispor, por forma correspondente ao exercício do direito de propriedade, de um bem móvel corpóreo cuja expedição ou transporte para território nacional, pelo vendedor, pelo adquirente ou por conta destes, com destino ao adquirente, tenha tido início noutro Estado-membro.

Artigo 8º — Localização das aquisições intracomunitárias de bens

1. *São tributáveis as aquisições intracomunitárias de bens quando o lugar de chegada da expedição ou transporte com destino ao adquirente se situe no território nacional.*

2. *Não obstante o disposto no número anterior, são tributáveis as aquisições intracomunitárias de bens cujo lugar de chegada da expedição ou transporte se situe noutro Estado-membro, desde que o adquirente seja um sujeito passivo dos referidos no nº 1 do artigo 2º, agindo como tal, que tenha utilizado o respetivo número de identificação para efetuar a aquisição e não prove que esta foi sujeita a imposto nesse outro Estado-membro.*

3. *Para efeitos do disposto no número anterior, considera -se que a aquisição intracomunitária foi sujeita a imposto no Estado-membro de chegada da expedição ou transporte dos bens desde que se verifiquem, simultaneamente, as seguintes condições:*

a) O sujeito passivo tenha adquirido os bens para proceder à sua transmissão subsequente nesse Estado-membro e inclua essa operação na declaração recapitulativa a que se refere o nº 1 do artigo 30º;

b) O adquirente dos bens transmitidos nesse Estado-membro seja um sujeito passivo aí registado para efeitos do imposto sobre o valor acrescentado;

c) O adquirente seja expressamente designado, na fatura emitida pelo sujeito passivo, como devedor do imposto pela transmissão dos bens efetuada nesse Estado-membro.

4. *São tributáveis as aquisições intracomunitárias de meios de transporte novos sujeitos a registo, licença ou matrícula no território nacional.*

Artigo 14º — Isenções nas transmissões

1. *Estão isentas do imposto:*

a) As transmissões de bens, efetuadas por um dos sujeitos passivos referidos na alínea a) do nº 1 do artigo 2º, expedidos ou transportados pelo vendedor, pelo adquirente ou por conta destes, a partir do território nacional para outro Estado-membro com destino ao adquirente, quando este seja uma pessoa singular ou coletiva registada, para efeitos do imposto sobre o valor acrescentado, em outro Estado-membro, que tenha utilizado e comunicado ao vendedor o respetivo número de identificação para efetuar a aquisição e aí se encontre abrangido por um regime de tributação das aquisições intracomunitárias de bens;

b) As transmissões de meios de transporte novos previstas na alínea e) do artigo 1º;

c) As transmissões de bens referidas no nº 1 do artigo 7º que beneficiariam da isenção prevista na alínea a) deste artigo se fossem efetuadas para outro sujeito passivo;

d) As transmissões de bens sujeitos a impostos especiais de consumo, efetuadas por um sujeito passivo dos referidos na alínea a) do nº 1 do artigo 2º, expedidos ou transportados pelo vendedor, pelo adquirente ou por conta destes a partir do território nacional para outro Estado-membro, com destino ao adquirente, quando este seja um sujeito passivo isento ou uma pessoa coletiva estabelecida ou domiciliada em outro Estado-membro que não se encontre registada para efeitos do IVA, quando a expedição ou transporte dos bens seja efetuado em conformidade com o disposto no Código dos Impostos Especiais sobre o Consumo.

2. *A isenção prevista na alínea a) do número anterior não tem aplicação quando o sujeito passivo transmitente não cumprir a obrigação prevista na alínea c) do nº 1 do artigo 23º, salvo se o sujeito passivo, em casos devidamente justificados, corrigir a falta detetada, sem prejuízo da penalidade aplicável ao caso.*

3. *Quando os mesmos bens sejam objeto de transmissões sucessivas e sejam expedidos ou transportados a partir do território nacional para outro Estado-membro, diretamente do primeiro fornecedor para o último destinatário na operação em cadeia, a expedição ou transporte são imputados à transmissão de bens efetuada ao sujeito passivo intermédio.*

4. *Não obstante o disposto no número anterior, quando o sujeito passivo intermédio comunique ao fornecedor o respetivo número de identificação para efeitos de imposto sobre o valor acrescentado, emitido em território nacional, a expedição ou transporte são exclusivamente imputados à transmissão de bens efetuada pelo sujeito passivo intermédio.*

5. *Para efeitos dos nºs 3 e 4, entende -se por «sujeito passivo intermédio» um sujeito passivo que não seja o primeiro fornecedor na operação em cadeia e que proceda à expedição ou transporte dos bens por si próprio ou por intermédio de terceiro.*

6. *O disposto nos nºs 3 a 5 não é aplicável nas situações previstas nos nºs 9 e 10 do artigo 3º do Código do IVA.*

Artigo 15º — Isenções nas aquisições intracomunitárias de bens

1. *Estão isentas do imposto:*

a) As aquisições intracomunitárias de bens cuja transmissão no território nacional seja isenta do imposto;

b) As aquisições intracomunitárias de bens cuja importação seja isenta do imposto nos termos do artigo 13º do Código do IVA;

c) As aquisições intracomunitárias de bens efetuadas por um sujeito passivo que se encontre em condições de beneficiar do reembolso de imposto previsto no regime do reembolso do IVA a sujeitos passivos não estabelecidos no Estado-membro de reembolso, em aplicação do disposto na alínea b) do nº 1 do artigo 20º do Código do IVA e no nº 2 do artigo 19º

2. *Estão ainda isentas do imposto as aquisições intracomunitárias de bens cujo lugar de chegada da expedição ou transporte se situe no território nacional, quando se verifiquem, simultaneamente, as seguintes condições:*

a) Sejam efetuadas por um sujeito passivo não residente, sem estabelecimento estável no território nacional e que não se encontre registado para efeitos do imposto sobre o valor acrescentado em Portugal;

b) Os bens tenham sido diretamente expedidos ou transportados a partir de um Estado-membro diferente daquele que emitiu o número de identificação fiscal ao abrigo do qual o sujeito passivo efetuou a aquisição intracomunitária de bens;

c) Os bens tenham sido adquiridos para serem objeto de uma transmissão subsequente a efetuar no território nacional, por esse sujeito passivo;

d) A transmissão dos bens seja efetuada para um sujeito passivo registado para efeitos do imposto sobre o valor acrescentado no território nacional;

e) O sujeito passivo adquirente seja expressamente designado, na fatura emitida pelo vendedor, como devedor do imposto pela transmissão de bens efetuada no território nacional.

Antes de nos debruçarmos sobre algumas particularidades (regimes especiais) do RITI, deixamos algumas notas que reputamos importantes, que se prendem com as novas exigências de prova nas TIB e às operações em cadeia.

5.1.1. Prova da isenção nas TIB

Como vimos, haverá, em regra, uma isenção aplicável nas TIB, isto é, bens que saem desonerados de imposto (IVA) no «Estado vendedor», ocorrendo, por sua vez, uma tributação no «Estado comprador».

Enquanto nas exportações há uma entidade (Alfandega) que intervém nesse controlo aduaneiro e que garante, à partida, que os bens saem, de facto, da UE para um país/território terceiro, no âmbito das TIB isso não existe.

Por isso, tem havido, desde sempre, uma discussão eterna que se prende com a «prova» que valide essa isenção.

Começando pelas exigências de prova nas TIB, atualmente constituem condições substanciais da aplicação da isenção prevista na al. a) do nº 1 do art. 14º do RITI:

- A expedição ou transporte dos bens a partir do território nacional para outro EM;

- O adquirente, pessoa singular ou coletiva, registada, para efeitos do IVA, noutro EM, tenha utilizado e comunicado ao vendedor o respetivo NIF_IVA para efetuar a aquisição, e aí se encontre abrangido por um regime de tributação das AIB;
- O SP transmitente cumpra a obrigação prevista na al. c) do nº 1 do art. 23º do RITI, de submeter uma DR_IVA para o respetivo período.

Com efeito, com o art. 45º – A do Regulamento de Execução[179], passou a prever-se que, para efeitos da aplicação das isenções referidas no art. 138º da Diretiva IVA (que corresponde ao nosso art. 14º do RITI), presume-se que os bens foram expedidos ou transportados a partir de um EM para fora do respetivo território, mas na UE nos casos nele indicados.

Assim, presumem-se que os bens são expedidos ou transportados pelo vendedor ou por um terceiro agindo por sua conta, quando o vendedor está na posse de pelo menos, dois elementos de prova não contraditórios (a que se refere a al. a) do nº 3 do art. 45º – A do Regulamento de Execução), emitidos por duas partes independentes uma da outra, do vendedor e do adquirente, tais como: *(i)* uma declaração de expedição CMR assinada pelo adquirente; *(ii)* um conhecimento de embarque; *(iii)* uma fatura do frete aéreo; *(iv)* uma fatura emitida ao vendedor pelo transportador dos bens[180].

Ou então, em alternativa, o vendedor estiver na posse de qualquer um dos elementos suprarreferidos, em conjunto com qualquer um dos elementos de prova não contraditórios (a que se refere a al. b) do mesmo do nº 3 do art. 45º – A do Regulamento de Execução), que confirmem a expedição ou transporte, emitidos por duas partes independentes uma da outra, do vendedor e do adquirente, tais como: *(i)* uma apólice de seguro relativa à expedição ou transporte dos bens; *(ii)* documentos bancários comprovativos do pagamento da expedição ou transporte dos bens; *(iii)* documentos oficiais emitidos por uma entidade pública (por exemplo um notário), que confirmem a chegada dos bens ao EM de destino; *(iv)* um recibo emitido por um depositário no EM de destino, que confirme a armazenagem dos bens nesse EM.

---

[179] Aditado pelo Regulamento de Execução (UE) 2018/1912, do Conselho, de 04/12/2018.

[180] A AT, na Informação Vinculativa, Processo 14095, de 10/08/2018, já tinha assinalado um conjunto de documentos comprovativos do transporte, os quais, consoante o mesmo seja rodoviário, aéreo ou marítimo, podem ser, respetivamente, a declaração de expedição (CMR), a carta de porte *(«Airwaybil l» – AWB)* ou o conhecimento de embarque *(«Bill of landing» – B/L)*; contratos de transporte celebrados; faturas das empresas transportadoras; guias de remessa; declaração, nos EM de destino dos bens, por parte dos respetivos adquirentes, de aí terem efetuado as correspondentes AIB.

Isto significa que o vendedor para poder beneficiar da presunção estabelecida no art. 45º - A do Regulamento de Execução, quando o transporte for efetuado por ele ou por um terceiro agindo por sua conta, terá de reunir os dois documentos previstos na al. a) do nº 3 do art. 45º - A do Regulamento de Execução, ou, em alternativa, um documento da al. a) e um elemento da al. b) do nº 3 desse artigo. Para esse efeito, os referidos documentos têm de ser emitidos por duas partes independentes uma da outra e igualmente independentes do vendedor e do adquirente[181].

Caso o transporte seja efetuado pelo adquirente, ou por terceiros agindo por conta do adquirente, estabelece a al. b) do nº 1 do art. 45º - A do Regulamento de Execução que o vendedor para poder beneficiar da presunção estabelecida neste artigo, além dos documentos acima mencionados (dois documentos da al. a) do nº 3 do art. 45º - A do Regulamento de Execução, ou, em alternativa, um documento da al. a) e, pelo menos, um da al. b) do nº 3 do mesmo art. 45º - A do Regulamento de Execução), deve ainda ter na sua posse uma declaração escrita do adquirente, indicando que os bens foram por ele transportados, ou o foram por um terceiro agindo por sua conta.

Para o efeito, o adquirente terá de entregar a referida declaração ao vendedor até ao décimo dia do mês seguinte ao da entrega dos bens, devendo conter os seguintes elementos:

- EM de destino dos bens;
- Data de emissão da declaração;
- Nome e endereço do adquirente;
- Quantidade e natureza dos bens;
- Data e lugar de chegada dos bens;
- No caso de entregas de meios de transporte, o número de identificação dos meios de transporte, e a identificação da pessoa que aceita os bens por conta do adquirente.

Assim, quando o transporte é efetuado pelo adquirente, ou por terceiros agindo por conta desse adquirente, o vendedor deve estar na posse de três documentos, isto é, os mesmos dois que são exigidos quando o transporte é efetuado por ele ou por sua conta, e mais um, constituído pela declaração emitida pelo adquirente.

---

[181] Não se consideram partes independentes os SP que partilhem uma mesma personalidade jurídica ou que mantenham relações especiais entre si, tal como se encontram previstas no nº 10 do art. 16º.

Porém, caso o vendedor não consiga reunir os documentos que lhe permitem beneficiar da presunção estabelecida no art. 45º – A do Regulamento de Execução, isso não significará, automaticamente, que a isenção não se aplica. Efetivamente, a Direção-Geral da Fiscalidade e da União Aduaneira da Comissão Europeia divulgou um documento no qual refere expressamente que o facto de as condições da presunção não serem cumpridas, não significa automaticamente que a isenção do art. 138º da Diretiva IVA não se aplica[182]. Nesse caso, caberá ao fornecedor provar, perante as respetivas administrações tributárias, que as condições para a isenção (transporte incluído) se mostram verificadas. Quer dizer, quando a presunção não se aplica, a situação permanecerá a mesma que existia antes da entrada em vigor do art. 45º – A do Regulamento de Execução. Esta presunção pode ser ilidida, o que significa que a AT respetiva está na posse de provas que demonstram que o transporte dos bens não ocorreu.

Ainda que os EM estejam obrigados a acomodar e a aplicar na sua legislação nacional estas medidas, de modo que sendo as condições cumpridas, o fornecedor possa usufruir dos benefícios da presunção, também podem estabelecer na sua legislação interna outros pressupostos relativos à prova do transporte mais flexível do que a presunção prevista no art. 45º – A do Regulamento de Execução. Se for esse o caso, o fornecedor poderá beneficiar dos requisitos do art. 45º – A do Regulamento de Execução e/ou da legislação do respetivo EM, desde que sejam cumpridas as condições relevantes. Caso a legislação nacional estabeleça condições de prova do transporte mais flexíveis do que as que estão previstas no Regulamento de Execução, elas podem continuar a ser aplicadas.

Na hipótese de as condições para a presunção de transporte no art. 45º – A do Regulamento de Execução não serem cumpridas, isso não significa automaticamente que a isenção do art. 138º da Diretiva IVA não se aplica. Nesse caso, terá de ser o fornecedor a provar, junto da AT, que as condições para a isenção (transporte incluído) se verificam.

Concluindo, caso o vendedor consiga reunir os elementos exigidos pelo art. 45º – A do Regulamento de Execução, então beneficiará da presunção nele estabelecida, considerando-se provada a saída dos bens do seu território com destino a outro EM (a isenção fica justificada), pelo que terá de ser a AT a ilidir a presunção em causa. Pelo

[182] A Comissão Europeia, divulgou em dezembro de 2019, um documento intitulado «*Notas explicativas das alterações relativas ao IVA na UE no que diz respeito ao regime das vendas à consignação às operações em cadeia e à isenção para as entregas intracomunitárias de bens («soluções rápidas para 2020»)*»: Diretiva (UE) 2018/1910 do Conselho; Regulamento de Execução (UE) 2018/1912 do Conselho e Regulamento (UE) 2018/1909 do Conselho.

contrário, se o vendedor não conseguir reunir os elementos exigidos, então terá de demonstrar por outros meios, perante a AT, que a expedição ou transporte dos bens com destino a outro EM ocorreu efetivamente[183].

Neste sentido, o art. 45º - A do Regulamento de Execução não determina que a expedição ou transporte só possam ser objeto de prova ou demonstração na forma nele prescrito, pelo que podem (continuam) os meios gerais de prova admissíveis em direito, ser objeto de apreciação e valoração na análise global da prova e dos elementos da operação. O valor dos meios de prova de que o SP disponha não fica excluído ou desqualificado pelo facto de não poderem integrar a presunção.

De todo o modo, para uma maior certeza e segurança jurídica, o SP terá todo o interesse em reunir os meios de prova inequívocos para poder beneficiar da presunção daí resultante, pois, nesse caso, considera-se provada a expedição ou transporte, ficando, assim, satisfeito o ónus da prova que sobre ele recai.

5.1.2. Operações em cadeia

Em termos gerais, as denominadas operações em cadeia («*supply chain*») constituem as transmissões sucessivas dos mesmos bens, que sejam objeto de um único transporte intracomunitário.

Nesse sentido vamos assumir o seguinte pressuposto nestas transações: o primeiro fornecedor (SP A) vende bens a um operador intermédio (SP B) que, por sua vez, vende esses bens a um outro operador (SP C), com apenas um único transporte.

Nestas circunstâncias, quando se verifica a transmissão sucessiva de bens que são objeto de um único transporte intracomunitário, a circulação intracomunitária dos bens apenas poderá ser imputada a uma das entregas, que beneficiará da isenção de IVA prevista para as TIB. Assim, quando o operador intermédio (B) for o responsável pela organização do transporte, esse transporte deve ser imputado à entrega efetuada a esse operador intermédio (B).

---

[183] Segundo a AT portuguesa (Ofício-Circulado 30231, de 28/01/2021), a presunção é ilidível (nº 2 do art. 45º-A do Regulamento de Execução), e que, por isso, a pode afastar, seja com fundamento em que o transporte não teve lugar ou que os bens não saíram do território nacional, seja porque a presunção não se verifica no caso, por os seus fundamentos ou pressupostos não estarem reunidos (por exemplo, se os documentos relativos ao transporte forem falsos ou conterem informação incorreta, se forem emitidos por entidades não independentes ou se não disserem respeito aos bens objeto da operação a isentar).

Com a Lei 49/2020, de 24/08, foram introduzidos os nºs 3 a 5 do art. 14º do RITI, que estabelecem regras que permitem identificar a que transmissão de bens na cadeia de operações deve ser imputado o transporte e, por conseguinte, determinar qual a transmissão de bens que configura uma TIB isenta de IVA, constituindo as demais transmissões de bens na cadeia transmissões de bens tributadas.

A regra geral estabelece que, quando os bens sejam objeto de sucessivas transmissões de bens e sejam expedidos ou transportados a partir do território nacional com destino a outro EM, diretamente do primeiro fornecedor para o último destinatário da cadeia, a expedição ou transporte será imputada à transmissão de bens efetuada ao SP intermédio. Contudo, essa regra já não será aplicável quando o operador intermédio (B) se encontra estabelecido no EM a partir do qual os bens são expedidos e comunique ao fornecedor o seu NIF_IVA nesse EM. Nesses casos, o transporte será imputado à transmissão efetuada pelo operador intermédio (B) ao seu cliente (C).

Para efeitos destas disposições, considera-se como SP intermédio (B) aquele que, não sendo o primeiro fornecedor na cadeia (A), procede por si próprio ou por sua conta à expedição ou transporte dos bens.

Nesta problemática, o conceito de «operador intermédio» é da maior importância para a aplicação da regra. Assim, dependendo da opção adotada por esse operador intermédio, a expedição ou transporte dos bens será atribuído ao fornecimento feito a ele ou ao fornecimento feito por ele. Portanto, verificando-se que estamos perante uma transação em cadeia, é fundamental determinar quem é o operador intermédio.

Quanto à prova da organização do transporte, o operador intermédio precisa de manter evidências de que os bens foram expedidos ou transportados por ele mesmo (em seu próprio nome) ou por terceiros em seu nome. Essa evidência é necessária para determinar que ele é o operador intermédio e, portanto, a quem é atribuído o transporte destas operações.

Mas além da prova da organização do transporte, isto é, a prova de que o transporte foi feito por ou em nome de um SP, é também necessária a prova do próprio transporte, isto é, a prova de que os bens foram transportados de um EM para outro EM da UE.

Desta forma, para a aplicação do regime das vendas em cadeia, devem ser cumpridas as seguintes condições:

- Os bens devem ser fornecidos sucessivamente, sendo necessário que, pelo menos, três operadores estejam envolvidos nas transações em cadeia;
- Os bens devem ser expedidos ou transportados de um EM para outro EM da UE. Por conseguinte, não estão abrangidos por este regime nas transações em cadeia

as operações que envolvem importações e exportações, ou ainda quando envolvem apenas fornecimentos no território de um único EM; e

- Os bens devem ser expedidos ou transportados diretamente do fornecedor inicial para o cliente final da cadeia.

Se estas condições forem cumpridas, aplica-se a regra geral, ou seja, a expedição ou transporte dos bens é atribuído ao fornecimento feito ao operador intermédio.

Não obstante este primado, o regime prevê a possibilidade de derrogação da regra geral quando o operador intermédio comunique ao seu fornecedor o seu NIF_IVA emitido pelo EM a partir do qual os bens são expedidos ou transportados. Nesse caso, a expedição ou transporte dos bens é atribuída ao fornecimento feito pelo operador intermédio.

Vejamos os seguintes dois exemplos:

Exemplo 1: Empresa portuguesa (A) vendeu bens a uma empresa de Madrid (B) que por sua vez revendeu os bens a uma empresa de Barcelona (C). Os bens foram transportados diretamente das instalações da empresa portuguesa (A) para as instalações da empresa de Barcelona (C).

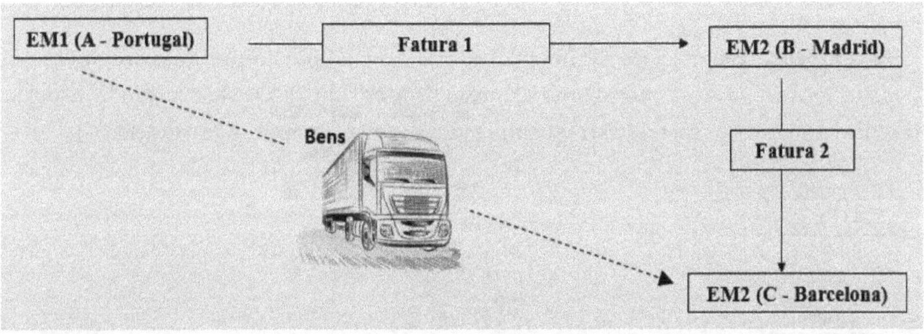

Comentário: No caso em apreço temos fornecimentos consecutivos de bens de (A) para (B) e de (B) para (C), sendo os bens transportados apenas uma vez, isto é, de (A), estabelecida em Portugal, para (C) sediada Espanha. Assim, a dificuldade maior reside em determinar se o transporte intracomunitário deve ser atribuído ao fornecimento de (A) para (B) ou ao fornecimento de (B) para (C).

Em regra, o transporte é atribuído apenas ao fornecimento feito ao «operador intermédio», ou seja, no caso em Espanha (B).

Uma primeira conclusão pode ser deduzida dessa regra, a saber, que a expedição ou transporte só pode ser atribuído a um fornecimento. Por conseguinte, os outros fornecimentos da cadeia seguirão as regras sobre o fornecimento de bens e serão considerados fornecimentos internos no EM de partida dos bens ou no EM de chegada dos bens.

A regra geral do regime das vendas em cadeia limita-se a esclarecer qual a transação na cadeia a que é atribuída o transporte. Neste sentido, pese embora as advertências mencionadas, não vislumbramos nestas regras qualquer alteração no que concerne à responsabilidade pelo imposto, que é determinado de acordo com as regras gerais.

Como dissemos, a regra geral das vendas em cadeia é que a expedição ou transporte dos bens sejam atribuídos ao fornecimento feito ao operador intermédio, pelo que, neste caso, o fornecimento intracomunitário de bens será o fornecimento de (A) para (B).

Nessa situação, (B) deve fornecer a (A) o NIF_IVA que lhe foi atribuído em Espanha, para que o fornecimento feito por (A) beneficie da isenção. Desta forma:

- Se (B) fornecer a (A) o seu NIF_IVA em Espanha, (B) fará uma AIB em Espanha.
- O fornecimento de (B) a (C) constituirá um fornecimento interno (ambos situados em Espanha), sendo (B) o responsável nesse EM (Espanha) pelo IVA devido por esse fornecimento.

Exemplo 2: Empresa de Aveiro (A) vendeu bens a uma empresa de Braga (B) que por sua vez revendeu os bens a uma empresa de Madrid (C). Os bens foram transportados diretamente das instalações da empresa (A) para a empresa de Madrid (C).

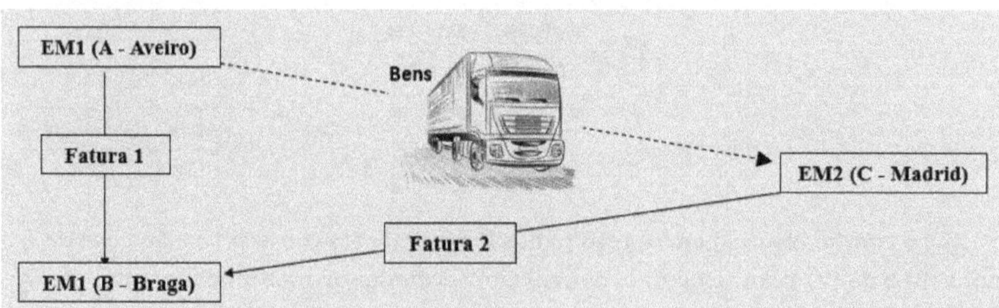

Comentário: Neste caso temos fornecimentos consecutivos de bens de (A) para (B) e de (B) para (C), sendo os bens transportados apenas uma vez, de (A) no EM1 (Portugal), para (C) no EM2 (Espanha).

Também neste caso, o problema reside em determinar se o transporte intracomunitário deve ser atribuído ao fornecimento de (A) para (B) ou ao fornecimento de (B) para (C).

Dado que (B) está estabelecido no EM1 (Portugal), é provável que este (B) tenha um NIF_IVA emitido pelo EM1 (Portugal). Sendo esse o caso, pode optar por fornecer esse número em vez do NIF_IVA emitido por um EM que não seja o EM1.

Nesse caso, em vez da regra geral das vendas em cadeia, a regra aplicável será a que determina que a expedição ou transporte dos bens sejam atribuídos, não ao fornecimento feito a (B), mas ao fornecimento feito por (B).

Nesta hipótese, (A) fará um fornecimento interno para (B) no EM1 (Portugal). Em consequência, (B) fará no EM1 (Portugal) uma TIB para (C) e este fará uma AIB no EM2 (Espanha).

Além das regras gerais vigentes para as AIB/TIB, o RITI dispõe de vários regimes especiais que merecem a nossa atenção, pelo que de seguida nos debruçaremos sobre esses regimes.

5.2. Estado e Sujeitos Passivos Isentos

Começamos por atender a um regime particular aplicável às AIB efetuadas por entidades referidas nas alíneas b) e c) do nº 1 do art. 2º do RITI[184]. São entidades que não liquidam IVA nas suas vendas/prestações de serviços, mas que também não podem deduzir o imposto a montante.

Falamos dos operadores económicos que normalmente se designam por SP isentos de IVA, embora por motivos diferentes: por um lado, temos aqueles que praticam objetivamente operações isentas de IVA, descritas no art. 9º (saúde, educação, formação profissional...)[185]; por outro lado, os que ficam isentos de IVA subjetivamente porque o volume de negócios lhe permite ficarem enquadrados no art. 53º (Regime de isenção)[186].

---

184 Os meios de transporte novos e os bens sujeitos a IEC são excluídos deste regime (nº 1, al. b) e nº 2). Nestes bens, dada a sua natureza, a tributação ocorre sempre no destino independentemente do seu montante.

185 Embora que, em algumas das atividades, se possa renunciar à isenção (art. 12º).

186 Também estes podem renunciar a este regime, optando pela aplicação normal do imposto (art. 55º).

De referir ainda que também poderão ficar abrangidos por este regime particular o Estado e demais pessoas coletivas de direito público, quando atuem no âmbito dos seus poderes de autoridade (nº 2 do art. 2º).

Neste sentido, dispõe o art. 5º do RITI o seguinte:

Artigo 5º — Regime de derrogação

1. *Não obstante o disposto nas alíneas a) e d) do artigo 1º, não estão sujeitas a imposto as aquisições intracomunitárias de bens quando se verifiquem, simultaneamente, as seguintes condições:*

a) Sejam efetuadas por um sujeito passivo dos referidos nas alíneas b) e c) do nº 1 do artigo 2º;

b) Os bens não sejam meios de transporte novos nem bens sujeitos a impostos especiais de consumo;

c) O valor global das aquisições, líquido do IVA, devido ou pago nos Estados-membros onde se inicia a expedição ou transporte dos bens, não tenha excedido no ano civil anterior ou no ano civil em curso o montante de 10 000 € ou, tratando -se de uma única aquisição, não exceda esse montante.

2. *Para efeitos do disposto na alínea c) do número anterior, o valor global das aquisições é determinado com exclusão do valor das aquisições de meios de transporte novos e de bens sujeitos a impostos especiais de consumo.*

3. *Os sujeitos passivos abrangidos pelo disposto no nº 1 podem optar pela aplicação do regime de tributação previsto no artigo 1º, devendo permanecer no regime de sujeição durante um período de dois anos.*

4. *Não obstante o disposto no artigo 1º, não estão sujeitas a imposto as aquisições intracomunitárias de bens cuja transmissão no território nacional seja isenta de imposto nos termos das alíneas d) a m), e v) e z) a bb) do nº 1 do artigo 14º do Código do IVA.*

Começamos por assinalar que estas entidades não estão obrigadas à apresentação de DP_IVA, nem têm um NIF_IVA válido para efeitos de operações intracomunitárias (não constam do cadastro do VIES), pelo que, em condições normais, suportam IVA no EM de origem.

Com este regime pretende-se evitar que estes operadores, que não deduzem o IVA no seu EM (o IVA é, por conseguinte, um custo), explorem as diferenças das taxas nos vários EM[187], o que aconteceria se o IVA fosse suportado no EM de origem sem quaisquer limites quantitativos. Isto geraria, naturalmente, distorções de concorrência em virtude de os adquirentes poderem escolher os fornecedores estabelecidos nos diversos EM, «explorando» as taxas do IVA mais baixas.

---

[187] Tirando o caso especial da Hungria, todos os EM aplicam a taxa normal do IVA dentro do intervalo [15%-25%].

Neste sentido e de modo a não colocar grandes entraves, o legislador da UE entendeu que o IVA deveria ser pago no EM de origem enquanto as compras não ultrapassarem 10 000 € (salvo opção em contrário), passando a ser devido no EM de destino, quando aquele limite for ultrapassado no ano anterior ou no ano em curso.

Assim, verificados aqueles requisitos, o IVA é liquidado no EM de origem, não tendo os adquirentes quaisquer obrigações a cumprir derivadas da realização das aquisições de bens (é bom lembrar que este regime é aplicável apenas aos bens).

No entanto, poderão sempre optar, na declaração de início/alterações, pela sujeição das AIB em território nacional (IVA no destino) mesmo que não excedam o limite estabelecido (nº 3 do art. 5º do RITI).

Em suma, até ao limite de 10 000 €, o IVA é liquidado no EM de origem. Até esse montante não haverá problemas de escolha do EM do fornecedor, pelo menos não será materialmente relevante para o legislador da UE. Superado esse limite, o IVA é devido no destino, pelo que a taxa aplicável às AIB será sempre a que vigorar no EM onde o adquirente se encontra registado[188].

Se tal acontecer, deverá ser apresentada uma declaração de início/alterações (validação do NIF_IVA no VIES) nos seguintes prazos:

- Até ao final do mês seguinte àquele em que tenham excedido o limite de 10 000 € (al. a) do nº 1 do art. 25º do RITI);
- Antes de efetuarem uma AIB que ultrapasse, por si só, o limite dos 10 000 € (al. b) do nº 1 do art. 25º do RITI);
- Antes de efetuarem AIB, independentemente do seu valor, se fizerem a opção do nº 3 do art. 5º do RITI (al. c) do nº 1 do art. 25º do RITI)[189].

As declarações referidas produzem efeitos a partir da data da sua apresentação (nº 2 do art. 25º do RITI), ou seja, as entidades em causa passarão a ter NIF_IVA válido no VIES e o IVA passa a ser devido no destino (em território nacional). Como é evidente, dada a natureza do SP em causa, não haverá lugar à dedução de imposto.

Se as AIB não ultrapassarem num determinado ano o limite de 10 000 €, esse operador poderá voltar a beneficiar do regime de não sujeição das AIB — declaração de alterações a apresentar em janeiro do ano seguinte (nºs 4 e 6 do art. 25º do RITI).

---

[188] Ver Informação Vinculativa, Processo 18075, de 29/09/2020.

[189] Esta opção é válida por um período de dois anos, findo o qual poderão voltar a beneficiar da derrogação da sujeição, através da entrega da declaração de alterações em janeiro do ano seguinte àquele em que se tenha completado o período de dois anos (nºs 5 e 6 do art. 25º do RITI).

Em termos declarativos, dispõe o art. 29º do RITI que pelas AIB sujeitas a IVA deverá ser apresentada uma DP_IVA até ao final do mês seguinte àquele em que se verifica a exigibilidade que, em princípio, ocorre na data da fatura de compra (al. b) do nº 1 do art. 13º do RITI). É claro que esta declaração apenas deverá ser apresentada nos períodos em que sejam efetuadas AIB (nº 2 do art. 29º do RITI)[190]. Por outro lado, esta declaração será também apresentada quando ocorra o *reverse charge* pela aquisição de serviços previstos no art. 6º do CIVA.

Quanto ao pagamento, estabelece o nº 2 do art. 22º do RITI que o IVA devido pelas AIB (e pela aquisição de certos serviços) deverá ser pago até ao final do mês seguinte (previsto também no nº 3 do art. 27º do CIVA).

Em suma:

- Tributação na origem até determinado limiar, passando para o destino quando for ultrapassado esse limiar;
- Possibilidade de liquidação no destino independentemente do valor, por opção;
- Não se aplica a meios de transporte novos e a bens sujeitos a IEC, já que, nestes casos, o IVA é sempre devido no destino.

Situação	Localização	Adquirente
Volume das aquisições efetuadas noutros EM ≤ 10 000 €	No EM de origem	• Suporta o IVA à taxa aplicável no EM onde o vendedor está estabelecido • Não tem direito à dedução do IVA suportado
Volume das aquisições efetuadas noutros EM > 10 000 € ou uma única compra é de valor superior a este limite	No EM de destino	• Registar-se para efeitos de AIB • Comunicar o seu NIF_IVA aos fornecedores dos outros EM • Proceder à liquidação do IVA, que não poderá ser deduzido • Proceder ao pagamento do IVA até ao final do mês seguinte

De modo a ilustrar o que acabamos de escrever, vejamos os dois exemplos seguintes:

[190] É uma situação excecional, específica deste regime particular. Em condições normais as DP_IVA deverão ser apresentadas relativamente a todos os períodos de imposto, mesmo que não haja num determinado período operações tributáveis, pois caso contrário serão emitidas liquidações oficiosas automáticas pelos Serviços do IVA (art. 88º do CIVA).

Exemplo 1: Empresa de Barcelos, que se dedica exclusivamente à formação profissional, iniciou a sua atividade em maio de N tendo ficado enquadrada no regime de isenção, nos termos do nº 10 do art. 9º. Sabe-se que posteriormente, efetuou as seguintes aquisições na UE.

Operações	Data	Aquisições	Fornecedor	€
(i)	04/07/N	Cadeiras	Espanha	4000
(ii)	08/08/N	Campanha publicitária em França	França	12 000
(iii)	08/10/N	Mesas e secretárias	Itália	7000
(iv)	22/10/N	Quadros interativos	Suécia	9000
(v)	29/10/N	Computadores	Malta	30 000
(vi)	04/01/N+1	Papel, marcadores, esferográficas,	Espanha	2000

Comentário: Partindo do princípio de que na declaração de início não foi efetuada a opção (prevista nº 3 do art. 5º do RITI) que permitiria liquidar o IVA em território nacional, temos que:

(i) Esta aquisição será tributada em Espanha à taxa aí vigente (não sujeição da AIB em território nacional)[191].

(ii) Esta prestação de serviços, apesar de realizada materialmente em França, vai ser considerada localizada em território nacional (regra geral, al. a) do nº 6 do art. 6º). A empresa portuguesa é SP (por força da al. e) do nº 1 do art. 2º), ficando obrigada à entrega do imposto de 2760 € (12 000 € x 23%) ao Estado português, até ao final do mês seguinte, isto é, setembro de N (nº 3 do art. 27º). Dado o enquadramento da empresa (art. 9º) não vai poder deduzir o imposto. De referir ainda que este regime e respetivo limite (10 000 €) só se aplica aos bens, pelo que, estando em causa serviços, a empresa portuguesa não terá de submeter qualquer declaração de alterações.

(iii) Também esta aquisição de bens será tributada na origem (Itália). A partir desta segunda aquisição, por ter sido ultrapassado, no conjunto das duas AIB (4000 € + 7000 €), o limite previsto na al. c) do nº 1 do art. 5º do RITI (10 000 €), deverá ser apresentada a declaração de alterações até 30/11/N (al. a) do nº 1 do art. 25º do RITI).

[191] Dado verificarem-se as condições previstas no nº 1 do art. 5º do RITI.

(iv) Aqui poderemos equacionar duas possibilidades: se a empresa ainda não tivesse apresentado a declaração de alterações atrás referida (só estava obrigada a fazê-lo até 30/11/N), o IVA ainda era devido na origem (Suécia); se já tivesse apresentado a citada declaração, então o IVA já era devido em território nacional.

(v) Esta aquisição ultrapassa por si só o limite, o que determina a antecipação da entrega da declaração de alterações para um momento anterior ao da aquisição (al. b) do nº 1 do art. 25º do RITI). A tributação ocorre em Portugal (AIB sujeita a IVA)[192] dando-se o *reverse charge*, isto é, o IVA deverá ser liquidado pelo adquirente[193]. Assim, em termos práticos, o valor da compra (30 000 €) será relevado no campo 12 e o IVA (6900 €, admitindo a aplicação da taxa de 23%) no campo 13, ambos do quadro 06 da DP_IVA, apresentada até 30/11/N, sem que o IVA seja dedutível[194].

(vi) Nesta aquisição o IVA é devido em Portugal de forma análoga à operação *(v)* do ano N (DP_IVA a apresentar até ao final de fevereiro de N+1), devendo ser liquidado o IVA correspondente sem que o mesmo possa ser deduzido.

Ainda relacionado com o nosso exemplo, algumas notas importantes:

- Em N, se, por exemplo, a declaração de alterações fosse apresentada apenas em novembro (al. a) do nº 1 do art. 25º do RITI), a empresa poderia pagar IVA duas vezes na operação *(v)*, pois o IVA é devido em Portugal (taxa 23%) e não em Malta (taxa de 18%). Na hipótese de ter sido liquidado IVA (indevidamente) em Malta, a nosso ver, tal imposto deveria ser recuperado nesse EM, não devendo fazer parte da base tributável do IVA devido em Portugal pela AIB[195].
- Caso em N+1 não for ultrapassado o limite de 10 000 €, a empresa poderá voltar a beneficiar em N+2 do regime previsto no nº 1 do art. 5º do RITI, devendo para o efeito entregar, em janeiro de N+2, uma declaração de alterações[196].

---

[192] Cfr. al. a) do art. 1º do RITI.

[193] Cfr. a) do nº 1 do art. 23º e nº 1 do art. 27º do RITI.

[194] Cfr. nº 10 do art. 9º e al. a) do nº 1 do art. 20º.

[195] Ver art. 16º do Regulamento de Execução e anexo ao Ofício-Circulado 30128, de 06/07/2011.

[196] Nos termos dos nºs 4 e 6 do art. 25º do RITI.

Exemplo 2: Empresa de Lisboa vendeu equipamentos hospitalares para duas empresas sediadas na UE, que se dedicam a cuidados médicos.

Operações	Data	Vendas	Cliente	€
(i)	20/05/N	Camas hospitalares	Eslovénia	8000
(ii)	30/05/N	Máquina de diagnóstico	Letónia	15 000

Comentário: Admitimos que a atividade desenvolvida pelas entidades adquirentes beneficia de isenção no respetivo EM (norma equivalente ao nosso nº 2 do art. 9º).

Assim, relativamente à primeira operação, assumindo que a empresa da Eslovénia não optou por pagar o IVA no seu país[197], a empresa portuguesa teria de liquidar o IVA à taxa aplicável em Portugal aos bens em causa. No fundo é como se se tratasse de uma operação interna.

Quanto à segunda operação, como a venda excede os 10 000 €, a empresa da Letónia teria que previamente proceder à entrega da declaração de alterações, o que determinaria que o IVA seria devido na Letónia[198]. Ou seja, a empresa portuguesa faria uma TIB isenta de IVA em Portugal, sem que antes comprovasse que o seu cliente está inserido para efeitos de AIB no sistema VIES.

Antes de encerrarmos este ponto algumas notas que gostaríamos de referir:

- Em primeiro lugar, a dúvida que é suscitada quanto às TIB efetuadas pelos operadores enquadrados no art. 9º (isenções objetivas) e no art. 53º (isenções subjetivas). Pela leitura da al. a) do nº 1 do art. 14º do RITI, não beneficiarão da isenção pois esta apenas se aplica às TIB efetuadas por SP previstos na al. a) do nº 1 do art. 2º (que deduzem total ou parcialmente o IVA). Significa que nestes casos, as TIB deverão ser tratadas nos mesmos termos que as transmissões internas (IVA oculto na origem), não sendo tributadas as correspondentes AIB efetuadas nos outros EM da UE. Contudo, salvo melhor interpretação, não é isso que sucede, face ao disposto na al. a) do nº 1 do art. 1º do RITI, que não está em conformidade com a Diretiva IVA[199]. De facto, deveria abranger também as TIB efetuadas

[197] Através de uma norma equivalente ao nº 3 do art. 5º do RITI.

[198] Em termos análogos aos previstos no art. 25º do RITI.

[199] Segundo o nº 1 do art. 138º da Diretiva IVA, beneficiam de isenção se, cumulativamente: «*a) Os bens são fornecidos a outro sujeito passivo ou a uma pessoa coletiva que não seja sujeito passivo agindo nessa qualidade num Estado-membro diferente do Estado de partida da expedição ou do transporte dos bens; b) O sujeito*

pelos operadores enquadrados no art. 9º, excluindo apenas os operadores enquadrados no art. 53º[200].

- Por outro lado, havendo operações intracomunitárias (AIB/TIB) efetuadas pelos operadores económicos do Regime dos Pequenos Retalhistas[201], isso irá determinar a sua passagem para o regime normal do IVA, pois o pressuposto de enquadramento neste regime é não serem efetuadas importações, exportações e operações intracomunitárias (nº 8 do art. 60º do CIVA)[202].
- Quanto às importações de bens efetuadas pelo Estado em outros EM da UE, são assimiladas a AIB (al. b) do nº 1 do art. 4º do RITI), e entram no limite dos 10 000 €. Dado que a tributação destas operações, ultrapassado esse limite, ocorre no país de destino (liquidação do IVA por via do *reverse charge*), será reembolsado o IVA pago no EM onde ocorreu a importação[203].
- Relativamente à isenção da «livre prática» (art. 16º do RITI), esta apenas opera se o adquirente de outro EM tiver a qualidade de SP, abrangido por um regime de tributação das AIB. Caso não seja ultrapassado aquele limite, a AIB assimilada não será tributada (derrogação da sujeição – art. 5º do RITI) e o IVA pago pela importação já não será reembolsado dado que o adquirente não estará em condições de provar que houve tributação no EM de destino.
- Por fim, nas importações efetuadas em outros EM por estes operadores (isentos), aplicar-se-á também o regime do art. 5º do RITI. Assim, se a aquisição for ≤ 10 000 €, será pago o IVA da importação no EM onde esta ocorrer, à taxa desse EM, e a AIB (assimilada) não estará sujeita a IVA em território nacional (derrogação do art. 5º do RITI); caso seja > 10 000 €, a importação efetuada noutro EM passará a estar isenta (o regime análogo ao do art. 16º do RITI aplica-se a operadores

passivo ou a pessoa coletiva que não seja sujeito passivo a quem a entrega é efetuada está registado para efeitos do IVA num Estado-membro diferente do Estado de partida da expedição ou do transporte dos bens e comunicou esse número de identificação IVA ao fornecedor.»

[200] Os operadores enquadrados no Regime Especial de Isenção não estão impedidos de efetuar operações intracomunitárias, dado não se tratar de operações de «exportação ou atividades conexas» (nº 1 do art. 53º).

[201] Previsto no art. 60º e seguintes.

[202] A declaração de alterações com a passagem ao regime normal deverá ser apresentada no prazo de 15 dias a contar da realização daquelas operações, produzindo efeitos a partir da data da realização das mesmas (nº 5 do art. 67º).

[203] Cfr. nºs 2 e 3 do art. 21º do RITI.

mesmo que isentos, se abrangidos por um regime de tributação das AIB) e a AIB (assimilada) será tributada em território nacional (*reverse charge*)[204].

5.3. Bens sujeitos a Impostos Especiais sobre o Consumo e meios de transporte

Começando pelo conceito de «impostos especiais de consumo» (IEC) e de «meios de transporte», dispõe o art. 6º do RITI o seguinte:

Artigo 6º — Conceito de impostos especiais de consumo e de meios de transporte

1. *Para efeitos deste diploma, entende-se por:*

a) «Bens sujeitos a impostos especiais de consumo» o álcool e as bebidas alcoólicas, o tabaco e os produtos petrolíferos e energéticos, com exceção do gás fornecido através de uma rede de gás natural ou de qualquer rede a ela ligada e da eletricidade;

b) «Meios de transporte» as embarcações com comprimento superior a 7,5 m, as aeronaves com peso total na descolagem superior a 1550 kg e os veículos terrestres a motor com cilindrada superior a 48 cc ou potência superior a 7,2 kW, destinados ao transporte de pessoas ou de mercadorias, que sejam sujeitos a registo, licença ou matrícula no território nacional, com exceção das embarcações e aeronaves mencionados nas alíneas d), e) e g) do nº 1 do artigo 14º do Código do IVA.

2. *Não são considerados novos os meios de transporte mencionados na alínea b) do número anterior desde que se verifiquem simultaneamente as seguintes condições:*

a) A transmissão seja efetuada mais de três ou seis meses após a data da primeira utilização, tratando-se, respetivamente, de embarcações e aeronaves ou de veículos terrestres;

b) O meio de transporte tenha percorrido mais de 6000 km, tratando-se de um veículo terrestre, navegado mais de cem horas, tratando-se de uma embarcação, ou voado mais de quarenta horas, tratando-se de uma aeronave.

3. *Para efeitos do disposto na alínea a) do número anterior, a data da primeira utilização é a constante do título de registo de propriedade ou documento equivalente quando se trate de bens sujeitos a registo, licença ou matrícula, ou, na sua falta, a da fatura emitida aquando da aquisição pelo primeiro proprietário.*

---

[204] Nos termos da al. a) do nº 1 do art. 4º, da al. a) do nº 1 do art. 23º e do nº 1 do art. 27º (todos do RITI).

5.3.1. Impostos Especiais de Consumo

Relativamente aos IEC, o RITI não contém regras específicas quanto às AIB/TIB, quando os adquirentes/transmitentes são SP do regime normal do IVA.

Estes bens estão abrangidos por regras específicas de detenção, circulação e controlo (documentos de acompanhamento), sendo objeto de regras próprias previstas no Código dos Impostos Especiais de Consumo.

Em regra, estes bens circulam em regime de suspensão de IVA e de IEC no território da UE, sendo transacionados entre depositários autorizados (titulares de entrepostos fiscais) ou para operadores registados[205].

Nestes bens a regra é que a arrecadação tributária (IVA e IEC) seja sempre devida no EM de destino e exigível no momento da introdução no consumo.

As regras «particulares» relativas a este tipo de bens aplicam-se apenas quando *(i)* os adquirentes são entidades abrangidas pelo nº 1 do art. 5º do RITI (como vimos as AIB sujeitas a IEC estão excluídas do regime do art. 5º do RITI, ou seja, não entram no cálculo do limite de 10 000 €); e *(ii)* os adquirentes são particulares e os bens sujeitos a IEC são vendidos à distância por um SP de outro EM (operações B2C), em que os bens sujeitos a IEC não entram para efeitos de cálculo do limiar dos 10 000 €.

De referir que, nos termos dos nºs 5 e 6 do art. 22º do RITI, os adquirentes abrangidos pelo disposto no art. 5º do RITI que efetuem AIB sujeitos a IEC deverão pagar o IVA correspondente, em simultâneo com os IEC, junto das entidades competentes para a cobrança daqueles impostos[206].

Quanto às transmissões destes bens, estabelece a al. d) do nº 1 do art. 14º do RITI que estão isentas de IVA as TIB sujeitos a IEC efetuadas por um SP dos previstos na al. a) do nº 1 do art. 2º, quando o adquirente estabelecido noutro EM não esteja aí registado, para efeitos do IVA intracomunitário (SP de outros EM que, se estabelecidos em território nacional, ficariam abrangidos pelo art. 5º do RITI).

Dado a grande sensibilidade/valor dos bens e da quantidade de transações, vamos debruçar-nos apenas sobre os meios de transporte (novos e usados).

---

[205] Nos termos dos artigos 21º a 31º do Código dos Impostos Especiais de Consumo.

[206] De referir que o valor tributável do IVA incluirá os IEC, ainda que não liquidados em simultâneo (nº 3 do art. 17º do RITI).

5.3.2. Meios de transporte

5.3.2.1. Meios de transporte «novos»

Começando pelos meios de transporte novos, estabelece a al. b) do art. 1º do RITI que estão sujeitas a IVA as aquisições intracomunitárias de meios de transporte novos efetuadas em território nacional, por toda e qualquer pessoa, incluindo particulares e operadores enquadrados no regime particular do art. 5º (já abordado). Nesse sentido *«são tributáveis as aquisições intracomunitárias de meios de transporte novos sujeitos a registo, licença ou matrícula no território nacional»* (nº 4 do art. 8º do RITI).

Por outro lado, prevê a al. e) do art. 1º do RITI essa sujeição a imposto quanto às transmissões intracomunitárias de meios de transporte novos efetuadas por qualquer pessoa (incluindo, por isso, os particulares), sujeição esta que é seguida de uma isenção aplicável também com caráter de generalidade (ao abrigo da al. b) do nº 1 do art. 14º).

Deste modo, no âmbito da incidência pessoal, determina o nº 2 do art. 2º do RITI que são considerados SP os particulares que efetuem aquisições intracomunitárias de meios de transporte novos (alínea a); por outro lado, também são SP, todas as pessoas, quaisquer que sejam, que ocasionalmente efetuem transmissões intracomunitárias de meios de transporte novos, com destino a um adquirente estabelecido ou domiciliado noutro EM (alínea b).

Da conjugação das normas mencionadas (artigos 1º, 2º e 14º) pode concluir-se que a tributação dos meios de transporte novos é efetuada sempre (qualquer que seja o adquirente ou o transmitente) no EM de destino (ou de registo, matrícula ou licença dos meios de transporte novos), aplicando-se uma isenção completa no EM de origem.

Quer dizer, haverá liquidação a imposto em território nacional, independentemente da qualidade do adquirente ou do vendedor, se o lugar de chegada da expedição ou transporte com destino ao adquirente se localiza em Portugal e se trate de meios de transporte novos sujeitos a registo licença ou matrícula no território nacional.

Como vimos, são considerados meios de transporte (al. b) do nº 1 do art. 6º do RITI):

- Embarcações com mais de 7,5 m;
- Aeronaves com peso total à descolagem superior a 1550 Kg;
- Veículos terrestres a motor com cilindrada superior a 48 cm3 ou potência superior a 7,2 Kw.
  - Destinados ao transporte de pessoas ou de mercadorias;
  - Desde que sujeitos a registo, licença ou matrícula;
  - Com exceção dos referidos em d), e) e g) do nº 1 do art. 14º do CIVA.

Para o efeito de distinguir os meios de transporte em novos e usados, o nº 2 do art. 6º do RITI considera meios de transporte usados:

- Uma embarcação, quando, cumulativamente, tenha mais de 3 meses após a data da primeira utilização e navegue mais de 100 horas;
- Uma aeronave, quando, cumulativamente, tenha mais de 3 meses após a data da primeira utilização e voe mais de 40 horas;
- Um veículo terrestre, quando, cumulativamente, a transmissão seja efetuada mais de 6 meses após a data da primeira utilização e tenha percorrido mais de 6000 Km.

Encontram-se, por isso, abrangidos no conceito de meios de transporte novos, para efeitos fiscais, os chamados «falsos usados», isto é, em que a segunda transmissão ocorre num curto espaço de tempo e/ou tenham tido pouca utilização.

Assim as aquisições intracomunitárias de meios de transporte novos, que não possuam a tipologia prevista para tal, serão também tratadas normalmente, como se de quaisquer outros bens se tratasse.

A título de exemplo, veja-se um caso de um barco novo com 6 metros:

Adquirente		**IVA liquidado**
(1)	Particular	Origem
(2)	SP «isento»	Destino ou origem (depende se foi, ou não, ultrapassado o limite...)
(3)	SP «regime normal»	IVA devido pela AIB, liquidado na DP_IVA (campo 13)

Todavia, encontram-se excluídas do regime particular dos meios de transporte novos (não são consideradas meios de transporte para este efeito da al. b) do nº 1 do art. 6º do RITI) as embarcações descritas nas alíneas d) e e) do nº 1 do art. 14º do CIVA, destinadas a transporte de passageiros em alto mar, afetas à navegação marítima em alto mar no exercício de uma atividade comercial, afetas à atividade de pesca marítima e destinadas a salvamento, assistência marítima ou pesca costeira.

Igualmente estão excluídas as aeronaves a que se refere a al. g) do nº 1 do art. 14º do CIVA, ou seja, as utilizadas pelas empresas de navegação aérea que se dediquem principalmente ao tráfego internacional.

Em princípio, as aquisições intracomunitárias deste tipo de embarcações e aeronaves estarão isentas de IVA, por força do disposto nas alíneas a) e b) do nº 1 do art. 15º do CIVA.

Quanto às viaturas automóveis, veja-se o quadro *infra* com 3 viaturas:

	Km percorridos	Primeira utilização	É considerado	Tributação
(i)	7000 Km	4 meses	«novo»	Sempre no destino
(ii)	5000 Km	2 anos	«novo»	Sempre no destino
(iii)	7000 Km	7 meses	«usado»	Na origem ou no destino

Assim, se concluirmos que não se trata de meios de transporte usados, o regime previsto determina que a tributação destes bens (embarcações, aeronaves e veículos terrestres) se faça sempre no destino, independentemente da qualidade do vendedor ou comprador, ou seja, mesmo que os intervenientes sejam particulares (isenção completa aplicável no seu EM de origem).

A opção tomada pelo legislador da UE parece clara: tratando-se de bens normalmente de valores significativos, poderia haver a tendência de os adquirentes explorarem as diferenças das taxas nos vários EM se o imposto fosse liquidado pelo fornecedor no EM de origem. Isto é, haveria, naturalmente, tendência para existir desvios na localização das aquisições que iriam gerar distorções de concorrência, com prejuízo para os EM que praticassem taxas de IVA mais altas.

Como sabemos, todos os adquirentes que não deduzem o IVA no seu EM (o IVA é um custo) tendem, em teoria, a explorar as diferenças nas taxas, se o imposto for liquidado no EM de origem:

- Os particulares evidentemente, mas pouco ou nada haverá a fazer, a não ser em situações específicas, como é este caso concreto dos meios de transporte novos.
- Os operadores isentos também, daí o regime particular abordado anteriormente (art. 5º do RITI);
- No caso específico dos meios de transporte novos, mesmo os operadores que deduzem o imposto, tenderiam a explorar as diferenças nas taxas, pois o IVA, normalmente, não é dedutível no seu EM e também porque nos diversos EM há diferenças na determinação do valor tributável, como é o caso do discutido/discutível Imposto sobre Veículos (ISV)[207].

[207] Por exemplo, no nosso caso, nas aquisições de meios de transporte novos sujeitos a ISV o valor tributável incluirá este imposto (nº 3 do art. 17º do RITI). Veja-se, neste âmbito, o Acórdão TJUE de 28/07/2011 (Processo C-106/10).

Em suma, nos termos do nº 4 do art. 8º do RITI, são tributáveis as aquisições intracomunitárias de meios de transporte novos sujeitos a registo, licença ou matrícula em território nacional (ou seja, o princípio do destino); em sentido inverso, dispõe a al. b) do nº 1 do art. 14º do RITI, que ficam isentas de imposto as transmissões intracomunitárias de meios de transporte novos efetuadas por qualquer tipo de entidades. Significa que temos uma isenção completa aplicável na origem que evita a dupla tributação, pois o EM competente para arrecadar a receita fiscal é sempre o de destino (ou de registo, licença ou matrícula).

Pese embora se trate de bens cujo imposto, normalmente, não é dedutível, na venda temos uma isenção completa, aplicando-se inclusivamente aos operadores isentos, ao Estado e aos particulares, embora, nestes casos, a recuperação do IVA suportado esteja condicionada.

No que respeita à dedução/reembolso existem algumas especificidades a referir:

- O momento da dedução ocorre apenas quando o meio de transporte novo tenha sido colocado à disposição do adquirente de outro EM (nº 3 do art. 20º do RITI);
- O valor a deduzir (a reembolsar) não poderá exceder o imposto que seria devido se a transmissão não estivesse isenta (venda feita por valor inferior ao da compra), nos termos do nº 4 do art. 20º do RITI;
- Pode solicitar-se o reembolso, mediante requerimento dirigido ao diretor-geral da AT (nº 1 do art. 21º do RITI).

No que concerne ao pagamento do imposto nestas aquisições intracomunitárias, dispõe o nº 3 do art. 22º do RITI que, tratando-se de meios de transporte novos <u>sujeitos ao ISV</u> (automóveis ligeiros de passageiros e de mercadorias), o IVA devido por essas aquisições será pago juntamente com aquele imposto (al. a) do nº 6 do art. 22º do RITI), exceto no caso de as aquisições serem efetuadas por operador registado ou por operador reconhecido de acordo com o Código do Imposto sobre Veículos. Assim, nestas aquisições (sujeitas a ISV), apenas os operadores com um estatuto especial liquidam o IVA na DP_IVA, devendo todos os restantes operadores entregar o imposto diretamente junto das entidades competentes (alfândega).

Por sua vez, dispõe o nº 4 do art. 22º do RITI (conjugado com a al. b) do nº 6 do mesmo artigo) que os operadores isentos, Estado e particulares, que efetuem aquisições intracomunitárias de meios de transporte novos <u>não sujeitos a ISV</u> (embarcações, aeronaves e viaturas pesadas de mercadorias), deverão entregar o imposto devido antes de procederem ao registo, licença ou matrícula, devendo, em consequência, os restantes operadores liquidar o imposto na DP_IVA. Assim, nestas aquisições (não sujeitas a ISV) efetuadas por SP típicos (os previstos na al. a) do nº 1 do art. 2º), o imposto poderá ser liquidado na DP_IVA (campo 13). Se essas aquisições forem efetuadas por particulares ou equiparados, o imposto já terá de ser pago junto das autoridades competentes.

No caso das vendas, todos os operadores do art. 2º do RITI, incluindo os particulares, são obrigados a emitir faturas quando efetuem, mesmo que ocasionalmente, transmissões intracomunitárias de meios de transporte novos (al. b) do nº 1 do art. 23º do RITI).

Para o efeito, nas operações (aquisições e transmissões) com meios de transporte novos, as faturas devem conter um conjunto de requisitos (art. 28º do RITI): identificação clara do vendedor e do adquirente; data da transmissão; preço de venda; identificação do meio de transporte (matrícula, registo e características); indicação dos quilómetros percorridos (viatura terrestre), das horas de navegação (embarcação), ou das horas de voo (aeronave).

De referir, por último, que os particulares e os SP que não possuírem o estatuto de operador registado ou de operador reconhecido deverão sempre comprovar o pagamento do imposto junto das entidades competentes para efetuar o registo, conceder a licença ou atribuir a matrícula aos meios de transporte novos (art. 32º do RITI).

5.3.2.2. Meios de transporte «usados»

Relativamente às transmissões de bens em segunda mão será aplicável o regime normal nas transações intracomunitárias, sem prejuízo do denominado **regime especial da margem**, em vigor na UE.

Com efeito, neste âmbito, através do DL 199/96, de 18/10[208], procedeu-se à transposição para a ordem jurídica nacional da Diretiva 94/5/CE, de 14/02, relativa à tributação, em IVA, das transmissões de bens em segunda mão, objetos de arte, de coleção e antiguidades, o qual regula as transmissões desses bens, desde que sejam efetuadas por um SP revendedor (ou seja, um SP que regista as aquisições em inventários para revenda) que tenha adquirido esses bens no interior da UE (Portugal ou outro EM), em qualquer uma das seguintes situações[209]:

---

[208] Para além do DL 199/96, de 18/10, que transpôs a Diretiva 94/5/CE, de 14/02, com vista ao conhecimento de todos os aspetos inerentes à tributação segundo o «regime da margem», veja-se o Ofício-Circulado 30012/2000, de 06/01/2000.

[209] Cfr. nº 1 do art. 3º do DL 199/96.

- A uma pessoa que não seja SP (particular);
- A outro SP, desde que a transmissão feita por este tenha sido isenta de imposto, ao abrigo do nº 32 do art. 9º do CIVA, ou de disposição legal idêntica vigente no EM onde tiver sido efetuada a transmissão;
- A outro SP, desde que a transmissão feita por este tenha tido por objeto um bem de investimento e tenha sido isenta de imposto, ao abrigo do art. 53º do CIVA, ou de disposição legal idêntica vigente no EM onde tiver sido efetuada a transmissão;
- A outro SP revendedor, desde que a transmissão dos bens por esse revendedor tenha sido efetuada de acordo com o regime especial de tributação, ou de regulamentação idêntica vigente no EM onde a transmissão dos bens tiver sido feita.

Ainda que se verifique uma das condições suprarreferidas, os SP revendedores poderão, aquando da transmissão das viaturas (ou outros bens) no mercado nacional, optar caso a caso, ou seja, o apuramento do imposto devido terá de ser efetuado bem a bem, não podendo eventuais margens negativas afetar o valor tributável de outras transmissões[210] pela determinação do valor tributável nos termos gerais, liquidando o imposto com base no preço de venda[211].

A determinação do valor tributável nos termos gerais do CIVA mostrar-se-á obrigatória para os SP que não sejam revendedores e para aqueles operadores que, sendo revendedores, não tenham adquirido as viaturas numa das condições acima elencadas.

Caso seja adotado o denominado «regime da margem», a liquidação de imposto deve incidir sobre o valor da diferença entre o seu preço de venda e o preço de compra[212]. Não sendo assim, as transmissões dos mesmos encontram-se sujeitas ao «regime geral» de tributação nos termos gerais do CIVA.

O preço de compra corresponde ao valor constante da fatura do fornecedor e, por consequência, não inclui, designadamente, o ISV, nem eventuais reparações, ainda que estes factos patrimoniais se encontrem registados em inventários[213]. Por isso, não confundir com a possibilidade real de o imposto relativo a reparações, a manutenção ou

---

[210] Cfr. nº 3 do art. 4º do DL 199/96.

[211] Cfr. nº 1 do art. 7º do DL 199/96.

[212] Em conformidade com o art. 4º do DL 199/96, conjugado com a al. f) do nº 2 do art. 16º do CIVA. Para efeitos da aplicação do regime especial, veja-se o art. 312º da Diretiva IVA. Ver ainda a posição da AT nas Informações Vinculativas, Processos 17979, de 30/06/2021 e Processo 21025, de 01/07/2021.

[213] O valor tributável é determinado nos termos dos nºs 1 e 3 do art. 17º do RITI, o qual estabelece, expressamente, a inclusão do ISV, ainda que não liquidado simultaneamente (ver Informação Vinculativa, Processo 12674, de 28/11/2017).

outras prestações de serviços respeitantes aos veículos usados ser dedutível nos termos gerais do CIVA, pelo que, embora o revendedor não inclua o valor destas reparações ou manutenções no cálculo da margem, não fica prejudicado pois pode proceder à dedução deste IVA[214].

Sendo as aquisições/transmissões realizadas segundo o «regime da margem», o IVA não é dedutível pelo adquirente, ainda que destine esses bens à atividade tributada[215].

Se a aquisição for a um operador económico, as faturas respeitantes às transmissões efetuadas ao abrigo do «regime da margem» não podem discriminar o imposto devido e devem conter a menção *«IVA – Bens em segunda mão»*[216].

Assim, estas aquisições não se encontram sujeitas a tributação, situando-se fora do campo de aplicação do IVA. Na sua posterior transmissão em território nacional poderá ser aplicado o «regime da margem» ou o «regime geral».

Na venda posterior, como já dissemos, caso seja seguido o «regime da margem», as despesas de reparação (ou outras) não são incluídas no preço de compra para efeitos de cálculo da margem, mas o imposto que tenha onerado estas reparações é dedutível, nos termos gerais do CIVA[217]. O que pode ser incluído no preço de compra é apenas o IVA que tenha sido liquidado na aquisição ao abrigo do «regime da margem» (não aplicável se a operação for efetuada com um particular).

Deste modo, neste regime, em termos de preenchimento da DP_IVA – pese embora do ponto de vista contabilístico o registo da venda deva ser feito pelo seu valor total –, apenas a diferença (preço da venda menos preço da compra), isto é, o valor tributável, deve ser inscrita no campo 3 do quadro 06 e o imposto correspondente no campo 4 (aplicação da taxa normal).

Imagine-se que a margem apurada foi de 10 000 € com IVA incluído, em resultado do preço de venda (30 000 €) - preço de compra (20 000 €). Assim, ditará que:

- Valor tributável = Margem X (100/123) = 10 000 € X (100/123) = 8130,08 €[218];
- IVA Liquidado = Valor tributável X 23% = 1869,92 €[219].

---

[214] Cfr. nº 2 do art. 6º do DL 199/96.

[215] Cfr. nº 3 do art. 5º do DL 199/96.

[216] Cfr. nº 1 do art. 6º do DL 199/96.

[217] Cfr. nº 2 do art. 5º do DL 199/96.

[218] A inscrever no campo 3 do quadro 06 da DP_IVA.

[219] A inscrever no campo 4 do quadro 06 da DP_IVA.

Os operadores que desenvolvam simultaneamente atividades sujeitas ao «regime geral» do IVA e ao «regime da margem», deverão proceder a registos separados dessas operações[220]. Nesse sentido, a contabilidade relativa às transmissões sujeitas ao «regime da margem» deve permitir comprovar as condições estabelecidas no art. 3º deste regime e os elementos determinantes do valor tributável.

Na hipótese de não ser possível a aplicação do «regime da margem», ou sendo-o, o operador opte pelo «regime geral», será devido IVA pelo valor da venda, evidenciando, claro, o valor do imposto.

Como já referimos, trata-se de um regime vigente na UE e, por isso, os diversos EM têm disposições similares desde o momento em que acomodaram a suprarreferida diretiva.

Assim, se os bens forem transacionados no espaço da UE, sem que seja possível aplicar o «regime da margem», estaremos em presença de operações de AIB/TIB, com as implicações já anteriormente vistas.

Caso o vendedor nacional tenha a possibilidade de aplicar o «regime da margem» nas vendas para a UE e adote, de facto, esse regime, estamos perante operações fora do âmbito de incidência e, por isso, não vão às DP_IVA e tampouco à DR_IVA[221].

Exemplo: Revendedor registado na Alemanha vendeu duas viaturas «usadas» a um revendedor sediado em Portugal, cada uma delas pelo valor de 20 000 €.

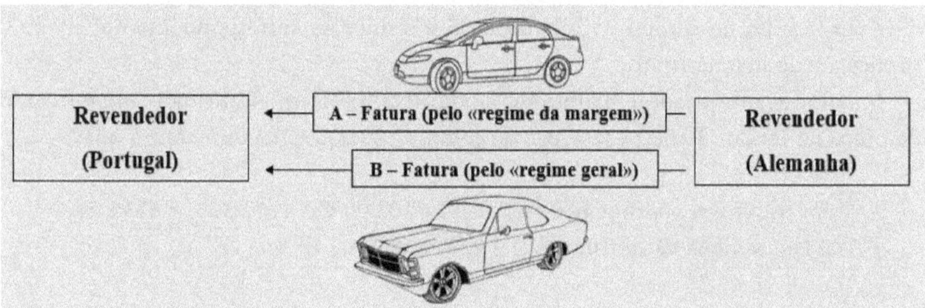

[220] Cfr. nºs 2 e 3 do art. 6º do DL 199/96.

[221] Ainda que com mais de 20 anos, veja-se o já referido Ofício-Circulado 30012, de 06/01/2000, sobre a aplicação às viaturas usadas do «regime especial da margem».

O revendedor português suportou, ainda, por cada uma das viaturas, mais 5000 € em:

ISV: 4000 €	Despesas de legalização: 600 €	Reparações: 400 €

Sabendo que o revendedor português pretende obter um ganho líquido de 5000 €, qual o regime que deve ser adotado?

Comentário: A primeira nota a referir é que enquanto na viatura A, o revendedor português, na venda, pode optar entre o «regime da margem» e o «regime geral», na viatura B tem de vender obrigatoriamente pelo «regime geral»[222].

Relativamente à viatura A, como o revendedor no EM de origem (Alemanha), utilizou o «regime da margem», a aquisição intracomunitária não se encontra sujeita a IVA, em conformidade com o art. 14º do Regime Especial (não sendo relevado na DP_IVA). Aliás, o mesmo aconteceria se o transmitente do veículo usado não se tratasse de um SP, mas sim de um particular. Nesse caso, as referidas aquisições não se encontrariam sujeitas a tributação (nem sequer ao pagamento de ISV), ficando fora do campo de aplicação do IVA.

- Cenário 1 (venda pelo «regime da margem»)

Se o vendedor pretende obter um lucro líquido de 5000 €, o preço ascende a 30 000 € (20 000 € + 4000 € + 600 € + 400 € + 5000 €, do lucro). A margem será, portanto, a diferença entre o valor de venda (30 000 €) e o valor da compra (20 000 €), isto é 10 000 €. Assim, o IVA incidirá sobre essa margem de 10 000 € x 23% = 2300 €. Isto significa que a fatura a apresentar ao comprador será de 32 300 € (30 000 € + 2300 €), em que o IVA vai oculto, ou seja, na fatura apareceria apenas o montante de 32 300 €, sem qualquer menção ao valor do IVA.

- Cenário 2 (venda pelo «regime geral»)

Nesta situação a venda seria de 30 000 € (20 000 € + 4000 € + 600 € + € 400 + 5000 €, do lucro), a que deveria ser adicionado o IVA de 6900 € (30 000 € x 23%). Deste modo, a fatura a apresentar ao comprador será de 36 900 € (30 000 € + 6900 €), em que o IVA vai expressamente designado.

[222] Segundo a Informação Vinculativa, Processo 9963, de 02/03/2016, quando a fatura emitida por um revendedor num EM não identificar o regime aplicado na respetiva operação, deve o SP exigir a sua menção, face ao disposto no art. 226º da Diretiva IVA.

Comparando os dois cenários, podemos dizer que, enquanto no primeiro caso o valor financeiro a desembolsar por parte do comprador é de 32 300 €, no segundo caso esse valor ascende a 36 900 €. Todavia, a opção mais favorável vai sempre depender da «qualidade» de comprador, mais propriamente se este pode ou não deduzir o IVA.

Quer dizer, se o comprador não puder deduzir o IVA (porque é um particular ou é um operador que pratica exclusivamente operações isentas ou ainda é um operador que está impedido de deduzir o IVA face às disposições do art. 21º do CIVA), então o «regime da margem» é sempre mais favorável (compara, no caso, 32 300 € com 36 900 €). Se o operador puder deduzir o IVA, obviamente que o cenário 2 («regime geral») é mais favorável (compara, no caso, 32 300 € com 30 000 €).

Quanto à viatura B, como o revendedor do EM de origem (Alemanha), utilizou o «regime geral» nas transações intracomunitárias, teremos: Valor tributável = (preço de compra + ISV), em que o IVA liquidado = Valor tributável x 23%.

Com efeito, como o revendedor não utilizou o regime especial dos bens em 2.ª mão, se a transmissão for efetuada pelo «regime geral», então, o fornecedor não liquida IVA, estando a fazer uma TIB, que vem isenta, e o adquirente a efetuar uma AIB, sujeita a IVA em território nacional, nos termos do art. 1º do RITI, devendo proceder à respetiva liquidação do IVA[223].

Assim, a empresa portuguesa (também revendedora) releva, no quadro 06 da DP_IVA, o valor da compra no campo 12, o IVA liquidado no campo 13 e exerce o direito à dedução no campo 22[224].

O mesmo acontece se a viatura é adquirida a outro SP que não é revendedor de viaturas usadas. Ou seja, a transmissão efetuada pelo vendedor, estabelecido noutro EM, é sempre feita pelo «regime geral» nas transações intracomunitárias, isto é, o fornecedor faz uma TIB, isenta de IVA, e o adquirente faz uma AIB, sujeita a IVA em território nacional.

---

[223] Nos termos dos artigos 23º e 27º do RITI.

[224] O valor tributável a mencionar no referido campo 12, será a soma do preço constante da fatura, acrescido do ISV pago na alfândega. De facto, o valor tributável para efeitos de liquidação do IVA (a mencionar no campo 13) engloba o ISV, para além de outros direitos, taxas e outras imposições (com exceção do próprio IVA) e as despesas acessórias debitadas, como sejam as respeitantes a comissões, embalagem, transporte, seguros e publicidade efetuadas por conta do adquirente, de acordo com o disposto nas alíneas a) e b) do nº 5 do art. 16º do CIVA, aplicáveis por força do disposto no nº 1 do art. 17º do RITI.

Assim, tratando-se de AIB (viatura) em que foi usado o «regime geral» (liquidação e dedução do IVA pelo adquirente), na subsequente venda o revendedor já não poderá aplicar o «regime da margem».

Deste modo, como já dissemos na situação anterior da viatura A (cenário 2) a venda seria de 30 000 € (20 000 € + 4000 € + 600 € + 400 € + 5000 €, do lucro), a que deveria ser adicionado o IVA de 6900 € (30 000 € x 23%).

5.4. Transferências de bens

Como vimos, o conceito de AIB está previsto no art. 3º do RITI e, à semelhança do art. 3º do CIVA, refere-se à transmissão do direito de propriedade, pelo que, em princípio, só as operações com essa configuração seriam tributáveis.

No entanto, existem operações efetuadas pelos operadores que, embora não cabendo no conceito de «transmissão de bens» (não existe propriamente uma venda), são assimiladas a AIB/TIB, porquanto implicam movimentos de bens que terão de ser «controlados».

Com efeito, ocorrem com frequência certos movimentos de bens, efetuados pelo mesmo operador, entre EM, que suscitam problemas particulares, daí que certas operações sejam equiparadas a AIB (al. a) do nº 1 do art. 4º do RITI) e a TIB (nº 1 do art. 7º do RITI)[225]. Assim, tais transferências de bens entre EM para as necessidades do respetivo operador, são assimiladas a AIB no EM de chegada dos bens e a TIB isentas no EM de saída.

O objetivo claro de que se ficcionem determinadas AIB/TIB, é assegurar a tributação efetiva no EM do consumo (aplicação normal do princípio de destino), tendo em vista, designadamente:

- O controlo fiscal dos movimentos físicos de bens entre EM acautelando a eventualidade de consumos não tributados;
- Evitar distorções de concorrência quando estivéssemos perante SP «mistos» com diferentes percentagens de dedução nos vários EM, ou ainda evitar situações em que se explorassem as diferenças nas exclusões do direito à dedução nos vários EM;

[225] Correspondente ao art. 21º da Diretiva IVA.

- Que a receita reverta para o EM de destino e ao mesmo tempo evitar a fraude e evasão fiscais.

Assim, em princípio, qualquer transferência de bens será assimilada a uma transmissão de bens efetuada a título oneroso. No entanto, teremos de atender às várias exceções previstas no nº 2 do art. 7º do RITI, para a transferência de bens para a UE, aplicável ainda à situação inversa, isto é, à transferência de bens para o território nacional, por força do nº 3 do art. 4º do RITI. É que, verificando-se qualquer situação aí prevista, fica afastada a aplicação do IVA a um conjunto amplo de transferências de bens que não serão consideradas TIB/AIB (serão consideradas simples movimentações de bens temporárias).

5.4.1. Transferências de bens assimiladas a TIB e a AIB

Dispõe o nº 1 do art. 7º do RITI, que se considera assimilada a uma TIB, a transferência de bens expedidos ou transportados pelo SP para o território de outro EM para as suas necessidades, por exemplo, para exercer aí a sua atividade[226].

No caso de ser exercida uma atividade com alguma regularidade noutro EM, ou noutras circunstâncias, deverá, em princípio, haver um registo, para efeitos do IVA, nesse EM da UE. Assim, esse operador poderá ter dois (ou mais) números de IVA válidos no VIES: um precedido do prefixo do EM da residência e outro precedido do prefixo do EM do registo.

Em sentido inverso, ou seja, bens que vêm para o território nacional, a al. a) do nº 1 do art. 4º do RITI considera assimilada a uma AIB a afetação por um SP às necessidades da sua empresa, no território nacional, de bens expedidos ou transportados a partir de outro EM onde os bens tenham sido produzidos, extraídos, transformados, adquiridos ou importados pelo SP, no âmbito da sua atividade (estas AIB estão sujeitas a IVA pela al. d) do art. 1º).

Deste modo, havendo transferências internas de bens em que os intervenientes estão registados, para efeitos do IVA, a um, estará associada uma TIB (isenta) e, ao outro, uma AIB (tributada), tendo estas normas o objetivo do controlo de movimentos de bens.

---

[226] Em regra, estas TIB estão isentas pela al. c) do nº 1 do art. 14º do RITI.

Em suma, estas transferências, não onerosas e em que não se transmite o direito de propriedade, justificam um tratamento semelhante às clássicas transmissões, mas que serão equiparadas a TIB, para efeitos de RITI (o mesmo ocorre com as transferências internas de bens oriundos de outros EM (operações equiparadas a AIB).

Daqui resulta que quaisquer transferências internas de bens, de e para outros EM, serão tratadas, em princípio, como se de aquisições (AIB) ou transmissões (TIB) para outros SP se tratassem, com as consequentes obrigações declarativas e outras associadas. Por outras palavras, poder-se-ia afirmar que, em princípio, qualquer chegada de bens oriundos de outro EM constituiria uma AIB (tributada) e qualquer partida de bens para outro EM uma TIB (isenta).

Para uma melhor explicitação, nada melhor do que uma exemplificação prática destas questões, através dos dois exemplos seguintes.

Exemplo 1: Empresa de Braga (A) possui um EE em Espanha (B), transferindo para lá periodicamente bens para posteriores vendas (internas).

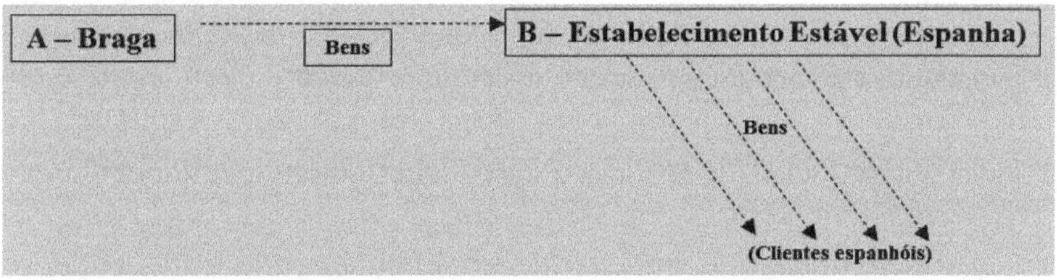

Comentário: As transferências de bens para Espanha, para as necessidades da empresa, são consideradas operações assimiladas a TIB (nº 1 do art. 7º do RITI), embora isentas de IVA (ao abrigo da al. c) do nº 1 do art. 14º do RITI). Em Espanha serão consideradas AIB sujeitas a IVA[227], pelo que a empresa portuguesa (A) terá que dispor em Espanha de um NIF_IVA «espanhol». Assim, pela transferência dos bens de Portugal para Espanha, a empresa portuguesa (A) não deve emitir qualquer fatura (não há uma transmissão de bens), mas deverá emitir simples guias de transferência dos bens para Espanha, para o seu EE, e registar essa saída dos bens (art. 31 do RITI).

As AIB assimiladas efetuadas em Espanha implicam que o EE deve estar registado nesse país como SP, constituindo, para efeitos do IVA, como um SP autónomo em rela-

[227] De acordo com a norma equivalente à al. a) do nº 1 do art. 4º do RITI.

ção à empresa portuguesa, liquidando em Espanha o IVA correspondente nas vendas dos bens que efetuar.

Exemplo 2: Empresa espanhola (B) vende bens a clientes portugueses. Contudo, os bens em causa são enviados primeiramente para um armazém que a empresa espanhola possui em Portugal e, posteriormente, vendidos a partir daí para os seus clientes.

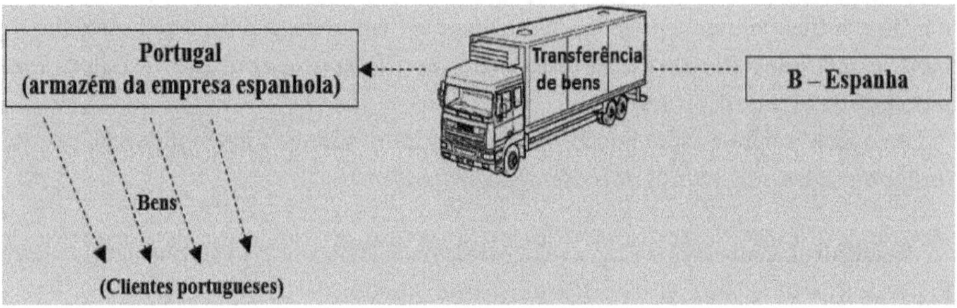

Comentário: A empresa espanhola (B) deverá proceder ao registo (ou nomear representante) em Portugal, passando a ter um NIF_IVA (980.xxx.xxx). As transferências de bens para o armazém situado em Portugal serão assimiladas a TIB/AIB[228]. Posteriormente, nas transmissões de bens internas em Portugal, deve ser liquidado IVA relativamente a essas vendas.

5.4.2. Transferências de bens que não constituem TIB e AIB

Continuando com a abordagem ao art. 7º do RITI, analisamos agora as disposições seguintes, onde se verificam outras situações em que estamos perante meras transferências de bens, que não são equiparadas a TIB/AIB, isto é, essas transferências estão excluídas de tributação em sede de IVA no momento da transferência.

Com efeito, nas sucessivas alíneas do nº 2 do art. 7º do RITI, temos diversas situações que o legislador da UE entendeu que mereceriam um tratamento distinto, isto é, certas transferências de bens efetuadas para as necessidades da empresa devem estar excluídas de tributação na saída do território nacional e na entrada nos outros EM da UE. No caso inverso, isto é, nas transferências de bens de outro EM para o território nacional,

[228] Cfr. al. a) do nº 1 do art. 4º e nº 1 do art. 7º do RITI (não excluídas pelo nº 2 do art. 7º do RITI).

a exclusão de tributação, por força da remissão prevista no nº 3 do art. 4º do RITI, aplicar-se-á também, com as necessárias adaptações.

Assim, as transferências de bens previstas nesta disposição, não são consideradas TIB, logo, as operações que lhes correspondem, na perspetiva da entrada de bens no território de um EM, também não deverão ser consideradas AIB.

Na prática, trata-se de situações não controladas pelo sistema VIES, logo, não declaradas na DP_IVA como habitualmente ocorre nas TIB/AIB.

Assim, de acordo com o disposto no nº 2 do art. 7º do RITI (saída dos bens do território nacional), não são consideradas TIB nem AIB (nº 3 do art. 4º do RITI, entrada dos bens em território nacional) as seguintes transferências de bens:

- Bens destinados a serem instalados/montados noutro EM e as VDI para outros EM (al. a) do nº 2 do art. 7º);
- Bens destinados a serem transmitidos a bordo de um navio, de um avião ou de um comboio durante um transporte intracomunitário de passageiros (al. b) do nº 2 do art. 7º);
- Que consistam em operações de exportação (ou assimiladas) isentas pelo art. 14º do CIVA ou em transmissões isentas pelo art. 14º do RITI (al. c) do nº 2 do art. 7º;
- As transferências de gás, através do sistema de distribuição de gás natural, de eletricidade, de calor e de frio (al. d) do nº 2 do art. 7º);
- Bens destinados a serem objeto de peritagens ou de quaisquer trabalhos efetuados ao SP noutro EM e depois reexpedidos para o território nacional com destino ao mesmo SP (al. e) do nº 2 do art. 7º);
- Bens destinados a serem temporariamente utilizados em prestações de serviços a efetuar pelo SP noutro EM (al. f) do nº 2 do art. 7º).
- Bens destinados a serem temporariamente utilizados pelo SP, por um período inferior a 24 meses, noutro EM, quando a importação dos bens, nas mesmas circunstâncias, beneficiasse do regime de importação temporária com isenção total de direitos (al. g) do nº 2 do art. 7º).

Deve referir-se que as situações das alíneas e), f) e g) do nº 2 do art. 7º do RITI têm em comum o facto de serem situações transitórias, isto é, bens que saem temporariamente, mas depois regressam ao EM de origem.

Se deixarem de se verificar as condições, considera-se, nesse momento, que os bens são transferidos definitivamente para outro EM dando-se as TIB/AIB com as correspondentes obrigações inerentes (nº 3 do art. 7º do RITI).

Não obstante esta não sujeição, estas transferências de bens são objeto de registos contabilísticos nos termos do nº 1 do art. 31º do RITI:

- Alínea b): transferência de bens (temporárias) para outro EM, nos termos das alíneas e), f) e g) do nº 2 do art. 7º;
- Alínea c): afetações de bens que não se consideram AIB pelo nº 3 do art. 4º (que, por sua vez, remete para o nº 2 do art. 7º);
- Alínea d): bens recebidos, oriundos de outros EM, para serem objeto de peritagens ou quaisquer outras prestações de serviços;
- Alínea e): bens enviados pelo SP para outro EM para serem objeto de peritagens ou outras prestações de serviços.

As obrigações do RITI revelam a necessidade de complementar com o art. 44º do CIVA, relativo às obrigações contabilísticas genéricas dos SP. Exige-se a relevação contabilística, não apenas das tradicionais AIB/TIB, mas também das transferências de bens efetuadas entre EM pelos próprios SP (nacionais ou de outros EM).

Assim, é importante recordar que os SP são obrigados, nos termos do citado art. 44º do CIVA, a possuir uma contabilidade devidamente organizada que possibilite o conhecimento claro e inequívoco dos elementos necessários ao cálculo do IVA e o seu controlo pela AT, o que implica uma adequada desagregação das contas do Sistema de Normalização Contabilística, criando-se as contas divisionárias apropriadas. É que, a forma de provar, por exemplo, que um bem que não se encontra nas instalações da empresa não foi vendido, será precisamente através de documentos e de registos contabilísticos e extra-contabilísticos[229].

De modo a complementarmos o que pretendemos transmitir, atenda-se à seguinte exemplificação prática:

Exemplo 1: Empresa de Barcelos transfere um equipamento (por exemplo, um elevador) que vai ser instalado/montado em Espanha.

---

[229] Recorde-se que, segundo o art. 86º, «*Salvo prova em contrário, presumem-se adquiridos os bens que se encontrarem em qualquer dos locais em que o contribuinte exerce a sua atividade e presumem-se transmitidos os bens adquiridos, importados ou produzidos que não se encontrarem em qualquer desses locais.*»

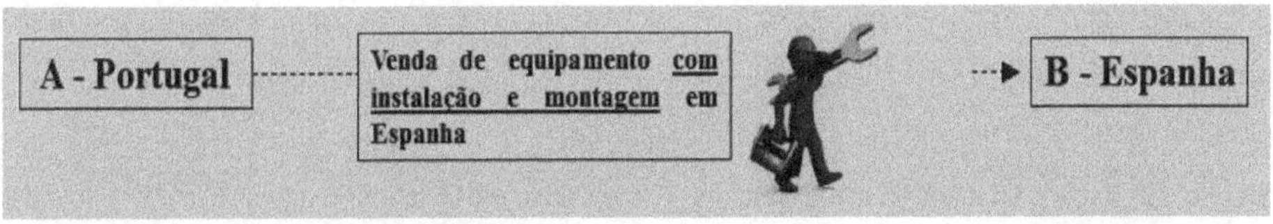

Comentário: Esta transferência não é considerada uma TIB em Portugal nem uma AIB em Espanha (al. a) do nº 2 do art. 7º do RITI).

Exemplo 2: Empresa de Barcelos vendeu um galo de Barcelos a um consumidor (final) francês, tendo esta venda a característica de vendas à distância.

Comentário: Esta transmissão de bens não constitui uma TIB isenta em Portugal nem uma AIB tributada em França (al. a) do nº 2 do art. 7º do RITI).

Exemplo 3: Empresa de Albufeira transmite bens durante um transporte de passageiros (embarcação), entre Portugal e Malta.

Comentário: Como já vimos, estas operações estão abrangidas pelo nº 3 do art. 6º do CIVA, portanto, excluídas do âmbito de aplicação do RITI (al. b) do nº 2 do art. 7º do RITI), sendo tributadas no EM de partida.

Exemplo 4: Empresa de Setúbal (A) vendeu bens a uma empresa da Rússia (B), tendo expedido esses bens para outro EM (Áustria) para aí serem exportados com destino a um país terceiro (Rússia).

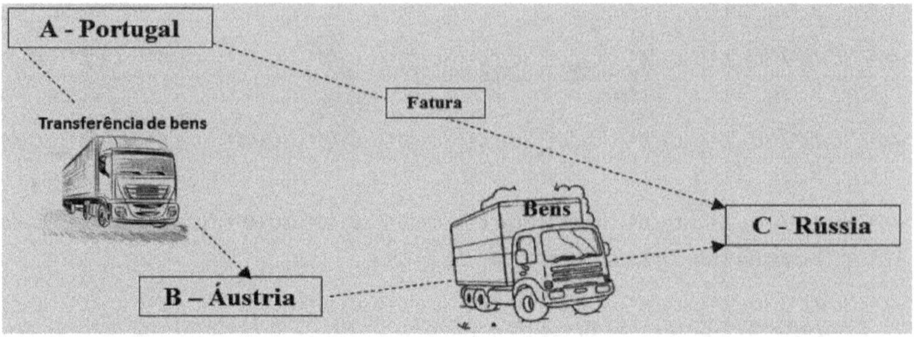

Comentário: Não se trata de uma TIB seguida de uma exportação, mas de uma única operação (exportação) que deverá ser comprovada no EM exportador (documento aduaneiro validado pela alfândega do EM de saída dos bens da UE, ou seja, na Áustria – al. c) do nº 2 do art. 7º do RITI).

Exemplo 5: Empresa de Lisboa que fornece gás natural a uma empresa em Espanha

Comentário: Como já vimos, estas operações estão atualmente reguladas pelos nºs 4 e 5 do art. 6º do CIVA, encontrando-se excluídas do âmbito da aplicação do RITI (al. d) do nº 2 do art. 7º do RITI).

Exemplo 6: Clínica médica estabelecida em Braga, enquadrada no art. 9º, tem um contrato de fornecimento de eletricidade com uma empresa espanhola.

Comentário: Esta distribuição de eletricidade não constitui uma AIB em território nacional e simetricamente também não constituirá uma TIB em Espanha (nº 3 do art. 4º do RITI). Como a Clínica está enquadrada no art. 9º (não liquida IVA nas suas operações ativas, nem tem o direito à dedução do IVA das operações realizadas a montante), não está obrigada à apresentação da DP_IVA (nº 3 do art. 29º).

Pese embora o seu enquadramento, esta operação é localizada em território nacional (nº 4 do art. 6º), cabendo à Clínica a obrigação de liquidar o IVA, à taxa aplicável em Portugal (al. h) do nº 1 do art. 2º).

Deste modo, pela aquisição destes fornecimentos de eletricidade, a Clínica deve enviar a declaração correspondente às operações tributáveis realizadas e efetuar o pagamento do respetivo imposto até ao final do mês seguinte àquele em que se torna exigível (nº 3 do art. 27º).

Exemplo 7: Empresa de Chaves (A) transfere matérias-primas para Espanha com destino a uma empresa espanhola (B) que procederá à transformação dessas matérias-primas em produtos acabados.

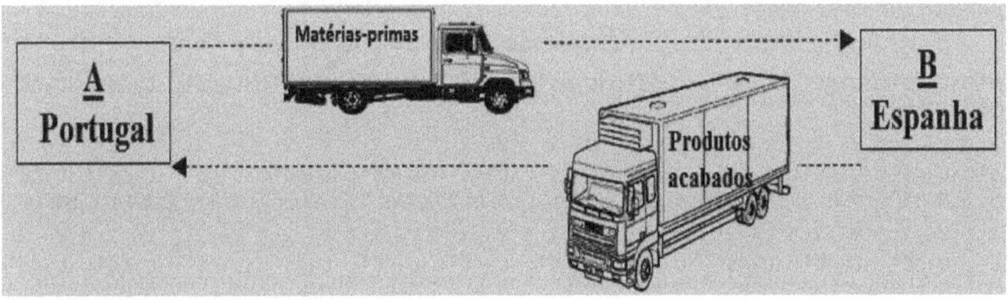

Comentário: Estas movimentações (transferências) de bens entre dono da obra e empreiteiro no trabalho a feitio (envio/receção das matérias-primas/produtos acabados), não têm relevância em sede de IVA (al. e) do nº 2 do art. 7º do RITI). Outros casos com idêntica resolução seriam, por exemplo, o envio de equipamento para outro EM, para ser aí reparado ou efetuada uma peritagem, que depois é reexpedido para o território nacional.

Exemplo 8: Empresa portuguesa transfere temporariamente um empilhador para um armazém que possui um Espanha.

Comentário: Trata-se de uma mera transferência de bens, que não tem relevância em sede de IVA (al. f) do nº 2 do art. 7º do RITI)[230].

Exemplo 9: Empresa de Braga vai participar numa feira de moda em Itália, transferindo para o efeito determinados bens para exposição bem como embalagens não transacionadas.

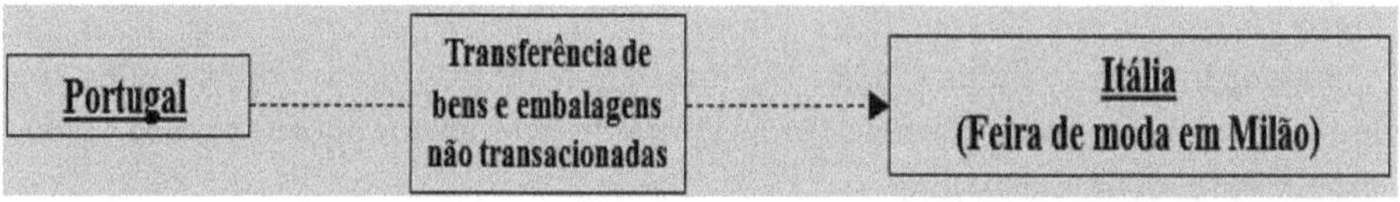

Comentário: Também se trata de uma mera transferência de bens, que não tem relevância em sede de IVA (al. g) do nº 2 do art. 7º do RITI).

5.4.3. Vendas à consignação em transferências intracomunitárias de bens

A globalização económica e as dinâmicas empresariais incrementaram muito o comércio transfronteiriço. Com efeito, muitos dos negócios são «desenhados» em parcerias e divisão de riscos, pelo que é muito vulgar os produtos serem colocados em diversas lojas através de contratos de consignação, contrato esse que não é mais do que a entrega temporária por parte do consignante de bens a um terceiro (consignatário) para que este proceda à sua venda, por conta e ordem do consignante, auferindo por essa intermediação uma comissão.

Assim, a partir de 01/01/2020, foram introduzidas algumas alterações (no nosso caso, no CIVA e no RITI) que resultam da Diretiva da UE, integrada no designado Pacote IVA «*Quick fixes*» 2020, tendo em vista alguma simplificação, traduzida em três medidas aplicáveis às operações transfronteiriças: regime de vendas à consignação em transferências intracomunitárias; operações em cadeia; e clarificação da relevância do NIF_IVA do adquirente no contexto da aplicação da isenção nas TIB (que abordaremos mais à frente).

[230] Outro exemplo que se pode dar e que ocorre com muita frequência, será a colocação de bens para prestar serviços de construção civil noutro EM ou para aí prestar um serviço de reparação de um equipamento ou outros serviços.

Com efeito, o art. 17º - A da Diretiva IVA prevê a existência de um regime de vendas à consignação e transferências intracomunitárias de bens. Nesse sentido, o legislador nacional, através da introdução do nº 4 do art. 7º do RITI e do novo art. 7º - A do RITI, acomodou as condições exigidas pela Diretiva IVA.

Assim, passou a dispor-se que a assimilação a AIB/TIB, deixou de ter aplicação em relação aos bens submetidos ao regime de vendas à consignação em transferências intracomunitárias de bens (nº 1 do art. 7º - A do RITI).

Por outro lado, este regime aplica-se, independentemente da designação atribuída ao contrato, quando se verifiquem, cumulativamente, as seguintes condições (nº 2 do art. 7º - A do RITI):

- Os bens sejam expedidos ou transportados para outro EM tendo em vista a sua posterior transmissão, no prazo máximo de um ano, a outro SP que se tenha comprometido a adquirir a propriedade desses bens nos termos de um acordo existente entre ambos os SP (al. a) do nº 2 do art. 7º - A do RITI);
- O SP que procede à expedição ou transporte não disponha de sede nem EE no EM de chegada dos bens (al. b) do nº 2 do art. 7º - A do RITI);
- O SP destinatário da transmissão de bens esteja registado, para efeitos do IVA, no EM de chegada dos bens e a sua identidade e respetivo NIF_IVA sejam conhecidos do SP que procede à expedição, no momento em que se inicia a expedição ou transporte (c) do nº 2 do art. 7º - A do RITI);
- O SP que procede à expedição faça ao registo dessa transferência (al. f) do nº 1 do art. 31º do RITI) e inclua os respetivos dados na DR_IVA (al. d) do nº 2 do art. 7º - A do RITI).

O regime é ainda aplicável quando (nº 3 do art. 7º - A do RITI):

- O SP destinatário for substituído por outro SP, desde que estejam reunidas as demais condições previstas e a substituição seja inscrita no registo contabilístico (al. a) do nº 3 do art. 7º - A do RITI); ou
- Não venha a verificar-se a transferência do poder de dispor dos bens como proprietário, desde que os bens sejam reexpedidos para o território nacional dentro do prazo de um ano após a chegada dos bens ao EM de destino e o SP que procedeu à expedição dos bens proceda ao registo contabilístico da respetiva reexpedição para território nacional (al. b) do nº 3 do art. 7º - A do RITI).

Por fim, quando estejam reunidas as condições previstas no nº 2 e a transferência do poder de dispor dos bens como proprietário para o SP destinatário ocorra dentro do prazo de um ano, no momento dessa transferência considera-se que é efetuada (nº 4 do art. 7º - A do RITI):

- Uma TIB isenta nos termos do nº 1 do art. 14º do RITI pelo SP que procedeu à expedição ou transporte dos bens por si ou por intermédio de terceiro (al. a) do nº 4 do art. 7º - A do RITI);
- Uma AIB pelo SP a quem os bens são transmitidos no EM para onde os bens foram expedidos ou transportados (al. b) do nº 4 do art. 7º - A do RITI).

Em suma, o regime de vendas à consignação em transferências intracomunitárias de bens diz respeito às situações em que um SP procede, por si ou por terceiro agindo por sua conta, à expedição ou transporte de bens com destino a outro EM, tendo em vista a sua posterior transmissão, nesse EM, a outro SP, cuja identidade é já por si conhecida no momento do início da expedição ou transporte dos bens.

Exemplo 1: Empresa alemã (B) envia bens «à consignação» para Portugal (A).

Comentário: Até 31/12/2019, esta transferência de bens era assimilada a uma AIB, tendo a empresa portuguesa que liquidar o IVA (que, em princípio, poderia deduzir).

A partir de 01/01/2020 esta situação foi alterada e poderemos ter uma desoneração no EM destinatário dos bens, isto é, o novo regime passa a determinar que a transferência dos bens para outro EM (no caso, Portugal) não é considerada uma operação assimilada a uma TIB, desde que reunidas, cumulativamente, as seguintes condições, adaptadas ao caso presente:

- Os bens sejam expedidos ou transportados da Alemanha para Portugal tendo em vista a sua posterior transmissão, no prazo máximo de um ano, em que a empresa portuguesa (A) se tenha comprometido a adquirir a propriedade desses bens nos termos de um acordo existente entre ambos os SP;
- A empresa alemã (B) não disponha de sede nem EE em Portugal (destino dos bens);

- ✓ A empresa portuguesa (A), destinatária da transmissão de bens, esteja registada, para efeitos do IVA, em Portugal, e a sua identidade e respetivo NIF_IVA sejam conhecidos do «vendedor», quando se inicia a expedição ou transporte;
- ✓ A empresa alemã proceda ao registo contabilístico dessa transferência e inclua os respetivos dados na sua DR_IVA.

Assim, seguindo ainda com o nosso exemplo, haverá uma transmissão de bens/aquisição de bens, quando, em momento posterior à chegada dos bens (Portugal), e no prazo máximo de um ano, a empresa alemã (B) transfere o poder de dispor dos bens como proprietário para a empresa portuguesa (A).

A aplicação deste regime cessa quando no termo do prazo de um ano após a chegada a Portugal, não foi transferido para a empresa portuguesa (A) o poder de dispor dos bens como proprietário e, por isso, ocorre uma transferência intracomunitária de bens no dia seguinte ao termo daquele prazo.

Este regime cessará ainda quando, dentro do prazo de um ano a contar da chegada dos bens a Portugal, estes sejam transmitidos para uma entidade que não a empresa portuguesa (A), pelo que considerar-se-á que ocorreu uma transferência intracomunitária de bens imediatamente antes daquela transmissão. Por exemplo, os bens forem expedidos de Portugal para outro EM (exemplo, Espanha) ou mesmo fora da UE (exemplo, Brasil). Se isso acontecer antes da expedição, ocorre uma transferência intracomunitária de bens.

Caso deixe de verificar-se qualquer das demais condições previstas neste regime, ocorre uma transferência intracomunitária de bens na data em que a condição deixa de estar preenchida.

Em termos de obrigações declarativas (continuando com o nosso exemplo), para que exista exclusão de incidência de imposto em Portugal, a empresa alemã (B), como já referimos, deverá submeter uma DR_IVA relativa ao período em que se inicia a expedição ou transporte, indicando o EM de destino dos bens e respetivo prefixo, o NIF_IVA da empresa portuguesa (A) e o código da natureza da operação (nota: nesta fase não deverá ser preenchida DP_IVA).

Quando estiverem reunidas as condições de se considerar que se está perante uma TIB, a empresa alemã (B) deverá enviar uma DP_IVA no respetivo período, inscrevendo o valor tributável (se fosse o nosso caso seria no campo 7 campo do quadro 06) e também submeter a respetiva DR_IVA[231].

---

[231] Ver o Ofício-Circulado 30218, de 03/02/2020.

Exemplo 2: Empresa de Braga (A), consignante, tem um contrato com uma empresa de Vigo (B), consignatário, mediante o qual a empresa portuguesa remete periodicamente bens para Espanha que ficam aí armazenados, tendo em vista a sua posterior transmissão por parte de (B). Este consignatário compromete-se a adquirir os bens no prazo máximo de 12 meses.

Comentário: Até 31/12/2019, a empresa portuguesa estaria obrigada a registar-se em Espanha, realizando uma operação assimilada a TIB, isenta em Portugal, e uma operação assimilada a AIB tributada em Espanha e posteriormente uma transmissão interna nesse país com a venda a (B).

A partir de 01/01/2020, é desconsiderado o momento do transporte de bens entre Portugal e Espanha, sendo que a tributação só ocorre com a transferência da posse dos bens de (A) para (B), podendo a empresa portuguesa (A) cancelar o registo de IVA que tem em Espanha.

Neste caso, é no momento da transferência da propriedade que (A) realiza uma TIB, isenta de IVA em Portugal, e (B) uma AIB tributada em Espanha, pelo que, em termos declarativos, a empresa portuguesa (A) estaria obrigada a proceder da seguinte forma:

- Uma primeira DR_IVA, relativa ao período em que se inicia a expedição ou transporte, indicando o EM (Espanha) de destino dos bens e respetivo prefixo (ES), o NIF_IVA do SP destinatário e o código indicador da natureza da operação (1), sem, contudo, declarar nada na DP_IVA do período.
- Pela venda dos bens (transferência efetiva da propriedade) submete a segunda DR_IVA referente à realização da TIB (no período em que ocorra) e releva, agora sim, essa operação no campo 7 do quadro 06 da DP_IVA do respetivo período.

5.5. Operações triangulares e outras operações (transmissões de bens)

De uma forma simples, as operações triangulares têm como característica principal o facto do circuito físico dos bens não coincidir com o circuito dos documentos (faturas).

A nossa abordagem, numa primeira fase, passa pelas designadas operações «puras» triangulares (art. 8º do RITI), ou seja, as que envolvem apenas operadores de EM (diferentes) da UE, e em que os bens não saem do território da UE.

Mais adiante falaremos das operações envolvendo países/territórios terceiros, mas, desde já antecipamos, a ideia principal a reter é que se os bens tiverem destino ou origem nesses territórios, irão prevalecer as regras inerentes às exportações ou importações (não se trata de bens da UE).

Como já vimos, o nº 1 do art. 8º do RITI consagra a regra geral de localização das AIB segundo a qual a tributação irá ocorrer no EM de chegada (de destino) dos bens, situação normal em que o IVA é, em geral, liquidado pelo adquirente registado nesse EM (*reverse charge*).

Acontece, porém, cada vez com mais frequência, que o adquirente pode estar estabelecido num EM diferente daquele onde ocorre a chegada dos bens. Isto é frequente, sobretudo no centro da Europa, em função das dinâmicas empresariais, questões logísticas, custos de transporte, etc. No fundo, o comprador (intermediário) faz uma aquisição de bens e de seguida uma transmissão sem, contudo, os bens passarem pelo EM onde está registado. Ora, perante as regras estabelecidas que as transmissões intracomunitárias deveriam ser desoneradas no EM do vendedor e tributadas no EM do comprador, sendo que os bens vão para outro EM, poderia colocar-se em causa a segurança necessária para a arrecadação do imposto.

Neste sentido, foi introduzido um «mecanismo de segurança», através do nº 2 do art. 8º do RITI (haverá norma equivalente em todos os EM), precisamente para regular esta localização excecional das AIB no EM que atribuiu o NIF_IVA ao abrigo do qual foi efetuada a aquisição, salvo se for feita a prova de que os bens foram efetivamente sujeitos a IVA no EM de chegada. Quer dizer, o local de tributação situa-se no território nacional (no caso português) mesmo que o local de chegada da expedição ou transporte se situe noutro EM, se o adquirente é um SP, na aceção do nº 1 do art. 2º, que utilizou o seu NIF_IVA para efetuar a aquisição e não prove que a operação foi sujeita a IVA nesse outro EM.

Este «mecanismo de segurança» visa a eficácia do controlo nas transações intracomunitárias e impõe a tributação no EM onde está registado o adquirente, quando os bens tenham como destino outro EM da UE.

Com estas regras «apertadas», poderia haver tributação no EM do adquirente pois a prova de que os bens foram tributados no EM de chegada poderia ser difícil de conseguir. Ou seja, a conjugação dos nºs 1 e 2 do art. 8º do RITI, sem mais nada, conduziria a uma dupla tributação, com a inevitável tributação no EM da chegada bens e também no EM do registo do adquirente.

Para evitar esta «dupla tributação», estabeleceu-se no seio da UE uma «medida de simplificação» (nº 3 do art. 8º do RITI, no caso português)[232], através da qual, observadas as condições aí previstas, se permite que a tributação ocorra apenas no EM para onde vão efetivamente os bens.

Assim, considera-se que a AIB é sujeita a IVA noutro EM, com a utilização destas «regras de simplificação», se:

- O SP («intermediário») tiver adquirido os bens para proceder à sua transmissão subsequente e inclua a operação na DR_IVA;
- O adquirente dos bens transmitidos nesse EM seja aí um SP; e
- O adquirente final (ou seja, para onde vão fisicamente os bens) seja expressamente designado na fatura emitida pelo vendedor como devedor do IVA pela transmissão dos bens efetuados nesse EM da UE.

Por conseguinte, o «intermediário» pode ficar dispensado do registo e do cumprimento de quaisquer obrigações fiscais em qualquer dos outros EM, desde que seja observado o seguinte:

- Inclua essa operação na sua DR_IVA;
- Na fatura, designe o adquirente final como devedor do IVA pela transmissão (interna) que efetua no EM da entrega dos bens; e
- O adquirente final indique, na sua DP_IVA, o valor da aquisição (interna) que fez ao intermediário, referenciando-a, contudo, como AIB (para efeitos de controlo) e proceda ao respetivo registo contabilístico de forma autonomizada.

Para uma melhor explicitação, vejamos de seguida um conjunto alargado de situações que se poderão colocar, em que estão envolvidos mais do que dois operadores. Nesse sentido, iniciamos esta abordagem com as denominadas operações «puras triangulares» para depois passarmos às chamadas «falsas triangulares» e, ainda, outras situações.

---

232 Medida simplificadora que foi transposta pelo DL 82/94, de 14/03, que alterou a redação inicial do art. 8º do RITI.

Exemplo 1: Empresa (A), registada no EM1, vende bens a (B), registada no EM2, que por sua vez os revende a (C), registado no EM3. Os bens, faturados por (A) a (B) e por (B) a (C), são enviados diretamente do EM1 para o EM3.

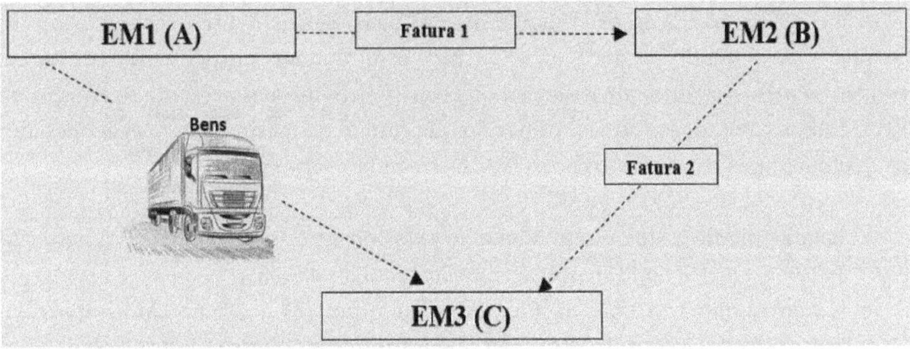

Comentário: Não se verifica uma AIB no EM2, nem uma TIB efetuada a partir daí para o EM3, dado que os bens não passam «fisicamente» pelo EM2. Esta operação deverá ser efetivamente tributada no EM3 (destino dos bens).

Apesar das regras gerais de territorialidade afastarem o EM2 da tributação, o facto de o adquirente (B) utilizar um NIF_IVA atribuído por esse EM faria acionar o «mecanismo de segurança» (nº 2 do art. 8º do RITI), impondo aí também a tributação, sujeitando (B) a liquidar o IVA com base na fatura emitida pelo operador do EM1 (A).

Se o adquirente (B) provasse que os bens foram sujeitos a tributação no EM3 (C), não teria de liquidar IVA. Caso a prova fosse apresentada posteriormente poderia regularizar-se o IVA liquidado pela AIB.

Inexistindo prova de tributação no EM3, haveria liquidação de IVA, por (B) no EM2, que não seria dedutível, mas apenas regularizável (caso a prova viesse a ser conseguida).

Na ausência de «medidas de simplificação» que evitassem a dupla tributação decorrente da aplicação do «mecanismo de segurança», o operador (B) deveria adotar um dos seguintes procedimentos alternativos: *(i)* registo no EM1 (do vendedor), onde faria uma aquisição de bens interna ao operador A (o IVA suportado seria dedutível), seguida de uma TIB isenta para o EM3 (C faria uma AIB); ou *(ii)*, registo no EM3 (do destinatário), onde faria uma AIB tributada (o IVA liquidado seria, em princípio, dedutível), seguida de uma transmissão interna nesse EM para (C).

Pois bem, nas operações descritas, designadas de «puras triangulares», realizadas entre três SP de EM diferentes, foi instituída, como já assinalamos, uma medida de simplificação, nomeadamente no que respeita à obrigatoriedade do adquirente (B) se registar noutro EM (nº 3 do art. 8º).

A sua aplicação coloca (B) (adquirente dos bens, mas não o seu destinatário) nas condições da segunda hipótese anterior, mas com algumas particularidades. Assim, verifica-se uma simplificação essencial que consiste em dispensar (B) de se registar no EM3, embora a operação seja aí tributada, libertando ao mesmo tempo esse operador de qualquer ónus relacionado com o IVA. Deste modo, teríamos:

- Relativamente à AIB que (B) efetua no EM3 encontrar-se-á isenta de IVA nesse EM (nº 2 do art. 15º do RITI, aplicável se Portugal for o EM3);
- A subsequente transmissão interna efetuada por (B) a (C) no EM3, será tributada, mas o devedor do IVA é (C) que irá tratar a aquisição interna como se se tratasse de uma AIB (nº 5 do art. 24º e nº 5 do art. 31º, ambos do RITI, aplicáveis se Portugal for o EM3);
- O EM2, onde (B) se encontra registado, não irá tributar a «AIB» (presumida), decorrente da aplicação do «mecanismo de segurança», desde que sejam cumpridos determinados procedimentos declarativos e de faturação (previstos no nº 3 do art. 8º do RITI, aplicável se Portugal for o EM2).

Se imaginarmos que uma empresa portuguesa, no âmbito destas operações, pode estar num desses três EM, vejamos quais as consequências:

Hipótese 1: se Portugal for o EM1 (EM de origem dos bens ou do vendedor A), considera-se que (A) faz uma TIB isenta de IVA (ao abrigo da al. a) do nº 1 do art. 14º do RITI), na medida em que se verificam as condições indispensáveis aí previstas, a saber:

- Os bens saem de Portugal com destino a outro EM (EM3);
- O adquirente (B) registado no EM2 tem NIF_IVA válido no VIES.

Em termos procedimentais, (A) deveria emitir fatura (sem IVA), mencionando a operação no campo 7 do quadro 06 da DP_IVA e apresentando ainda a DR_IVA onde iria mencionar o NIF_IVA do (B) atribuído pelo EM2, o valor da transação e o código 1 (TIB normal).

Hipótese 2: se Portugal for o EM2 (EM do adquirente B), apesar do nº 2 do art. 8º do RITI, a «AIB» (presumida) não será tributada pois, em princípio, (B) estará em condições de provar que os bens serão tributados no EM3, atendendo ao disposto do nº 3 do art. 8º do RITI (mecanismo simplificação), não sendo a operação tributada desde que:

- Os bens sejam adquiridos por (B) para proceder à sua subsequente transmissão no EM3 e a operação for incluída no DR_IVA (operação tipo 4);
- O adquirente dos bens (C) seja um SP registado nesse EM;
- O adquirente (C) seja expressamente designado na fatura como devedor de IVA pela transmissão de bens efetuada no EM3.

Caso (B) não atuasse em conformidade e não conseguisse provar que a operação foi efetivamente tributada no EM3, deveria liquidar IVA pela «AIB» ocorrida no EM2 (nº 2 do art. 8º do RITI) e não o poderia recuperar. O imposto só poderia ser deduzido por anulação da operação e apenas se (B) pudesse provar que os bens foram tributados no EM3 (nº 3 do art. 19º do RITI).

Assim, (B), na fatura emitida, designaria (C) como devedor do IVA, devendo também constar que se trata de bens que foram diretamente do EM1 para o EM3. Neste cenário, em termos declarativos, (B) deveria proceder da seguinte forma: *(i)* a fatura emitida pelo (A) seria tratada como uma «AIB», declarada na DP_IVA (campo 14), sem que fosse liquidado IVA, já que este era devido apenas no EM3; *(ii)* a fatura emitida ao (C) seria mencionada no campo 8 da DP_IVA e na DR_IVA (com o NIF_IVA do C), com o código 4 (também não se trata de uma verdadeira TIB)[233].

Hipótese 3: se Portugal for o EM3 (EM do destinatário C), considera-se que (B) efetua em Portugal (EM3) uma AIB seguida de uma transmissão interna ao (C), embora (B) não tenha de se registar em Portugal nem cumprir aqui quaisquer outras obrigações fiscais.

Relativamente à AIB efetuada por (B) em território nacional, esta encontra-se isenta pelo nº 2 do art. 15º do RITI, dado que se verificam as condições aí previstas, a saber:

- A AIB está a ser efetuada por um SP (B) que não se encontra registado em Portugal (EM3);

[233] Dado o disposto na subalínea II) da alínea b) do nº 1 do art. 20º do CIVA.

- Os bens são expedidos ou transportados diretamente para um EM (EM3) diferente do que emitiu o NIF_IVA do adquirente (EM2);
- Os bens são adquiridos para serem transmitidos em território nacional (EM3) por (B) a um SP aqui registado (C);
- O adquirente (C) foi expressamente designado na fatura como devedor do IVA pela transmissão de bens realizada em Portugal.

No que se refere à transmissão de bens interna realizada pelo (B) em Portugal, as obrigações inerentes deverão ser cumpridas pelo adquirente (nº 5 do art. 24º do RITI), em conformidade com a fatura emitida pelo (B), devendo o adquirente (C) tratar a operação como uma AIB (nº 5 do art. 31º do RITI).

Assim, (B) não terá de cumprir quaisquer procedimentos no EM3, bastando que atue em conformidade no EM2 (nº 3 do art. 8º do RITI).

Relativamente ao adquirente (C), na DP_IVA deverá tratar a aquisição interna efetuada ao (B) como sendo uma AIB, logo, deverá constar o valor da fatura no campo 12 e o imposto liquidado no campo 13. Em condições normais o imposto liquidado por (C) é imediatamente dedutível (campo 20 a 24)[234].

Com estes procedimentos, são cumpridos os principais objetivos, como a neutralidade do IVA (pedra basilar neste imposto), aproximação ao local do consumo (tendência atual e crescente) e controle das operações (combate à fraude e evasão fiscais).

Exemplo 2: Empresa francesa (A) vendeu bens a uma empresa portuguesa (B), que por sua vez os revende a uma empresa espanhola (C). Os bens faturados por (A) a (B) e por (B) a (C), são enviados diretamente de França para Espanha.

[234] Relativamente às operações triangulares, veja-se a posição da AT portuguesa através das Informações Vinculativas (entre outras): Processo 1200, de 12/11/2010; Processo 3206, de 27/06/2012; Processo 13801, de 17/07/2018. No acórdão do TCAS, processo 8/09.0BESNT, de 16/12/2020, foi vertido que nas AIB, no apuramento do IVA, é obrigatório para o SP a liquidação do IVA devido, mas já facultativa a dedução desse mesmo imposto suportado nas AIB. Assim, se o SP não exercer esse direito à dedução do IVA suportado no apuramento do mesmo, não cabe à AT exercê-lo, por falta de normas atributivas dessa competência.

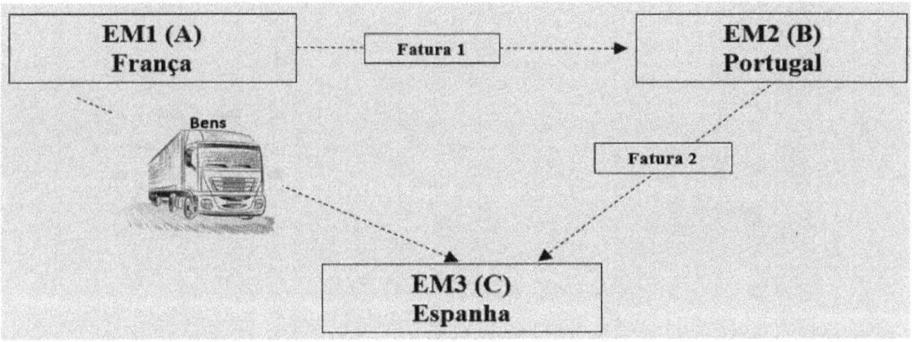

Comentário: As obrigações declarativas associadas às operações triangulares «puras» têm a ver com o controlo das operações (VIES). De facto, a uma TIB declarada num EM deverá corresponder uma AIB declarada no outro EM, como já referido:

- A empresa registada em França (A) declara, de uma forma equivalente àquilo que acontece em Portugal, no campo 7 e na DR_IVA (código 1) uma TIB para uma empresa portuguesa (B). Por sua vez, esta declara no campo 14 a correspondente «AIB» (embora não liquide IVA);
- A empresa portuguesa (B) declara uma «TIB» na DR_IVA com o código 4 (a operação não vai ao campo 7 mas ao campo 8) identificando como adquirente a empresa espanhola (C), a qual irá declarar, de uma forma equivalente àquilo que acontece em Portugal, a «AIB» no campo 12 e liquidar o imposto no campo 13 (podendo, em princípio, também deduzir o imposto).

Em suma, como em Portugal (EM2) a empresa portuguesa não efetua uma AIB, deve incluir o valor (fatura 1) no campo 14 da DP_IVA e inscrever o valor da venda (fatura 2) na DR_IVA, como uma operação do tipo 4, sem incluir o respetivo valor no campo 7 do quadro 06 da DP_IVA, mas antes no campo 8.

Exemplo 3: Empresa espanhola (A) vendeu bens a uma empresa francesa (B). Contudo, os bens seguiram diretamente de Espanha com destino a um EE, sito em Portugal (C), propriedade da empresa francesa.

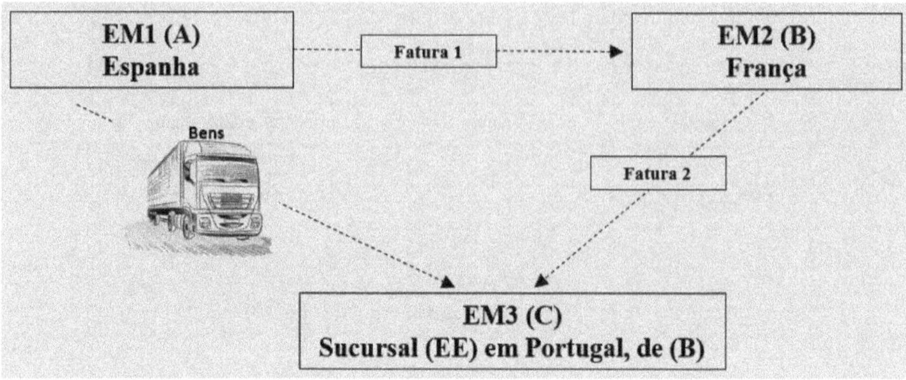

Comentário: A identificação de um EE, para efeitos do IVA, num determinado EM, é equiparada a uma entidade jurídica, para efeitos da aplicação do imposto num determinado território, pelo que permite a simplificação destas operações transfronteiriças. Isto é, a existência de um EE num EM não cria quaisquer restrições a estas operações triangulares «puras», ainda que a sede esteja envolvida nestas operações. Assim, admitindo que as três entidades estão registadas, para efeitos do IVA, em três diferentes EM (apesar de a sede e o EE constituírem a mesma entidade jurídica), em França não ocorre uma AIB (pela «compra» a Espanha), nem uma TIB (pela «venda» a Portugal), dado que os bens vão diretamente de Espanha para Portugal (não passam por França), onde esta operação deverá ser efetivamente tributada (destino dos bens).

Apesar de não se tratar de uma verdadeira transmissão de bens (pois não ocorre uma transferência de propriedade, já que a empresa francesa continua a ter a propriedade dos bens), isso não traz qualquer problema quanto à liquidação do imposto[235].

Assim, com as devidas adaptações, a resolução seria igual àquela acima referida, em que estavam em causa três entidades jurídicas distintas, registadas em três EM da UE.

Exemplo 4: Empresa de Braga (A) adquire telemóveis a um fornecedor alemão (C), mas cujos bens ficam armazenados em Espanha, num EE que a empresa portuguesa possui em Espanha (B), pelo que não entram em território nacional. A partir desse EE são expedidos e vendidos os aparelhos a diversos clientes.

---

[235] Nestes casos, optou-se por aplicar o IVA de acordo com o fluxo físico dos bens, sem atender às operações jurídicas.

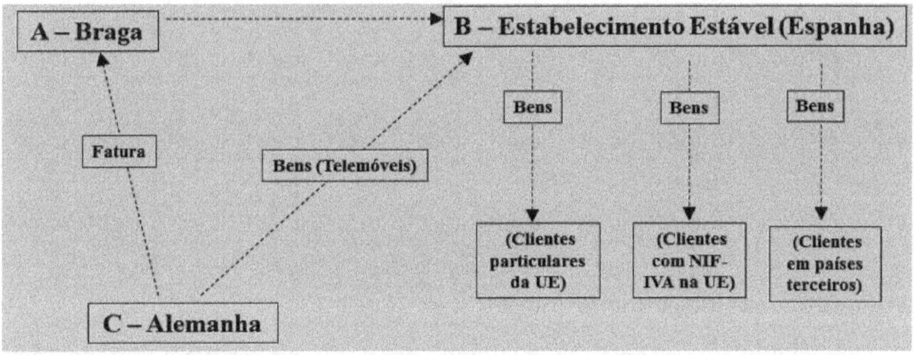

Comentário: No caso em apreço, admitindo que estamos perante três entidades registadas, para efeitos do IVA, em três diferentes EM (apesar de a sede e o EE constituírem a mesma entidade jurídica), em Portugal não ocorre uma AIB (pela «compra» ao operador alemão), nem uma TIB (pela «venda» a Portugal), dado que os bens vão diretamente da Alemanha para Espanha, onde esta operação deverá ser efetivamente tributada (destino dos bens).

Assim, estando os três intervenientes registados em três EM distintos, estamos na presença de uma operação pura triangular, pelo que devem ser observados os comentários já referidos anteriormente, com a diferença que, neste caso, a empresa portuguesa (A), assume a posição de EM2.

Quanto à posterior alienação dos bens em território espanhol, a empresa portuguesa, através do seu EE, irá proceder à liquidação de IVA em Espanha à taxa aí em vigor, pelo facto de estar a realizar transmissões internas naquele país.

Já nas vendas para outros EM a partir do território espanhol, a empresa portuguesa deverá observar a legislação espanhola quanto às regras das TIB efetuadas a partir daquele país que, em princípio, serão semelhantes às portuguesas.

Relativamente às vendas para fora da UE a partir de Espanha, estaremos perante exportações, e, por isso, isentas de IVA[236].

Exemplo 5: Empresa suíça (B) adquire bens na Holanda (A) que são enviados por este operador diretamente para Portugal (C). A empresa suíça (B) faturou os bens à empresa portuguesa (C), que lhe foram faturados pela empresa holandesa (A).

---

236 Aplicar-se-á em Espanha uma norma idêntica à al. a) do nº 1 do art. 14º.

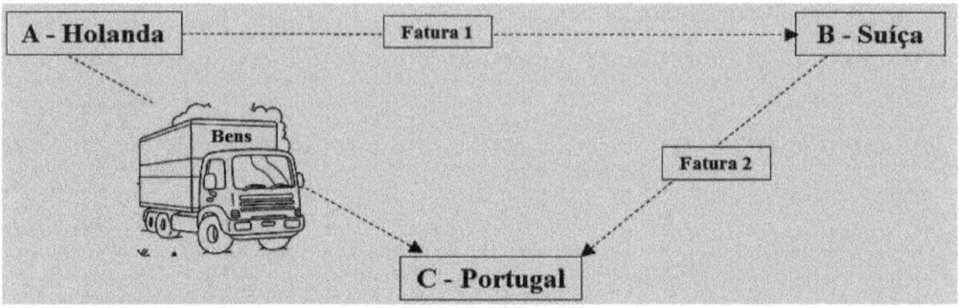

Comentário: Não estamos perante uma importação em território nacional, nem uma exportação na Holanda, pois os bens não saem da UE. Por outro lado, também não ocorre na Holanda uma TIB isenta pois o adquirente não está registado na UE (admitindo que B não tem NIF_IVA válido no VIES).

A empresa portuguesa (C), por seu turno, não efetua uma AIB sujeita a IVA, pois o vendedor (B) não se encontra registado noutro EM, conforme se depreende da al. a) do nº 1 do art. 1º, *a contrario*.

Se nada for feito, a empresa da Suíça (B) irá suportar IVA na Holanda e efetuará uma operação interna (transmissão de bens) em Portugal sujeita a IVA, embora o IVA possa ser liquidado pelo adquirente (empresa portuguesa C), por força da al. g) do nº 1 do art. 2º.

Assim, em função da taxa aplicável, a empresa portuguesa deverá mencionar o imposto liquidado num dos campos 2, 4 ou 6 do quadro 06 da DP_IVA e o valor tributável num dos campos 1, 3 ou 5 do mesmo quadro e no campo 98 do quadro 06-A. O imposto assim liquidado será dedutível pela empresa portuguesa, na medida do seu direito à dedução (indicação num dos campos 20 a 23 do quadro 06 da DP_IVA).

O operador suíço (B) poderia registar-se em Portugal (ou nomear um representante) e, neste caso, deveria comunicar ao seu fornecedor holandês (A) o seu NIF_IVA (português), efetuando aqui uma AIB, seguida de uma transmissão de bens interna (sujeita a IVA) para a empresa portuguesa (C). Poderia ainda registar-se na Holanda, sendo que, nessa situação, faria uma aquisição interna nesse país ao (A), seguida de uma TIB isenta para (C), ou ainda registar-se noutro EM, aplicando-se, neste caso, as regras das operações «puras» triangulares.

Exemplo 6: Empresa chinesa (A) enviou bens a uma empresa portuguesa (C), mas faturou os bens a uma empresa espanhola (B).

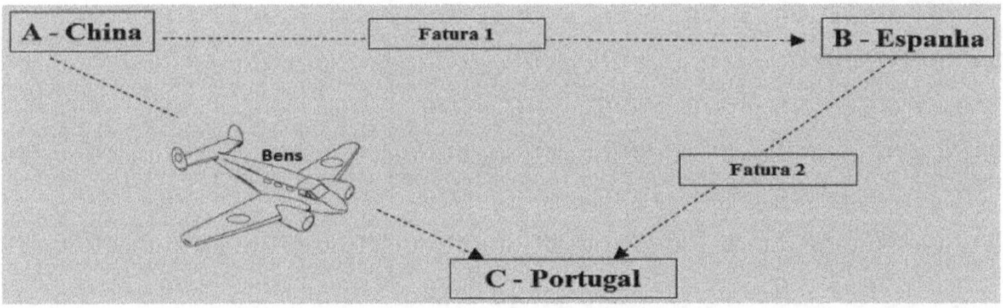

Comentário: Não se trata de uma operação abrangida pelo RITI, pois os bens têm origem num país terceiro. Na China ocorre uma exportação aplicando-se aí, certamente, uma isenção no âmbito da aplicação mundial do princípio da tributação no destino.

A empresa (C) efetua uma importação em Portugal (al. a) do nº 1 do art. 5º), sendo o IVA exigível, pago aos serviços aduaneiros[237], dedutível se a empresa possuir o documento com a indicação de que o mesmo se encontra pago[238], sendo que o cálculo do IVA devido pela importação terá por base a fatura emitida pelo (B) a (C)[239].

A fatura emitida pelo (B) ao (C) não se encontra sujeita a IVA, pelo que está fora do campo de incidência (não vai à DP_IVA), uma vez que os bens foram tributados no momento do seu desalfandegamento (o valor da fatura foi incluído no valor tributável da importação ocorrida em território nacional).

Caso se constate, posteriormente, que a fatura emitida pela empresa espanhola (B) foi de valor superior àquilo que foi declarado no momento da importação, a empresa portuguesa (C) deve proceder à liquidação do IVA que ali se mostrar devido (por força da al. g) do nº 1 do art. 2º).

Exemplo 7: Empresa portuguesa (A) enviou bens para a China (C), mas fatura esses bens a uma empresa registada em Espanha (B).

---

[237] Sem prejuízo do diferimento no pagamento previsto nos nºs 3 e 4 do art. 28º, concedido mediante caução. Por outro lado, nos termos dos nºs 8 e 9 do art. 27º, determinadas entidades, designadamente aquelas que têm um regime de periodicidade mensal, podem optar pelo pagamento do IVA devido pelas importações, através da DP_IVA (base no campo 18 e IVA liquidado no campo 19, ambos do quadro 06), podendo, regra geral, proceder simultaneamente à sua dedução).

[238] Nos termos da al. b) do nº 1 e al. b) do nº 2 do art. 19º.

[239] Nos termos do art. 17º.

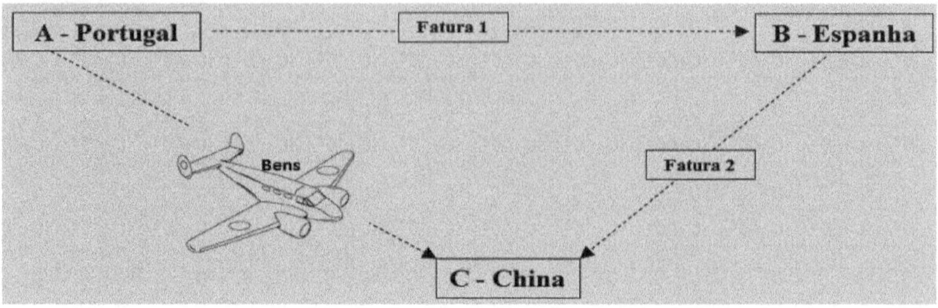

Comentário: Nesta situação estamos perante uma operação designada de falsa triangular, pois existem três intervenientes na operação, encontrando-se um deles estabelecido num país terceiro (China). A empresa portuguesa (A) não efetua uma TIB isenta, pois os bens não têm como destino outro EM, pese embora o adquirente que consta da sua fatura (B) esteja registado noutro EM (Espanha). Assim, uma vez que os bens são expedidos ou transportados diretamente para um país terceiro, serão submetidos aos normais procedimentos de exportação, não sendo, por isso, aplicável o RITI. Deste modo, assumindo que (A) atuou como exportador, constando como tal no documento aduaneiro (nº 8 do art. 29º), estamos perante uma operação isenta de IVA (ao abrigo da al. a) do nº 1 do art. 14º), devendo o seu valor constar no campo 8 da DP_IVA[240].

[240] Relativamente à aplicação da isenção em IVA, distinguimos que a mesma dependerá de quem figura no respetivo documento de exportação (conforme esclarece a Circular 8/2015, de 27/07). Refere o ponto 3.2 dessa Circular que, neste caso, o direito de propriedade é transferido, no território nacional, de um fornecedor português para um não residente sem registo, para efeitos do IVA, em Portugal, mas com sede ou estabelecimento noutro EM, o qual determina que os bens se destinam a ser expedidos para fora da UE a partir de Portugal. Neste âmbito, sendo a exportação efetuada pelo próprio fornecedor português, a isenção a aplicar é a prevista na al. a) do nº 1 do art. 14º. Neste sentido, a isenção tem de estar comprovada através dos documentos alfandegários apropriados, nos termos do nº 8 do art. 29º. No caso será a Declaração Aduaneira de Exportação (para obter mais informação acerca da referida declaração destacamos o Ofício-Circulado 15327/2015, de 09/01). A falta da citada declaração determina a obrigação (para o transmitente) da liquidação do correspondente IVA (nº 9 do art. 29º). A saída de bens (destinados a uso comercial) do território da UE obriga à intervenção das respetivas autoridades aduaneiras, conforme resulta do Código Aduaneiro Comunitário. Todavia, tem havido decisões no sentido de conceder o direito à isenção mesmo que não seja cumprida a obrigação formal, sem que a AT examine a questão de saber se os requisitos de fundo, impostos pelo direito da União, foram ou não efetivamente satisfeitos (exemplo da decisão do CAAD, Processo 265/2020-T, de 10/05/2021).

Exemplo 8: Empresa do Porto (A), fatura bens a uma empresa francesa (B), mas entrega os bens a uma empresa sediada no Algarve (C), que é cliente de (B).

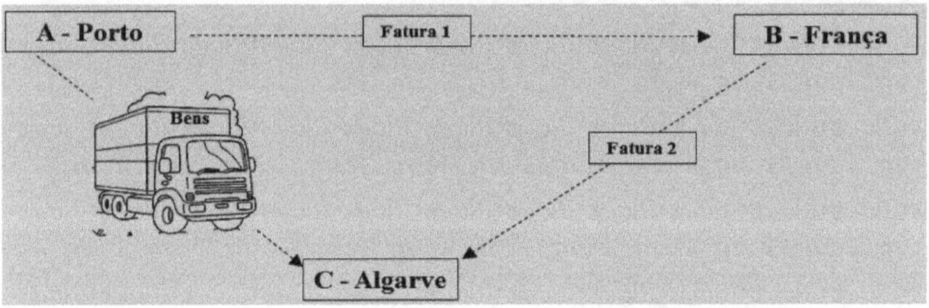

Comentário: Os bens não saem do território nacional, não sendo como tal aplicáveis as regras relativas às operações intracomunitárias (RITI), mesmo sabendo-se que o adquirente é um SP noutro EM da UE.

A fatura emitida pelo (A) a (B), não beneficiará da isenção aplicável às TIB, pelo que deverá ser liquidado IVA pela transmissão de bens efetuada em território nacional, sem prejuízo de (B) poder solicitar o reembolso do IVA suportado nos termos do DL 186/2009 (Diretiva 2008/9/CE).

A fatura emitida pelo (B) ao (C) estará sujeita a IVA dado tratar-se de uma venda interna (em território nacional). Caso (B) não esteja aqui registado ou não tenha nomeado representante, será o operador (C) a substituir-se ao (B) na liquidação do IVA (por força da al. g) do nº 1 do art. 2º), sendo o IVA potencialmente dedutível (al. d) do nº 1 do art. 19º).

Caso (B) estivesse registado para efeitos do IVA em Portugal, faria uma aquisição de bens interna seguida de uma transmissão interna, liquidando e deduzindo o IVA em condições normais. Na hipótese de ter nomeado um representante (deveria comunicar esse facto ao C), teria também um NIF_IVA (português) que emitiria a sua fatura sem IVA e o seu representante liquidava IVA (numa fatura) em seu nome, que, em princípio, poderia deduzir.

Exemplo 9: Empresa do Porto (A) fatura bens a (B), sediada em Lisboa, mas entrega os bens no cais de embarque, com destino a (C), sediado em Espanha, cliente de (B).

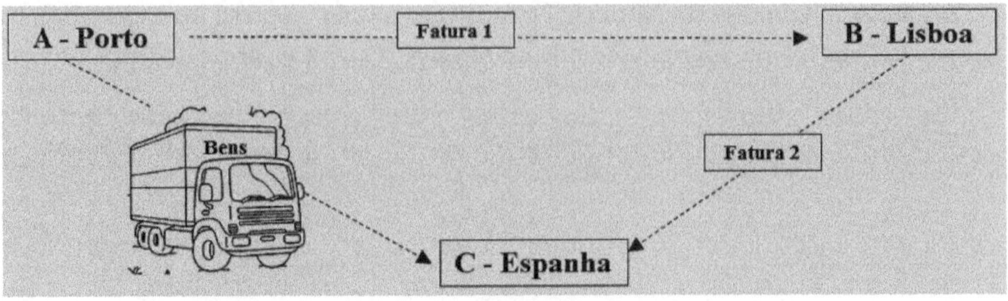

Comentário: Na venda de bens para um EM, temos de ter em conta o princípio geral aplicável às transmissões de bens entre SP (nacionais e os registados em outros EM), que consiste na liquidação do IVA no país do destino, isto é, no lugar do consumo final dos bens e que corresponde no país de origem, ou seja, no da partida dos bens, à aplicação de uma isenção (TIB).

Neste caso, porém, a fatura emitida pelo (A) a (B) deverá conter o IVA correspondente (não se aplica a isenção), pois o adquirente não se encontra registado noutro EM da UE. Em princípio, a empresa (B) poderá deduzir o IVA liquidado pelo operador (A).

Já quanto à fatura emitida pelo operador (B) ao operador (C), será isenta de IVA, mas para isso (B) deverá provar que os bens saíram do território nacional com destino a outro EM (prova a facultar pelo A)[241].

Exemplo 10: Empresa alemã (A) vendeu bens a uma empresa de Braga (B), mas, por indicação desta, os bens foram entregues diretamente numa empresa em Coimbra (C). A empresa de Braga (B) faturou os referidos bens à empresa recetora dos bens (C).

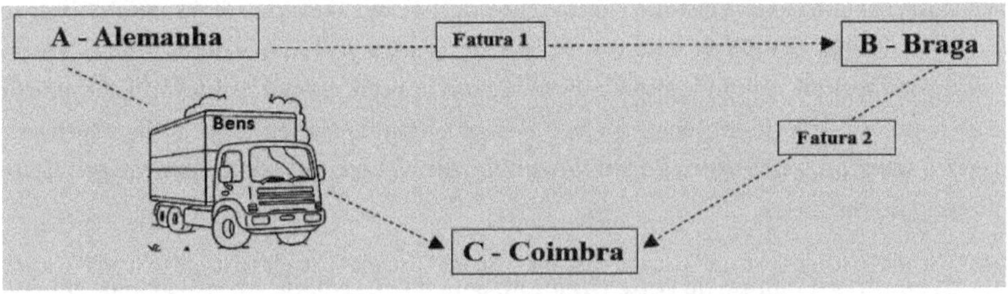

[241] Isenção concedida ao abrigo da al. a) do nº 1 do art. 14º do RITI.

Comentário: Na situação em apreço, a entidade alemã está a realizar uma TIB, isenta de IVA na Alemanha[242], e a empresa de Braga (B) está a realizar uma AIB[243], pelo que deverá proceder à liquidação de IVA em território nacional, sendo este imposto (presume-se) suscetível de dedução nos moldes gerais.

Por sua vez, considerando que (B), coloca os bens à disposição de (C) em território nacional, esta transmissão é sujeita a IVA nos moldes gerais previstos no CIVA (nº 1 do art. 6º)[244].

Exemplo 11: Empresa de Madrid (A) vendeu bens a uma empresa de Braga (B), tendo esta revendido esses bens a uma empresa sediada em Barcelona (C). Os bens seguiram diretamente de Madrid para Barcelona, ou seja, não saíram do território espanhol.

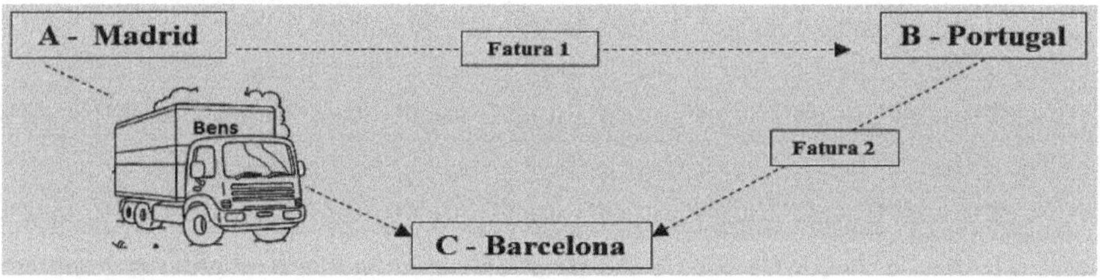

Comentário: Estas operações são consideradas operações internas localizadas, no caso em Espanha, já que os bens em causa estão situados nesse território no momento em que se inicia a expedição ou transporte para o adquirente ou no momento em que são postos à disposição do mesmo[245].

Assim, na venda da empresa (A), esta deve proceder à liquidação do IVA (espanhol), que, como é óbvio, não poderá ser deduzido em Portugal (fatura 1). Caso a empresa (B) estivesse registada como SP em Espanha, poderia, em princípio, deduzir o IVA aí suportado. Admitindo que não estará registada, poderá, desde que reunidas as respetivas condições, solicitar o reembolso do IVA, no Portal das Finanças, nos termos do Regime de Reembolso do IVA a SP não estabelecidos no EM de reembolso, aprovado

---

[242] Por enquadramento na norma reflexa vigente nesse país da nossa al. a) do nº 1 do art. 14º do RITI.

[243] Nos termos dos artigos 3º e 8º, ambos do RITI.

[244] Ver Informação Vinculativa, Processo 13801, de 17/07/2018.

[245] De acordo com a norma do seu direito interno equivalente ao nº 1 do art. 6º.

em anexo ao DL 186/2009, que transpôs para o direito interno português a Diretiva 2008/9/CE, de 12/02.

Relativamente à venda da empresa portuguesa (B) para a empresa espanhola (C), não haverá IVA em Portugal (fatura 2), sendo antes devido em Espanha, uma vez que, como se referiu, os bens não saem do território espanhol[246].

Exemplo 12: Empresa de Viseu (A) vendeu bens a uma empresa brasileira (B), mas por indicação desta, entregou os respetivos bens numa empresa sediada em França (C).

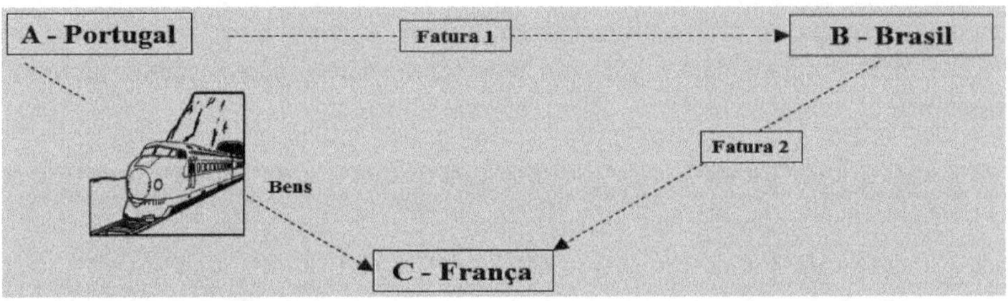

Comentário: Sendo os bens enviados para França (C), não se verificam as condições para a operação ser considerada como uma TIB isenta, já que o adquirente (empresa brasileira B) não se encontra registado, para efeitos do IVA, na UE. Por outro lado, também não estamos perante uma exportação, já que a condição essencial de aplicação do regime não se verifica, isto é, a saída efetiva dos bens para fora do território aduaneiro da UE pelo vendedor ou por um terceiro por conta deste e cumpridas as formalidades aduaneiras previstas para o regime da exportação. Assim, verifica-se uma transmissão interna localizada em Portugal, de (A) para (B), pelo que a empresa portuguesa (A) terá de proceder à liquidação do IVA devido.

Exemplo 13: Empresa da Maia (A) vendeu bens a uma empresa brasileira (B), mas, por indicação desta, entregou os respetivos bens numa empresa sediada no México (C).

---

[246] Em princípio, haverá uma norma equivalente à nossa em Portugal (al. g) do nº 1 do art. 2º), pelo que a empresa espanhola (C) procederá ela própria à liquidação do IVA (*reverse charge*).

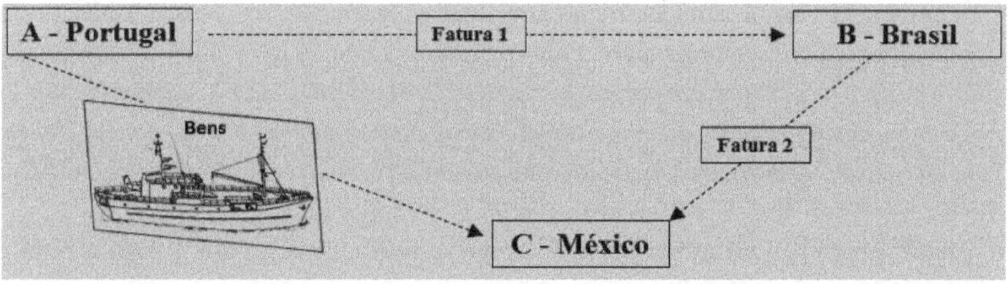

Comentário: A empresa portuguesa (A) ao entregar diretamente os respetivos bens à empresa mexicana (C), país terceiro, está a realizar uma exportação. Assim, sendo os bens enviados para um país terceiro, verifica-se uma exportação em Portugal, que poderá ser efetuada por (A), em nome e por conta de (B).

A empresa portuguesa (A) deve mencionar o respetivo valor no campo 8 do quadro 06 da DP_IVA, já que esta exportação beneficiará da isenção (ao abrigo da al. b) do nº 1 do art. 14º), desde que comprovada através de documento alfandegário apropriado (nº 8 do art. 29º).

A exportação será efetuada tendo por base o valor da fatura da empresa brasileira (B) para a empresa mexicana (C)[247].

Exemplo 14: Empresa de Beja (B) adquiriu bens a uma empresa angolana (A), tendo revendido esses bens a uma empresa sediada na China (C). Os bens, por indicação da empresa portuguesa, foram remetidos diretamente de Angola para a China, com destino ao cliente da empresa portuguesa.

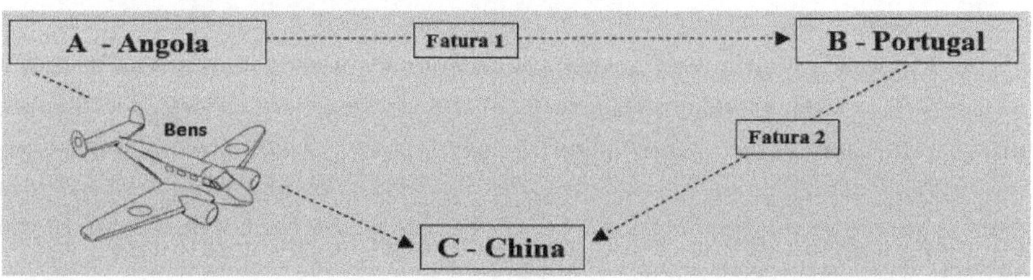

[247] De acordo com a al. a) do nº 1 do art. 14º, estão isentas de IVA as transmissões de bens expedidos ou transportados para fora da UE pelo vendedor ou por um terceiro por conta deste. Significa que terá de ser a entidade vendedora a colocar os bens para exportação na respetiva alfândega, ou um terceiro por sua conta (por conta da empresa vendedora, por exemplo, um despachante), ou ainda a transportar esses bens diretamente para o cliente do país terceiro, ou através de um terceiro por sua conta (transportador), quando não existir obrigação legal de intervenção dos serviços aduaneiros.

Comentário: Nesta situação verifica-se uma «exportação» de bens localizada em Angola, pois os bens saem desse país para a China. Todavia, os bens não «entram» no território português pelo que a empresa portuguesa deve contabilizar a aquisição (fatura 1) nos termos normais, dado que não está em causa, nem uma importação, nem uma AIB. Pese embora se trate de uma operação não sujeita a IVA em território nacional, confere direito à dedução do IVA português, eventualmente, suportado a montante[248].

Relativamente à venda por parte da empresa portuguesa (fatura 2), também não estará sujeita a IVA, por aplicação do nº 1 do art. 6º, *a contrario*.

Exemplo 15: Empresa de Braga (A) adquire bens (acessórios de moda) através de um *site* a um fornecedor na China (B) e que de lá serão expedidos diretamente para entrega aos seus clientes (consumidores finais), situados em Espanha (C) e em Angola (D).

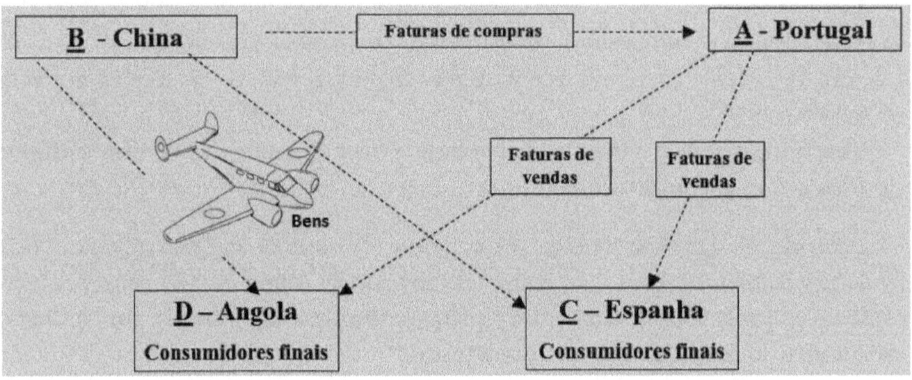

Comentário: À semelhança da situação anterior, os bens não entram no território nacional, por serem expedidos da China (B) diretamente para entrega aos clientes, situados em Espanha (C) e em Angola (D). Assim, como os bens não se situam no território nacional no momento em que se inicia a expedição ou transporte dos bens para entrega aos respetivos destinatários, trata-se de operações não tributáveis em território nacional (nº 1 do art. 6º, *a contrario*)[249].

Pese embora se trate de operações fora do campo de incidência do imposto, a empresa portuguesa deve inscrever no campo 8 do quadro 06 da DP_IVA o montante correspondente às transmissões de bens efetuadas fora do território nacional.

[248] Ao abrigo da já referida subalínea II) da al. b) do nº 1 do art. 20º.

[249] Caso adaptado da Informação Vinculativa, Processo 11912, de 23/08/2017.

Exemplo 16: Empresa de Amares (A), faturou bens a (B) estabelecida no Canadá, mas remeteu os bens para Alemanha, com destino a (C) aí estabelecida, cliente de (B).

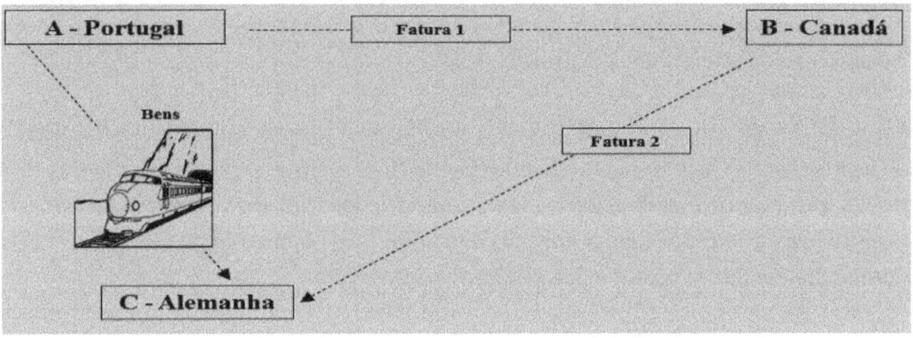

Comentário: Ainda que haja intervenção de um operador de um país terceiro (Canadá), esta operação não constitui uma exportação, pois os bens não saem do território da UE. Tratando-se de bens da UE, aplicar-se-ão as regras relativas às transações intracomunitárias de bens. Assim, embora os bens saiam diretamente de Portugal para outro EM (Alemanha), não poderemos considerar a operação como uma TIB isenta, dado que adquirente (B) está sediado no Canadá (país terceiro), pelo que a empresa portuguesa (A) deverá liquidar IVA, a menos que o seu cliente (B) se registe ou nomeie um representante num outro qualquer EM da UE.

Exemplo 17: Empresa dos Estados Unidos (A) vendeu bens a uma empresa de Braga (B). Esta empresa (B) revendeu esses bens a uma empresa estabelecida nos Açores (C). Os bens foram remetidos diretamente dos Estados Unidos para os Açores.

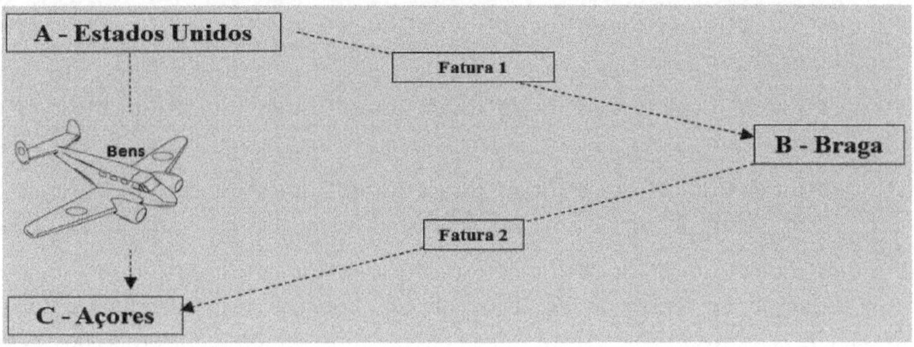

Comentário: Nesta situação, temos uma importação (art. 5º) de bens localizada na Região Autónoma dos Açores. E, como já temos vindo a assinalar, as transmissões de bens são localizadas no espaço fiscal em que estejam situados no momento em que se inicia o transporte ou expedição para o adquirente ou no momento em que são postos à disposição do adquirente (nº 1 do art. 6º).

Por outro lado, de acordo com o nº 16 do art. 6º, as operações tributáveis consideram-se localizadas no continente ou nas Regiões Autónomas (Açores/Madeira), de acordo com os critérios estabelecidos pelo art. 6º, com as devidas adaptações. Daí resulta que, no caso em apreciação, as transmissões dos bens são tributadas (admitindo que são bens tributados à taxa normal) à taxa de 16% (Açores) já que foi nessa região autónoma que foram postos à disposição dos adquirentes.

Caso, na mesma altura, os bens se encontrassem no continente, a sua transmissão estaria sujeita à taxa de 23%. Significa isto que o que é decisivo para aplicação da taxa, é o espaço fiscal onde os bens se encontram no momento da sua transmissão e não a sede do vendedor ou adquirente.

Exemplo 18: Empresa em Angola (A) vendeu bens a uma empresa de Barcelos (B), emitindo a respetiva fatura (1). De seguida, esta empresa (B), efetuou a transmissão dos mesmos bens a uma empresa de Coimbra (C), também emitindo a respetiva fatura (2). Finalmente, a empresa (C), voltou a efetuar a transmissão desses mesmos bens para outro adquirente (destinatário final dos bens), empresa moçambicana (D), emitindo a competente fatura (3). Os bens foram transportados diretamente das instalações da empresa angolana (A), para as instalações da empresa (D), sediada Moçambique.

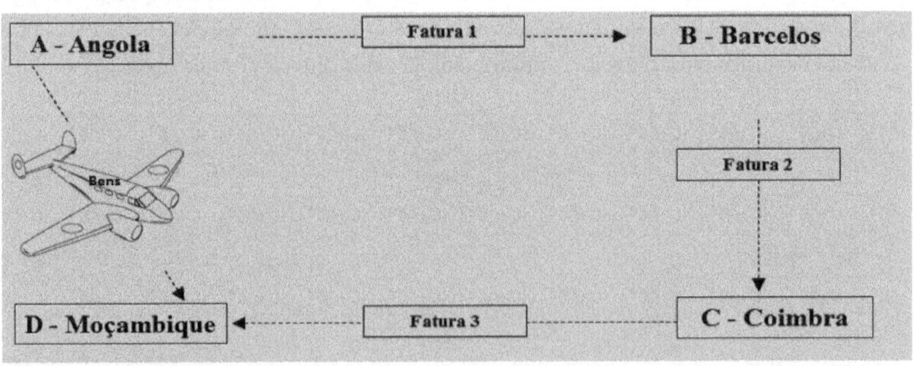

Comentário: Em termos de IVA, de acordo com as regras de localização das transmissões de bens, caso os bens sejam expedidos ou transportados pelo fornecedor, pelo adquirente ou por um terceiro, a operação considera-se localizada onde se encontram os bens no momento em que se inicia a expedição ou transporte com destino ao adquirente, o que não é o caso nas três situações (nº 1 do art. 6º).

- Na primeira transação, não existe uma importação dos bens em Portugal (B) ou em qualquer outro EM, pelo que não é devido IVA neste território.
- Na segunda transmissão, também não há IVA a liquidar, pois os bens transmitidos não tiverem o início de expedição a partir de Portugal, ou de qualquer outro EM, ainda que o adquirente (C) esteja aqui registado. Apesar de a transação não estar sujeita a IVA a empresa de Barcelos (B) deve indicar o montante desta fatura, sem IVA, no campo 8 da sua DP_IVA.
- Na terceira transmissão, também não há IVA a liquidar, pois os bens transmitidos não tiverem o início de expedição a partir de Portugal, ou de qualquer outro EM da UE. Também não se trata de uma exportação efetuada em Portugal ou em qualquer outro EM, pois os bens não foram expedidos deste território. Da mesma forma, o SP (C) deve indicar o montante desta fatura, sem IVA, no campo 8 da sua DP_IVA.

Em suma, em qualquer das situações, não haverá IVA em território nacional, por aplicação do nº 1 do art. 6º, *a contrario*.

Exemplo 19: Empresa italiana (A), efetua a transmissão dos bens a uma empresa do Porto (B), emitindo a respetiva fatura (1). De seguida, esta empresa (B), revende os mesmos bens a uma empresa sediada em Lisboa (C), também emitindo a respetiva fatura (2). Finalmente, a empresa (C), volta a efetuar a transmissão desses mesmos bens para outro adquirente (destinatário final), empresa argelina (D), emitindo a competente fatura (3). Os bens são expedidos ou transportados diretamente das instalações da empresa italiana (A), para as instalações da empresa (D), empresa argelina.

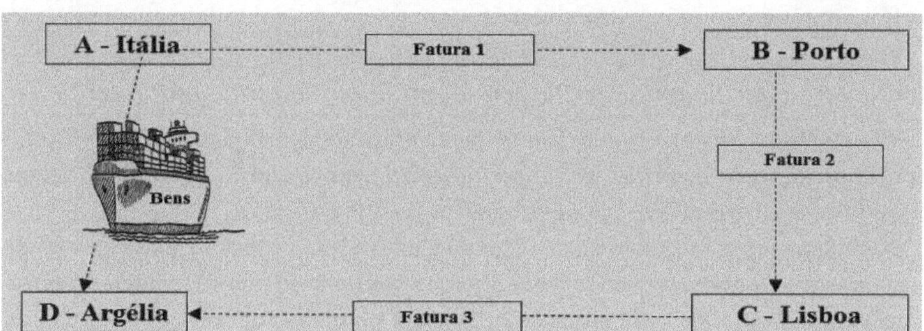

Comentário: Nesta situação, embora os bens tenham origem na UE, têm como destino um país terceiro (Argélia). Com efeito, quando se inicia a expedição ou transporte para o adquirente ou quando são postos à disposição do adquirente, os bens encontram-se situados em Itália. Deste modo, as transmissões de Itália (A) para a empresa portuguesa (B), desta para a empresa (C) e, ainda, desta última para a empresa argelina (D), são operações consideradas deslocalizadas (localizadas em Itália). Assim, as empresas portuguesas, nas suas faturas emitidas, não liquidam IVA (nº 1 do art. 6º, *a contrario*).

Apesar da referida não sujeição, trata-se de operações que conferem direito à dedução do IVA suportado a montante, pelo que os seus valores devem ser mencionados no campo 8 do quadro 06 da DP_IVA.

Exemplo 20: Empresa brasileira (A) vendeu bens a uma empresa espanhola (B). Os bens, fabricados no Brasil, foram objeto de importação em Portugal (isto é, a empresa espanhola irá constar, na declaração aduaneira, como sendo o respetivo importador).

Os bens importados são vendidos e entregues nas instalações de SP, sitos em Portugal (portanto não saem do território nacional), sendo que as faturas são emitidas pela empresa espanhola (vendedora).

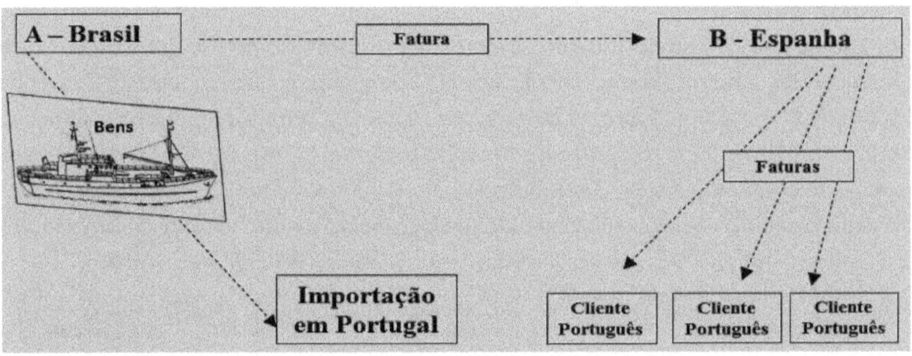

Comentário: Neste caso, constata-se que se praticam dois tipos de operações localizadas em território nacional: *(i)* a importação dos bens oriundos do Brasil; *(ii)* a transmissão desses mesmos bens para os respetivos clientes nacionais.

Tendo presente o disposto no art. 214º da Diretiva IVA, verifica-se, entre outros, que apenas existe a obrigatoriedade de registo (no que concerne aos operadores que efetuem em território nacional entregas de bens ou prestações de serviços que lhes confiram o direito à dedução do IVA), desde que não se trate de operações em relação às quais o IVA seja devido, em virtude do *reverse charge*, em exclusivo pelo destinatário, de acordo com os artigos 194º a 197º e 199º da Diretiva IVA. São os casos previstos nas nossas alíneas e) e g) do nº 1 do art. 2º (isto é, quando as operações sejam realizadas a SP nacionais, por fornecedores que não se encontrem domiciliados ou estabelecidos em Portugal).

Constata-se, portanto, que não se encontra obrigada a efetivar um registo, para efeitos do IVA, em território nacional, dado que, não tendo neste território a sede ou um EE, incumbe aos respetivos clientes nacionais (SP), procederem à liquidação do IVA devido pelas transmissões de bens (por força da al. g) do nº 1 do art. 2º).

Quanto ao IVA suportado em território nacional, prevê-se nas alíneas a) e b) do nº 1 do art. 5º do Anexo ao DL 186/2009, que têm direito ao reembolso do IVA, os SP que: *(i)* no período a que respeita o reembolso, não disponham, em Portugal, de sede, EE ou do respetivo domicílio/residência habitual, a partir dos quais tenham sido efetuadas operações tributáveis; *(ii)* não tenham efetuado, em território português, qualquer transmissão de bens ou prestação de serviços, com exceção de prestações de serviços de transporte e serviços acessórios (isentos, de acordo com a al. f) do nº 1 do art. 13º ou dos artigos 14º e 15º) e das transmissões de bens e prestações de serviços cujo IVA seja devido pelos adquirentes, nos termos das alíneas e), g) e h) do nº 1 do art. 2º do CIVA e/ou do nº 5 do art. 24º do RITI.

Dado que a transmissão de bens, em território nacional, segue a regra da autoliquidação do imposto (por força da al. g) do nº 1 do art. 2º), pode ser solicitado o reembolso do IVA suportado na importação, nos termos do art. 7º e seguintes do Anexo ao DL 186/2009.

Exemplo 21: Empresa brasileira (A) vendeu bens a uma empresa portuguesa (B). Os bens, fabricados no Brasil, foram objeto de importação em Espanha (a empresa portuguesa irá constar, na declaração aduaneira, como sendo o respetivo importador). Os bens importados serão entregues nas instalações de SP, sitos em Portugal, aos quais serão vendidos (a fatura será emitida pela empresa portuguesa em nome dos clientes espanhóis).

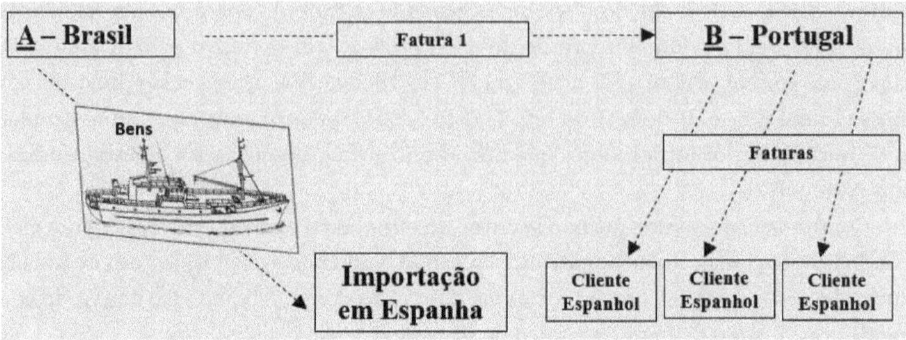

Comentário: Como dissemos na questão anterior, agora de forma inversa, a empresa portuguesa, em princípio, terá legitimidade para solicitar o reembolso do imposto suportado na importação dos artigos de calçado, em território nacional (em Espanha haverá um diploma equivalente ao «DL 186/2009»). Não será legalmente obrigada a registar-se, para efeitos do IVA, em território espanhol, pelo que incumbirá aos respetivos clientes espanhóis (SP) proceder à autoliquidação do imposto devido pelas transmissões de bens, de que são destinatários, nos termos de uma norma análoga à nossa al. g) do nº 1 do artº 2º do CIVA[250].

Exemplo 22: Empresa brasileira (A) vendeu bens a uma empresa sediada na Região Autónoma da Madeira (B). Por sua vez, esta empresa (B), revendeu esses bens a uma empresa espanhola (C). Os bens foram remetidos diretamente do Brasil para Espanha.

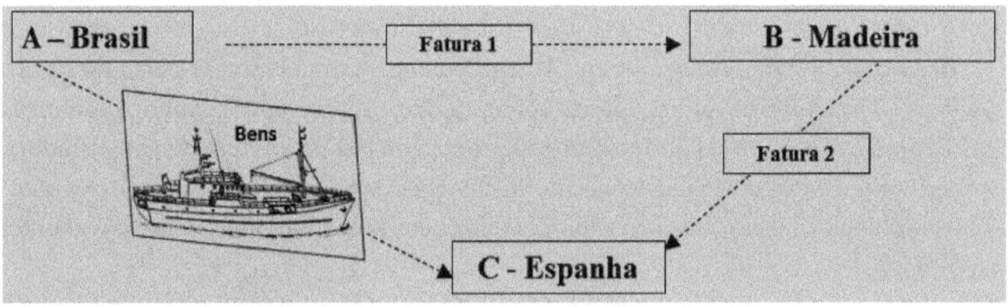

[250] Ver Informação Vinculativa, Processo 12920 de 04/05/2018.

Comentário: A operação referida dá origem a uma importação no EM de chegada dos bens, ou seja, em Espanha. Face à regra da territorialidade, concluímos que nenhuma das operações em apreço são sujeitas a IVA em território nacional, pois os bens transacionados em nenhum momento se encontram fisicamente em território nacional. Assim, a empresa portuguesa (B) não realiza nenhuma importação nem posteriormente nenhuma TIB. Deste modo, a venda da empresa portuguesa (B) para o seu cliente (C) traduz uma operação fora do âmbito do imposto, a inscrever no campo 8 da respetiva DP_IVA[251].

Exemplo 23: Empresa estabelecida na Costa Rica (A) vendeu bens a uma empresa portuguesa (B), tendo esta revendido esses bens a uma empresa sediada em França (D).

Os bens foram remetidos a partir da Costa Rica, por via marítima até Roterdão (C), onde deram entrada na UE e depois seguiram, por via rodoviária, para França (D), com destino ao cliente da empresa portuguesa.

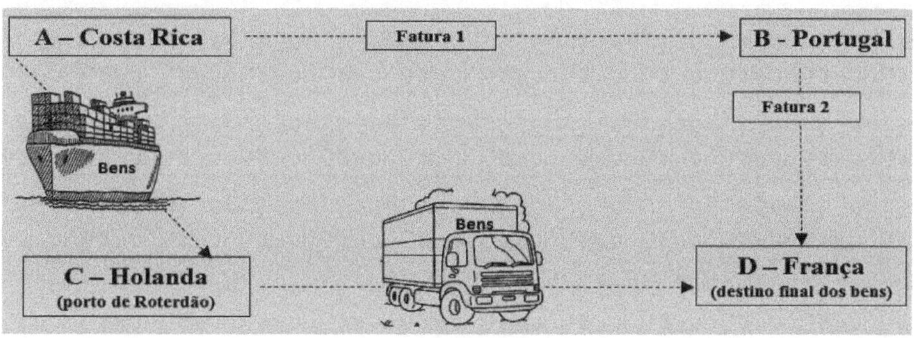

Comentário: A operação referida dá origem a uma importação no EM de chegada dos bens, ou seja, na Holanda (C). Como os bens não passam pelo território nacional, a empresa portuguesa (B) deve registar a fatura da Costa Rica (A) em compras, sem nenhuma especificação em especial, já que está fora do campo de incidência.

Também a fatura da empresa portuguesa (B) para o seu cliente francês (D) não dá origem a nenhuma TIB, mas sim a uma operação fora do âmbito do imposto, a inscre-

[251] Mais uma vez, estamos perante operações não sujeitas a IVA, nos termos do nº 1 do art. 6º, a *contrario*.

ver no campo 8 da respetiva DP_IVA dado o disposto na subalínea II) da alínea b) do nº 1 do art. 20º.

Concluímos, assim, que nenhuma das operações em análise são sujeitas a IVA em território nacional, pois os bens transacionados em nenhum momento se encontram fisicamente em Portugal (nº 1 do art. 6º)[252].

Exemplo 24: Empresa do Porto (A) tem bens de equipamento afetos a um EE que possui em Angola e que em devido tempo transferiu de Portugal para esse país. Agora, surgiu a possibilidade de vender esses bens e acordou a venda a uma empresa de Lisboa (B) que tem um EE na Zâmbia. Os bens (equipamentos) foram transportados, por via rodoviária, de Angola (C) para a Zâmbia (D).

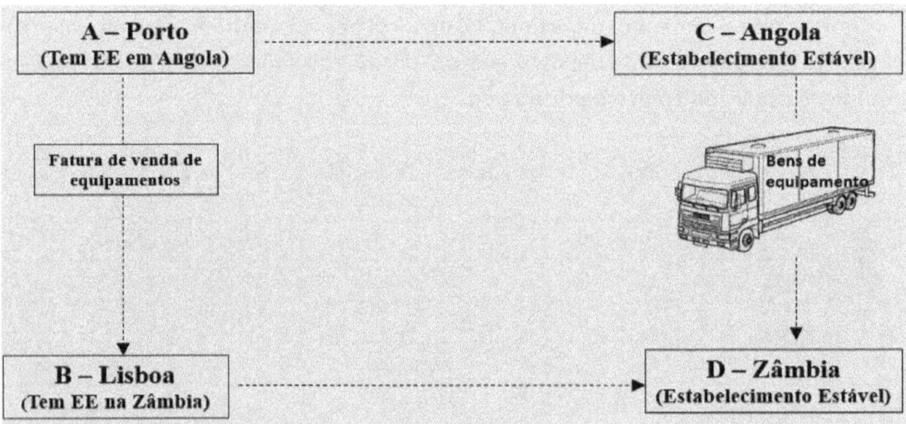

Comentário: Nesta situação, como os bens (equipamentos) vendidos, localizados num país terceiro (Angola), não chegam a entrar em território nacional, esta operação está fora do campo de incidência do IVA. De facto, a empresa do Porto (A), que em tempos procedeu a uma exportação temporária para Angola, efetua a transmissão dos bens a uma entidade igualmente portuguesa (B), com EE na Zâmbia, pelo que os bens não têm conexão com o território nacional (nº 1 do art. 6º, *a contrário*).

---

252 Ver Informação Vinculativa, Processo 3206, de 27/06/2012.

Nesta transmissão, não há IVA a liquidar em território português, pois os bens transmitidos não tiveram o início de expedição a partir de Portugal, ou de qualquer outro EM (ainda que o adquirente esteja registado em Portugal)[253].

Concluindo, a operação descrita não tem implicações em sede de IVA, mas, em termos declarativos, tem de ser evidenciada no campo 8 do quadro 06 da DP_IVA.

Exemplo 25: Empresa de Barcelos (A) adquiriu bens a uma empresa americana (B), que são revendidos pela empresa (A) a uma empresa de Madrid (D). Os bens foram enviados, via marítima, dos Estados Unidos para o porto marítimo de Vigo (C), tendo sido aí desalfandegados pela empresa portuguesa (A) e em seguida remetidos, via rodoviária, para o seu cliente em Madrid (D).

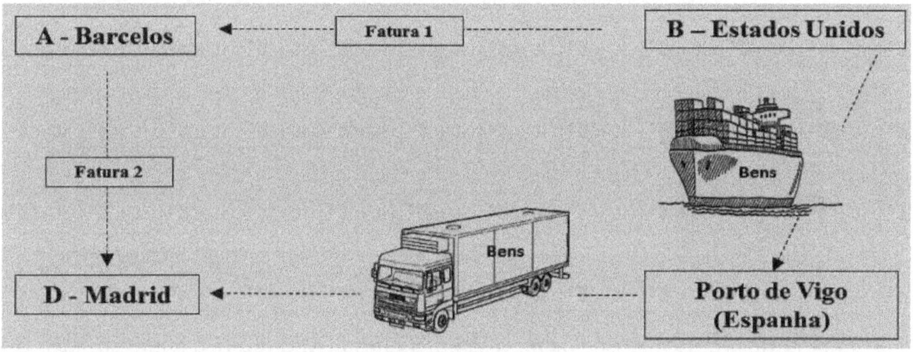

Comentário: A operação realiza-se integralmente fora de Portugal. Neste caso, ocorre uma importação em Espanha, devendo a empresa (A) proceder ao pagamento do IVA às autoridades espanholas[254].

Pela venda dos bens, será devido IVA em Espanha, dado estarmos perante uma operação interna aí realizada, podendo ocorrer uma de duas situações: *(i)* se a empresa portuguesa (A) se registar ou nomear representante em Espanha, poderá deduzir o IVA da importação e liquidar IVA pela transmissão de bens (ou o representante em seu nome); *(ii)* se a empresa portuguesa (A) optar por não se registar em Espanha, poderá

[253] Entendemos que a situação seria igual se os EE se situassem ambos em Angola. Admitimos, neste último caso, que esta situação constituiria uma operação interna em Angola, que poderá estar sujeita a imposto, nos termos da legislação em vigor nesse país.

[254] Como veremos, não se aplica em Espanha a isenção equivalente à do art. 16º do RITI, pois os bens não têm como destino outro EM.

pedir o reembolso do IVA pago na importação, devendo o IVA inerente à transmissão de bens efetuada em Espanha ser liquidado pela empresa (D), em sua substituição[255].

Esta operação, à semelhança da anterior, deverá ser declarada pela empresa (A) no campo 8 da DP_IVA, dado ter sido realizada fora do nosso território, e conferir o direito à dedução.

Exemplo 26: Empresa de Barcelos (A) adquiriu bens a uma empresa sediada na Suíça (B), tendo revendido esses bens a uma empresa estabelecida em Espanha (D). Os bens são enviados, via rodoviária, da Suíça para a Alemanha, onde a empresa suíça se encontra registada, para efeitos do IVA, e que procede ao desalfandegamento (importação). De seguida, os bens são remetidos para Espanha (D), cliente da empresa portuguesa.

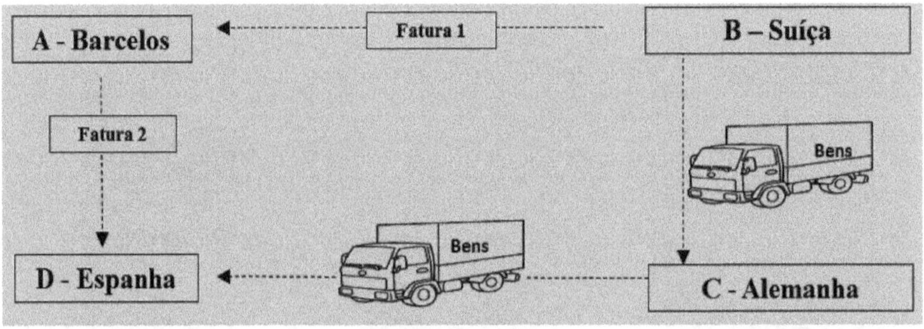

Comentário: Verifica-se que a empresa portuguesa (A) adquire à empresa suíça (B) bens que são introduzidos no mercado da UE através da Alemanha, pela empresa suíça aí registada, em que esta procede ao desalfandegamento e ao envio desses bens para seu destino final em Espanha (D). Assim, podemos equacionar duas possibilidades:

- Se a empresa suíça (B) faturar diretamente à empresa portuguesa (A), esta deverá cumprir as obrigações fiscais em Espanha (destino dos bens), sem prejuízo da aplicação do disposto no art. 194º da Diretiva IVA, no que respeita à determinação do devedor do IVA. Neste caso, o valor da transmissão deve constar do campo 8 do quadro 06 da DP_IVA (operações que conferem direito a dedução).
- Se a fatura for emitida através do registo de IVA que a empresa suíça (B) tem na Alemanha (C), nesta situação, verifica-se que a venda inicial é efetuada pela empresa suíça (país terceiro), mas, após o seu registo na Alemanha, tudo se passa

[255] Como já dissemos, em Espanha haverá uma norma equivalente à al. g) do nº 1 do art. 2º.

como se a operação fosse efetuada neste EM, ou seja, a empresa portuguesa (A) adquire bens que são introduzidos no mercado da UE pela empresa suíça aí registada. Está-se, assim, perante a designada «operação triangular», de que (A) faz parte, que se caracteriza pela intervenção de três operadores, devidamente identificados, para efeitos do IVA, em três EM (Alemanha, Portugal e Espanha). Trata-se de uma operação em que o circuito documental (faturas) não acompanha diretamente a movimentação física dos bens transacionados. A aquisição, considerada localizada em Portugal por força do nº 2 do art. 8º do RITI, não é tributada em Portugal nos termos do nº 3, se a empresa portuguesa fizer prova da transmissão que efetuou ao cliente (Espanha) e o tiver designado, na fatura que emitir, como devedor do IVA nesse EM da UE. Nestas circunstâncias devem ser cumpridas as seguintes obrigações declarativas: a aquisição efetuada ao operador suíço através do seu registo na Alemanha deve ser indicada no campo 14 do quadro 06 da DP_IVA (AIB e operações assimiladas — abrangidas pelos artigos 15º do CIVA ou do RITI); a transmissão efetuada ao SP em Espanha deve ser indicada no campo 8 do quadro 06 (operações que conferem direito a dedução). Deve ainda na DR_IVA indicar a transmissão efetuada ao SP em Espanha (Código 4 no indicador do tipo de operação)[256].

Exemplo 27: Empresa de Braga (A) fatura bens (etiquetas e linhas) ao seu cliente registado em Espanha (B). Por indicação deste (B), esses bens (etiquetas e linhas) são entregues diretamente numa empresa em Guimarães (C), para que esta incorpore esses bens na fabricação de fatos de treino. A empresa de Guimarães (C) fabrica/confeciona os fatos de treino, incorporando as etiquetas e as linhas, e envia os produtos acabados para a empresa espanhola (B), acompanhados da fatura dos bens.

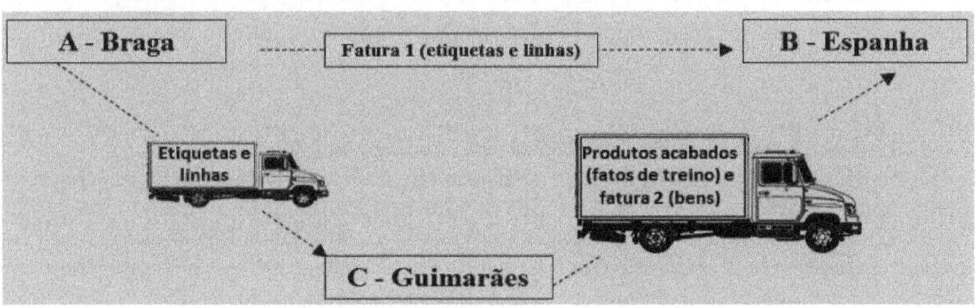

[256] Veja-se a Informação Vinculativa, Processo 3206, de 27/06/2012.

Comentário: Relativamente à venda de etiquetas e linhas (fatura 1) efetuada a um operador, registado em Espanha (B), mas com entrega numa confeção em Portugal, a AT sempre defendeu que poderia constituir uma TIB isenta de IVA (ao abrigo da al. a) do nº 1 do art. 14º do RITI), diferida no tempo até a conclusão dos trabalhos efetuados pela confeção (C)[257]. Para este efeito, deveria haver prova de que as condições previstas para aplicação da isenção estavam preenchidas, nomeadamente que esses bens foram (ainda que posteriormente) expedidos ou transportados para outro EM da UE. Assim, exigia-se que na entrega das etiquetas e linhas à confeção (C), deveriam as mesmas ser acompanhadas de guias de remessa e de uma declaração de responsabilidade, indicando que esses bens, depois de incorporados (nos fatos de treino), se destinavam a ser enviados ao adquirente, sediado na UE[258]. Em suma, o desfasamento temporal existente entre o momento em que os bens são faturados à empresa espanhola (B) e o momento de entrega por parte da confeção (C), não constituiria, em princípio, entrave à isenção, se a empresa de Braga (A) estivesse na posse de um meio de prova, que demonstre que os bens (produtos acabados) foram expedidos ou transportados para Espanha, e que, na sequência dessa expedição ou transporte, os mesmos saíram fisicamente do território nacional, devendo para o efeito a confeção (C) remeter o documento comprovativo da saída efetiva dos bens do território nacional[259].

No entanto, mais recentemente, o posicionamento da AT foi alterado[260]. Com efeito, seguindo os argumentos utilizados (agora) pela AT, a isenção de uma TIB só se verifica se, além das condições impostas relativamente ao transmitente e adquirente dos bens, ocorrer a saída física dos bens do território nacional, tal como resulta expressamente da referência *«(...) expedidos ou transportados pelo vendedor, pelo adquirente ou por conta destes, a partir do território nacional para outro Estado-membro com destino ao adquirente (...)»*. Assim, apenas nesta circunstância a operação pode ser qualificada como intracomunitária. Socorrendo-se do TJUE[261], para a AT, o termo «expedido» deve ser interpretado no sentido de que a isenção de uma TIB só é aplicável quando o direito de dispor do bem

---

[257] Neste sentido, veja-se a Informação Vinculativa, Processo 2835, de 27/01/2012.

[258] Ver DL 147/2003, de 11/07, alterado e republicado em anexo ao DL 198/2012, 24/08, e posteriormente alterado pela Lei 66-B/2012, de 31/12, pela Lei 82-B/2014, de 31/12 e pelo DL 28/2019, de 15/02.

[259] Decorre da al. a) do nº 1 do art. 14º, dos artigos 23º e 27º, todos do RITI, bem como da Diretiva IVA, que não existe nenhuma exigência formal relativa ao limite temporal para apresentar prova da saída dos bens, ainda que, obviamente, não pode a apresentação tardia da prova pôr em risco a cobrança do imposto.

[260] Ver Informação Vinculativa, Processo 19605, de 16/09/2021.

[261] Acórdão proferido no Processo C-409/04, de 27/09/2007.

como proprietário tenha sido transferido para o adquirente e o fornecedor prove que esse bem foi expedido ou transportado para outro EM e que, na sequência dessa expedição ou transporte, o mesmo saiu fisicamente do território do EM de entrega.

Nesse sentido, os SP estão obrigados a apresentar provas da saída dos bens do território nacional, para efeitos de aplicação da isenção prevista no artigo 14º do RITI. Ora, na situação em apreço, os bens adquiridos por SP sediado noutro EM não são, no entanto, expedidos para fora do território nacional com destino a outro EM da UE, razão pela qual a operação é localizada e tributada em Portugal, devendo ser liquidado o IVA devido à taxa correspondente aos bens em causa.

Assim, restava à empresa espanhola, solicitar o reembolso do IVA, em conformidade com o DL 186/2009, de 12/08/2009.

Quanto ao envio dos fatos de treino para Espanha, não há dúvidas, considera-se que a confeção (C) efetua uma TIB (está a vender bens) isenta de IVA (fatura 2), ao abrigo da al. a) do nº 1 do art. 14º do RITI.

Exemplo 28: Empresa do Porto (A), fatura embalagens de cartão ao seu cliente (B), estabelecido em Itália. Por indicação deste (B), esses bens (embalagens de cartão) são entregues diretamente à empresa (C), registada também em Portugal (Lisboa). A empresa (C) irá utilizar as caixas de cartão para embalamento dos seus produtos, os quais serão posteriormente enviados para o seu cliente em Itália (B).

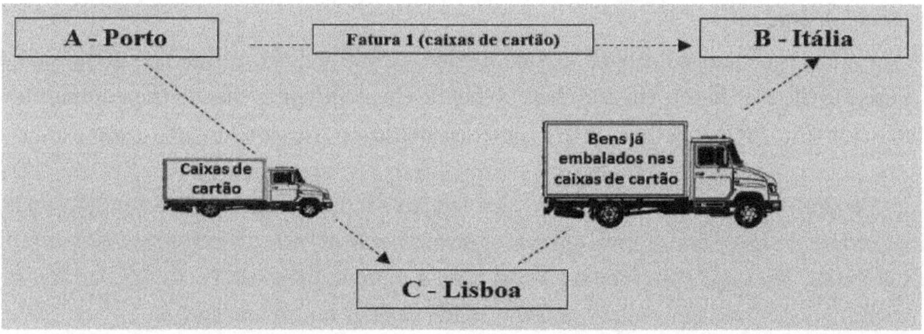

Comentário: À semelhança do caso anterior, também nesta situação a posição da AT[262] foi sempre muito clara: a transmissão de embalagens de cartão efetuada por uma

[262] Ver Informação Vinculativa, Processo 2475, de 29/09/2011.

empresa portuguesa a clientes estabelecidos em outros EM, onde esses bens são entregues (por indicação destes), a SP em território nacional, para embalamento dos seus produtos e posterior venda a essas entidades (na UE), consubstancia uma TIB isenta de IVA, desde que preenchidas demais condições exigidas (ao abrigo da al. a) do nº 1 do art. 14º do RITI). Para esse efeito, e sem prejuízo de outros meios de prova, é necessário que a empresa (A) tenha na sua posse *(i)* declaração de responsabilidade emitida pelo adquirente das caixas de cartão (B) contendo a indicação de que as mesmas se destinam a ser entregues ao SP (C), e por este remetidas para Itália, após embalamento; e *(ii)* declaração emitida pelo adquirente das caixas de cartão (B), confirmando a receção das mesmas e o tratamento da transação como uma AIB. Isto sem prejuízo da empresa (A) deter, na sua posse, outros elementos de prova, nomeadamente, o documento de transporte comprovativo da entrega dos bens ao SP (C) e, bem assim, cópia do documento de transporte emitido por este, aquando da expedição dos seus produtos já embalados nas caixas com destino a Itália.

Todavia, como referimos no caso anterior, temos de ter presente o novo posicionamento da AT, já que considera (agora) que esta situação (ou outras semelhantes) não configuram TIB isentas, ainda que diferidas no tempo, como sempre foi seu entendimento.

Assim, as empresas, ao seguirem o entendimento da AT, terão de liquidar IVA quando vendem a um adquirente estabelecido na UE, sempre que os bens não saiam fisicamente do território nacional para cá serem objeto de transformação, reparação, embalamento, etc.

A nosso ver, esta posição da AT vai fomentar, certamente, um clima de insegurança junto dos SP, colocando em causa os objetivos e as vantagens que se pretendem num mercado único sem entraves no seu funcionamento.

Exemplo 29: Empresa alemã (A) vendeu bens a uma empresa de Braga (B), mas, por ordem desta, os bens foram entregues diretamente numa outra empresa alemã (D). A empresa de Braga (B) revendeu esses bens a uma empresa do Porto (C), tendo esta revendido os bens à empresa alemã (D), onde os bens foram entregues.

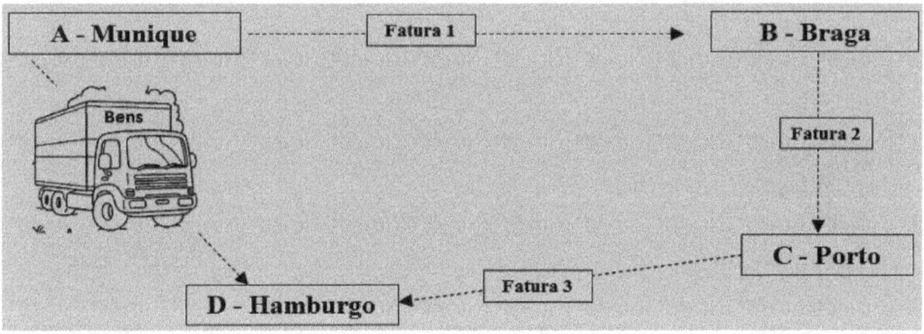

Comentário: Como os bens em causa não foram expedidos com destino ao adquirente, SP português, tendo os mesmos sido entregues em Hamburgo (cliente final), esta operação não é considerada como localizada em Portugal (nº 1 do art. 6º, *a contrario*).

Assim, na primeira transmissão, a empresa alemã terá certamente liquidado IVA (alemão) na fatura que emitiu a (B), pois os bens não foram expedidos para Portugal, nem para qualquer outro EM, antes não saíram do território alemão.

Na segunda transmissão, também não há IVA a liquidar, pois os bens transmitidos não tiveram o início de expedição a partir de Portugal, ainda que o adquirente (C) seja outro SP. Apesar de a transação não estar sujeita a IVA, o SP (B) deve indicar o montante desta fatura, sem IVA, no campo 8 da sua DP_IVA.

Também na terceira transmissão não há IVA a liquidar, pois os bens transmitidos não tiveram o início de expedição a partir de Portugal, ou de qualquer outro EM da UE. Assim, da mesma forma que a anterior, esta operação deve ser relevada pelo SP (C) no campo 8 da sua DP_IVA.

Exemplo 30: Empresa espanhola (A) vendeu bens a uma empresa de Braga (B), tendo por indicação desta os bens sido transportados diretamente de Espanha para os seus clientes dos Açores (C) e da Madeira (D). A empresa de Braga (B) faturou esses bens aos seus clientes (50% a cada um deles).

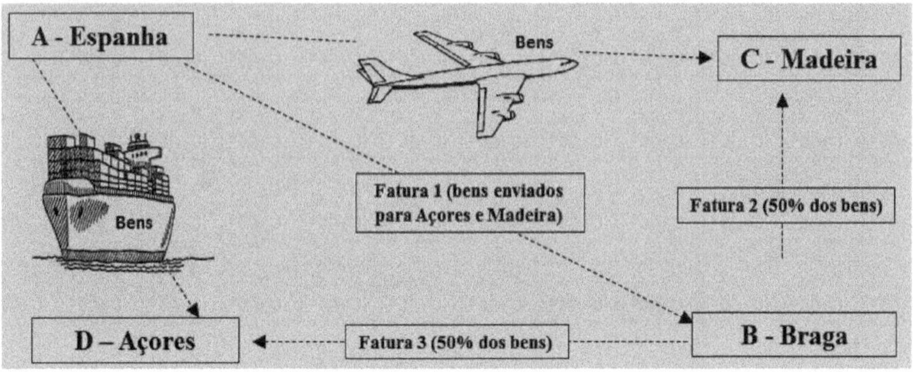

Comentário: Relativamente à venda por parte da empresa espanhola (fatura 1) para a empresa de Braga (B), consideramos que esta faz uma AIB, localizada no espaço fiscal em que estejam situados os bens no momento em que se inicia o transporte ou expedição para o adquirente ou no momento em que são postos à disposição do adquirente (nº 1 do art. 6º), ou seja, neste caso, nos Açores e na Madeira.

Nesta conformidade, de acordo com o nº 16 do art. 6º, as operações tributáveis consideram-se localizadas no continente, na Região Autónoma dos Açores ou na Região Autónoma da Madeira, de acordo com os critérios estabelecidos pelo art. 6º, com as devidas adaptações. Assim, nos casos em apreciação, as transmissões dos bens são tributadas (admitindo que são bens tributados à taxa normal) à taxa de 16% (Açores) e à taxa de 22% (Madeira), já que foi nessas regiões autónomas que foram postos à disposição dos adquirentes. Caso, na mesma altura, os bens se encontrassem no continente, a sua transmissão estaria sujeita à taxa de 23%.

Exemplo 31: Empresa da China (A) vendeu bens a uma empresa portuguesa (B), em que a declaração aduaneira foi aceite em 30/05/N (introdução em livre prática/importação), tendo ocorrido ainda o seguinte: *(i)* na mesma data, a empresa portuguesa (B) vendeu os bens a uma empresa francesa (C); *(ii)* ainda na mesma data, a empresa francesa (C) revendeu os bens a uma empresa espanhola (D); *(iii)* a pedido da empresa francesa (C) os bens foram expedidos ou transportados diretamente pela empresa (B) de Portugal para a empresa espanhola (D).

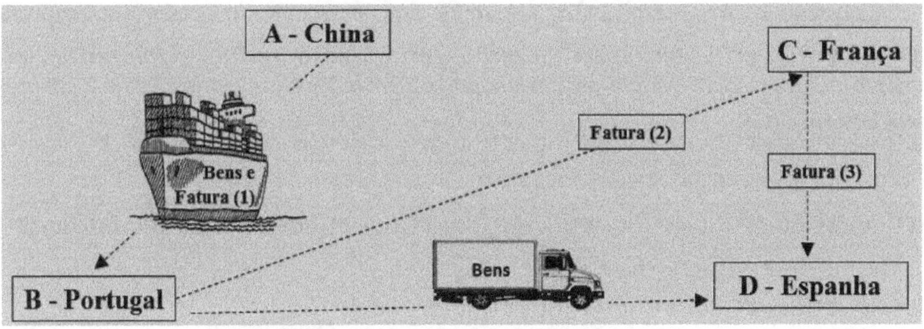

Comentário: Os bens, importados pela empresa portuguesa (B), são expedidos ou transportados, após serem introduzidos em livre prática, para a entidade espanhola (D), destino final dos bens. As transmissões dos bens de (B) para (C) e de (C) para (D) ocorreram na mesma data, 30/05/N, pelo que a declaração aduaneira de importação é apresentada em nome da empresa portuguesa (B).

No âmbito da UE estamos perante uma operação com três intervenientes registados, para efeitos do IVA, em três diferentes EM, em que o circuito documental (fatura) não acompanha a deslocação física dos bens. Assim, devem ser tidas em conta as condições específicas de aplicação do regime de isenção do IVA, das quais há a realçar a obrigatoriedade de identificar (NIF_IVA) todos os intervenientes, bem como a indicação do país de destino dos bens (Espanha).

No momento da importação, os NIF_IVA são validados no sistema VIES, dispensando-se o registo, para efeitos do IVA, da empresa francesa (C) no território nacional ou no EM de entrega dos bens. Para o efeito, todos os intervenientes devem, além do cumprimento das obrigações declarativas e de registo contabilístico de acordo com as normas estabelecidas na legislação do IVA dos respetivos EM, ficar na posse dos documentos aduaneiros, fiscais e de transporte dos bens do EM de importação para o EM final (Espanha).

De referir que a empresa francesa (C) poderá aproveitar as medidas de simplificação, aplicáveis às operações triangulares, previstas nos artigos 40º a 42º e 141º, todos da Diretiva IVA, destinadas a todos os EM (no RITI corresponde ao nº 3 do art. 8º e ao art. 15º), que, como vimos, foram criadas com o objetivo de simplificar as obrigações dos operadores relativas à obrigatoriedade do registo ou nomeação de representante fiscal para a prática de operações tributáveis.

Exemplo 32: Empresa do Mali (A) vende ouro para investimento a uma empresa portuguesa (B), que tem por objeto, justamente, a compra e venda de ouro de investimento. A empresa (B) vende posteriormente ouro a clientes nacionais (C) e a clientes em Espanha (D).

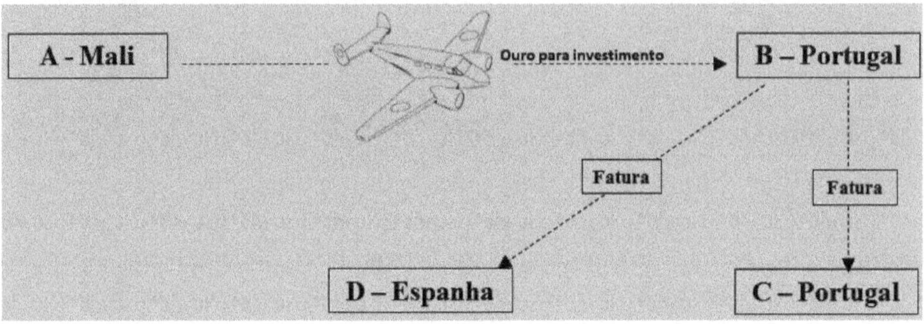

Comentário: As operações relacionadas com ouro para investimento, em regra, beneficiam de isenção, ao abrigo do DL 362/99[263].

- A importação de ouro para investimento está isenta de IVA, pelo que a empresa importadora (B) não terá de pagar IVA no seu desalfandegamento[264].
- Da mesma forma, as transmissões em território nacional de ouro para investimento estão igualmente isentas de imposto, sem prejuízo da possibilidade de renúncia à isenção[265].
- Também ainda, conforme já foi esclarecido pela AT[266], as transmissões de ouro para investimento efetuadas para particulares ou SP de outros EM, desde que não seja exercida a renúncia à isenção, constituem transmissões internas isentas de

[263] De acordo com o disposto na al. a) do nº 1 do art. 2º do Regime especial aplicável ao ouro para investimento, aprovado em anexo ao DL 362/99, de 16/09, considera-se ouro para investimento, o ouro sob a forma de barra ou de placa, com pesos aceites pelos mercados de ouro, com um toque igual ou superior a 995 milésimos, representado ou não por títulos, com exceção das barras ou placas de peso igual ou inferior a 1 g.

[264] Ao abrigo do nº 1 do art. 3º do DL 362/99.

[265] Cfr. art. 5º do DL 362/99.

[266] Ver nº 7 do Ofício-Circulado 030 014, de 13/01/2000.

IVA. Assim, as transmissões de ouro com destino a SP noutro EM, não devem ser incluídas na DR_IVA[267].

Exemplo 33: Empresa portuguesa (A) procedeu à expedição de amostras (bens não comercializáveis, de tamanho diferente do que é comercializado) para a Espanha (B) e Estados Unidos (C).

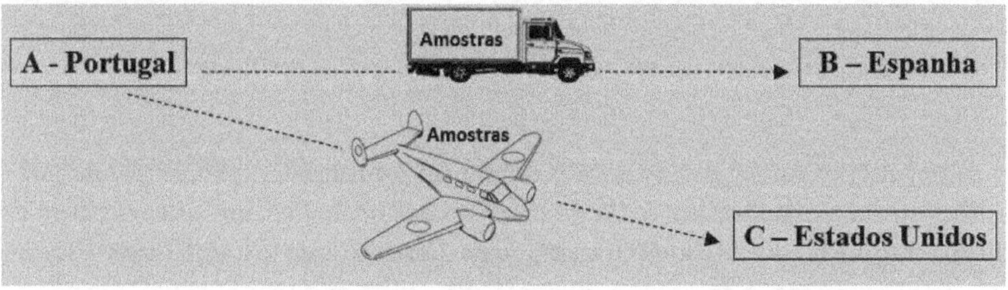

Comentário: Às amostras enviadas para o exterior (UE ou Estados/territórios terceiros) aplicam-se, em termos de incidência de IVA, as mesmas normas que se aplicam às amostras transmitidas em território nacional[268]. Assim, desde que sejam objeto de transmissão gratuita, não estarão sujeitas a IVA[269], pelo que nestas operações há dispensa da obrigação de faturação prevista na al. b) do nº 1 do art. 29º.

Para a exportação de amostras é aceite, em regra, uma fatura proforma ou outro documento de natureza informativa, pelo facto de as amostras estarem objetivamente excluídas da tributação em IVA[270].

Exemplo 34: Empresa italiana (A) vendeu bens a uma empresa de Braga (B), sendo que os bens são remetidos por via aérea para Angola, com destina a (C) cliente da empresa portuguesa (B).

---

[267] Cfr. nº 2 do art. 7º do DL 362/99.

[268] Conforme já foi sancionado pela AT, consistindo os *«...bens expedidos no conceito de amostras previsto na Portaria nº 497/2008, para a exportação dos mesmos é aceite, a título definitivo, uma fatura proforma ou outro documento de natureza idêntica (meramente informativo), pelo facto das amostras estarem objetivamente excluídas da tributação em IVA, por força do nº 7 do artigo 3º do CIVA»*.

[269] Nos termos previstos na al. f) do nº 3 do art. 3º.

[270] Por força do nº 7 do art. 3º (Ver Informação Vinculativa, Processo 11282, de 03/04/2017).

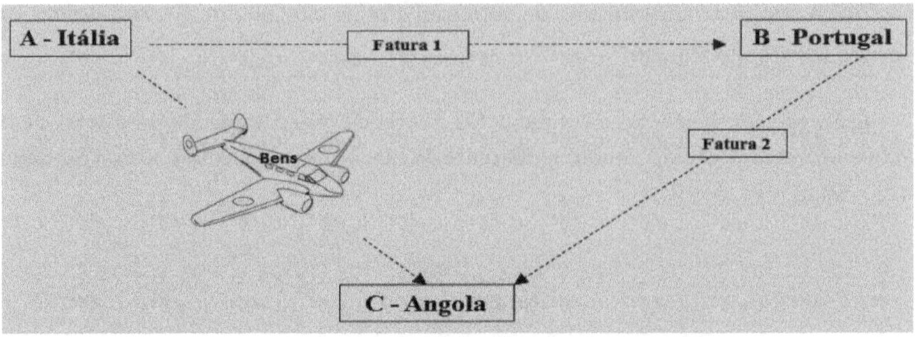

Comentário: Tanto pela aquisição, como pela transmissão, estamos perante operações que não estão sujeitas a IVA no território nacional, dado que os bens em causa nunca chegam a estar situados no território nacional (nº 1 do art. 6º, *a contrario*). Apesar da não sujeição, a empresa portuguesa (B) deve mencionar o valor da venda no campo 8 do quadro 06 da DP_IVA.

Exemplo 35: Empresa sediada na Bélgica (A) vendeu bens a uma empresa portuguesa (B). Os bens são remetidos por via rodoviária para França, com destino a diversos clientes da empresa portuguesa (C, D, E, F...), consumidores finais.

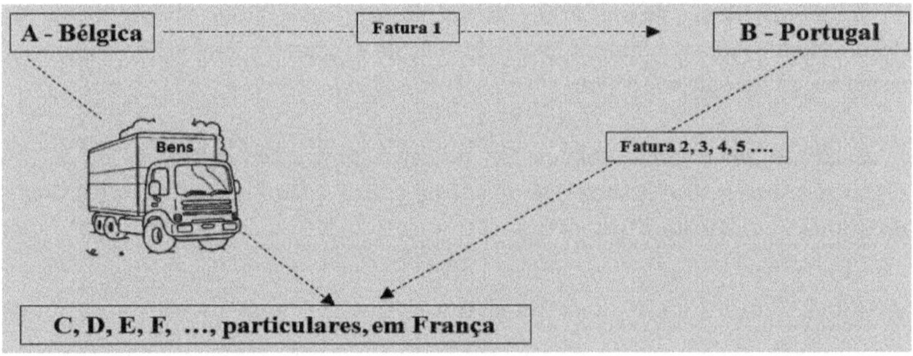

Comentário: Neste caso, a empresa da Bélgica (A) não realiza nenhuma TIB, pelo que deverá liquidar IVA belga, o qual não poderá ser deduzido pela empresa portuguesa (B).

No entanto, a empresa portuguesa, pelas vendas efetuadas em França a clientes não SP, terá de liquidar IVA francês, dado que se trata de operações localizadas naquele país[271], o que implica que a empresa portuguesa se registe, para efeitos do IVA, em França. Consequentemente, estando a empresa portuguesa registada em França como SP, já a empresa belga fará TIB isentas, não tendo de liquidar IVA belga. Deste modo, a empresa portuguesa faria em França uma AIB, liquidando o IVA (francês), podendo, em princípio, deduzir, também em França, esse imposto, por via do seu registo nesse país.

Exemplo 36: Empresa portuguesa (B) adquiriu bens a uma empresa da China (A). Contudo, esses bens vieram diretamente de Espanha (C), ou seja, de território na UE.

Comentário: Embora a China seja um país terceiro, os bens não saem da UE, pelo que não há uma importação. Por outro lado, também não se trata de uma AIB, pois o fornecedor não está registado na UE. Por isso, a empresa portuguesa (B) deverá liquidar o respetivo IVA (que, em princípio, deduz), evitando que a empresa chinesa se registe em Portugal para esse efeito (por força da al. g) do nº 1 do art. 2º).

Exemplo 37: Empresa portuguesa (B) adquiriu bens a uma empresa espanhola (A), tendo revendido esses bens a uma empresa francesa (C) antes da sua expedição ou transporte de Espanha para França. Sabe-se ainda que, antes da expedição, parte dos bens foram objeto de transformação em Espanha.

[271] Por força do disposto na norma francesa equivalente ao nº 1 do art. 6º.

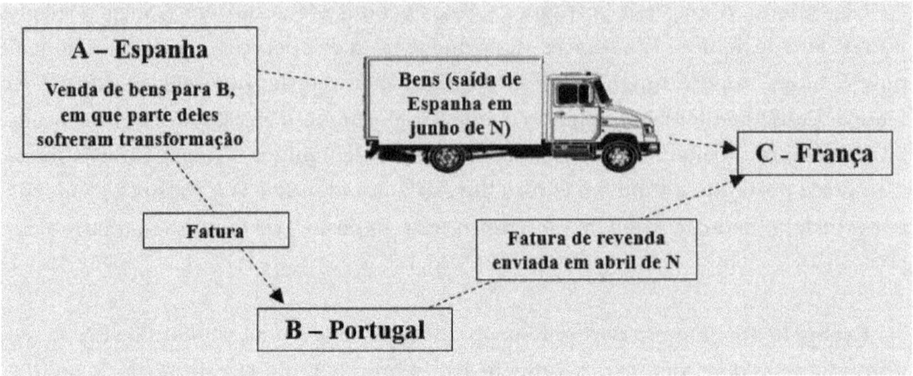

Comentário: Seguindo a interpretação do TJUE[272], numa situação de duas vendas sucessivas, quando, antes de concluir a operação de entrega intracomunitária, o adquirente (Portugal), informar o fornecedor de que os bens serão imediatamente revendidos a um SP de outro EM (França, no caso) antes de os fazer sair do primeiro EM (Espanha), e de os transportar com destino a esse EM (França), a primeira venda é ainda considerada como efetuada no território do primeiro EM (Espanha). Ou seja, é uma operação interna que não beneficia da isenção (aplicável apenas à segunda venda). Assim, ocorrendo o transporte dos bens de Espanha para França após a segunda venda, apenas esta deve ser qualificada como TIB e beneficiar da isenção.

Exemplo 38: Empresa de Aveiro (A) vendeu um equipamento industrial a uma empresa de Barcelos (B), tendo emitido de imediato a correspondente fatura. Como não tinha o equipamento em *stock*, subcontratou a um fornecedor do Canadá (C), a sua produção, tendo, posteriormente, o equipamento sido remetido para (B) e este ter procedido à sua «importação» em território nacional.

[272] Este é um exemplo adaptado do acórdão do TJUE, de 26/07/2017, Processo C-386/16.

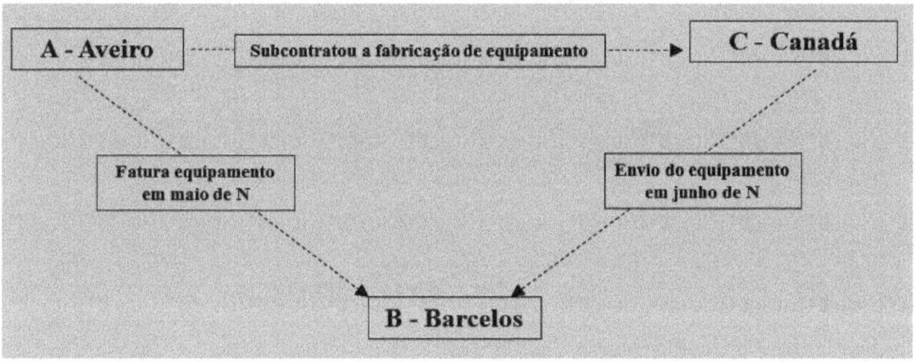

Comentário: Neste caso, sendo a importação efetuada pelo próprio adquirente final (B) e não pelo fornecedor nacional (A), não há lugar à aplicação da regra de localização prevista no nº 2 do art. 6º, porquanto tal implicaria que aquele, sendo simultaneamente SP pela realização da importação (al. b) do nº 1 do art. 2º e do art. 5º), suportaria o imposto duas vezes.

Assim, dado que o equipamento que (A) vende ao seu cliente (B) não se encontra em território nacional no momento da sua expedição, esta operação não é localizada em território nacional, devendo constar na fatura emitida por (A) o motivo da não liquidação do IVA, no caso, a aplicação do nº 1 do art. 6º, *a contrario*[273].

Por seu turno, a entrada do equipamento em território nacional implica para o importador, a empresa de Barcelos (B), a obrigatoriedade de proceder ao pagamento do IVA devido pela importação nos termos do art. 28º.

Exemplo 39: Empresa de Braga (A) vendeu mobiliário (secretárias) a um seu cliente «exportador» (B) estabelecido em Barcelos. Este, por sua vez, no prazo de 90 dias vai proceder à sua venda e expedição para um cliente (C) sediado no Canadá.

[273] Veja-se a Informação Vinculativa, Processo 12462, de 22/09/2017.

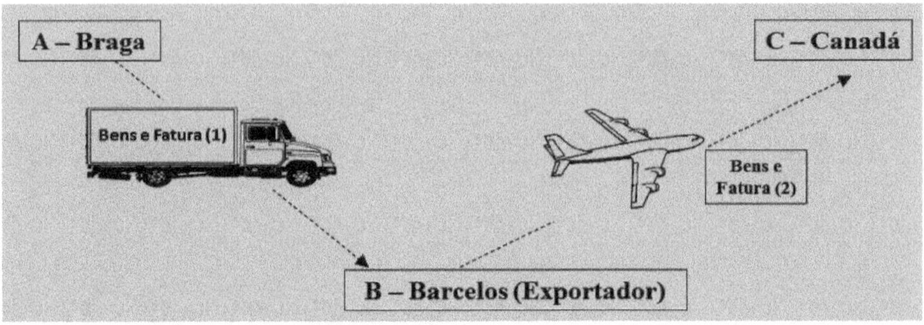

Comentário: Nesta operação estamos perante uma venda a um exportador nacional, pelo que, de acordo com o disposto no nº 1 do art. 6º do DL 198/90, de 19/06[274], estão isentas de IVA, com direito à dedução do imposto suportado a montante, nos termos do art. 20º, as vendas de bens de valor superior a 1000 €, por fatura (admitindo que seria o caso), efetuadas por um fornecedor a um exportador que possua no território nacional sede, EE, domicílio ou um registo para efeitos do IVA, expedidos ou transportados no mesmo Estado, para fora da UE, por este ou por um terceiro por conta deste.

Contudo, para que se aplique a referida isenção, torna-se necessário que sejam cumpridas todas as condições previstas nas alíneas a) a c) do referido nº 1 do citado DL. Por outro lado, nos termos do nº 2 do mesmo art. 6º, os bens não podem ser entregues ao exportador, salvo se o mesmo for titular de um armazém de exportação, devendo os mesmos ser apresentados num dos locais referidos nas suas alíneas a) a d).

De referir ainda que, nos termos do nº 7 do mesmo artigo, se o fornecedor não estiver na posse do certificado comprovativo da exportação, validado pelos serviços aduaneiros, no prazo de 90 dias a contar da data da fatura por ele emitida, deve, no prazo referido no nº 1 do art. 36º (cinco dias úteis), proceder à liquidação do IVA, debitando-o ao «exportador» em fatura emitida para o efeito. Assim, para que o fornecedor do exportador possa aplicar a isenção, deve ser-lhe apresentado (pelo exportador) o certificado comprovativo da exportação, no prazo de 90 dias, a contar da data da fatura por ele emitida e não a Declaração Aduaneira de Exportação.

[274] Sobre esta temática, veja-se a Informação Vinculativa, Processo 11874, de 23/08/2017. Sobre a prova, veja-se a posição do CAAD, Processo 26/2021-T, de 04/07/2021.

Exemplo 40: Empresa de Braga (A) vendeu mobiliário (secretárias) a um seu cliente (B) estabelecido em Barcelos. Este (B) transmitiu subsequentemente esses bens a um exportador nacional (C), que, por sua vez, no prazo de 30 dias, procedeu à sua venda e expedição para um seu cliente sediado no Canadá (D).

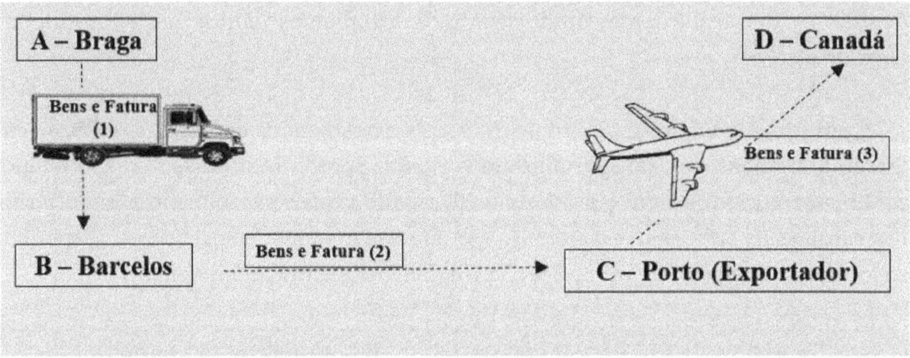

Comentário: Como vimos, no âmbito do regime do DL 198/90, os bens não podem ser entregues pelo fornecedor ao exportador, salvo se este for titular de um armazém de exportação, devendo antes ser apresentados nos seguintes locais, que determinam a estância aduaneira competente para a entrega da declaração aduaneira de exportação: *(i)* nas instalações do fornecedor, no caso de carregamentos completos; *(ii)* no porto ou aeroporto de embarque, no caso de carga não consolidada; *(iii)* num armazém de exportação; *(iv)* num entreposto não aduaneiro, no caso de bens sujeitos a IEC[275].

Ora, considerando as condições de aplicação do regime do DL 198/90, verifica-se que a isenção ali prevista não é aplicável em cadeia, pelo que não abrange as operações efetuadas a montante da transmissão de bens entre o fornecedor e o exportador nacional. Assim, no caso em apreço, a transmissão de bens efetuada por (A) ao cliente (B), ainda que os bens sejam desde logo enviados para um dos locais suprarreferidos e haja uma subsequentemente transmissão da propriedade dos mesmos bens a um exportador nacional (C), estamos perante uma transmissão de bens sujeita a IVA, tributável em território nacional, não sendo aplicável qualquer isenção (nº 1 do art. 6º).

[275] Previstos no art. 15º.

Já a transmissão de bens efetuada por (B) ao exportador nacional (C) pode ser abrangida pela isenção do art. 6º do DL 198/90, desde que se verifiquem todos os requisitos exigidos pelo referido regime[276].

Finalmente, a transmissão de bens com destino (D), estabelecido no Canadá (país terceiro), efetuada pelo exportador, beneficia de isenção (ao abrigo da al. a) do nº 1 do art. 14º), desde que demonstrada através de documentos alfandegários apropriados (nº 8 do art. 29º).

Exemplo 41: Empresa de Braga (A) recebe encomendas de clientes sediados em Espanha. Os bens são transportados de Portugal, por via rodoviária, e ficam temporariamente num armazém em Espanha (B), sendo posteriormente entregues a partir desse armazém. Sabe-se que a empresa (A) não tem qualquer empregado em Espanha, solicitando à empresa do transporte o carregamento e entrega dos bens.

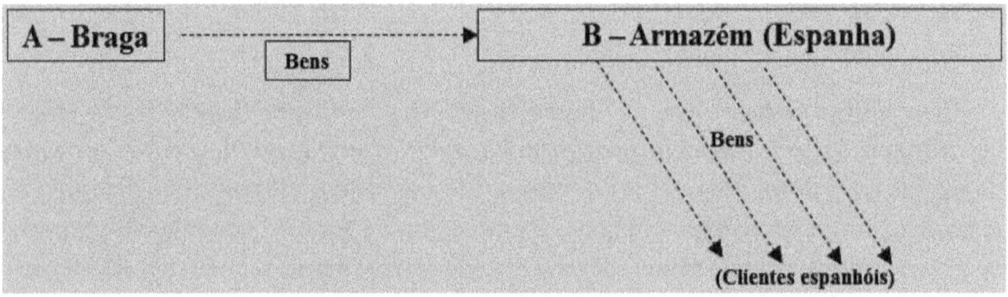

Comentário: A nosso ver, pese embora a empresa portuguesa não tenha pessoal sob a sua direção, possui um EE em Espanha, por via do armazém aí situado e sobretudo pelas operações que daí resultam.

Assim sendo, as transferências de bens para Espanha, para as necessidades da empresa, são consideradas TIB, não constituindo vendas, mas meras transferências de bens da empresa portuguesa para o seu EE em Espanha (nº 1 do art. 7º do RITI). Consequentemente, a empresa efetua TIB isentas (ao abrigo da al. c) do nº 1 do art. 14º do

[276] No fundo, temos aqui uma intermediação pelo operador (B), em que este «subcontrata» o operador (A). Ora bem, o art. 6º do DL 198/90, não é aplicável a estas situações. A propósito deste exemplo, veja-se a Informação Vinculativa, Processo 13239, de 06/03/2018.

RITI)[277] ao passo que em Espanha, terá de liquidar IVA espanhol pelas AIB efetuadas, sujeitas a imposto[278].

Deste modo, pela transferência dos bens de Portugal para Espanha, a empresa portuguesa não deve emitir qualquer fatura, porque não efetua qualquer transmissão de bens, mas deverá emitir simples guias de transferência dos bens para Espanha.

As vendas em Espanha serão consideradas operações internas localizadas naquele país, pelo que terá de proceder à liquidação do competente IVA espanhol[279].

Exemplo 42: Empresa do Porto (A), que comercializa «peças de arte», envia periodicamente para fora do território nacional (UE e países/territórios terceiros) bens dessa natureza, para exposição.

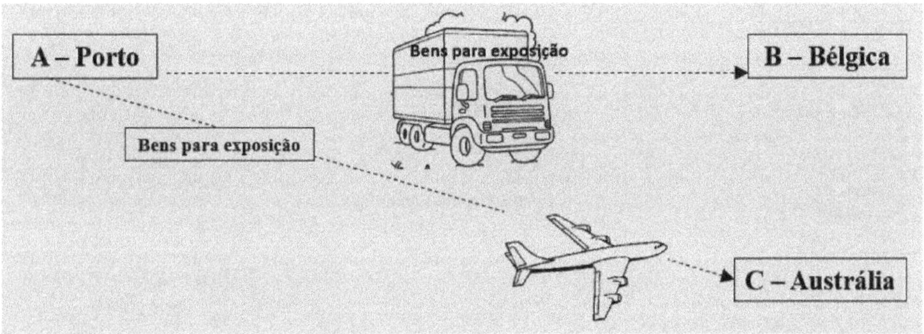

Comentário: A empresa portuguesa (A) envia para o exterior bens para exposição, pelo que, em qualquer das situações, não existe uma venda, mas uma simples transferência, já que os bens continuam a ser propriedade da empresa portuguesa.

Assim, no caso dos bens com destino à UE (no nosso exemplo, a Bélgica), em princípio, estaremos perante uma mera transferência de bens, não sujeita a IVA (al. g) do nº 2 do art. 7º do RITI).

Como temos visto, em regra, os envios de bens para países/territórios terceiros, configuram exportações, isentas (ao abrigo da al. a) do nº 1 do art. 14º). Neste caso, o

[277] Consequentemente, deverá mencionar os respetivos valores no campo 7 do quadro 06 da DP_IVA e na DR_IVA a que se referem os artigos 23º e 30º do RITI, com o código 1 (ver Informação Vinculativa 10852, de 02/09/2016).

[278] De acordo com a norma equivalente à al. a) do nº 1 do art. 4º do RITI.

[279] De acordo com a norma equivalente ao nº 1 do art. 6º (ver Ofício-Circulado 30114, de 13/01/2000).

prazo durante o qual os bens podem estar nesse território em «exposição», sem que se imponha a sua transmissão, dependerá da legislação do respetivo país/território.

De referir que na devolução dos bens de países terceiros, verifica-se uma exportação nesses territórios e uma importação em Portugal. Contudo, em certas circunstâncias, a reimportação de bens poderá beneficiar de isenção[280].

Exemplo 43: Empresa de Braga (B) adquiriu a uma empresa francesa (E) duas máquinas, tendo ambas como origem o Japão, com as seguintes particularidades: *(i)* a máquina (1) vai ser desalfandegada em Portugal (B) e segue de imediato para Espanha (C) para testes (três meses) regressando a Portugal após esse período; *(ii)* a máquina (2) foi desalfandegada em França (D), tendo de seguida sido enviada para uma outra empresa francesa (E), para a realização de um período de testes (seis meses), findo o qual foi remetida para Portugal.

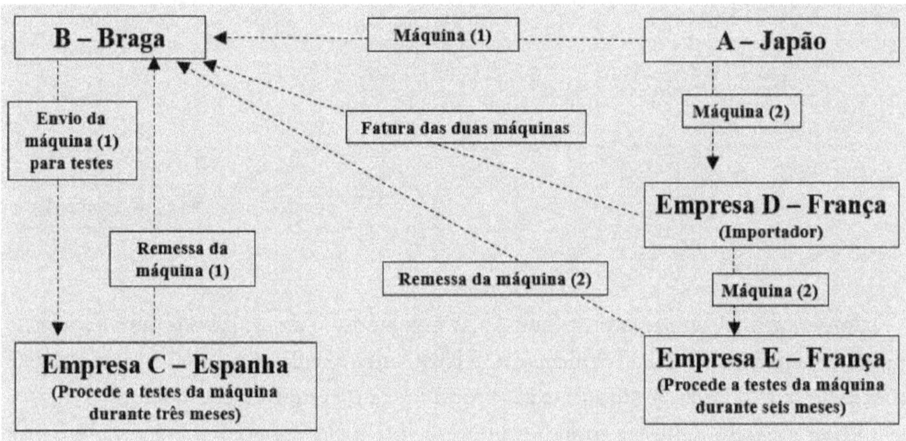

Comentário: Quanto à máquina que vem para Portugal (1), trata-se de uma importação, e, consequentemente, tributada em território nacional (al. b) do nº 1 do art. 1º e art. 5º). O envio posterior da máquina para testes em Espanha, como já vimos, não é considerado transmissão de bens, constituindo uma mera transferência de bens para ser objeto de peritagens ou quaisquer trabalhos (al. e) do nº 2 do art. 7º do RITI). Assim, no caso em apreço, desde que a máquina seja reexpedida para Portugal, depois

280 Ao abrigo da al. g) do nº 1 do art. 13º.

de terminados os testes em Espanha, a sua transferência para Espanha e a posterior transferência para Portugal não são consideradas TIB ou AIB, devendo apenas ser esses movimentos relevados contabilisticamente (art. 31º do RITI).

Relativamente à máquina (2) verifica-se uma importação em França, estando, por isso, aí sujeita a IVA. Todavia, de acordo com a norma francesa equivalente ao art. 16º do RITI, essa importação poderia ter ficado isenta de imposto, desde que a máquina tivesse como destino Portugal e a respetiva transmissão, efetuada pelo importador, fosse isenta do imposto nos termos da norma francesa equivalente ao art. 14º também do RITI. Para tal, teriam de ter sido cumpridas as condições previstas na referida norma, nomeadamente a condição de a expedição ou transporte do bem para o adquirente situado em Portugal (B) ser consecutiva à importação e o importador fizesse prova de que a máquina se destinava a ser expedida ou transportada com destino a Portugal.

Assim, pressupondo que a importação foi efetuada por um representante da empresa (B), que pagou o respetivo IVA e que assumiu desde logo a transmissão intracomunitária da máquina (o que terá originado a referida fatura de aquisição sem IVA), teremos:

- Em função do período que se estima que a máquina permaneça em testes em França, a TIB apenas deverá ser assumida quando a máquina for enviada para Portugal e, simetricamente, a AIB apenas deve ser assumida pela empresa portuguesa nessa altura, conforme o previsto no art. 3º do RITI.
- Se a empresa francesa já assumiu a TIB, poderá, em princípio, proceder à sua anulação.
- A empresa portuguesa (A) poderá solicitar o reembolso do IVA que terá suportado na importação e noutras operações localizadas em França, decorridos que sejam três meses desde a data em que o mesmo foi suportado, nos termos do disposto nos artigos 15º a 17º da Diretiva 2008/9/CE, de 12/02.

Exemplo 44: Empresa de Barcelos (A) vendeu um bem ao embaixador de Cuba em Portugal (B), para revenda em Cuba (C).

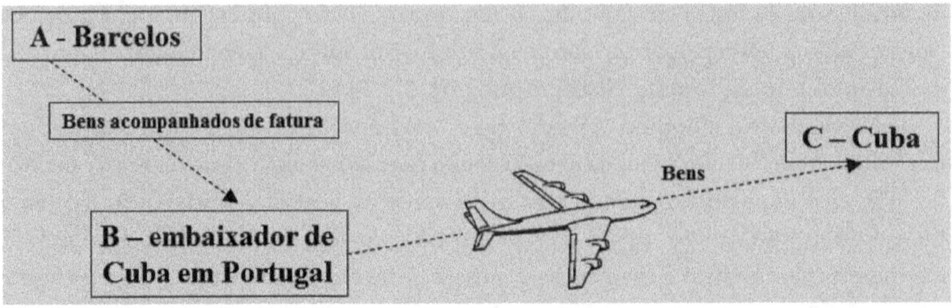

Comentário: A transmissão configura uma exportação (indireta) isenta de IVA (ao abrigo a al. b) do nº 1 do art. 14º). De referir que, caso os bens não sejam exportados pelo vendedor, mas pelo adquirente, esse documento, é a *«certificação de saída para o fornecedor nacional»*[281].

Exemplo 45: Empresa portuguesa tem uma sucursal (EE) em Angola e transfere regularmente bens (inventários) e outros ativos para as necessidades da empresa em Angola.

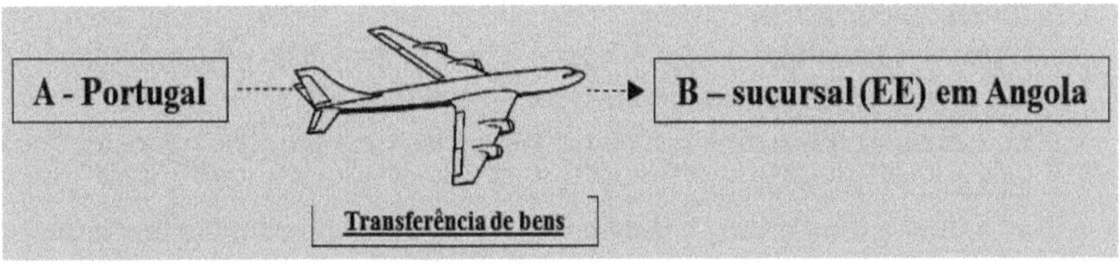

Comentário: Nestas situações, estamos perante uma mesma entidade jurídica (a sucursal não tem personalidade jurídica), pelo que, nestes movimentos, não se pode falar em verdadeiras transmissões de bens.

Como vimos, num contexto intracomunitário, estas transferências de bens são assimiladas a TIB/AIB e, por isso, seguem as regras gerais.

Tratando-se de bens enviados para um EE num país/território terceiro, admitimos que, face à legislação do país de destino, possa constituir uma importação e, por isso, simetricamente, uma exportação (isenta) em território nacional.

[281] Como foi esclarecido no nº 2.3 da Circular 8/2015, de 27/07.

Exemplo 46: Empresa portuguesa (A) efetua vendas de bens, que lhe são encomendadas através da Internet, para países terceiros, quer para empresas quer para particulares. A expedição faz-se por via marítima e aérea e o valor dos bens é muito variável.

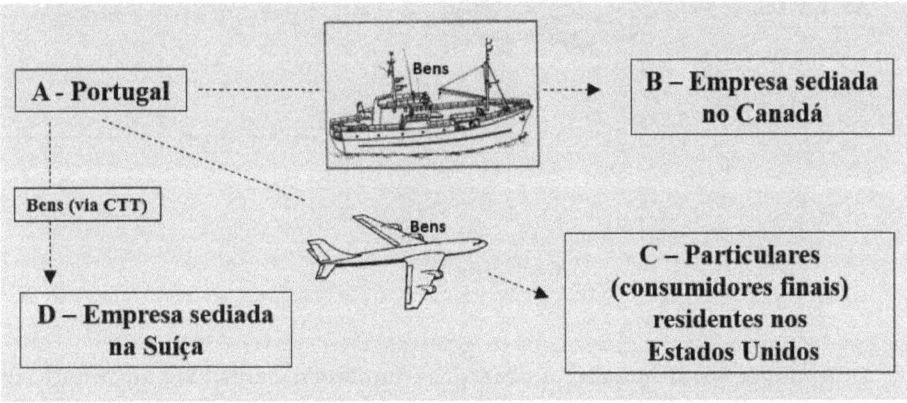

Comentário: Em todos os cenários apresentados, estão isentas de IVA as transmissões de bens expedidos ou transportados para fora da UE pelo vendedor ou por um terceiro por conta deste (al. a) do nº 1 do art. 14º). Esta isenção referente às exportações deve ser comprovada através dos documentos alfandegários apropriados (declaração aduaneira de exportação visada pela estância aduaneira da saída de bens) ou, não havendo obrigação legal de intervenção dos serviços aduaneiros, de declarações emitidas pelo adquirente dos bens, indicando o destino que lhes irá ser dado (nº 8 do art. 29º).

Porém, o que importa é comprovar que houve, efetivamente, exportação[282], sendo de referir que o facto de o transporte dos bens ser efetuado pelos próprios exportadores (na sua bagagem pessoal) não os dispensa de apresentação desses bens às entidades aduaneiras dos países envolvidos. Não existindo documentos comprovativos da exportação, o transmitente deverá, aquando da venda, fazer a liquidação do IVA correspondente (nº 9 do art. 29º).

[282] Ainda que a informação seja antiga, veja-se a posição da AT (DP-SG Processo — E211 89013, de 12/07/1989), no caso de exportação via postal. Segundo a AT, constituem prova, para efeitos do nº 8 do art. 29º, os recibos de registo emitidos pelos CTT.

Exemplo 47: Empresa de Barcelos (A) vende em feiras, em França (B), bens que posteriormente são exportadas para países terceiros (C).

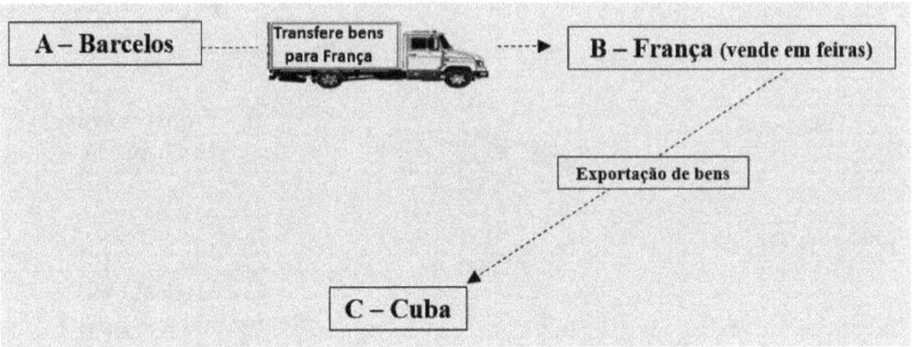

Comentário: Nesta situação, a operação é localizada e tributada em França, de acordo com o disposto na norma francesa equivalente ao nº 1 do art. 6º e a exportação verifica-se em França e não em Portugal, pelo que as formalidades para não ter de ser liquidado IVA francês são as constantes da legislação francesa.

Porém, a transferência de bens de Portugal para França, para aí serem vendidos, constitui uma TIB localizada em Portugal (nº 1 do art. 7º do RITI), o que implica o seu registo como SP em França. Confirmando-se esta hipótese, a TIB beneficia de isenção (ao abrigo do art. 14º do RITI).

Exemplo 48: Empresa de Barcelos (A) vende a uma pessoa singular residente em Angola, calçado para uso pessoal debitando IVA na emissão da fatura de venda.

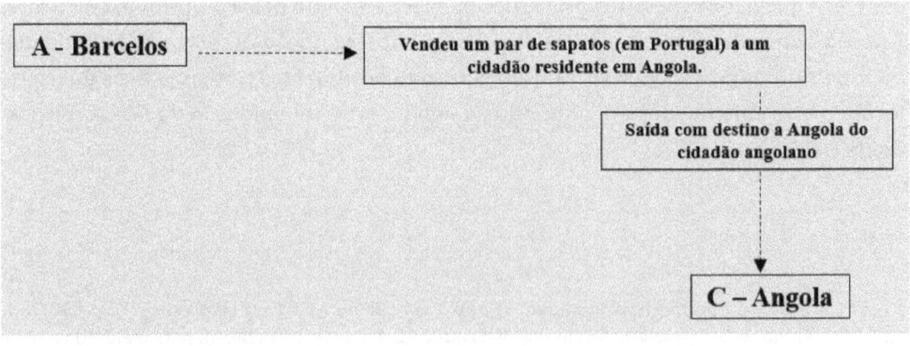

Comentário: As vendas no denominado sistema «*tax free*» são suscetíveis de beneficiarem da isenção prevista na al. b) do nº 1 do art. 14º, desde que observados os requisitos estabelecidos no DL 19/2017, de 14/02 (isenção de IVA nas transmissões de bens para fins privados a adquirentes domiciliados fora da UE).

Com efeito, o DL 19/2017 isenta de IVA as transmissões de bens para fins privados feitas a adquirentes sem domicílio/residência habitual na UE, que, até ao fim do terceiro mês seguinte, os transportem na sua bagagem pessoal para fora da UE. Nesse sentido, consideram-se feitas para fins privados as transmissões dos bens que, pela sua natureza e quantidade, não devam presumir-se adquiridos para fins comerciais.

A isenção não é aplicável a transmissões de bens efetuadas em território nacional, cujo valor mencionado na fatura, líquido de IVA, seja inferior a 75 €. Não beneficiam também da isenção do IVA as transmissões de bens de equipamento ou abastecimento de barcos desportivos e de recreio, de aviões de turismo ou de qualquer outro meio de transporte de uso privativo.

Este diploma, tendo em conta o objetivo de desmaterialização dos procedimentos inerentes ao controlo e certificação dos requisitos para validação da isenção, procedeu à criação de um sistema eletrónico que permite uma maior celeridade no procedimento de verificação dos pressupostos da isenção, assim como a recolha de informação relevante para a definição de critérios de risco com vista à prevenção e controlo da fraude.

Assim, os vendedores que realizem transmissões de bens isentas do imposto devem comunicar à AT, por via eletrónica e em tempo real, os elementos das mesmas: a) identificação do viajante; b) identificação das faturas; c) quantidade, designação usual e valor dos bens; d) valor do imposto e respetiva taxa que incidiria sobre a operação se esta não beneficiasse da isenção.

Exemplo 49: Um instituto público em Portugal (A), enquadrado ao abrigo do art. 9º, importou dos Estados Unidos um equipamento destinado ao desenvolvimento das suas atividades de investigação e ensino.

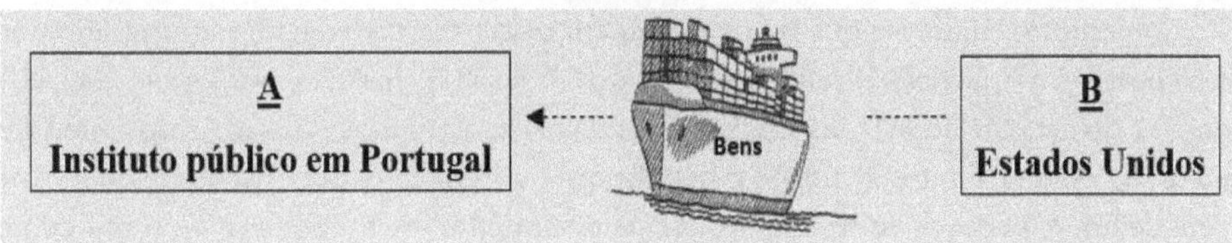

Comentário: Ainda que a entidade (instituto) desenvolva uma atividade isenta (não liquidará IVA nas vendas e prestações de serviços que realiza), não haverá, porém, direito a qualquer benefício no imposto suportado pelas suas importações. Quer dizer, trata-se de uma isenção incompleta: isenta nas operações a jusante (transmissões), mas com IVA suportado nas operações a montante (aquisições).

Concretamente, a aquisição em causa, caso se realizasse no mercado interno também daria lugar à liquidação de IVA, pelo que, também no caso em apreciação (importação) estamos perante uma operação tributável, efetuada por um adquirente que realiza operações isentas.

Em suma, não havendo lugar a isenção caso a operação se realizasse no mercado interno, também na importação não poderá ser invocada a isenção prevista na al. a) do nº 1 do art. 13º, pelo que deverá ser liquidado o respetivo IVA.

Exemplo 50: Empresa portuguesa (A) fatura bens a uma empresa espanhola (B), onde é indicado que os bens serão entregues numa plataforma logística situada em França (C) e posteriormente enviados, por via rodoviária através de um transportador francês, para um cliente da empresa espanhola sito na Holanda (D).

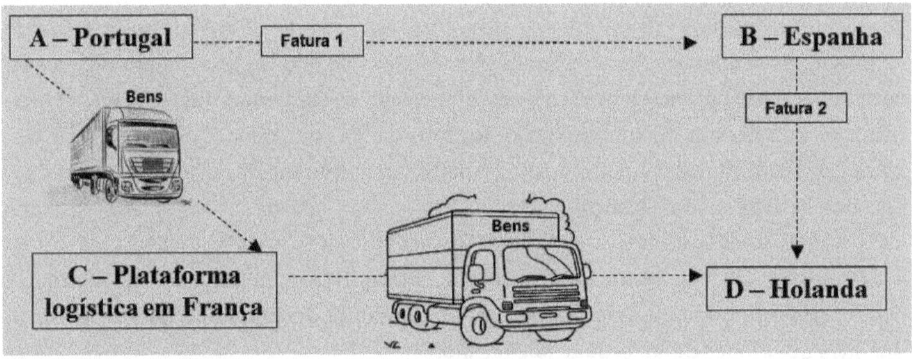

Comentário: Uma vez que na operação em causa estão envolvidos quatro EM, não será possível a aplicação direta do nº 3 do art. 8º do RITI. Todavia, nos termos da al. a) do nº 1 do art. 14º do RITI, as transmissões de bens, efetuadas por um SP dos referidos na al. a) do nº 1 do art. 2º do RITI, beneficiam da isenção aí prevista desde que: *(i)* os bens sejam expedidos ou transportados pelo vendedor, pelo adquirente ou por conta destes, a partir do território nacional para outro EM; e *(ii)* o adquirente se encontre registado, para efeitos do IVA, noutro EM, que tenha utilizado o respetivo NIF_IVA e aí se encontre abrangido por um regime de tributação das AIB. Assim, esta isenção é aplicável quando o direito de dispor do bem como proprietário tenha sido transferido para o adquirente, quando o fornecedor demonstre que esses bens tiveram como destino outro EM, demonstrando que os referidos bens saíram fisicamente do território do EM de entrega. Isto, claro, desde que o adquirente dos bens seja SP registado noutro EM (deve constar do VIES)[283]. De acordo com as normas do RITI e da jurisprudência comunitária o adquirente realizará uma AIB tributada no EM de chegada da expedição dos bens ou do transporte intracomunitário[284].

No caso, os bens vão para França onde é feita apenas uma «grupagem» dos mesmos, com vista à sua posterior expedição para a Holanda. Ora, sendo a Holanda o EM de chegada dos bens, uma vez que serão entregues ao cliente holandês (SP) da empresa espanhola, admitimos que esta (B) pretenda aplicar as normas de simplificação similares aos nossos n.ºs 2 e 3 do art. 8.º e n.º 2 do art. 15.º, ambos do RITI.

Mas, para o fornecedor português (A), a exigência decorrente da aplicação da isenção do art. 14.º do RITI é (além do adquirente ser SP noutro EM) a prova de expedição dos bens para outro EM e que, na sequência dessa expedição ou transporte, os bens saíram fisicamente de Portugal. Assim, o fornecedor deve obter não só a prova da expedição dos bens para França, mas igualmente da posterior expedição para Holanda, através de meios de prova credíveis. No documento de transporte a emitir pela entidade transportadora deve ser identificado o local de descarga dos bens (ainda que posteriormente tais bens sejam objeto de novo transporte) e a entidade que é adquirente dos mesmos.

Exemplo 51: Empresa portuguesa (A) vende bens a uma empresa sediada na Rússia (B) tendo, contudo, entregue os mesmos, por ordem do seu cliente (B), numa empresa estabelecida na Polónia (C), que é um transportador/transitário. Esta empresa polaca (transportador/transitário) será a responsável pela subsequente remessa dos bens para a Rússia.

---

[283] De acordo com o ponto 29 do acórdão do TJUE, Processo C-430/09, de 16/12/2010.

[284] É relevante nesta matéria o acórdão do TJUE, Processo C-245/04, de 06/04/2006 (ponto 30).

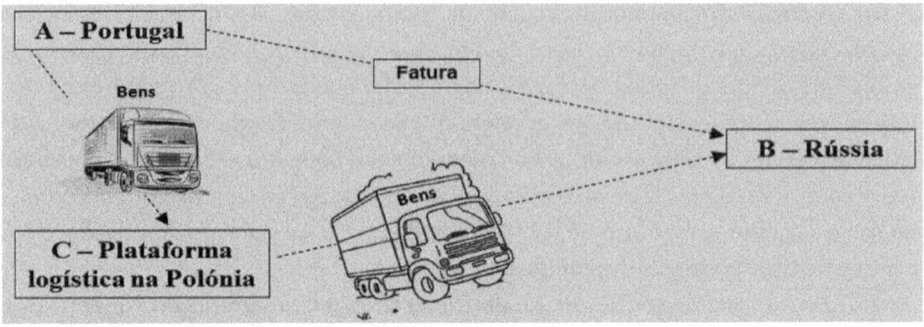

Comentário: Nesta situação, a empresa portuguesa vende bens a uma empresa de um país terceiro (Rússia), tendo contratada uma empresa transitária estabelecida na Polónia (C), para efeitos de expedição ou transporte dos bens para fora do território da UE. Como os bens são entregues na UE (Polónia) antes de serem entregues definitivamente num país terceiro, não estamos perante uma exportação direta.

Relativamente à aplicação da isenção em IVA, a mesma dependerá de quem figurar no respetivo documento de exportação e se a transmissão do direito de propriedade se deu dentro ou fora do território nacional. Assim, estamos perante uma exportação direta, quando a transmissão do direito de propriedade ocorre fora do território nacional, caso em que a expedição ou transporte dos bens é feita pela própria empresa portuguesa (A) ou por um terceiro agindo por sua conta (al. a) do nº 1 do art. 14º).

Por outro lado, caso o direito de propriedade seja transferido no território nacional do fornecedor português (A) para um operador num país terceiro (Rússia), o qual determina que os bens se destinam a ser expedidos para fora da UE a partir de Portugal, estamos perante uma exportação indireta (ao abrigo da al. b) do nº 1 do art. 14º).

Neste caso, os bens são colocados à disposição da empresa sediada na Rússia (adquirente) ainda no território nacional, ficando o transporte e a expedição dos bens para fora do território aduaneiro da UE a seu cargo. Para efeitos da legislação aduaneira, a exportação continua a ser efetuada pelo próprio fornecedor português, aproveitando-se a citada isenção. Neste sentido, a isenção tem de estar comprovada através dos documentos alfandegários apropriados (nº 8 do art. 29º)[285]. A sua ausência, deter-

[285] No caso será o «Certificado de saída para o expedidor/exportador» conforme esclarece o Ofício-Circulado 15327, de 9/01/2015. Todavia, deve referir-se, nestes casos, não resulta da lei uma prova legal (neste sentido, a posição do CAAD, entre outros nos Processos 88/2017-T de 13/12/2017 e 210/2019-T, de 20/01/2020).

mina a obrigação (para o transmitente) de liquidação do correspondente IVA (nº 9 do art. 29º).

Exemplo 52: Empresa portuguesa (A) fatura bens a uma empresa estabelecida em Espanha (C). Os bens são transportados por uma empresa espanhola, a partir de Faro, com destino ao porto de embarque em Sines (B), ou seja, em território nacional, para que a empresa espanhola proceda ao seu envio para (D), estabelecido no México.

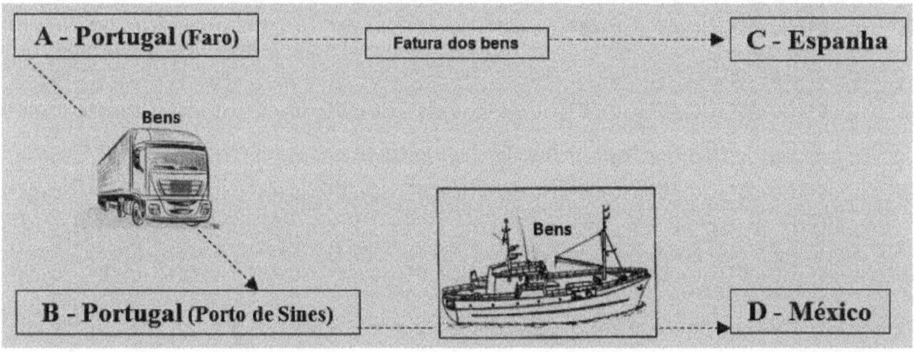

Comentário: Nesta situação, ainda que os bens sejam faturados a um cliente estabelecido na UE (Espanha), se a exportação é efetuada a partir de Portugal pelo adquirente espanhol (admitindo que nos documentos alfandegários consta o operador espanhol como exportador), então a venda efetuada pela empresa portuguesa constitui uma operação interna em território nacional, devendo ser liquidado o respetivo IVA português na fatura a emitir ao seu cliente espanhol (C).

Exemplo 53: Empresa de Lisboa (A) comprou bens a uma empresa espanhola (C) para depois proceder à exportação (México). No entanto, os bens são produzidos no Porto (B) e entregues no armazém da empresa de Lisboa (A).

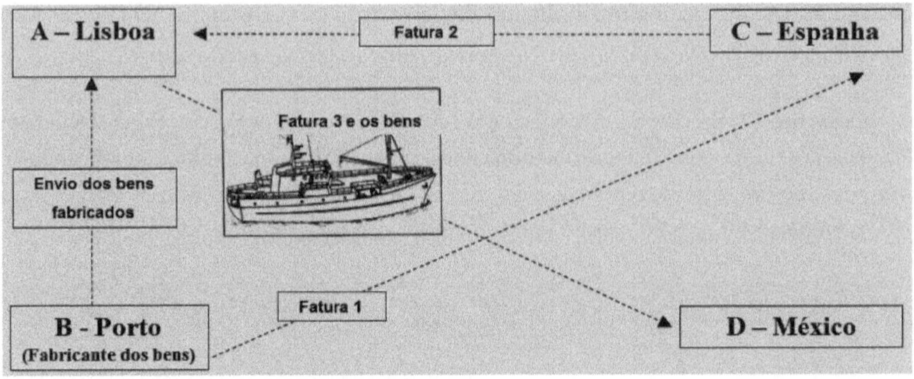

Comentário: Vejamos, sinteticamente, o enquadramento das 3 faturas em análise.

- Fatura 1: a empresa espanhola (C) realiza uma aquisição interna em Portugal, pelo que a empresa vendedora (B) terá de liquidar IVA na fatura que emite (nº 1 do art. 6º).
- Fatura 2: nesta situação, temos, mais uma vez, que atender ao disposto no nº 1 do art. 6º, ou seja, os bens são colocados à disposição da empresa adquirente (A). Caso a empresa espanhola (C) não se encontre registada, para efeitos do IVA, em Portugal, deverá a empresa (A) proceder à liquidação do IVA (por força da al. g) do nº 1 do art. 2º).
- Fatura 3: estamos perante uma exportação isenta de IVA (ao abrigo da al. a) do nº 1 do art. 14º).

Exemplo 54: Empresa de Braga (A) vendeu bens a uma empresa estabelecida na Grécia (B), que foram transportados em dois momentos: *(i)* Braga para Lisboa, de camião; *(ii)* Lisboa para Atenas (Grécia), de avião.

Comentário: Estamos perante uma TIB isenta de IVA (ao abrigo da al. a) do nº 1 do art. 14º do RITI), pese embora haja dois transportes associados. Com efeito, apesar de haver um transporte interno (Braga–Lisboa), estamos ainda perante um transporte intracomunitário (equiparado, segundo o nº 5 do art. 1º) que também beneficia de isenção (ao abrigo da al. q), do nº 1 do art. 14º). Os bens saem efetivamente do território nacional com destino a um adquirente estabelecido num outro EM da UE.

Exemplo 55: Empresa portuguesa (A), que se dedica à confeção, fabrica moldes nas suas instalações, procedendo da seguinte forma nas operações com os seus clientes (B): *(i)* Os moldes são faturados ao cliente, mas permanecem nas instalações da empresa portuguesa; *(ii)* Os moldes são faturados e enviados de imediato, ou algum tempo depois, ao cliente da empresa; e *(iii)* Os moldes não são faturados separadamente, mas antes «diluídos» no preço dos bens produzidos.

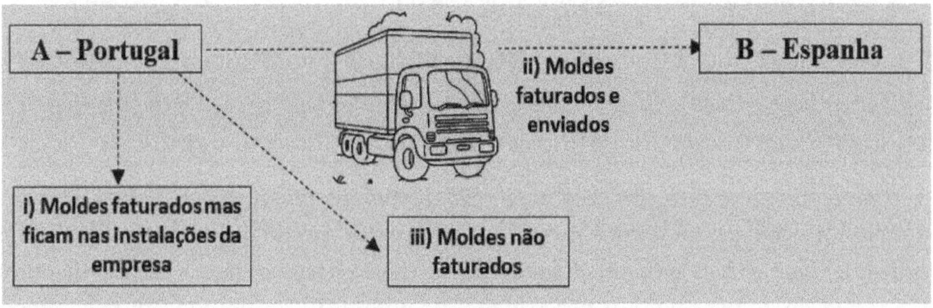

Comentário: Quanto aos moldes fabricados no território nacional, haverá que distinguir se os mesmos são, ou não, enviados para o cliente da UE[286]:

i) Permanecendo os moldes em Portugal, de forma permanente, entendemos que a sua faturação deverá constituir uma transmissão de bens interna, devendo a fatura conter IVA[287]. Se os moldes vierem depois a ser enviados ao cliente, essa remessa será considerada uma simples movimentação de bens não tributável;

[286] Sobre a complexidade desta matéria, envolvendo ainda países terceiros, veja-se a posição da AT na Informação Vinculativa, Processo 13497, de 23/07/2018.

[287] Poderá posteriormente ser reembolsado ao SP de outro EM ao abrigo do DL 186/2009.

ii) Sendo os bens faturados e enviados de imediato, ou algum tempo depois, ao cliente, será uma TIB isenta de IVA, dado haver expedição dos moldes para outro EM, ainda que diferida (ao abrigo da al. a) do nº 1 do art. 14º do RITI);
iii) Se os moldes não forem faturados separadamente e forem diluídos no preço dos bens produzidos, então estaremos também perante uma TIB isenta de IVA (ao abrigo da al. a) do nº 1 do art. 14º do RITI).

Exemplo 56: Empresa portuguesa (A), receciona em Portugal moldes que lhe são enviados por clientes estabelecidos noutros EM, para com os mesmos serem produzidos determinados produtos: *(i)* Os moldes são enviados para a produção e depois são devolvidos aos clientes; *(ii)* Os moldes são enviados e faturados pelo valor «zero» ou transmitidos com reserva de propriedade.

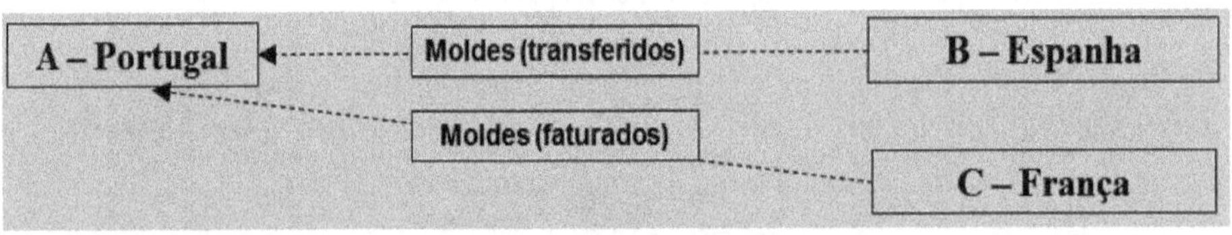

Comentário: No primeiro caso, a receção de moldes enviados por clientes situados na UE para com os mesmos serem produzidos certos produtos, considerar-se-ia, em princípio, uma AIB assimilada efetuada em território nacional pela empresa de outro EM (afetação de bens para as necessidades da empresa)[288]. Contudo, como já vimos, uma mera transferência de bens para o território nacional não constitui uma AIB (nem uma TIB no outro EM)[289].

Relativamente ao segundo caso, sendo os moldes enviados e faturados pelo valor «zero» ou transmitidos com reserva de propriedade, o destinatário efetuará uma AIB sujeita a IVA. O valor tributável da AIB será o valor atribuído aos moldes constante da fatura ou, se não existir valor, o preço de custo[290].

[288] Cfr. al. a) do nº 1 do art. 4º do RITI.

[289] Face ao disposto na al. e) do nº 2 do art. 7º, será aplicável o nº 3 do art. 4º do RITI.

[290] De acordo com o disposto no nº 1 do art. 17º do RITI, conjugado com a al. b) do nº 2 do art. 16º do CIVA. Veja-se ainda a Informação Vinculativa, Processo 1785, de 01/04/2011.

5.6. VENDAS SEGUIDAS DE INSTALAÇÃO OU MONTAGEM

Nos termos da al. a) do art. 1º do RITI a receção de bens, para serem objeto de instalação/montagem em território nacional, não constitui uma AIB sujeita a IVA, isto é, a operação não será tratada como AIB (mera transferência de bens).

No seguimento desta disposição, estabelece o art. 9º do RITI (transcrito infra) que a expedição de bens para outro EM seguida de instalação/montagem dos bens nesse EM, pelo fornecedor ou por sua conta, são operações internas aí localizadas, isto é, operações internas efetuadas pelo fornecedor no EM da instalação/montagem.

Artigo 9º — Localização das transmissões de bens com instalação ou montagem

1. *O disposto no nº 1 do artigo 6º do Código do IVA não tem aplicação relativamente às transmissões de bens expedidos ou transportados pelo sujeito passivo ou por sua conta para fora do território nacional quando os bens sejam instalados ou montados no território de outro Estado-membro.*

2. *São, no entanto, tributáveis as transmissões de bens expedidos ou transportados a partir de outro Estado-membro quando os bens sejam instalados ou montados em território nacional, pelo fornecedor, sujeito passivo nesse outro Estado-membro, ou por sua conta.*

Para este efeito, como vimos, a mera transferência de bens não tem relevância em sede de IVA (nº 2 do art. 7º e nº 3 do art. 4º, ambos do RITI). Assim, os bens apenas se consideram colocados à disposição do adquirente (facto gerador do imposto) quando a instalação/montagem estiver concluída, ou seja, o facto tributário ocorre integralmente no EM da instalação/montagem e apenas quando os bens estiverem prontos a ser utilizados.

Nos termos da al. a) do nº 2 do art. 7º do RITI, são excluídas do conceito de «transmissão de bens», as transferências de bens para serem objeto de instalação/montagem noutro EM da UE. Tais transferências de bens não constituirão uma TIB no EM de origem dos bens (fornecedor), nem uma AIB no outro EM (da instalação/montagem), aplicando-se, neste último caso, o nº 3 do art. 4º do RITI.

Assim, não são tributáveis em território nacional as transmissões de bens transportados por um operador (ou por um terceiro por sua conta) para outro EM (por exemplo, Espanha), quando os bens em causa se destinem a ser objeto de instalação/montagem nesse outro EM (nº 1 do art. 9º do RITI). Por outro lado, já serão tributáveis as transmissões de bens expedidos ou transportados a partir do território de outro EM (por exemplo, Espanha) por um SP desse Estado (ou por um terceiro por sua conta), quando os bens se destinem a ser instalados/montados em território nacional pelo fornecedor ou por um terceiro por sua conta (nº 2 do art. 9º do RITI).

Desta forma, como não estamos na presença de uma TIB/AIB, mas antes de operações internas realizadas pelo vendedor (fornecedor) no território onde os bens são instalados/montados, estas operações não são controladas no sistema VIES.

Caso o vendedor (fornecedor) não se registe ou não nomeie um representante nesse EM onde se dá o facto gerador (a tal não está obrigado), será o adquirente, se tiver a qualidade de SP no seu EM, o responsável pela liquidação do IVA (*reverse charge*)[291].

Estas transferências de bens têm de ser objeto de registos contabilísticos (alíneas b) e c) do nº 2 do art. 31º do RITI) de forma a evidenciar o valor das transmissões de bens efetuadas noutros EM (nº 1 do art. 9º do RITI) e das transmissões de bens efetuadas em território nacional (nº 2 do art. 9º do RITI).

De modo a explicitarmos de forma prática esta problemática, apresentamos de seguida os seguintes (13) exemplos:

Exemplo 1: Empresa portuguesa (A) vendeu a uma empresa espanhola (B), um equipamento (elevador), tendo ficado obrigada a proceder à sua instalação em Espanha. Os técnicos da empresa portuguesa deslocaram-se a Espanha e aí prestaram o serviço de instalação.

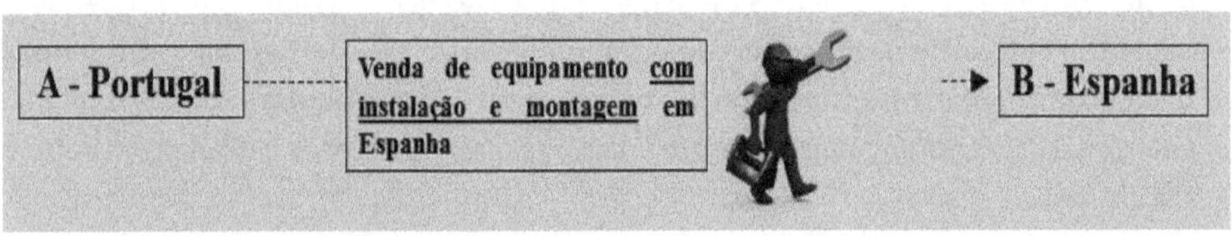

Comentário: A empresa portuguesa não efetua uma TIB, nem ocorre em Espanha nenhuma AIB (al. a) do nº 2 do art. 7º do RITI). Assim, esta operação não se encontra sujeita a IVA em território nacional (nº 1 do art. 9º do RITI), devendo a empresa portuguesa fazer constar esta norma na fatura emitida à empresa espanhola.

O valor da operação deverá ser mencionado no campo 8 da DP_IVA, o que significa que, na prática, estamos perante uma «isenção completa», ou seja, a empresa portuguesa poderá, em princípio, deduzir o IVA suportado para a realização desta operação.

[291] No caso português, se a localização ocorrer em Portugal (nº 2 do art. 9º do RITI), o adquirente português, por força da al. g) do nº 1 do art. 2º, será o SP, podendo, regra geral, deduzir o IVA (al. d) do nº 1 do art. 19º).

A empresa portuguesa poderá registar-se ou nomear um representante em Espanha liquidando aí o IVA. Caso não o faça, deverá ser o adquirente (B) a liquidar o IVA (e a deduzi-lo, dentro dos condicionalismos aplicáveis em Espanha), em substituição do fornecedor português (A)[292].

Exemplo 2: Empresa de Braga (A) vendeu a uma empresa espanhola (B), um equipamento (elevador), tendo ficado obrigada a proceder à sua instalação em Espanha.

Para o efeito, a empresa (A) subcontratou uma empresa de Coimbra (C) para a montagem, serviço esse faturado à empresa (A).

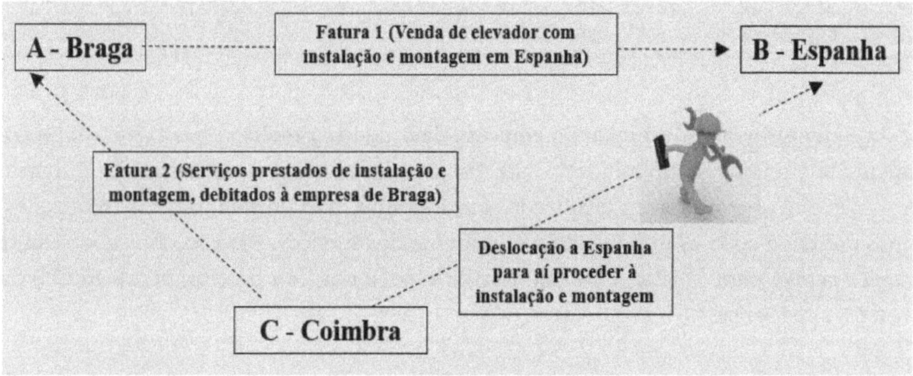

Comentário: Estamos perante uma situação parecida com o caso anterior, apenas com a particularidade de os serviços de instalação/montagem serem executados por uma outra empresa portuguesa. Assim, os procedimentos a adotar entre a empresa portuguesa (A) e a empresa espanhola (B) são idênticos, pois também esta operação não se encontra sujeita a IVA em território nacional (nº 1 do art. 9º do RITI).

Quanto aos serviços debitados pela empresa de Coimbra (C), esta terá de liquidar IVA na fatura que emite, podendo, em princípio, a empresa adquirente (A) deduzi-lo.

Exemplo 3: Empresa de Braga (A) vendeu a uma empresa espanhola (B), um equipamento (elevador). Embora esse equipamento precisasse de ser instalado e montado, isso ocorreu por conta da empresa espanhola que, para o efeito, contratou uma outra empresa portuguesa de Coimbra (C), serviço esse faturado por (C) à empresa (B).

---

[292] Em princípio, haverá em Espanha uma norma análoga à nossa al. g) do nº 1 do art. 2º. Veja-se a Informação Vinculativa, Processo 12920, de 04/05/2018.

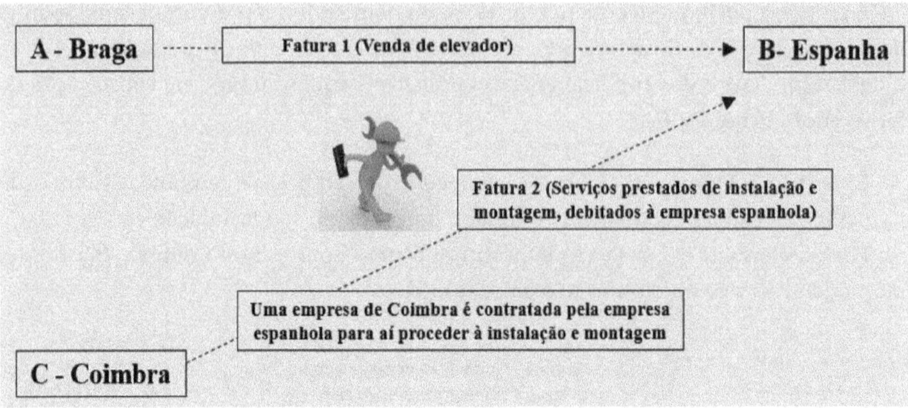

Comentário: Nesta situação, a empresa de Braga (A) realiza uma TIB e, simetricamente, a empresa espanhola uma AIB. Por sua vez a empresa de Coimbra (C) presta serviços que se consideram localizados em Espanha, não porque foram aí realizados, mas porque é onde está registado o adquirente dos serviços. Por isso, estamos perante uma operação não sujeita a IVA em território nacional (regra geral, al. a) do nº 6 do art. 6º, *a contrario*).

Exemplo 4: Empresa portuguesa (A) vendeu a uma empresa espanhola (B), um equipamento (elevador). A empresa adquirente (B) subcontratou uma empresa da Corunha (C) para a montagem, serviço esse faturado à empresa (B).

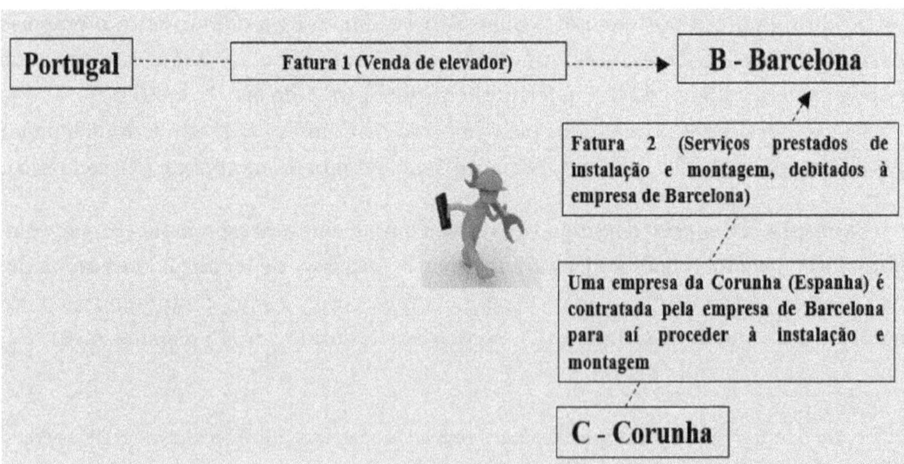

Comentário: Neste caso, parecido com o anterior, a empresa portuguesa (A) realiza uma TIB e a empresa de Barcelona (B) uma AIB, uma vez que a instalação/montagem não é da responsabilidade da empresa portuguesa.

Exemplo 5: Empresa de Braga (A) vendeu a uma empresa sediada em Barcelona (B) um elevador, tendo ficado obrigada a proceder à sua instalação/montagem em Espanha.

Para o efeito, a empresa portuguesa (A) subcontratou uma empresa da Corunha (C) para a montagem, serviço esse faturado à empresa portuguesa (A).

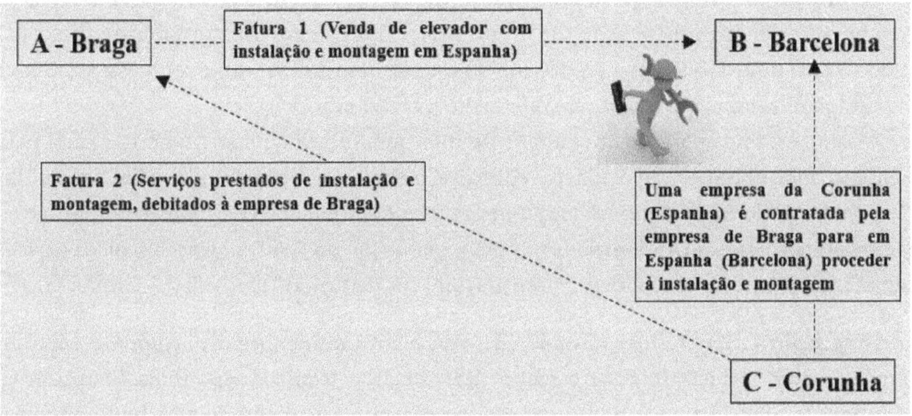

Comentário: Esta operação não se encontra sujeita a IVA em território nacional pois estamos perante uma venda seguida de instalação/montagem, por conta da empresa portuguesa (nº 1 do art. 9º do RITI). Trata-se de uma operação localizada em Espanha, podendo a empresa portuguesa (A) registar-se ou nomear um representante liquidando aí o IVA. Caso não o faça, deverá ser o adquirente (B) a liquidar o IVA (e a deduzi-lo, dentro dos condicionalismos aplicáveis em Espanha)[293].

Relativamente aos serviços prestados pela empresa da Corunha (C), pese embora tenham sido realizados em Espanha, a sua localização dar-se-á em território nacional (regra geral, al. a) do nº 6 do art. 6º), competindo à empresa portuguesa (A) a liquidação do IVA (por força da al. e) do nº 1 do art. 2º).

[293] Mais uma vez, admitindo que haverá em Espanha uma norma análoga à nossa al. g) do nº 1 do art. 2º.

<u>Exemplo 6</u>: Empresa espanhola (<u>B</u>) vendeu a uma empresa portuguesa (<u>A</u>) uma máquina industrial, ficando contratualmente obrigada a proceder à sua montagem em Portugal. Para o efeito, deslocou-se a Portugal para proceder à instalação/montagem do referido equipamento.

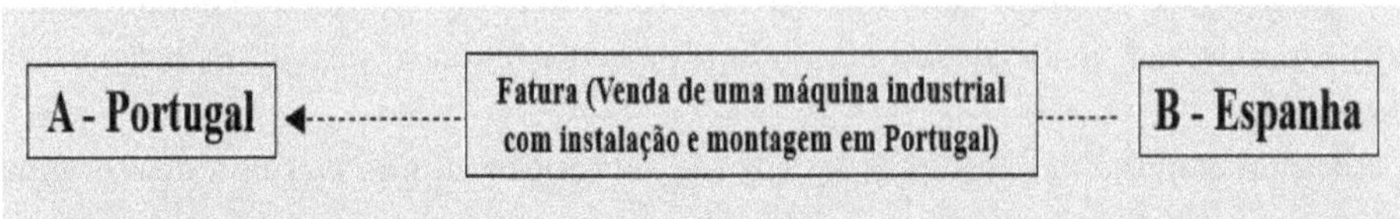

<u>Comentário</u>: Trata-se de uma venda seguida de instalação/montagem localizada em território nacional (nº 2 do art. 9º do RITI). Com efeito, a empresa espanhola (<u>B</u>) não realiza uma TIB (nem a empresa portuguesa uma AIB)[294] uma vez que o vendedor se obriga à instalação/montagem em território nacional.

Assim, estamos perante uma operação interna realizada em território nacional pela empresa espanhola (<u>B</u>), que poderá registar-se ou nomear representante a fim de liquidar IVA (art. 24º do RITI). Caso não haja um registo ou nomeação de representante, será a empresa portuguesa (A) a responsável pela liquidação do IVA (por força da al. g) do nº 1 do art. 2º), imposto que poderá, em princípio, ser deduzido (al. d) do nº 1 do art. 19º).

<u>Exemplo 7</u>: Empresa espanhola (<u>B</u>), vendeu a uma empresa portuguesa (<u>A</u>), um equipamento industrial. Para o efeito subcontratou técnicos espanhóis (empresa <u>C</u>, estabelecida na Corunha) para a montagem, serviço esse faturado e incluído no preço de venda do equipamento.

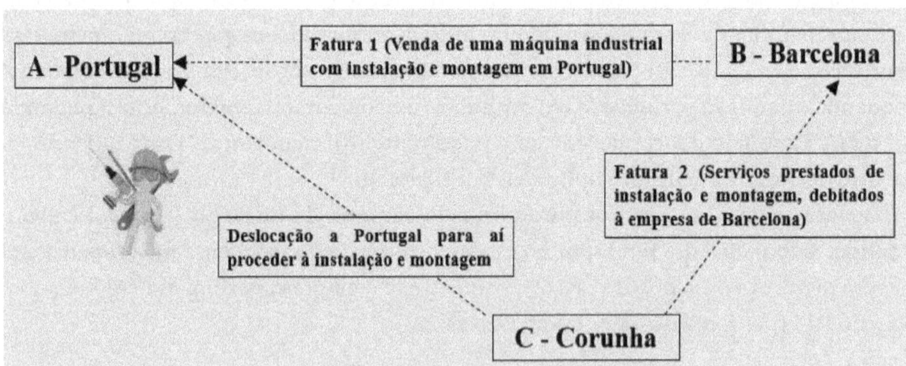

---

[294] Mera transferência de bens (nº 3 do art. 4º do RITI).

Comentário: Como na situação anterior, estamos perante uma venda seguida de instalação/montagem localizada em território nacional (nº 2 do art. 9º do RITI). A empresa de Barcelona (B) não realiza uma TIB (nem a empresa portuguesa uma AIB) uma vez que o vendedor se obriga à instalação/montagem em território nacional, ainda que tenha subcontratado uma outra empresa para o efeito. Assim, a operação considera-se localizada em território nacional, cabendo à empresa portuguesa (A) a obrigação de liquidar o IVA (por força da al. g) do nº 1 do art. 2º do CIVA).

Exemplo 8: Empresa espanhola (B) vendeu a uma empresa portuguesa (A) uma máquina industrial. A empresa portuguesa (A) contratou técnicos espanhóis (empresa C, estabelecida na Corunha) para a montagem, serviço esse faturado à empresa (A).

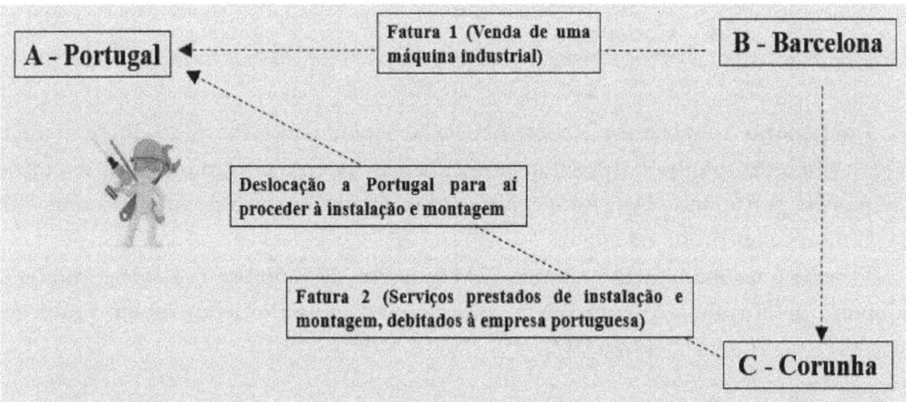

Comentário: A empresa de Barcelona (B) realiza uma TIB e, simetricamente, a empresa portuguesa uma AIB, uma vez que a instalação/montagem é por conta desta (A).

Quanto aos serviços prestados pela empresa da Corunha (C), são localizados em território nacional (regra geral, al. a) do nº 6 do art. 6º).

Exemplo 9: Empresa espanhola (B) vendeu a uma empresa de Barcelos (A), um determinado equipamento. Esta última (A) contratou uma empresa de Coimbra (C) para a montagem, serviço esse faturado à empresa de Barcelos (A).

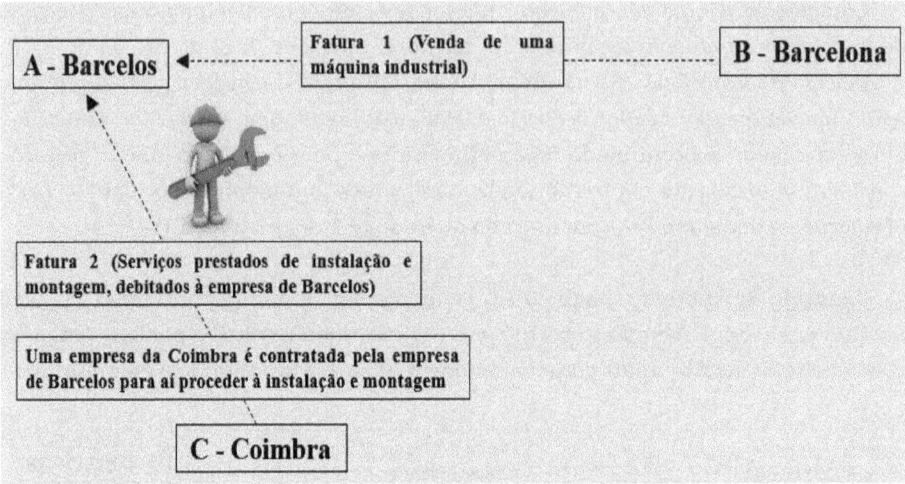

Comentário: Como o serviço da instalação/montagem é faturada diretamente a (A), a empresa espanhola (B) efetua uma TIB normal isenta em Espanha. Por seu turno a empresa portuguesa (A) está a realizar uma operação correspondente a uma AIB localizada em território nacional.

O serviço de montagem efetuado pela empresa de Coimbra (C) será faturado à empresa de Barcelos (A) com IVA[295], imposto esse que seria dedutível em condições normais (al. a) do nº 1 do art. 19º).

Exemplo 10: Empresa espanhola (B) vendeu a uma empresa de Barcelos (A), um determinado equipamento, ficando contratualmente obrigada a proceder à sua montagem em Portugal. Para o efeito, a empresa espanhola subcontratou técnicos portugueses (empresa C, estabelecida em Coimbra) para a montagem, serviço esse faturado e incluído no preço de venda do equipamento.

[295] Operação obviamente localizada em território nacional (regra geral, al. a) do nº 6 do art. 6º).

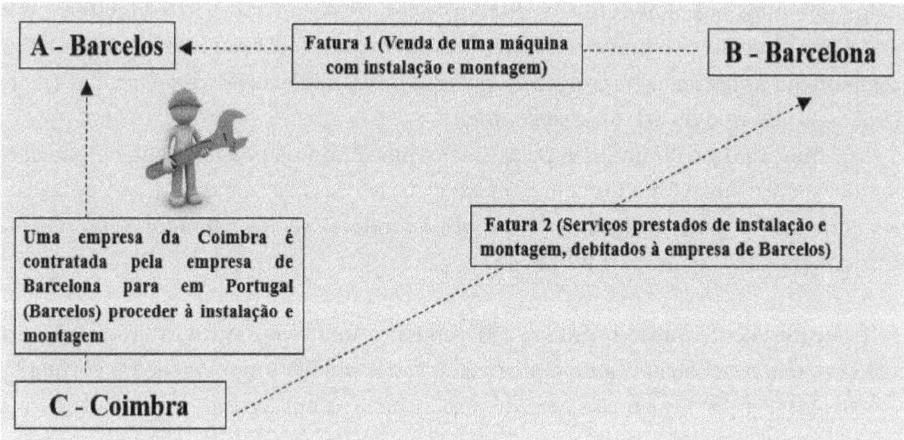

Comentário: Face às disposições do RITI, a empresa de Barcelos (B) não efetua uma AIB em território nacional, embora a operação se encontre sujeita a IVA em território nacional (nº 2 do art. 9º do RITI).

Quanto ao serviço de montagem prestado pelos técnicos portugueses, não se localiza em território nacional, não sendo, como tal, aqui tributável (regra geral, al. a) do nº 6 do art. 6º, *a contrario*).

Exemplo 11: Empresa portuguesa (A) vendeu a um seu cliente estabelecido em Angola (B), diverso material elétrico, tendo ficado obrigada a proceder à sua instalação numa discoteca em Angola (os técnicos da empresa portuguesa deslocaram-se a Angola para prestar o serviço de instalação).

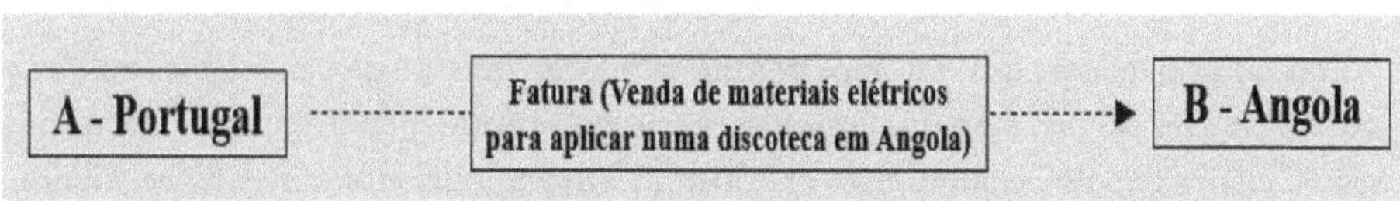

Comentário: Como Angola não faz parte da UE, não podemos aplicar o art. 9º do RITI nestas operações. Assim, estas transmissões de bens beneficiam de isenção (ao abrigo da al. a) do nº 1 do art. 14º), desde que comprovadas a sua expedição ou transporte para um país terceiro (nº 8 do art. 29º).

Quanto à montagem e aplicação dos materiais em Angola (ou outros serviços que a empresa realize nesse país), teremos de ter em conta as duas regras gerais (já abordadas) previstas nas alíneas a) e b) do nº 6 do art. 6º. Assim, quando o adquirente seja um SP estabelecido (e o prove) fora da UE, a operação é localizada no local do estabelecimento do adquirente (regra geral), ou seja, o IVA não é devido em Portugal (regra geral, al. a) do nº 6 do art. 6º, *a contrario*).

Na situação descrita também poderá ser equacionada a possibilidade de estarmos perante serviços relacionados com bens imóveis. Nesse caso, a montagem e aplicação dos materiais só será de incluir nessa regra quando os serviços tenham uma relação suficientemente direta com tais imóveis.

Exemplo 12: Empresa brasileira (B) vendeu a uma empresa portuguesa (A) um carrossel, tendo ficado obrigada a proceder à sua instalação/montagem em Portugal.

Comentário: Esta operação considera-se localizada em território nacional. Caso a empresa brasileira não esteja registada neste território ou não nomeie representante, será a empresa portuguesa (A) a responsável pela liquidação do IVA (por força da al. g) do nº 1 do art. 2º), que poderá, em princípio, ser deduzido (al. d) do nº 1 do art. 19º).

Exemplo 13: Empresa portuguesa (A) que se dedica à reparação de veículos automóveis, procedeu nas suas instalações à substituição e montagem de pneus de uma viatura de uma empresa registada, para efeitos do IVA, em Espanha (B).

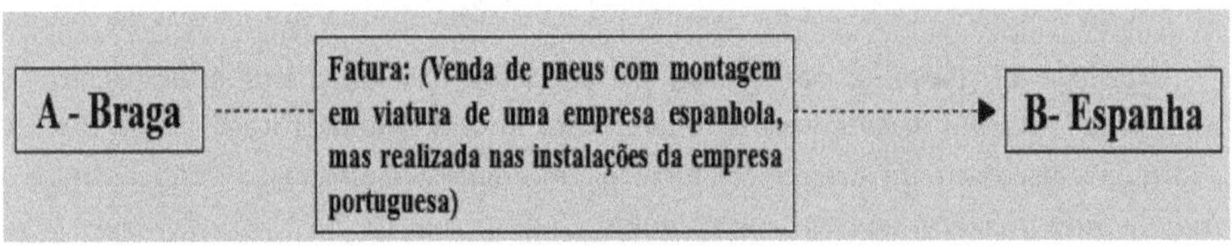

Comentário: Neste caso, estamos perante uma transmissão de bens sujeita a IVA em território nacional, uma vez que a transferência da propriedade dos bens e a sua colocação à disposição do adquirente se efetua em território nacional, antes de os referidos bens serem expedidos para o outro EM (Espanha).

Assim, neste exemplo, não estamos perante uma TIB isenta (não se aplica o art. 14º do RITI), pelo que, sendo aplicada a regra geral (nº 1 do art. 6º), a empresa portuguesa deveria ter procedido à liquidação do IVA correspondente[296].

---

[296] A este propósito, veja-se a Informação Vinculativa, Processo 17189, de 06/12/2021.

5.7. Importações de bens com destino a outros EM da UE

Nos termos do nº 1 do art. 16º do RITI, uma importação de bens em Portugal, estará isenta de IVA se estes tiverem como destino outro EM e a respetiva transmissão subsequente efetuada pelo importador for isenta pelo art. 14º do RITI[297].

No entanto, nos termos do nº 2 do art. 16º do RITI, esta isenção será apenas aplicável se a expedição ou transporte dos bens para um adquirente situado noutro EM for consecutiva à importação e o SP: *(i)* indicar o seu NIF_IVA (ou o do seu representante fiscal), emitido em território nacional; *(ii)* indicar o NIF_IVA do adquirente atribuído noutro EM ou, no caso de os bens serem objeto de transmissão nos termos da al. c) do nº 1 do art. 14º do RITI, o seu próprio NIF_IVA no EM de chegada dos bens; e *(iii)* fizer prova de que os bens importados se destinam a ser transportados/expedidos com destino a outro EM.

Os SP não residentes, sem EE em território nacional, que aqui não se encontrem registados para efeitos do IVA, mas que disponham de um registo de IVA noutro EM e utilizem o respetivo NIF_IVA para efetuar a importação, podem também beneficiar da isenção desde que a importação seja efetuada através de um representante indireto (por exemplo, um despachante oficial) devidamente habilitado para apresentar declarações aduaneiras, nos termos da legislação aplicável, e seja um SP dos referidos na al. a) do nº 1 do art. 2º do CIVA (nº 3 do art. 16º do RITI). Este representante indireto é devedor do IVA que se mostre devido e fica obrigado a comprovar os requisitos exigidos, bem como a incluir, na respetiva DP_IVA e na DR_IVA, a subsequente transmissão isenta nos termos do art. 14º (nº 4 do art. 16º do RITI)[298].

Com estas disposições (haverá certamente normas equivalentes em todos os outros EM), evita-se que o importador suporte IVA na importação relativamente a bens que vão imediatamente para outros EM, uma vez que se trata de imposto que, sendo liquidado pelas autoridades alfandegárias, seria dedutível, logo, reembolsável, dado que se segue uma TIB à qual se aplica uma isenção completa[299].

No caso português, considera-se assimilada a uma AIB a afetação por um SP às necessidades da sua empresa, no território nacional, de bens produzidos ou importados

---

[297] Todos os outros EM terão uma norma reflexa.

[298] É claro que na ausência de informação dos requisitos previstos, nomeadamente a prova da operação, é devido IVA pela importação (nºs 5 e 6 do art. 16º do RITI).

[299] Ao abrigo das alíneas a) ou c) do nº 1 do art. 14º do RITI.

pelo SP no território de outro EM da UE[300]. Isto é, uma importação de bens efetuada por um operador noutro EM (por exemplo, Holanda), que tenham como destino o território nacional, será considerada uma AIB, não ocorrendo em território nacional uma importação pois os bens encontram-se em livre prática[301].

Assim, a importação ocorre no EM onde os bens dão entrada no território da UE, aplicando-se aí uma isenção, devendo, para efeitos de controlo (VIES), ser aí declarada pelo importador, ou pelo seu representante, uma TIB (operação também assimilada, pois não ocorre a transmissão do direito de propriedade), isenta de IVA[302].

Assim, reitera-se, nos termos dos nºs 1 e 2 do art. 16º do RITI, estão isentas de IVA as importações de bens efetuadas por um SP, quando se comprove que os bens têm como destino um adquirente de outro EM e a respetiva transmissão (TIB), consecutiva à importação, beneficie da isenção prevista no art. 14º do RITI.

Esta isenção será aplicável se o importador estiver registado em território nacional, que evidenciará a venda efetuada ao seu cliente de outro EM ou a «venda» efetuada a si próprio (isenções previstas nas alíneas a) ou c) do nº 1 do art. 14º do RITI) no campo 07 da DP_IVA e na DR_IVA (código 1) respeitante às respetivas TIB. Inversamente, o adquirente, ou o próprio importador, deverá declarar a AIB correspondente no seu EM.

Esta isenção será também aplicável se o importador for um operador, registado noutro EM, e se a importação for efetuada através de um representante indireto registado em Portugal (nº 3 do art. 16º do RITI)[303]. Estes representantes ficam obrigados a comprovar que os bens em causa se destinam a um adquirente de outro EM (será a própria empresa importadora que representam), devendo, de acordo com o nº 4 do art. 16º do RITI, incluir na sua DP_IVA e na DR_IVA a subsequente TIB isenta[304].

Estes representantes indiretos, que atuem por conta de operadores não residentes, devem proceder à contabilização em contas de terceiros apropriadas das «importações» e posteriores TIB com destino a outro EM (nº 6 do art. 31º do RITI).

---

[300] Conjugação da al. d) do art. 1º com a al. a) do nº 1 do art. 4º, ambos do RITI.

[301] Nos termos da primeira parte da al. a) do nº 1 do art. 5º.

[302] Por uma disposição análoga à prevista na al. c) do nº 1 do art. 14º do RITI.

[303] Em regra, trata-se de despachantes oficiais, transitários, etc.

[304] Transferência de bens assimilada a TIB, nos termos do nº 1 do art. 7º do RITI, que beneficia de isenção ao abrigo da al. c) do nº 1 do art. 14º do RITI.

Por fim, referir que o regime é ainda aplicável quando um operador de um país terceiro se encontra registado em território nacional. Neste caso, ele fará em Portugal a importação (isenta) dos seus próprios bens e depois irá declarar uma TIB isenta para o seu cliente de outro EM da UE.

Na prática, nas situações suprarreferidas, o controlo dos bens importados e do IVA devido na importação deixa de estar a cargo das autoridades alfandegárias dos EM (livre prática), passando o controlo a ser efetuado pelo sistema VIES.

Note-se que nas operações internas os SP deduzem o IVA ainda que não se encontre pago aos fornecedores (princípio da dedução imediata). Não é o caso do IVA suportado nas importações, pois, regra geral[305], o IVA só é dedutível depois de pago às autoridades alfandegárias com base no «recibo». Será esse o documento apropriado para deduzir o IVA pago na importação[306].

O facto de o IVA poder ter de ser pago «à cabeça», quando a sua dedutibilidade apenas se materializa mais tarde, no momento da apresentação da DP_IVA, pode colocar problemas de tesouraria às empresas. Este facto tem motivado uma prática que consiste em desviar as importações para outros EM, convertendo importações em AIB, eliminando o ónus financeiro do pagamento do IVA antecipadamente (liquidação e dedução em simultâneo).

Perante a problemática exposta, atenda-se aos seguintes exemplos:

Exemplo 1: Empresa portuguesa (B) comprou bens a uma empresa da China (A), que são desalfandegados em Roterdão (Holanda), através de um transitário, e enviados de forma subsequente com destino a Portugal. Os documentos são a fatura dos bens da China e a fatura do transitário das despesas de transporte.

[305] Como já dissemos, atualmente, com as alterações introduzidas aos artigos 27º e 28º do CIVA, é possível que os SP abrangidos pelo regime de periodicidade mensal possam, observadas determinadas condições, optar pelo pagamento do IVA devido pelas importações de bens através da DP_IVA.

[306] Cfr. al. b) do nº 1 e al. b) do nº 2 do art. 19º.

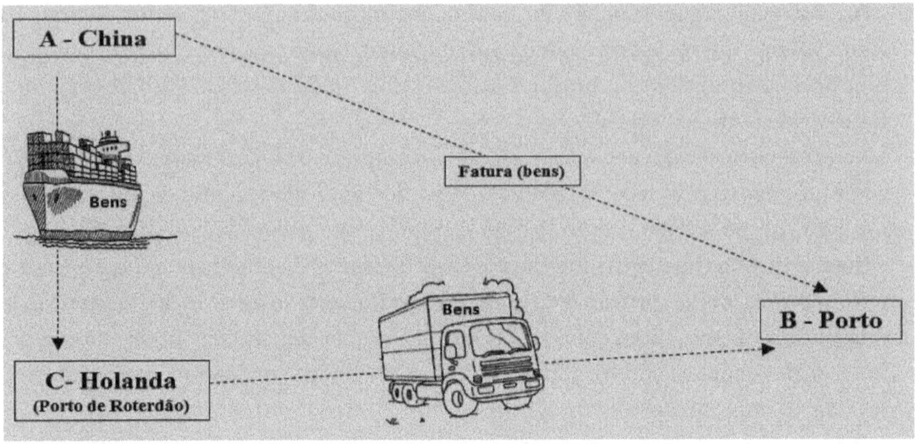

Comentário: Estamos perante bens oriundos de um país terceiro (China) e que foram desalfandegados noutro EM (Holanda), através do porto de Roterdão. Assim, a empresa portuguesa poderá aí beneficiar de um regime análogo ao previsto no art. 16º do RITI, «transformando» as suas importações em AIB, com a vantagem, entre outras, de evitar o pagamento do IVA liquidado «à cabeça» nas importações efetuadas em território nacional[307].

Admitindo que a importação na Holanda estará isenta, segue-se uma TIB (assimilada) também isenta nesse país. Essa importação terá sido assumida por um transitário (despachante oficial ou representante fiscal da empresa portuguesa), por conta da empresa adquirente, embora aí possa não ter sido sujeita a imposto. Ou seja, na Holanda, haverá uma norma semelhante ao nosso art. 16º, que permita que a importação nesse país seja isenta, desde que, de forma subsequente, haja uma saída para outro EM, como foi o caso[308].

Partindo destes pressupostos, os bens seguem em livre prática[309]. Esta remessa dos bens para território nacional traduz-se numa afetação às necessidades do SP, de bens expedidos ou transportados, por si ou por sua conta, a partir do EM onde foram impor-

[307] Nos casos em que não é viável ou possível o diferimento no pagamento, ou ainda a entidade não pode optar pelo pagamento do IVA devido pelas importações, através da DP_IVA.

[308] Por conseguinte, o mesmo representante terá procedido à TIB na Holanda, fazendo constar os respetivos valores numa declaração equivalente à nossa DR_IVA.

[309] Ao abrigo da al. a) do nº 1 do art. 5º.

tados, e representa uma operação assimilada a AIB[310], sendo o IVA liquidado e, em regra, deduzido pelo adquirente português como se de uma AIB se tratasse[311].

Assim, a empresa portuguesa terá de proceder à liquidação do IVA, devendo mencionar os respetivos valores nos campos 12 (base) e 13 (valor do IVA) do quadro 06 da DP_IVA, podendo, em princípio, deduzir o imposto (campo 20 a 24 a DP_IVA).

Exemplo 2: Empresa brasileira (A) vendeu bens a uma empresa portuguesa (B), tendo esta revendido esses bens a uma empresa estabelecida em Espanha (C). Os bens são remetidos do Brasil, por via marítima, para Portugal. De forma subsequente, os mesmos bens são remetidos para Espanha, por via rodoviária, com destino a (C), cliente da empresa portuguesa.

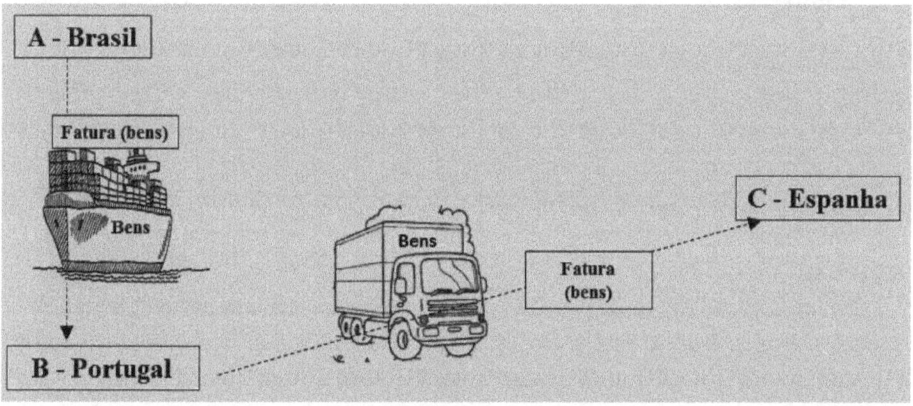

Comentário: Entrada no território nacional de bens provenientes do Brasil (país terceiro), com destino a um operador registado noutro EM da UE. Assim, partindo do pressuposto que o operador que realiza a importação (B) está enquadrado no regime normal do IVA, pode beneficiar da isenção deste imposto, desde que observados os atos e formalidades previstas na regulamentação aduaneira e preenchidos os requisitos necessários à aplicação do regime do IVA previsto no art. 16º do RITI. De resto, teriam de ser preenchidos os requisitos já elencados no caso anterior.

---

310 Nos termos da al. a) do nº 1 do art. 4º do RITI, sujeita a IVA (al. d) do art. 1º).

311 De acordo com a al. a) do nº 1 do art. 23º e do nº 1 do art. 19º, ambos do RITI.

Exemplo 3: Empresa brasileira (A) vendeu bens a uma empresa espanhola (B). Os bens são remetidos por via marítima para Portugal (Porto de Sines) e, de forma subsequente, os mesmos bens são remetidos para Espanha, por via rodoviária, com destino a (B), cliente da empresa brasileira.

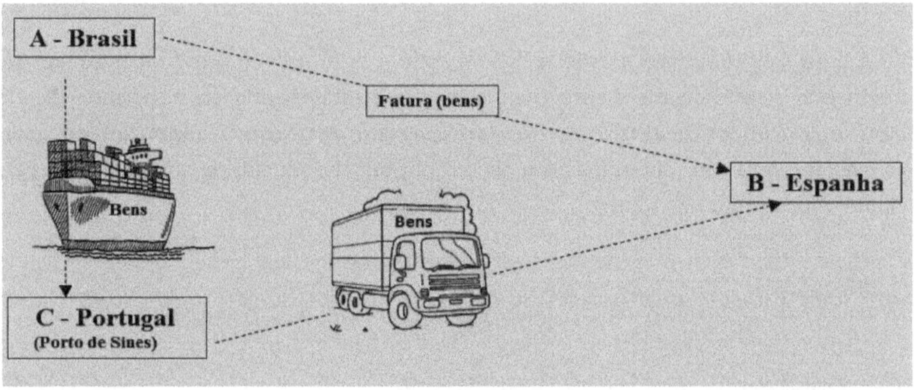

Comentário: Trata-se de bens oriundos de país terceiro (Brasil), constituindo, por isso, uma importação de bens e subsequente expedição ou transporte para outro EM (Espanha).

Esta importação (al. a) do nº 1 do art. 5º), embora sujeita a imposto[312], beneficia da isenção nos termos dos nºs 1 e 3 do art. 16º do RITI, desde que cumpridos os requisitos exigidos, dando-se a tributação em Espanha (sendo aí tratada como uma AIB).

O importador, ou um seu representante, realiza aqui uma operação assimilada a TIB, que beneficia de isenção[313].

Exemplo 4: Empresa dos Estados Unidos (A) vendeu bens a uma empresa sediada na Suíça (D). Esta empresa suíça revendeu os bens a uma empresa portuguesa (C). Os bens foram enviados, por via aérea, dos Estados Unidos para a Holanda (B), onde deram entrada em território da UE, e depois seguiram, por via rodoviária, para Portugal, com destino à empresa portuguesa (C).

---

[312] Cfr. al. b) do nº 1 do art. 1º.

[313] Nos termos do nº 1 do art. 7º e da al. c) do nº 1 do art. 14º, ambos do RITI.

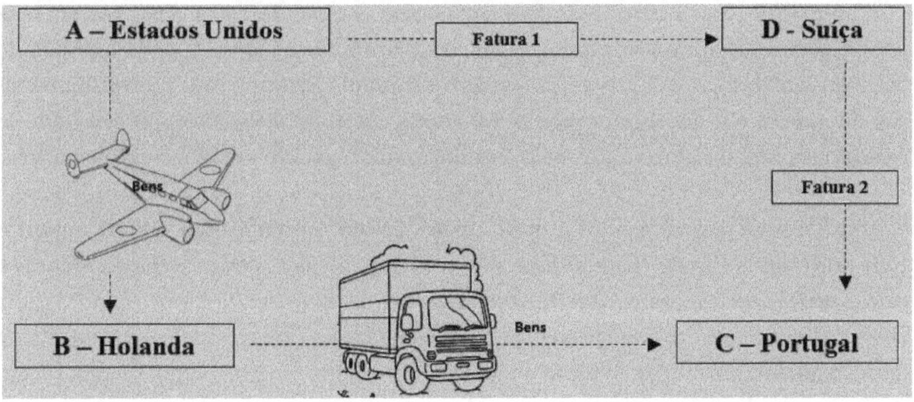

Comentário: Nesta operação, pese embora a sua descrição «quadrangular», em nosso entendimento, desde que sejam observadas as condições estabelecidas no art. 16.º do RITI, haverá uma «importação» isenta na Holanda e uma AIB em território nacional.

Exemplo 5: Empresa alemã (D) vai introduzir em livre prática, via território nacional (B), uma aeronave proveniente do Canadá (A). A aeronave destina-se a Espanha (C), onde irá ser objeto de um contrato de locação firmado com uma empresa aí estabelecida.

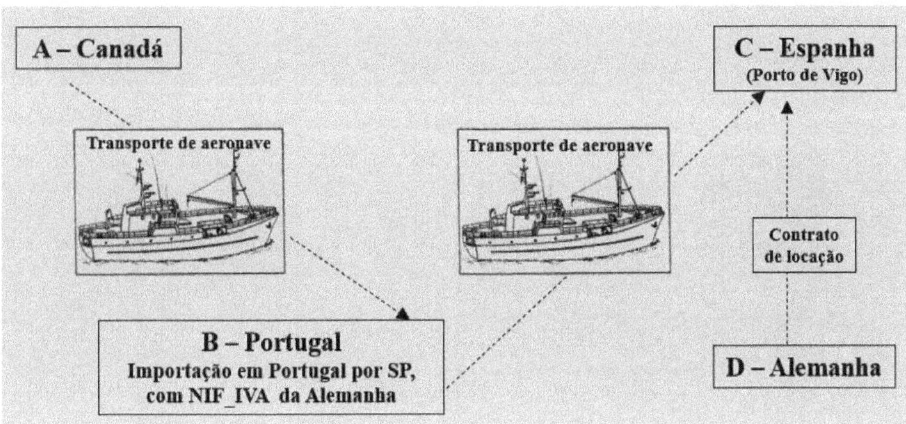

Comentário: O art. 16º do RITI define as condições essenciais para a isenção em sede de IVA, sem restringir o seu recurso ao tipo ou quantidade de bens. Apenas a qualidade dos intervenientes, a inobservância dos atos e formalidades previstas na regulamentação aduaneira e o não cumprimento das condições aí estabelecidas, que em nada se relacionam com a natureza dos bens transacionados, podem impedir o recurso à isenção do imposto. Contudo, nos casos em que, após a introdução em livre prática, o meio de transporte se desloque pelos próprios meios do território nacional (EM de importação) para um EM onde o adquirente não tem um NIF_IVA, devem ser apresentados, com o pedido de isenção do IVA, documentos que justifiquem, de forma inequívoca, o desvio do meio de transporte para outro EM, como poderá ser o caso de um contrato de locação ou um contrato de sujeição do meio de transporte para trabalhos de reparação.

Assim, desde que verificado o cumprimento dos atos e formalidades aduaneiras, as condições de aplicação estabelecidas para a isenção do IVA e apresentado o contrato de fretamento, o operador económico alemão (D) pode beneficiar da isenção do IVA previsto no art. 16º do RITI. Significa que a importação de meios de transporte, independentemente da sua natureza (aéreos, marítimos ou terrestres), e subsequente expedição para outro EM, pode beneficiar da isenção do IVA, desde que reunidas as condições necessárias à aplicação do regime previsto no art. 16º do RITI.

Exemplo 6: Entrada em território nacional de bens provenientes das Ilhas Canárias, com destino a outro EM (Espanha).

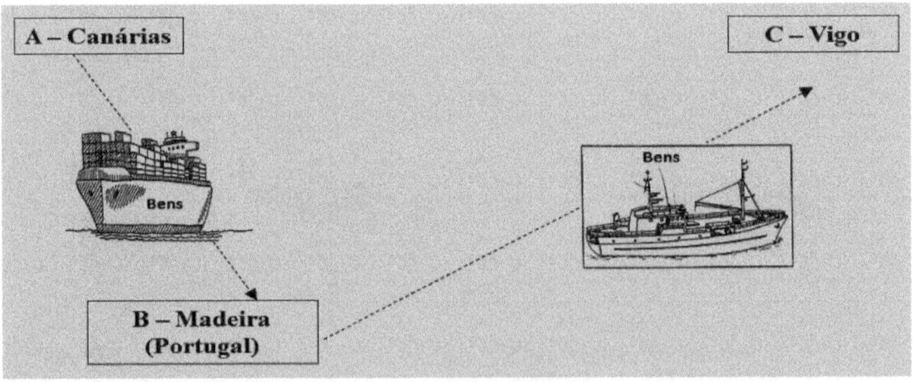

Comentário: A entrada em território nacional de bens provenientes de territórios dos EM, considerados fiscalmente «territórios terceiros» e que se encontrem em livre prática configura uma importação, pelo que todas as transações realizadas a partir daqueles territórios, ou tendo-os como destino, devem ser tratadas como importações ou exportações, respetivamente. Assim, à semelhança dos casos precedentes, os bens provenientes das Ilhas Canárias, com estatuto aduaneiro comunitário, e que se destinem a um EM, podem beneficiar da isenção do IVA prevista no art. 16º do RITI, desde que cumpridas todas as condições aí estabelecidas.

Exemplo 7: Empresa chinesa (A) introduz bens em livre prática em Portugal (B), ocorrendo uma subsequente expedição para um SP em Espanha (C), em que o importador pretende utilizar o NIF_IVA atribuído por outro EM (Grécia).

Comentário: Um operador registado, para efeitos do IVA, na Grécia pode introduzir em livre prática bens provenientes da China (país terceiro) e expedi-los de imediato para um SP em Espanha (C) ou em outro EM, desde que todos os intervenientes estejam enquadrados no regime normal do IVA num EM e constem no sistema VIES.

No entanto, a importação deve ser realizada através de um representante indireto devidamente habilitado para apresentar declarações aduaneiras nos termos da legislação aplicável, sendo que a declaração aduaneira deve identificar: o operador estabelecido na China; o operador registado na Grécia; a pessoa designada como representante (representação indireta), residente em território nacional; o NIF_IVA do importador atribuído por Portugal, precedido da menção do NIF_IVA, na medida em que não está registado em território nacional; o NIF_IVA do destinatário final dos bens, operador espanhol, atribuído pelo EM onde se efetiva a entrega dos bens.

Exemplo 8: Empresa chinesa (A) vende bens a um operador da Grécia (C) emitindo a competente fatura de suporte à operação em maio de N. Os bens são expedidos ou transportados diretamente para Portugal (introdução em livre prática / importação e declaração aduaneira aceite em fevereiro de N) com subsequente expedição para um SP em Itália, tendo o operador na Grécia vendido os bens a um operador registado em Itália em janeiro de N.

Comentário: Quanto à fatura (1), considerando que a venda de bens pelo operador grego ao operador italiano ocorreu em data anterior à entrada em livre prática / importação de bens, significa que a operação realizada está fora do campo de incidência do imposto.

Relativamente à fatura (2), considerando que o operador italiano (importador) não tem registo em território nacional e utiliza o NIF_IVA atribuído em Itália, deve, para o efeito, identificar: a pessoa que age em nome próprio, mas por conta do operador italiano, que passa a ser o declarante (representação indireta), e que deve ser SP no território nacional; o código referente a Itália (EM da entrega dos bens); e o número da fatura emitida pelo operador grego, precedido da menção do NIF IVA.

Em ambas as situações, o devedor do imposto é o representante, que assumiu a qualidade de declarante (a nomeação de representante fiscal é, em ambos os casos, facultativa).

Exemplo 9: Empresa dos Estados Unidos (A) vendeu bens para um consumidor final, em Espanha, tendo introduzido os bens na UE através do território nacional.

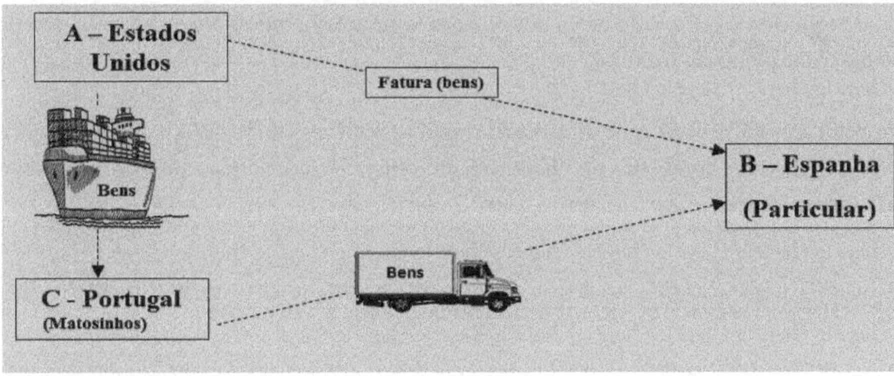

Comentário: Dado que o adquirente é particular (não consta no VIES), o art. 16º do RITI, não é aplicável. Assim, em Portugal ocorre uma importação (art. 5º do CIVA), sendo devedor do imposto quem na Alfândega assumir a qualidade de declarante.

Exemplo 10: Uma empresa portuguesa (B) adquiriu bens a uma empresa do Japão (A), tendo realizado trabalhos sobre bens móveis corpóreos (aperfeiçoamento ativo). Posteriormente os produtos acabados são vendidos e expedidos com destino a um SP registado em França (C).

Comentário: Desde a sua entrada em território nacional os bens foram colocados no regime de aperfeiçoamento ativo, para, após realizados os trabalhos, serem vendidos a um seu cliente, SP em França, pelo que, na nossa opinião, poderão beneficiar da isenção prevista subalínea iii) da al. b) do nº 1 do art. 15º do CIVA (aperfeiçoamento ativo). Assim, a importação dos bens não ficará sujeita ao pagamento de direitos aduaneiros se for requerida e concedida a sua importação temporária, que se encontra regulada no Código Aduaneiro da União.

Quanto à saída dos bens do regime suspensivo, momento em que se verifica a importação, o SP (B) deverá formalizar o pedido de isenção do IVA ao abrigo do art. 16º do RITI, cujas condições de aplicação são objeto de apreciação na estância aduaneira competente.

5.8. Outras operações transfronteiriças (bens e serviços)

Num contexto transfronteiriço, por vezes (muitas), temos a transferência de matérias-primas para um determinado território para serem objeto de transformação ou reparação (o denominado «trabalho a feitio»), finda a qual os bens (já produtos acabados ou reparados) são remetidos para um outro território.

Assim, nesta cadeia de operações, envolvendo diversos operadores situados em territórios diferentes, poderemos estar perante diferentes SP em função da localização da correspondente operação. Esta incidência subjetiva, por vezes, torna-se complexa, pois, como já vimos, as regras são (ou podem ser) diferentes quando estamos perante transmissões de bens e/ou prestações de serviços.

Desta forma, de seguida apresentamos um conjunto alargado de situações em que procuramos abordar determinadas operações, que, julgamos, serão as mais comuns no dia a dia das empresas. Embora se trate de situações com alguma complexidade (pois envolvem mais do que dois operadores e, ainda, transmissões de bens e prestações de serviços), em muitos casos as resoluções são semelhantes a alguns exemplos precedentes. Por isso, para evitar repetições e redundâncias desnecessárias, os nossos comentários reduzir-se-ão ao essencial.

Exemplo 1: Empresa de Braga (A), fatura matérias-primas (malha) ao seu cliente estabelecido em Espanha (B). Por indicação deste, as matérias-primas (malha) são entregues diretamente numa empresa em Guimarães (C), para esta proceder à confeção e transformação. A empresa de Guimarães (C) incorpora serviços e envia os produtos acabados (fatos de treino) para (B), estabelecido em Espanha, acompanhados da fatura dos serviços prestados.

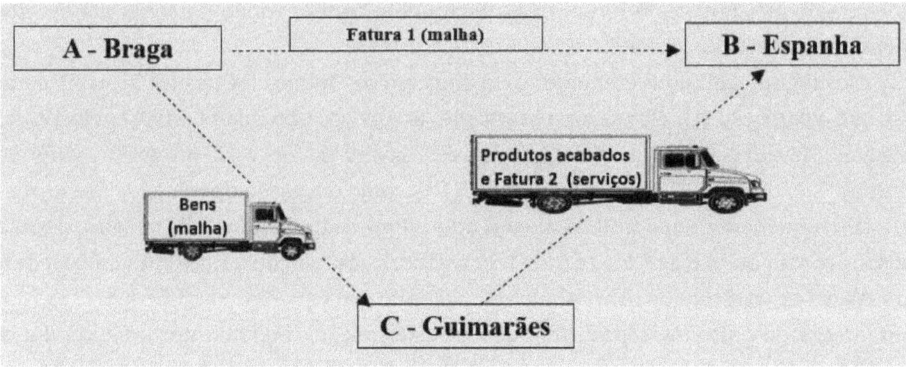

Comentário: A venda de matérias-primas (malha) efetuada à empresa espanhola (B), mas com entrega numa confeção em Portugal (fatura 1), admitimos que pode constituir uma TIB isenta de IVA, diferida no tempo até conclusão dos trabalhos efetuados pela confeção (C), ao abrigo da al. a) do nº 1 do art. 14º do RITI, relevando o valor no campo 7 do quadro 06 da DP_IVA e na DR_IVA, como operação tipo 1.

Para este efeito, deve a empresa fazer prova de que as condições previstas para aplicação da isenção estão preenchidas, nomeadamente provar que esses bens foram expedidos ou transportados para outro EM e que, na sequência dessa expedição, os mesmos saíram fisicamente do território nacional. Porém, aquando da entrega das matérias-primas (malha) à confeção (C), devem as mesmas ser acompanhadas de documentos adequados e de uma declaração de responsabilidade, indicando que as matérias-primas, depois de incorporadas nos produtos acabados, se destinam a ser enviados ao adquirente (B). Por seu turno, a empresa de Guimarães (C) deve proceder ao registo contabilístico da receção das matérias-primas (art. 31º do RITI).

Pese embora não exista nenhuma exigência formal relativa ao limite temporal para apresentar prova da saída dos bens, não pode a apresentação tardia da prova pôr em risco a cobrança do imposto[314]. Assim, esta operação estará isenta se a empresa vendedora (A) estiver na posse de um meio de prova que evidencie que os bens (produtos acabados) foram expedidos ou transportados para Espanha, e que, na sequência dessa expedição, os mesmos saíram fisicamente do território nacional, devendo para o efeito

[314] Ver artigos 14º, 23º e 27º do RITI.

a confeção (C) remeter à mesma (A) documento comprovativo da saída efetiva dos bens do território nacional[315].

Quanto aos trabalhos efetuados pela empresa de Guimarães (fatura 2), considera-se que a confeção (C) efetua uma prestação de serviços não sujeita a IVA em território nacional (regra geral, al. a) do nº 6 do art. 6º, *a contrario*), devendo inscrever o valor no campo 7 do quadro 06 da DP_IVA e na DR_IVA como operação tipo 5.

Diferentemente, se se tratasse de um adquirente sediado num país terceiro, dada a disposição na al. b) do nº 1 do art. 14º, beneficiaria de isenção uma vez que são isentas do IVA as exportações de bens, ainda que antes da sua expedição ou transporte sofram no interior do país uma reparação, uma transformação, uma adaptação ou qualquer outro trabalho, efetuado por terceiros agindo por conta do adquirente[316].

Exemplo 2: Empresa em Portugal (A) compra bens a uma empresa da Bélgica (B), e esta, por conta da empresa portuguesa, envia esses mesmos bens para embalamento a outra empresa sita também na Bélgica (C) que, após o embalamento, remete os bens embalados para Portugal.

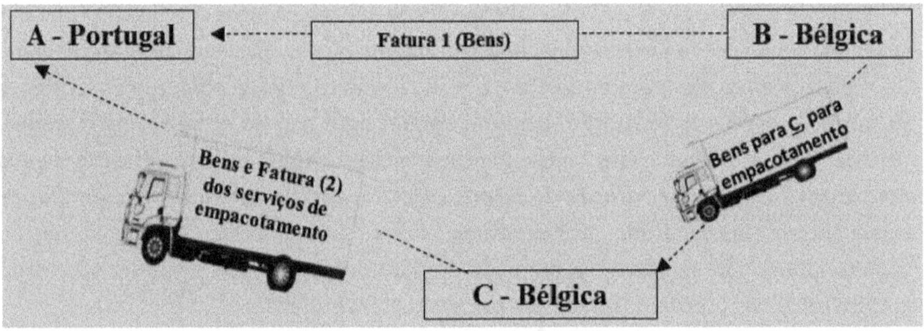

[315] Como já referimos, recentemente a AT alterou a sua posição quando os bens não vão diretamente para fora do território nacional, com destino a um outro EM. Com efeito, para a AT, como os bens não saem fisicamente do território nacional (efetivamente só saem depois incorporados nos produtos acabados), a operação é localizada em território nacional, competindo ao fornecedor nacional a liquidação do IVA. O adquirente (espanhol) poderia posteriormente solicitar o reembolso do IVA. Sobre esta matéria, veja-se a Informação Vinculativa, Processo 19605, de 16/09/2021.

[316] A este respeito, veja-se a Circular 8/2015, de 27/07, especificamente ao ponto 3.3.

Comentário: A aquisição à empresa belga (B) constitui uma AIB efetuada por (A), competindo a esta a liquidação do IVA correspondente, que será dedutível, de acordo com o seu direito à dedução (fatura 1)[317].

Quanto ao serviço de embalamento prestado por (C), é considerado localizado no território nacional (regra geral, al. a) do nº 6 do art. 6º), competindo à empresa portuguesa a liquidação do IVA (por força da al. e) do nº 1 do art. 2º), que, em princípio, será dedutível (fatura 2)[318].

Exemplo 3: Empresa espanhola (A) vendeu matérias-primas a uma empresa italiana (C), mas, por ordem desta, remeteu-as a uma empresa em Guimarães (B), para aí serem objeto de transformação. Posteriormente, a empresa de Guimarães (B) enviou os produtos acabados para a empresa italiana (C).

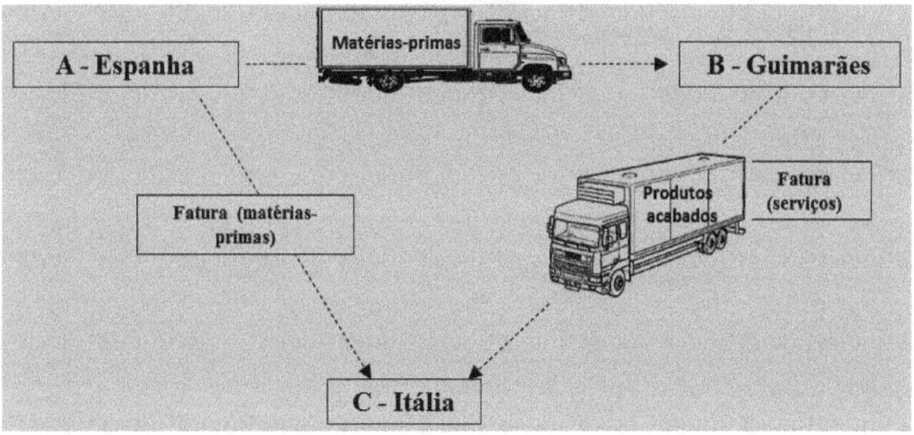

Comentário: Em primeiro lugar, a empresa de Guimarães (B) deveria proceder ao registo contabilístico da receção das matérias-primas que lhe foram remetidas (art. 31º do RITI).

[317] Nos termos do disposto nos artigos 3º e 8º do RITI. Assim, a empresa portuguesa deve mencionar os respetivos valores (admitindo a taxa normal) nos campos 12 (base) e 13 (IVA liquidado) e 22 (IVA dedutível) do quadro 06 da DP_IVA.

[318] A empresa portuguesa deve mencionar os respetivos valores nos campos 16 (base) e 17 (IVA liquidado) e 24 (IVA dedutível) do quadro 06 da DP_IVA.

Relativamente ao serviço prestado, constitui uma operação não sujeita a IVA (regra geral, al. a) do nº 6 do art. 6º, *a contrario*). Assim, na emissão da fatura à empresa italiana (C), não será liquidado IVA, devendo ser inscrito o valor no campo 7 do quadro 06 da DP_IVA e na DR_IVA como operação tipo 5.

Exemplo 4: Empresa espanhola (A) remeteu matérias-primas (bens) para uma empresa de Guimarães (B), para o corte (serviços). Esta empresa (B) faturou os serviços à empresa espanhola (A), mas entrega os produtos semiacabados em Braga (C), para acabamento. Por seu turno, a empresa (C) executa o acabamento (serviço) e remete os produtos acabados (camisas) para Espanha (A), acompanhados da fatura dos serviços de acabamento.

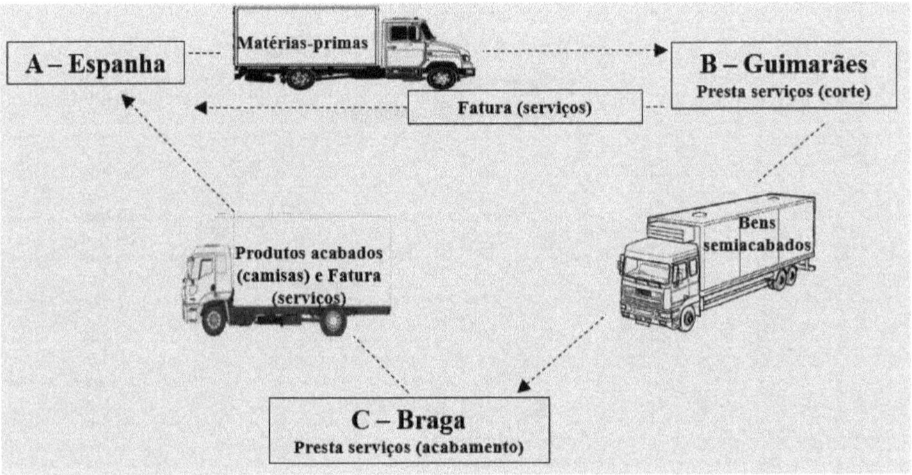

Comentário: A empresa (B), que presta serviços (corte), deve proceder ao registo contabilístico da receção das matérias-primas (art. 31º do RITI).

Relativamente ao serviço prestado (corte), constitui uma operação não sujeita a IVA (regra geral, al. a) do nº 6 do art. 6º, a *contrario*) pelo que na emissão da fatura à empresa espanhola (A), não liquida IVA, devendo inscrever o valor no campo 7 do quadro 06 da DP_IVA e na DR_IVA como operação tipo 5[319].

[319] A fatura emitida deverá conter a expressão «*IVA – autoliquidação*» (nº 13 do art. 36º). Veja-se a Informação Vinculativa, Processo 17561, de 10/12/2021.

Por seu turno, a empresa de Braga (C) procede em termos semelhantes.

Exemplo 5: Empresa espanhola (A) remeteu matérias-primas (tecido) para uma empresa portuguesa (B), para o corte (serviços). A empresa (B) executou o acabamento (serviço) e remeteu os produtos acabados (camisas) para Marrocos (C), acompanhados da fatura dos serviços de acabamento.

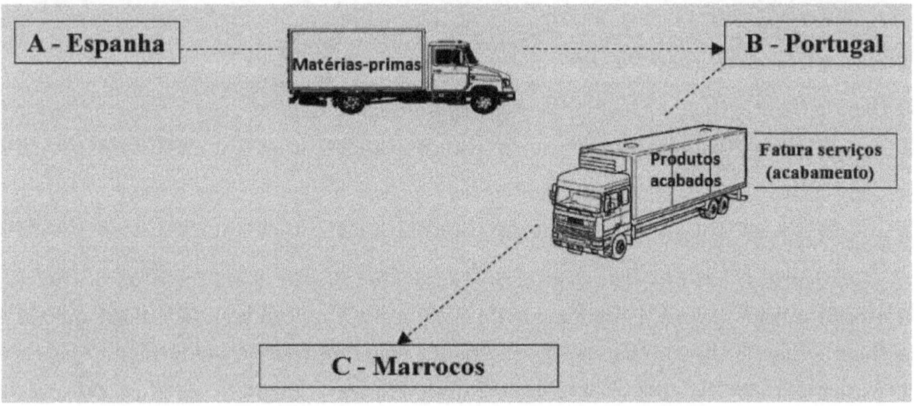

Comentário: Reportando-nos apenas aos serviços prestados em território nacional, e consequente remessa dos produtos acabados para um país terceiro (Marrocos), estamos perante uma operação isenta de IVA (ao abrigo da al. c) do nº 1 do art. 14º), desde que haja comprovação de toda a operação descrita[320].

Exemplo 6: Empresa alemã (A) vendeu matérias-primas (madeira) a uma empresa de Coimbra (C), mas, por ordem desta, envia-as a uma empresa belga (B), para transformação/acabamento (cadeiras). A empresa (B) executa o acabamento (serviço) e remete os produtos acabados (cadeiras) para a empresa de Coimbra (C), acompanhados da fatura dos serviços de acabamento.

---

[320] Mesmo que se tratasse de duas empresas nacionais, isto é, no nosso exemplo, se em vez da empresa espanhola estivesse uma outra empresa portuguesa que tinha vendido as matérias-primas a uma empresa sediada fora da UE, mas que antes da expedição as referidas matérias-primas sofressem «transformação». Assim, as operações em causa, isto é, tanto a venda realizada por (A), como os serviços prestados por (B), ainda que ambos estabelecidos em território nacional, beneficiavam de isenção em sede de IVA.

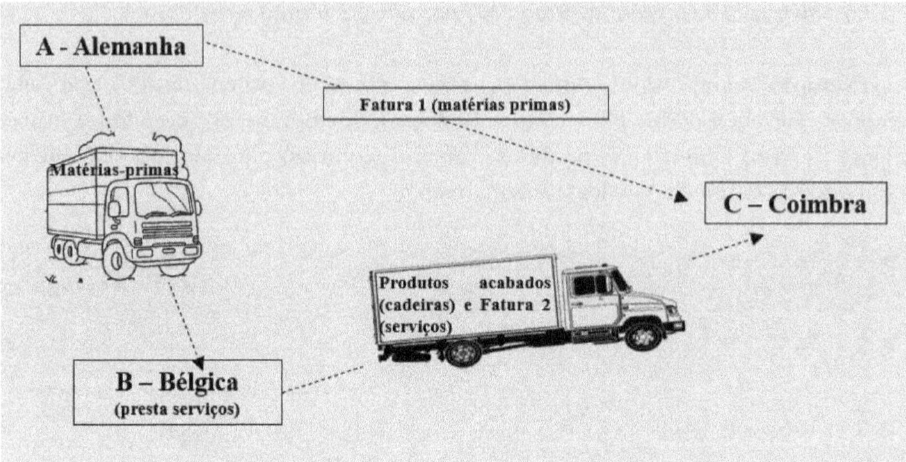

Comentário: Em ambas as situações, é devido IVA. De facto, pela aquisição das matérias-primas (fatura 1) a empresa de Coimbra (C) realiza uma AIB ainda que diferida no tempo; também nos serviços prestados pela empresa da Bélgica (fatura 2) trata-se de uma operação localizada em território nacional (regra geral, al. a) do nº 6 do art. 6º), sendo a empresa portuguesa SP do IVA (por força da al. e) do nº 1 do art. 2º).

Exemplo 7: Empresa portuguesa (A) vendeu matérias-primas a uma empresa da Croácia (C), mas, por ordem desta, envia-as para uma empresa belga (B), para transformação/acabamento. Esta empresa (B) executa os serviços e remete os produtos acabados para a empresa da Croácia (C), acompanhados da fatura dos serviços.

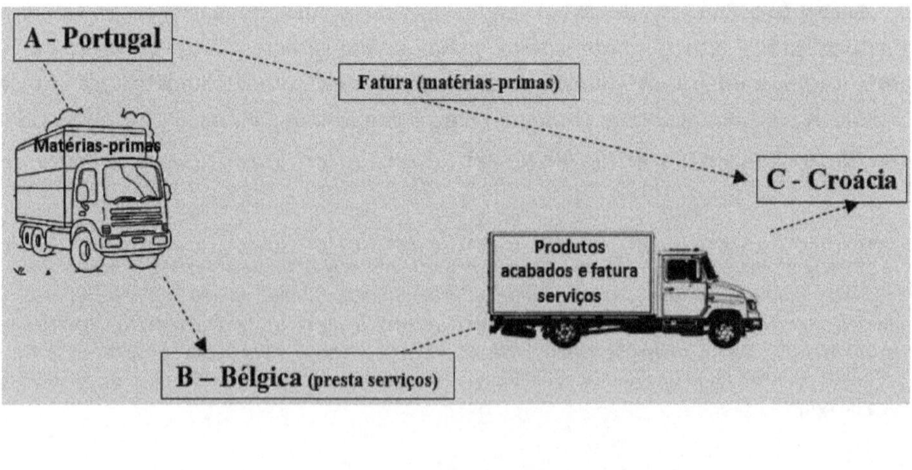

Comentário: Desde que haja a comprovação de toda a operação, a empresa portuguesa realiza uma TIB isenta de IVA (ao abrigo da al. a) do nº 1 do art. 14º do RITI), devendo declarar o valor da fatura no campo 7 do quadro 06 da DP_IVA e na DR_IVA, como operação tipo 1.

Exemplo 8: Empresa de Barcelos (A) efetuou serviços (serviços de confeção) em matérias-primas fornecidas pelo seu cliente estabelecido no Porto (B). Depois da conclusão dos serviços, a empresa (A) remete os bens (produtos acabados) para o seu cliente (B), acompanhados da correspondente fatura. Por sua vez (B) vai exportar esses bens para (C), sediado num país terceiro (Canadá).

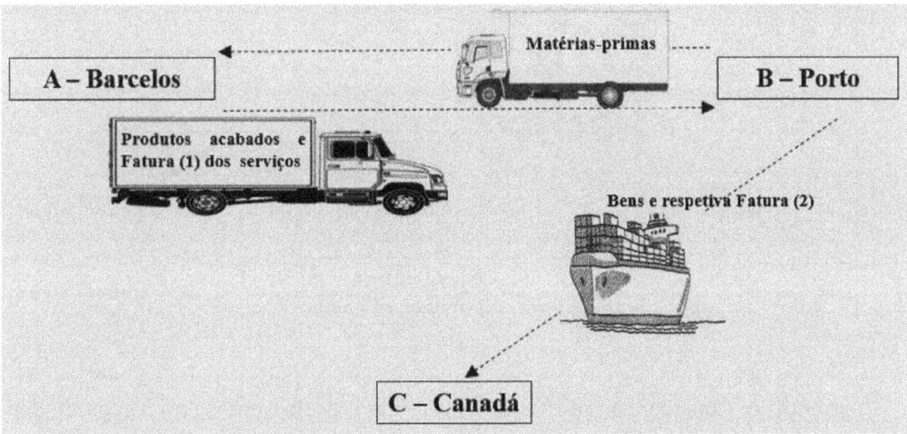

Comentário: Relativamente à fatura (1), os serviços prestados por (A) não beneficiam da isenção, já que os bens móveis, sobre os quais os trabalhos foram realizados, não se destinam a ser expedidos ou transportados para fora da UE por quem os prestou (A), pelo seu destinatário não estabelecido em território nacional (cliente de B), ou por um terceiro por conta destes[321]. Por outro lado, a isenção é apenas aplicável às transmissões de bens de que resulte a expedição ou transporte diretamente dos mesmos bens para fora do território nacional, e não àquelas que a precedem. Assim, a empresa (A) terá de liquidar IVA à taxa normal, pelos serviços prestados ao operador (B).

[321] Ou seja, não é aplicável a isenção prevista na al. c) do nº 1 do art. 14º.

Quanto à fatura (2), a venda de (B) para (C) configura uma exportação, isenta de IVA (ao abrigo da al. a) do nº 1 do art. 14º), desde que haja prova (nº 8 do art. 29º).

Exemplo 9: Empresa de Matosinhos (C) «trabalha o bacalhau», incorporando serviços, enviando de seguida os produtos acabados para Itália (B), por indicação da empresa norueguesa. A empresa portuguesa debita os respetivos serviços a uma empresa norueguesa (A), que lhe tinha remetido as «matérias-primas».

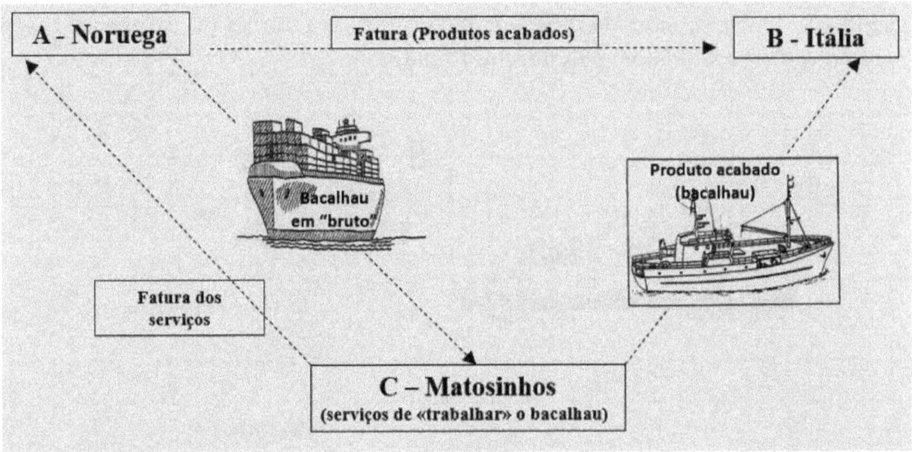

Comentário: Considera-se prestação de serviços a título oneroso a entrega de bens móveis produzidos ou montados sob encomenda com materiais que o dono da obra tenha fornecido para o efeito, quer o empreiteiro tenha fornecido, ou não, uma parte dos produtos utilizados (al. c) do nº 2 do art. 4º).

Pese embora o adquirente esteja fora da UE, é um SP, e, por isso, estamos perante uma operação não sujeita a IVA (regra geral, al. a) do nº 6 do art. 6º, *a contrario*). Assim, o prestador nacional (C) deverá incluir no campo 8 do quadro 06 da DP_IVA, o respetivo valor da prestação uma vez que o adquirente é operador económico, mas fora da UE (esta operação não vai à DR_IVA).

Exemplo 10: Empresa da Áustria (A) remeteu matérias-primas (tecido) a uma empresa de Braga (B), para esta proceder à confeção de camisas, tendo esta (B) imediatamente enviado o tecido a uma empresa do Algarve (C), subcontratada para o efeito. A empresa do Algarve (C) prestou os serviços em causa, remetendo os produtos acabados para a empresa de Braga (B), acompanhados da respetiva fatura. Por sua vez a empresa de Braga (B), faturou os serviços ao seu cliente estabelecido na Áustria (A), expedindo os produtos acabados para esse país.

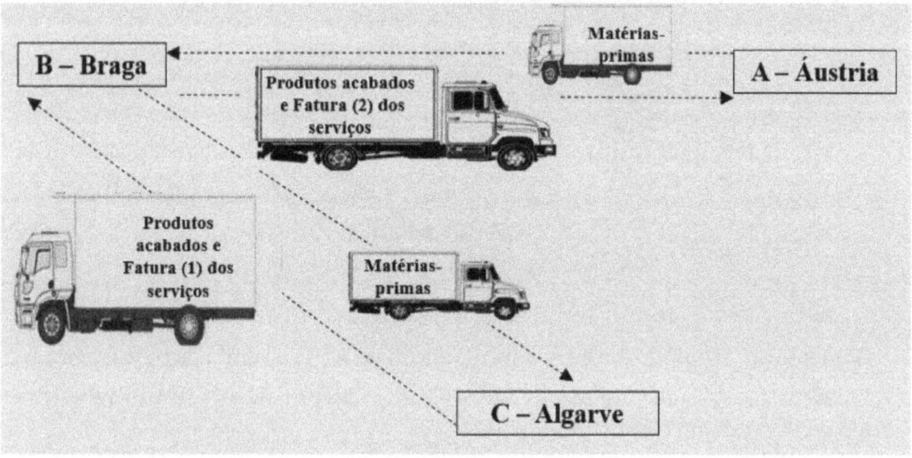

Comentário: A empresa de Braga (B) deve proceder ao registo contabilístico pela receção das matérias-primas remetidas pela empresa austríaca (A)[322]. De seguida, deve emitir um documento de transporte para acompanhar os bens (matérias-primas) enviados para a empresa subcontratada no Algarve (C).

Concluídos os trabalhos, a empresa algarvia (C) deve emitir um documento de transporte para acompanhar os produtos acabados, das suas instalações para a empresa de Braga (B), devendo a fatura (1) dos serviços ser emitida com a liquidação do IVA correspondente (regra geral, a) do nº 6 do art. 6º).

Quanto à fatura (2), da empresa de Braga (B) para a empresa austríaca (A), a mesma é emitida sem liquidação de IVA, uma vez que estamos perante uma operação não sujeita a IVA (regra geral, al. a) do nº 6 do art. 6º, *a contrario*).

[322] Nos termos do art. 31º do RITI.

Exemplo 11: Empresa de Barcelos (A) fatura bens ao seu cliente (B), estabelecido na Holanda. Esses bens são entregues num armazém à responsabilidade de um transitário em Matosinhos (C), que procede a diversos serviços acessórios (incluindo a entrada, saída, gestão de *stocks*, etc.), mas assegurando sempre a saída dos bens com destino à Holanda (B). A empresa (C) fatura os serviços acessórios à empresa holandesa (B).

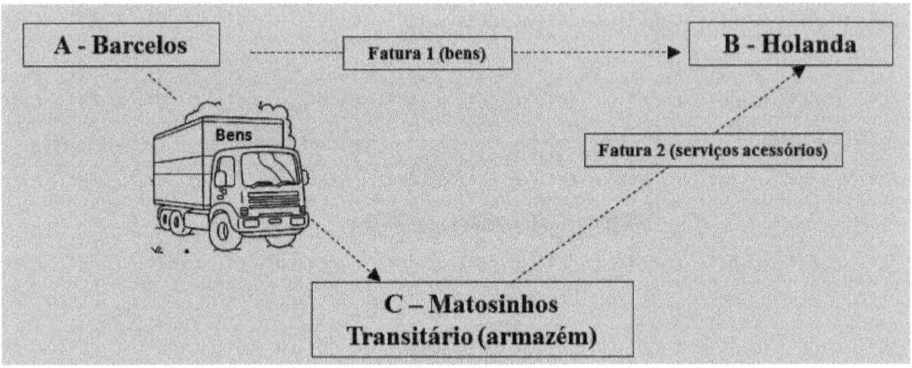

Comentário: Seguindo também aqui a posição da AT[323], a venda de bens da empresa portuguesa (A) para a empresa holandesa (B) beneficia da isenção (fatura 1), ao abrigo da al. a) do nº 1 do art. 14º do RITI.

Relativamente à prestação dos serviços acessórios (fatura 2), beneficia também de isenção, desde que comprovada a saída física dos bens do território nacional (ao abrigo da al. q) do nº 1 do art. 14º do CIVA).

Mesmo o desfasamento entre a data da emissão da fatura dos fabricantes/descarga nos referidos armazéns, para execução dos serviços acessórios (última fase do circuito comercial da encomenda), e a saída física dos bens, não constitui óbice ao reconhecimento da isenção[324].

---

323 Veja-se a Informação Vinculativa, Processo 402, de 15/03/2015.

324 Neste âmbito, veja-se a Informação Vinculativa, Processo 1589, de 08/02/2011.

Exemplo 12: Empresa da Tunísia (C), «fabrica e confeciona camisas», debitando os respetivos serviços incorporados a uma empresa portuguesa (A). Os bens (produtos acabados) são enviados para Itália (B), por indicação da empresa portuguesa. A empresa portuguesa (A) fatura os bens (produtos acabados) ao seu cliente (B), estabelecido em Itália.

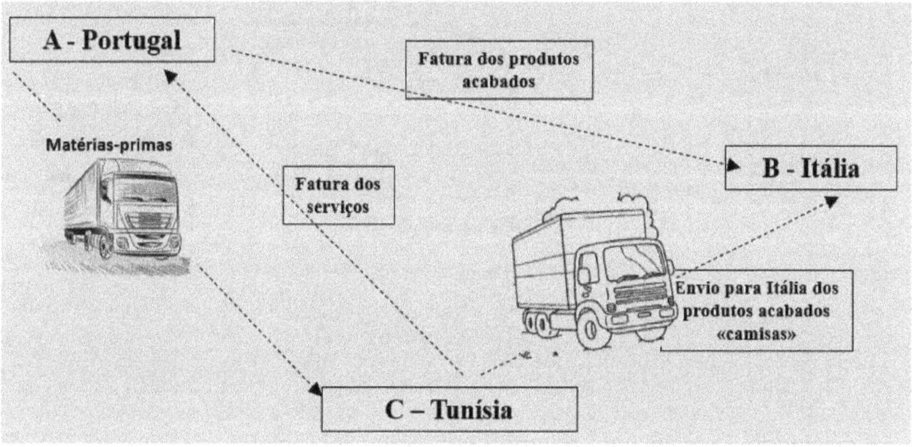

Comentário: O envio das matérias-primas por parte do operador (A) para a Tunísia (C), configura uma exportação isenta de IVA (ao abrigo da al. a) do nº 1 do art. 14º).

Relativamente à transmissão dos bens (acabados) e enviados diretamente da Tunísia para o SP em Itália (B), estamos perante uma operação não sujeita a IVA uma vez que os bens no momento em que são colocados à disposição do adquirente não se encontram situados em território nacional e também não correspondem a uma TIB, pois estão fora do território da UE (nº 1 do art. 6º, *a contrario*).

No que respeita aos serviços prestados na Tunísia, recordamos que se trata de uma operação tributada em Portugal (regra geral, al. a) do nº 6 do art. 6º), competindo a liquidação do IVA à empresa portuguesa (por força da al. e) do nº 1 do art. 2º).

Exemplo 13: Empresa de Marrocos (C), «confeciona camisas», incorporando serviços, debitando esses trabalhos a uma empresa portuguesa (A). Esta empresa (A) fatura e envia os bens (produtos acabados) ao seu cliente, estabelecido na Alemanha (B).

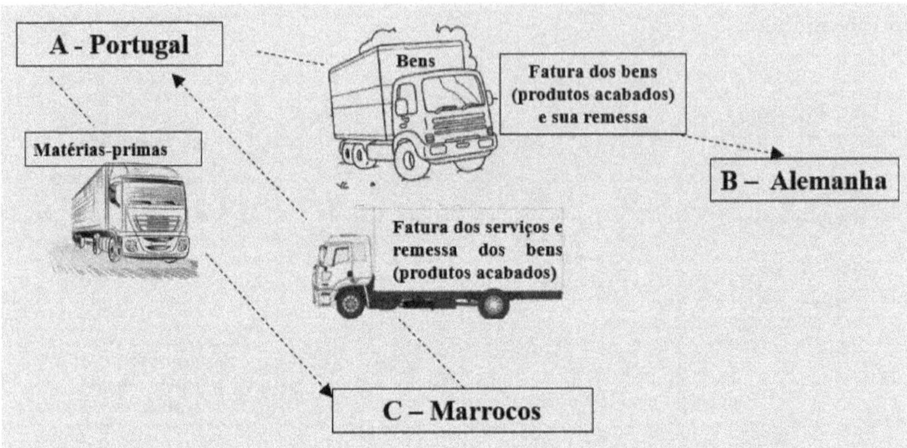

Comentário: Também aqui, os serviços prestados pela empresa de Marrocos (C) são considerados localizados em território nacional (regra geral, al. a) do nº 6 do art. 6º), competindo à empresa portuguesa (A) a liquidação do IVA (por força da al. e) do nº 1 do art. 2º).

Quanto à transmissão dos produtos acabados para a Alemanha (C), estamos perante uma TIB isenta de IVA (ao abrigo da al. a) do nº 1 do art. 14º do RITI).

Exemplo 14: Empresa portuguesa (B) vai proceder à confeção de camisas que lhe foram encomendadas por um cliente estabelecido em Espanha (C). Contudo, as matérias-primas são provenientes do Brasil (que as faturou à empresa espanhola) e são rececionadas em Portugal (Porto de Sines), tendo a empresa portuguesa procedido ao seu desalfandegamento e pago o respetivo IVA da importação. A empresa portuguesa procede à confeção dos produtos (incorpora serviços) e envia para o seu cliente em Espanha (C) os respetivos produtos acabados, acompanhados da competente fatura.

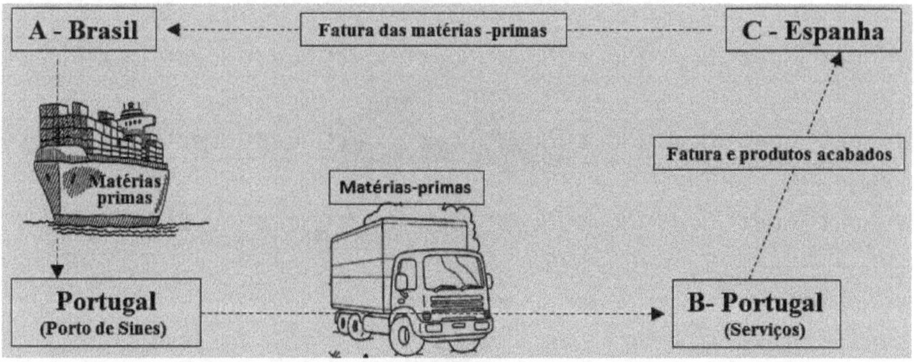

Comentário: Como as matérias-primas são «importadas» em Portugal, tendo a empresa portuguesa pago o respetivo IVA[325], a nosso ver, se os documentos tiverem sido emitidos pelas autoridades alfandegárias em nome do SP (B), que presta os serviços de confeção, pode o mesmo deduzir o respetivo IVA. Caso contrário, isto é, o recibo tenha sido emitido em nome do seu cliente, por conta de quem fez o desalfandegamento, não é permitido exercer o direito à dedução de imposto nas citadas condições.

Quanto aos serviços prestados, estamos perante uma operação não sujeita a IVA (regra geral, al. a) do nº 6 do art. 6º, *a contrario*).

Exemplo 15: Empresa da Dinamarca (D) enviou matérias-primas (madeira) para Portugal (A), por conta de uma empresa chinesa (C). A empresa portuguesa (A) procedeu à realização dos serviços e envia os produtos acabados (cadeiras) para a Bélgica (B), por indicação da empresa chinesa (C), tendo remetido a fatura dos serviços para a empresa chinesa (C).

---

325 Dado o disposto na al. b) do nº 2 do art. 19º.

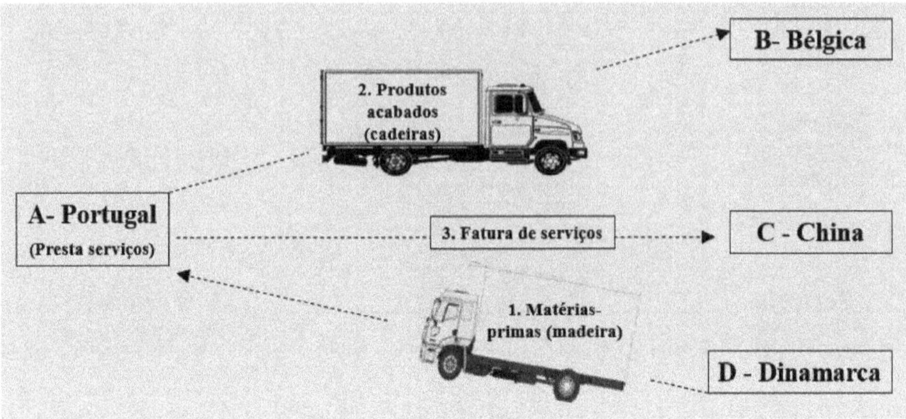

Comentário: Antes de mais, deve referir-se que os bens remetidos pela empresa dinamarquesa (D) para a empresa portuguesa (A) não configuram qualquer operação sujeita a IVA. Trata-se de uma mera transferência de bens, não tributável em Portugal.

Apesar da empresa chinesa (C) não estar registada, para efeitos do IVA, em qualquer EM, a prestação de serviços não se considera localizada em território nacional (regra geral, al. a) do nº 6 do art. 6º, *a contrario*).

Exemplo 16: Empresa portuguesa (A) procedeu à montagem de estruturas metálicas num parque fotovoltaico em Itália, nas seguintes condições: *(i)* determinadas matérias-primas foram enviadas de Portugal para essa obra; *(ii)* outras matérias-primas são adquiridas pela empresa portuguesa em Espanha (B) e a partir desse território expedidas para Itália (D) para a realização da obra; *(iii)* outras ainda são adquiridas em Itália por parte da empresa portuguesa; *(iv)* a empresa portuguesa fatura a uma empresa italiana os trabalhos realizados.

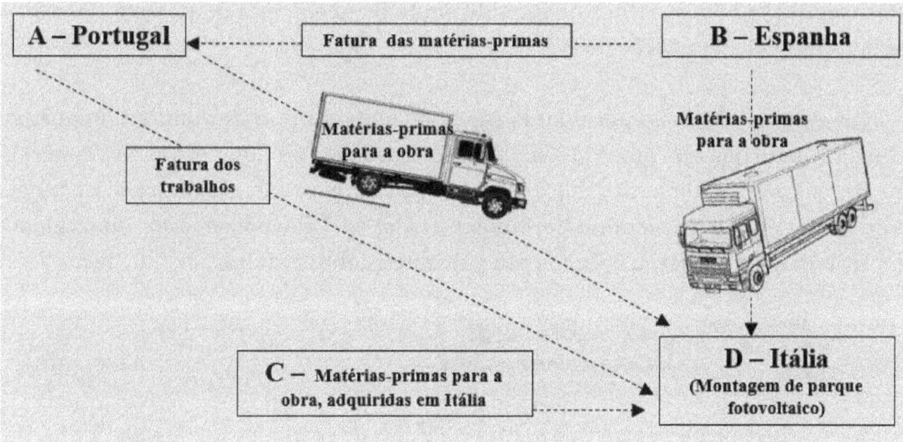

Comentário: Vejamos individualmente as situações.

(i) As matérias-primas enviadas de Portugal para as necessidades da atividade da empresa, constituem, como já vimos, uma mera transferência de bens (al. a) do nº 2 do art. 7º do RITI).

(ii) As matérias-primas remetidas de Espanha (B) para Itália (D), caso a empresa portuguesa (A) se encontre registada em Itália, para efeitos do IVA, verificar-se-á uma AIB em Itália, e aí deve ser declarada; caso contrário, ou seja, a empresa (A) não se encontre registada em Itália, para efeitos do IVA, verifica-se uma transmissão interna localizada em Espanha (suporta IVA em Espanha). Em qualquer das situações, em Portugal não se verifica qualquer operação aqui localizada para efeitos do IVA (nº 1 do art. 6º, *a contrario*).

(iii) Trata-se de uma aquisição de bens em Itália, pelo que estamos perante uma operação interna localizada naquele país. Admitindo que a empresa portuguesa não está registada em Itália, suportará o IVA cujo reembolso poderá posteriormente solicitar.

(iv) No que concerne aos serviços realizados (relativos a imóveis), estes são considerados localizados em Itália (al. a) do nº 7 do art. 6º), pelo que a empresa portuguesa (A) não liquidará IVA português pelos serviços prestados[326]. Admitindo que a empresa

[326] Apesar disso, dado que se trata de operação que confere direito à dedução do IVA português suportado a montante, de acordo com a subalínea II) da al. b) do nº 1 do art. 20º, deverá mencionar o respetivo valor no campo 8 do quadro 06 da DP_IVA.

portuguesa (A) não se encontra registada em Itália, a empresa adquirente (D) será a responsável pela liquidação do IVA[327].

Exemplo 17: Empresa portuguesa (A) envia matérias-primas a uma empresa espanhola (B) para que esta proceda à sua transformação em produtos acabados. Posteriormente, os bens (produtos acabados) são enviados diretamente da empresa espanhola para clientes finais da empresa portuguesa (todos SP), que podem estar domiciliados em Espanha, outro EM, ou mesmo para países/territórios terceiros.

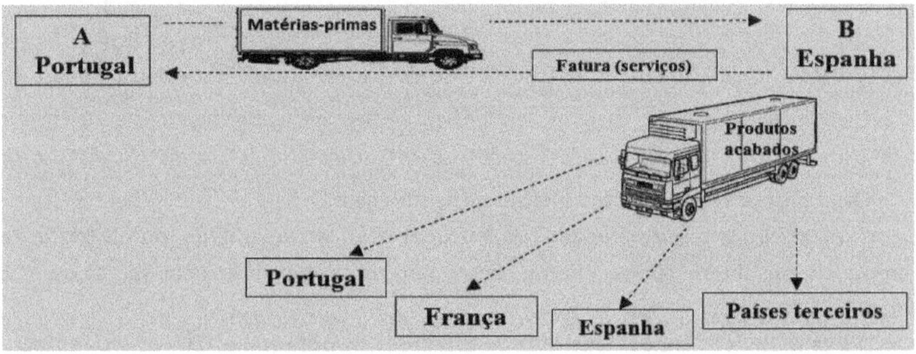

Comentário: No nosso entendimento, a empresa portuguesa terá de se registar em Espanha como SP, ou aí nomear um representante[328].

Sendo assim, quando a empresa (A) remete as matérias-primas para (B), efetua uma TIB para si própria, mas com NIF_IVA espanhol, dado o disposto no nº 1 do art. 7º do RITI, devendo mencionar o valor dessa «transmissão» no campo 7 do quadro 06 da DP_IVA e na DR_IVA com o código 1.

Posteriormente, podem ocorrer três cenários: *(i)* se os bens, produtos acabados pela empresa espanhola (B), forem remetidos para clientes espanhóis, em Espanha, verificar-se-ão transmissões internas localizadas nesse país, sujeitas a IVA espanhol, que a empresa portuguesa (A), na sua qualidade de SP em Espanha, terá que liquidar; *(ii)* se os bens forem remetidos para clientes de outros EM, incluindo Portugal, estaremos em presença de TIB de bens localizadas em Espanha, mas isentas de IVA espanhol[329]; *(iii)*

---

[327] Em princípio, haverá em Itália uma norma equivalente à al. g) do nº 1 do art. 2º.

[328] Nos termos da norma equivalente ao nº 1 do art. 30º.

[329] De acordo com a norma daquele país equivalente à al. a) do nº 1 do art. 14º do RITI.

se os bens forem remetidos para países/territórios terceiros, estaremos em presença de exportações localizadas em Espanha, isentas de IVA (exportação nesse país)[330].

No pressuposto de que os serviços prestados pela empresa (B) serão localizados em Portugal (regra geral, al. a) do nº 6 do art. 6º), compete à empresa portuguesa (A), adquirente dos serviços, a liquidação do IVA (por força da al. e) do nº 1 do art. 2º), devendo mencionar os respetivos valores nos campos 16 e 17 do quadro 06 da DP_IVA.

Exemplo 18: Empresa do Porto (C) vendeu bens para uma empresa de Moçambique (D), tendo sido observado o seguinte: *(i)* uma empresa chinesa (A) vendeu matérias-primas à empresa do Porto, tendo, contudo, os produtos sido enviados diretamente para uma empresa em Angola (B); *(ii)* a empresa angolana (B) incorporou serviços, que faturou à empresa do Porto, tendo os produtos acabados seguido diretamente para Moçambique (D); *(iii)* a empresa do Porto (C) faturou à empresa de Moçambique (D) a venda dos produtos; *(iv)* uma empresa de Lisboa (E) faturou à empresa do Porto (C) uma comissão por esta operação.

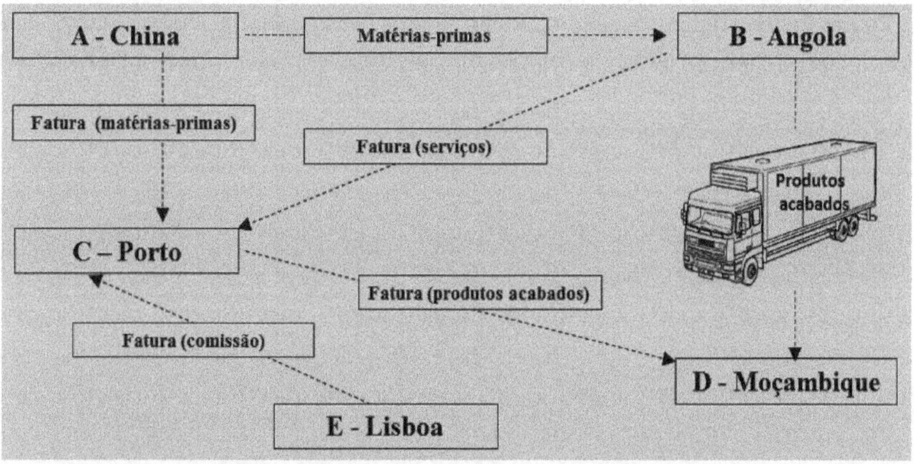

Comentário: Tanto as matérias-primas como os produtos acabados não passaram pelo território nacional, pelo que teríamos o seguinte enquadramento:

330 De acordo com a norma equivalente à nossa al. a) do nº 1 do art. 14º.

(i) A compra das matérias-primas por parte de (C) é uma operação não sujeita a IVA, pois os bens não passam pelo território nacional (nº 1 do art. 6º, *a contrario*);

(ii) Os serviços prestados por (B) e debitados a (C), pese embora prestados no estrangeiro, são uma operação localizada em Portugal (regra geral, al. a) do nº 6 do art. 6º) pelo que incumbirá à empresa portuguesa a liquidação do IVA (por força da al. e) do nº 1 do art. 2º), podendo também, em princípio, deduzir o respetivo imposto (al. c) do nº 1 do art. 19º);

(iii) A fatura de venda da empresa do Porto (C) à empresa moçambicana (D) é também uma operação não sujeita, pois nem o transporte nem a colocação à disposição ocorreram em território nacional (nº 1 do art. 6º, *a contrario*);

(iv) Já quanto à fatura da empresa de Lisboa (E), é nosso entendimento que tem enquadramento na al. s) do nº 1 do art. 14º, isto é, beneficia de isenção porque se relaciona com uma operação realizada fora da UE[331].

Exemplo 19: Empresa portuguesa (A) vendeu vinhos engarrafados para clientes na UE e nos Estados Unidos. Porém, aconteceu que os bens (vinho) perderam qualidade e em vez de serem devolvidos, por acordo entre as partes, os clientes emitiram uma fatura (débito) à empresa portuguesa, pelos serviços efetuados em análises e na destruição dos bens (vinho) realizados nos respetivos países.

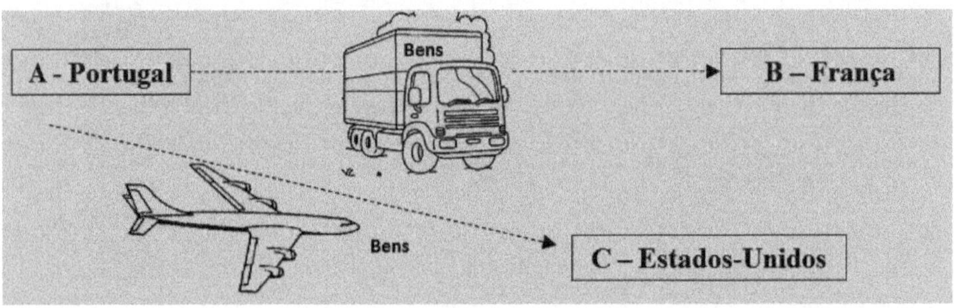

Comentário: Os serviços de análises e destruição de bens, desde que prestados a SP, são considerados localizados no espaço fiscal do adquirente dos mesmos, ou seja, neste caso, em Portugal (regra geral, al. a) do nº 6 do art. 6º), devendo a empresa portuguesa

[331] Mesmo que o prestador fosse não residente (da UE ou fora da UE), a resolução seria a mesma.

proceder à liquidação do IVA em ambas as situações (por força da al. e) do nº 1 do art. 2º)[332].

Exemplo 20: Empresa espanhola (A) remete bens para uma empresa portuguesa (B), contratada especificamente para proceder à receção, depósito e distribuição dos bens. A empresa portuguesa (B) procede a essa logística e remete os bens com destino a uma outra empresa portuguesa (C), cliente da empresa espanhola em que: *(i)* a empresa espanhola (A) «debita» à sua sucursal em Portugal (D), sendo, portanto, considerada não residente (fatura 1); *(ii)* a empresa espanhola (A) debita à empresa portuguesa (C) quando os bens são entregues (fatura 2); *(iii)* a empresa portuguesa (B) procede à receção, depósito e distribuição dos bens, faturando os serviços prestados à empresa espanhola (A).

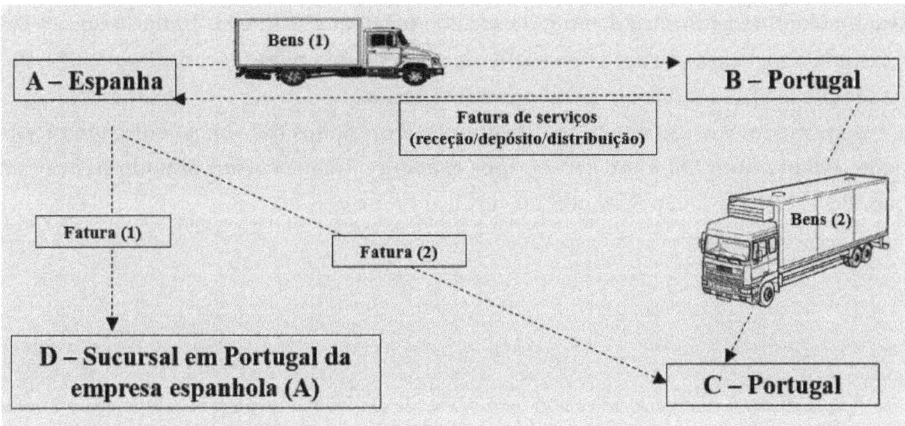

[332] A única diferença verifica-se apenas no preenchimento da DP_IVA: no caso do débito da empresa francesa, o valor teria de ser relevado no campo 16, o IVA liquidado no campo 17 e o IVA dedutível no campo 24; no caso da empresa americana, deveria mencionar os valores nos campos 3 (valor) e 4 (IVA liquidado) e 24 (IVA dedutível), devendo, no entanto, o valor dos serviços ser igualmente mencionado no campo 98 do quadro 06-A da mesma declaração. De referir, no entanto que, se os valores em causa não respeitarem a qualquer serviço prestado, mas antes à diminuição do valor da TIB ou da exportação, por deterioração do produto, os mesmos não terão de ser relevados na DP_IVA, dado que não se verifica a devolução de bens, nem será devido qualquer imposto.

Comentário: Os EE (sucursais, agências, delegações, escritórios de representação ou outras) constituem normalmente realidades patrimoniais ou centros de interesse autónomos, suscetíveis de *per si* serem objeto de relações jurídicas tributárias[333].

Neste sentido, esses EE, situados em territórios distintos da sociedade em que se entrega, podem constituir SP diferenciados e dotados de personalidade tributária própria e distinta, no exercício das respetivas atividades.

Não obstante esta personalidade tributária, em termos de IVA, para aferir da existência de uma relação jurídica entre uma sociedade não residente e o EE, a fim de sujeitar a IVA as prestações de serviços fornecidas, há que verificar se o EE realiza uma atividade económica independente, designadamente se pode ser considerado autónomo por suportar o risco que decorre da sua atividade. Para o TJUE, uma prestação de serviços só é tributável se existir entre o prestador e o beneficiário uma relação jurídica em cuja vigência são trocadas prestações específicas. Nesse sentido, um EE, que não seja uma entidade jurídica distinta da sociedade em que se integra, situado noutro EM e ao qual a sociedade fornece prestações de serviços, não deve ser considerado SP pelos custos que lhe são imputados pelas referidas prestações[334].

Deste modo, não são sujeitos a IVA os serviços prestados (não bens) entre uma sociedade sediada num EM e um seu EE (por exemplo, uma sucursal) situado noutro EM quando este não tenha personalidade jurídica própria[335].

---

[333] Uma sucursal configura, entre nós, uma realidade desprovida de personalidade jurídica, constituindo, apenas, uma extensão da própria entidade, sem património próprio e é criada nos termos do artigo 13º do Código das Sociedades Comerciais (constitui um EE). Recorde-se que o conceito de EE, para efeitos do IVA, foi durante muito tempo adotado pela jurisprudência consolidada do TJUE. Atualmente consta dos nºs 1 e 2 do art. 11º do Regulamento de Execução, nos termos dos quais, um EE é qualquer estabelecimento, diferente da sede da atividade económica a que se refere o art. 10º do mesmo regulamento, caracterizado por um grau suficiente de permanência e uma estrutura adequada, em termos de recursos humanos e técnicos, que lhe permita receber e utilizar os serviços que são prestados para as necessidades próprias desse estabelecimento, ou que lhe permita efetuar as prestações de serviços que fornece.

[334] Nesta matéria é relevante o caso «FCE Bank», Processo C-210/04, de 23/06/2006, que desencadeou toda esta problemática. Embora atualmente já existam muitos acórdãos neste sentido, o legislador não específica a duração mínima em que se considera existir um *«grau de permanência suficiente»*, nem acrescenta qualquer critério quanto aos recursos mínimos nessa estrutura, pelo que é na jurisprudência do TJUE que os SP encontram as orientações sobre como o conceito deve ser interpretado (veja-se o recente acórdão último acórdão no caso «Berlin Chemie» (C-333/20, de 7/04/2022)).

[335] Veja-se a posição da AT no Ofício-Circulado 30114, de 25/11/2009.

Exemplo 21: Empresa portuguesa (A) possui um EE em Espanha (B), através do qual comercializa programas informáticos (antivírus) e respetivas atualizações, em que a empresa fornece o seu EE, *(i)* umas vezes mediante a entrega física dos programas *standard* (bens) e *(ii)* outras vezes mediante o descarregamento de programas informáticos e respetivas atualizações (serviços).

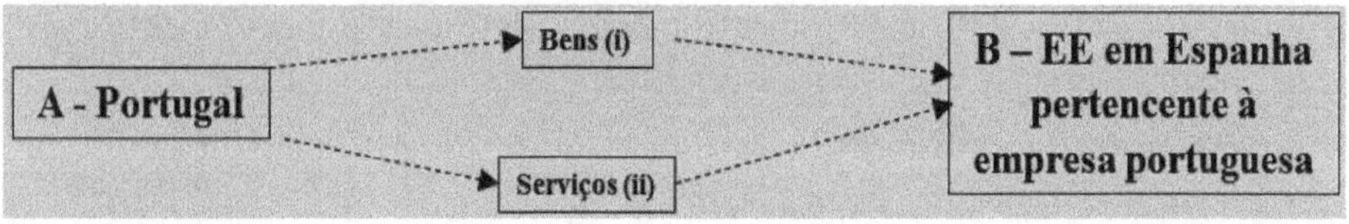

Comentário: Pois bem, colocando o problema nestes termos, temos uma discrepância assinalável: na primeira situação (entrega de bens), estamos perante uma TIB assimilada em Portugal (isenção completa) e, consequentemente, uma AIB assimilada em Espanha e aí sujeita a imposto; na segunda situação, perante uma operação não sujeita a imposto.

A situação seria idêntica noutras circunstâncias, como é o caso paradigmático das «obras de construção» (admitindo que constituirão um EE) realizadas num Estado (Espanha, por exemplo) e em que parte dos materiais e serviços são fornecidos pela sede situada noutro Estado (Portugal, por exemplo)[336].

Os materiais (bens) ficam submetidos a tributação em Espanha (AIB assimilada) enquanto os serviços não estarão sujeitos a imposto![337]

---

[336] Dando outro exemplo, veja-se a decisão do TJUE no Processo C-94/19, de 11/03, em que foi considerado que a cedência de pessoal por uma sociedade-mãe para a sua filial (reembolso exato das despesas incorridas pela sociedade-mãe), constitui uma prestação de serviços efetuada a título oneroso sujeita a IVA. Em Portugal, parece que este entendimento não tem sido seguido pela AT. Mas o que aqui queremos relevar é o seguinte: se em vez da filial fosse um EE estaríamos perante uma operação fora do âmbito de incidência?!

[337] Esta situação justifica, a nosso ver, uma profunda reflexão. De facto, não compreendemos como determinados serviços que são prestados, é certo entre partes da mesma sociedade, mas fiscalmente relevantes em territórios distintos, não devam ser submetidos a tributação em sede de IVA. É que, interpretando de uma forma linear esta sentença, permite-se que uma sede impute os gastos incorridos em determinados serviços (que são partilhados pelos seus EE localizados noutros EM, ou mesmo fora da UE), sem onerar essas operações com IVA.

Exemplo 22: Empresa portuguesa (A) comercializa programas informáticos (antivírus) e respetivas atualizações, fornecendo, por vezes, um seu EE que possui na Noruega (país terceiro): *(i)* umas vezes mediante a entrega física dos programas *standard* (bens) e *(ii)*, outras vezes, mediante o descarregamento (*downloads*) de programas informáticos e respetivas atualizações (serviços).

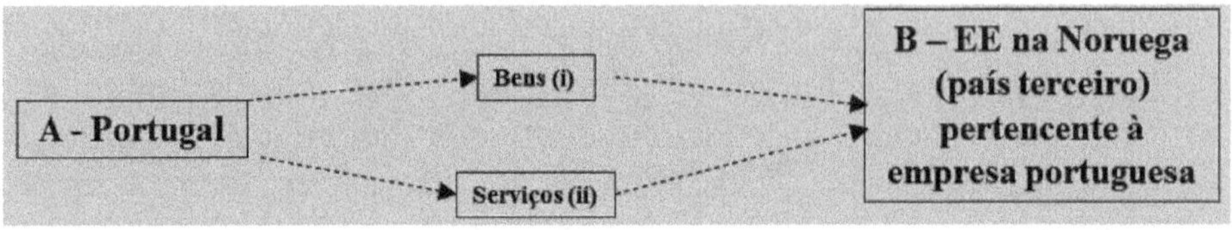

Comentário: A Noruega (juntamente com o Liechtenstein e Islândia) integra o Espaço Económico Europeu, mas não é membro da UE, sendo considerada um «país terceiro», para efeitos do IVA, devendo as operações com entidades residentes nesses países serem analisadas à luz desta qualificação (al. c) do nº 2 do art. 1º).

Assim, no caso da entrega de bens, estamos perante uma exportação, isenta de IVA (ao abrigo da al. a) do nº 1 do art. 14º), desde que comprovada essa exportação (nº 8 do art. 29º).

Já no que toca aos serviços, embora o TJUE (e, também, a AT portuguesa), no entendimento vertido, não se refiram a EE situados em países terceiros, dada a natureza da relação jurídica do EE e a sociedade que o integra — pressuposto que se mantém quer a sociedade se localize num EM quer se localize num país terceiro —, será de considerar que, também, neste caso, as prestações de serviços não estarão sujeitas a IVA.

Exemplo 23: Empresa angolana (B) remeteu para a empresa portuguesa (A) bens à consignação.

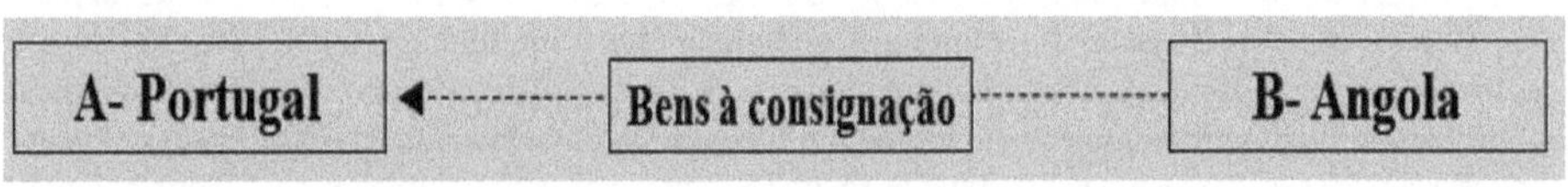

Comentário: A nosso ver, as disposições do CIVA previstas no nº 6 do art. 7º e na al. d) do nº 3 do art. 3º (o imposto é devido e exigível no prazo de um ano a contar da data da entrega ao destinatário, dos bens enviados à consignação) aplicam-se aos bens enviados à consignação no âmbito das transmissões internas de bens. Assim, a empresa angolana deveria, obrigatoriamente, proceder ao seu registo em Portugal e nomear um representante (nº 2 do art. 30º), pagando o IVA correspondente na importação, pois Angola é um país terceiro.

Se assim fosse, poderia aproveitar o regime suprarreferido, ou seja, enviar ao cliente português (A) bens «à consignação».

Caso não o faça, a entrada em território nacional de bens originários de Angola constitui para a empresa portuguesa uma importação (art. 5º).

Se posteriormente ocorrer a devolução dos bens ao fornecedor angolano, os mesmos poderão beneficiar de isenção (ao abrigo da al. a) do nº 1 do art. 14º), desde que comprovada essa exportação (nº 8 do art. 29º).

5.9. Vendas à Distância

No seio da UE vigora ainda um outro regime particular, designado de «Vendas à Distância», regulado na Diretiva IVA (artigos 33º a 35º), sendo que em termos nacionais, este regime, no que toca às regras de localização, está previsto nos artigos 10º e 11º do RITI, e que já fizemos referência quando abordamos o art. 6º - A do CIVA, a propósito do limiar aí previsto.

Com a já citada Lei 47/2020 foi aditada a al. q) ao nº 2 do art. 1º do CIVA, que define «Vendas à distância intracomunitárias de bens», como *«as transmissões de bens expedidos ou transportados pelo fornecedor ou por conta deste, inclusive quando o fornecedor intervenha indiretamente no transporte ou na expedição dos bens, a partir de um Estado-membro que não seja o Estado-membro de chegada da expedição ou transporte com destino ao adquirente, quando se verifiquem, simultaneamente, as seguintes condições: i) O adquirente não se encontre abrangido por um regime de tributação das aquisições intracomunitárias no Estado-membro de chegada da expedição ou transporte dos bens, ou seja um particular; ii) Os bens não sejam meios de transporte novos nem bens a instalar ou montar»*.

De uma forma resumida pode dizer-se que as VDI constituem operações com as seguintes características:

- Estarmos perante uma transmissão onerosa de bens;
- Efetuada por um SP registado num EM de início da expedição ou transporte dos bens;
- A expedição ou transporte dos bens a partir desse EM, pelo fornecedor ou por sua conta, com destino a um adquirente estabelecido ou domiciliado noutro EM;

- O adquirente ser uma pessoa singular ou coletiva que não se encontra abrangida por um regime de tributação das AIB ou um particular;

✓ Os bens não devem ser bens a instalar ou montar, nem meios de transporte novos, nem bens sujeitos a IEC (excetuando-se, neste último caso, de o adquirente ser um particular).

Este regime é, assim, aplicável às operações que são realizadas entre diferentes EM, quando o destinatário é um não SP e tem a particularidade de essas vendas (portanto, exclusivamente bens) serem realizadas sem a presença física simultânea do vendedor e do comprador.

O que acontece neste tipo de vendas é que, em geral, os vendedores fazem publicidade dos produtos através de catálogos, na rádio, televisão (televendas) ou na Internet, recebem as encomendas (pelo correio, pelo telefone ou pela Internet) e colocam os produtos junto dos adquirentes. Quer dizer, este regime caracteriza-se pelo facto de os compradores (reitera-se, não SP) não se deslocarem para pessoalmente adquirirem os bens, mas é o vendedor que realiza negócios à distância, colocando os bens junto dos seus clientes, sendo a expedição ou transporte por sua conta, sendo indiferente se as despesas de envio são pagas pelo adquirente, pois o regime aplica-se desde que o vendedor tenha qualquer tipo de intervenção na expedição[338]. Por outro lado, este regime das vendas à distância não se aplica aos bens em segunda mão, objetos de arte, de coleção e antiguidades e aos meios de transporte usados (art. 35º da Diretiva IVA).

Assim, este regime das vendas à distância tem como princípio definido de que uma transmissão de bens é localizada no EM de chegada da expedição ou transporte dos bens, desde que o adquirente seja um consumidor final ou equiparado. Contudo, é aceite no seio da UE que estas transmissões de bens podem ser tributadas na origem, desde que o SP (vendedor) no ano civil anterior ou no ano civil em que são efetuadas não tenha excedido determinado limiar[339].

---

[338] Neste contexto, é importante previamente concluirmos que estamos perante bens (não prestações de serviços). A este propósito é um bom exemplo o conteúdo da Informação Vinculativa, Processo 10237, de 17/06/2016: estavam em causa venda de álbuns fotográficos em suporte físico (bens, art. 3º) *versus* venda de álbuns fotográficos em formato digital (prestação de serviços, art. 4º). Ou ainda a Informação Vinculativa, Processo 13432, de 07/05/2018, em que uma plataforma totalmente online permite ao cliente efetuar criações fotográficas (adicionando fundos, *clipart's*, textos, etc.).

[339] Até 30/06/2021, esse limiar variava entre os 35 000 € e os 100 000 €. Portugal tinha optado pelo valor mais baixo (35 000 €). A partir de 01/07/2021, esse valor é uniforme no seio da UE e é de 10 000 €.

Assim, basicamente, para sabermos se um operador português está a realizar vendas à distância para outros EM, sujeitas a este regime, temos de saber as condições em que ocorrem:

- A expedição ou transporte dos bens deve ser realizada pelo vendedor ou por sua conta. Quer dizer, é o vendedor quem se encarrega de transportar a mercadoria até ao endereço do comprador. Todavia, isso não invalida o facto de o vendedor cobrar ao comprador o transporte, que pode ser o mesmo valor que lhe cobram a ele, menos ou mais, não importa, pois o que é determinante é que os bens sejam colocados à disposição do comprador no seu país. Ou seja, é o vendedor quem assume o risco da operação até que os bens estejam na posse do comprador; e
- Os adquirentes devem ser pessoas singulares, pessoas coletivas ou entidades que não exerçam atividade empresarial ou profissional (associações sem fins lucrativos, fundações, etc.), empresários que apliquem o regime especial para a agricultura ou que não tenham direito à dedução do IVA pago pela realização de operações exclusivamente isentas. Para estes efeitos não terão sido identificados com NIF_IVA.

Deste modo, este regime visa as operações efetuadas por fornecedores estabelecidos, portanto SP, mas em que os adquirentes não têm NIF_IVA válido no VIES, para efeitos de operações intracomunitárias, ou seja, contempla as operações em que os adquirentes são operadores económicos abrangidos pelo «regime de derrogação» previsto art. 5º do RITI[340] ou particulares (consumidores finais e equiparados). Assim, não será aplicável, seja qual for a natureza dos bens expedidos, se o adquirente for um SP que efetue operações que confiram o direito à dedução ou uma entidade que, embora abarcada pelo art. 5º do RITI, esteja abrangida pelo regime das AIB.

Este regime tem como objetivo evitar distorções de concorrência que resultariam da aplicação sistemática do princípio da tributação na origem às aquisições de bens efetuadas por particulares de outros EM da UE. Caso não existisse este regime particular, as empresas que se dedicassem a efetuar VDI para particulares de outros EM, instalar-se-iam nos EM onde vigoram taxas de IVA mais baixas, logo os preços seriam mais reduzidos/concorrenciais devido exclusivamente a fatores fiscais. Consequentemente, na ausência de regras especiais, iriam certamente gerar-se graves distorções de

[340] Regime particular do RITI, abordado no ponto 5.2 deste livro (Estado e sujeitos passivos isentos).

concorrência, em prejuízo dos EM com taxas de IVA mais altas (claro, em benefício dos EM com taxas mais baixas).

Entrando agora no âmbito da localização destas transmissões, este regime particular está previsto nos artigos 10º (vendas a partir do território nacional, para adquirentes, não SP, situados fora deste território) e no art. 11º (vendas com origem no exterior, com destino ao território nacional, tendo como adquirentes não SP domiciliados neste território), que se transcrevem infra.

Artigo 10º — Vendas à distância localizadas fora do território nacional

Não obstante o disposto nos nºs 1 e 2 do artigo 6º do Código do IVA, não são tributáveis:

a) As vendas à distância intracomunitárias de bens quando o lugar de chegada da expedição ou transporte dos bens com destino ao adquirente se situe fora do território nacional;

b) As vendas à distância de bens importados em território nacional quando o lugar de chegada da expedição ou transporte dos bens com destino ao adquirente se situe fora do território nacional.

Artigo 11º — Vendas à distância localizadas no território nacional

São tributáveis:

a) As vendas à distância intracomunitárias de bens quando o lugar de chegada da expedição ou transporte dos bens com destino ao adquirente se situe em território nacional;

b) As vendas à distância de bens importados em outro Estado-membro quando o lugar de chegada da expedição ou transporte dos bens com destino ao adquirente se situe em território nacional;

c) As vendas à distância de bens importados em território nacional quando o lugar de chegada da expedição ou transporte dos bens com destino ao adquirente se situe neste território, se o IVA devido por essas vendas for declarado ao abrigo do regime especial aplicável às vendas à distância de bens importados.

Assim, quanto às VDI para outros EM a partir do território nacional, pese embora as regras gerais para as transmissões de bens, previstas nos nºs 1 e 2 do art. 6º do CIVA, não são tributáveis «*quando o lugar de chegada da expedição ou transporte dos bens com destino ao adquirente se situe fora do território nacional*» (al. a) do art. 10º do RITI). Em sentido inverso, são tributáveis «*quando o lugar de chegada da expedição ou transporte dos bens com destino ao adquirente se situe em território nacional*» (al. c) do art. 11º do RITI).

No entanto, este regime permite que o vendedor possa liquidar IVA no seu EM enquanto as suas vendas para outros EM não forem significativas[341]. Com efeito, por motivos de simplificação, os pequenos operadores estabelecidos num determinado EM, que marginalmente efetuem VDI, podem liquidar o IVA no seu EM, quando essas vendas transfronteiriças, conjuntamente com os serviços de telecomunicações, radiodifusão e televisão e serviços eletrónicos, prestados a não SP de outros EM, não ultrapassem, no ano civil em curso ou no ano civil anterior, o montante de 10 000 €[342].

Neste âmbito, como já vimos, foi alterado o art. 6º – A do CIVA no sentido de alargar às VDI o limiar de 10 000 € que é aplicado às prestações de serviços de telecomunicações, de radiodifusão ou televisão e serviços por via eletrónica, efetuadas a não SP, que passa, assim, a constituir um limiar comum. Deste modo, estas prestações de serviços e as VDI, são tributadas no território nacional quando: *(i)* o prestador ou o transmitente tenha sede, EE ou, na sua falta, o domicílio neste território e não se encontre estabelecido noutro EM; *(ii)* essas prestações de serviços sejam efetuadas a destinatários estabelecidos ou domiciliados noutros EM, ou as VDI sejam expedidas ou transportadas para outros EM; e *(iii)* o valor total (desses serviços mais as VDI), líquido de IVA, não exceda 10 000 € no ano civil anterior ou no ano civil em curso.

Por seu turno, os operadores de outros EM, quando as VDI superam os 10 000 € nas condições previstas no art. 11º do RITI, devem entregar a declaração de início de atividade (art. 31º do CIVA) passando a liquidar IVA em Portugal (nº 1 do art. 26º do RITI), ou nomear representante, para cumprir as suas obrigações fiscais (nº 1 do art. 24º do RITI). Essa declaração terá de ser entregue até ao final do mês seguinte àquele em que tenham sido excedidos os referidos 10 000 €, a qual produz efeitos desde a data, inclusive, da transmissão de bens em que aquele montante tenha sido excedido (nº 2 do art. 26º do RITI).

Se o limite não for ultrapassado num determinado ano, estes operadores poderão cessar a atividade em Portugal (nº 5 do art. 26º do RITI), através de uma declaração de cessação (art. 33º do CIVA) a apresentar em janeiro, produzindo efeitos a partir do dia 1 de janeiro do ano de apresentação (nº 7 do art. 26º do RITI), passando a liquidar IVA no seu EM, ou seja, na origem.

Não obstante o que foi dito, mantém-se a possibilidade de os operadores portugueses não aplicarem o referido limiar, optando pela tributação no EM onde o adquirente

[341] Como já referido, até 30/06/2021, cada EM era livre de estabelecer o seu próprio limite, dentro de um intervalo fixado entre os 35 000 € e os 100 000 € (Portugal tinha optado pelo limite mais baixo).

[342] Ponto 7 do Ofício-Circulado 30238, de 25/06/2021.

dos serviços estiver estabelecido ou domiciliado, ou no EM de chegada da expedição ou transporte dos bens. Exercendo essa opção, o operador deve manter-se nesse regime durante dois anos civis (nº 4 do art. 6º – A do CIVA)[343].

Do mesmo modo, os operadores de outros EM poderão desde o início tomar a opção pela tributação em Portugal, mesmo que não ultrapassem o limite suprarreferido[344]. Isso implica a entrega de uma declaração de início de atividade (art. 31º do CIVA), que produz efeitos a partir da data da sua apresentação, liquidando o IVA à taxa vigente em Portugal. Esta opção poderá ser importante se a taxa do IVA que vigorar no EM do fornecedor for superior à vigente em território nacional (EM do adquirente).

Caso seja exercida essa opção, esta é válida por um período mínimo de dois anos, findo o qual poderão cessar a atividade, entregando uma declaração de cessação em janeiro de um dos anos seguintes àquele em que se tiver completado o referido período de dois anos, a qual produzirá efeitos a partir de 1 de janeiro[345].

De referir ainda que do ponto de vista dos registos contabilísticos (art. 44º do CIVA), estas operações deverão ser registadas de forma a evidenciar o valor das transmissões de bens aqui realizadas nos termos do art. 11º do RITI[346].

No caso da saída dos bens do território nacional (art. 10º do RITI) e de ser exercida desde logo a opção pelo registo noutro EM (que poderá ser vantajosa se nos EM dos adquirentes vigorarem taxas inferiores às nossas) as VDI para outros EM não estarão, obviamente, sujeitas a IVA em território nacional.

De facto, nestas situações, ou seja, caso os operadores se encontrarem registadas em outros EM, por obrigação ou por opção (terão aí um NIF_IVA), as transferências de bens para esses EM «para as suas necessidades» não serão consideradas assimiladas a TIB pelo nº 1 do art. 7º do RITI dado encontrarem-se excluídas pela al. a) do nº 2 do mesmo artigo (no EM de registo também não serão consideradas AIB)[347]. Além disso, estas transmissões de bens realizadas para fora do território nacional nas condições estabelecidas no art. 10º do RITI, terão de ser registadas do ponto de vista contabilístico (al. b) do nº 2 do art. 31º do RITI).

Em jeito de conclusão, diríamos que este regime pode considerar-se misto, pois o IVA é liquidado no EM de origem até um limite e no de destino a partir daí.

---

[343] Ver ponto 9 do Ofício-Circulado 30238, de 25/06/2021.

[344] Cfr. nº 5 do art. 6º-A do CIVA e nºs 3 e 4 do art. 26º do RITI.

[345] Nos termos dos nºs 6 e 7 do art. 26º do RITI.

[346] Nos termos da al. c) do nº 2 do art. 31º do RITI.

[347] Tema abordado no ponto 5.4 deste livro (Transferência de bens).

Este regime possui algumas semelhanças com o já referido regime do art. 5º do RITI (Estado e operadores isentos), sendo também um regime misto em que é aplicável um limite. No caso anterior, o limite visa os adquirentes (limite aplicável às compras), enquanto neste das VDI o limite visa os transmitentes (limite aplicável às vendas).

De modo a uma melhor compreensão deste regime, das alterações provocadas ao nível das prestações de serviços prestadas por via eletrónica, das vendas à distância, da problemática do «balcão único» e do papel das «interfaces eletrónicas», vamos no ponto seguinte deste livvro abordar com detalhe essas temáticas, com uma exemplificação prática que reputamos de muito completa.

6. Comércio eletrónico — regimes especiais

A Lei 47/2020, de 24/08, transpôs para a ordem jurídica interna o disposto nos artigos 2º e 3º da Diretiva (UE) 2017/2455 do Conselho, de 05/12, que alterou a Diretiva 2006/112/CE e a Diretiva 2009/132/CE no que diz respeito a determinadas obrigações relativas ao IVA para as prestações de serviços e as vendas à distância, e a Diretiva (UE) 2019/1995 do Conselho, de 21/11, que alterou a Diretiva IVA no que respeita às disposições relativas às vendas à distância e a determinadas entregas internas de bens, aplicáveis a partir de 01/07/2021.

Em concreto, as Diretivas 2017/2455 e 2019/1995, que integram o denominado «Pacote IVA do Comércio Eletrónico», alteraram a Diretiva IVA com a finalidade de modernizar as regras do IVA aplicáveis ao comércio eletrónico transfronteiriço, procurando assegurar maior neutralidade no tratamento das empresas estabelecidas na UE e introduzir mecanismos de simplificação do cumprimento das obrigações de IVA decorrentes destas operações transfronteiriças, num setor económico com um crescimento exponencial mas de elevada evasão e fraude fiscais[348]. No fundo, era imperioso responder a vários desafios e constrangimentos de situações pouco condizentes com as dinâmicas empresariais. por um lado, e, por outro, com a justa tributação que deve sempre ocorrer.

Seguindo, de perto, as notas explicativas sobre as regras em matéria de IVA para o comércio eletrónico[349], a partir de 01/07/2021 começaram a ser aplicáveis novas regras à Diretiva IVA que afetam as regras do imposto a observar nas atividades transfronteiriças de comércio eletrónico.

---

[348] Tal como anunciado na comunicação de 2015 da Comissão, intitulada «Estratégia para o Mercado Único Digital na Europa», e na comunicação de 2016 da Comissão relativa a um plano de ação sobre o IVA intitulado «Rumo a um espaço único do IVA na UE — Chegou o momento de decidir».

[349] *Notas explicativas sobre as regras em matéria de IVA para o comércio eletrónico. Diretiva (UE) 2017/2455 do Conselho, Diretiva (UE) 2019/1995 do Conselho e Regulamento de Execução (UE) 2019/2026 do Conselho* (Comissão Europeia Direção-Geral da Fiscalidade e da União Aduaneira, Fiscalidade Indireta e Administração Fiscal — Imposto sobre o valor acrescentado, setembro de 2020).

Com as medidas tomadas, são «atingidas» todas as empresas (âmbito mundial) que vendam bens ou prestem serviços *online* a particulares (B2C), independentemente do canal de venda utilizado, como sejam *websites* exclusivos; *market-places* (AliExpress, Amazon, CDiscount, Ebay, Fnac, etc.) ou redes sociais (Facebook, Instagram, Snapchat, Twitter, etc.). Por outro lado, as interfaces eletrónicas (plataformas de *e-commerce*), sediadas dentro ou fora da UE, passaram a ser consideradas como SP, ficando obrigadas a cobrar e entregar o IVA das operações em que sejam intervenientes.

Como já demos conta, o regime especial de prestação de serviços de telecomunicações, de radiodifusão e televisão ou de serviços prestados por via eletrónica efetuada por SP estabelecidos na UE, mas não no EM de consumo, foi alargado às VDI ao mesmo tempo que foi introduzido um regime especial semelhante para as VDBI de países/territórios terceiros.

Nesse sentido, as já citadas Diretivas 2017/2455 e 2019/1995 introduziram um conjunto de alterações, nomeadamente no regime das vendas à distância, da importação de pequenas remessas e utilização das interfaces eletrónicas.

Tendo em atenção os problemas suprarreferidos, foram introduzidas um conjunto de alterações, sendo de salientar, designadamente, as seguintes:

- Eliminação dos limites de isenção em cada EM da UE. A importação de remessas de pequeno valor de países/territórios terceiros por parte de clientes dentro da UE passou a ser tributada com IVA de importação;
- Foi estabelecido um novo limiar (comum) a toda a UE de 10 000 €, que se não for excedido no total das prestações de serviços de telecomunicações, de radiodifusão e televisão ou serviços eletrónicos e das VDI podem continuar a estar sujeitas a IVA no EM onde o operador que fornece esses serviços está estabelecido ou em que esses bens se encontram no momento em que se inicia a sua expedição ou transporte;
- No caso das VDI por parte de operadores da UE a consumidores finais (B2C) estabelecidos noutros EM, a regra da tributação passou a ser a do destino (liquidação e pagamento do IVA deverá ser feita no EM do adquirente);
- Alargamento do âmbito do balcão único do IVA, que passou a abranger igualmente as VDI, mediante determinadas condições. As empresas que fornecem bens importados de países/territórios terceiros a clientes na UE terão a opção de fazer uso do balcão único (só pode ser utilizado para envios de valor ≤ 150 €), passando consequentemente a ter de apresentar apenas uma única declaração de IVA para todas as suas VDI a partir de países fora da UE. No caso de uma

empresa optar por utilizar o mecanismo do balcão único, será permitido, sob certas condições, aplicar uma isenção de IVA para a importação dos bens, permitindo um desalfandegamento célere;

- Para os operadores cujo volume de negócios anual não seja superior a 10 000 € e que estejam estabelecidos apenas num EM (Portugal), a cobrança e pagamento do IVA pode ser feita no EM onde se inicia o transporte dos bens (Portugal);
- Uma vez ultrapassado esse valor, o operador terá de cobrar o IVA à taxa do EM do adquirente, independentemente do montante total de vendas nos países em causa, e submeter a Declaração Mensal na plataforma OSS;
- Para os operadores fora da UE que não optarem pelo mecanismo do balcão único, passou a haver um regime especial de cobrança do IVA na importação, em que este imposto será cobrado aos clientes pelo declarante aduaneiro que, por sua vez, o declarará e pagará às autoridades aduaneiras através de um pagamento mensal por declaração eletrónica (não há o pagamento do IVA de importação diretamente às autoridades aduaneiras);
- Um regime especial aplicável a serviços prestados por operadores não estabelecidos na UE a adquirentes que não sejam SP, estabelecidos ou domiciliados na UE. Este regime passou a poder ser igualmente utilizado, por operadores não estabelecidos na UE, para todas as prestações de serviços efetuadas a particulares e localizadas na UE, para efeitos do IVA;
- A não sujeição a IVA das VDBI no território nacional quando o lugar de chegada da expedição ou transporte de bens com destino ao adquirente se situe fora do território nacional;
- A sujeição a IVA das VDBI noutro EM quando o lugar de chegada da expedição ou transporte de bens com destino ao adquirente se situe no território nacional; e no território nacional quando o lugar de chegada da expedição ou transporte de bens com destino ao adquirente se situe neste território, se o IVA devido por essas vendas for declarado ao abrigo do regime especial aplicável às VDBI;
- O regime de balcão único do IVA foi alargado a outros serviços B2C, às VDI, bem como a algumas entregas internas de bens, resultando num balcão único de maior amplitude;
- Estabelecimento de medidas de simplificação para as VDBI em remessas ≤ 150 €, no caso de o "«regime de importação"» não ser utilizado (regimes especiais);

- A aplicação de uma isenção de IVA às importações de bens, quando o IVA for declarado ao abrigo do «regime de importação» aplicável às VDBI (remessas de valor intrínseco ≤ 150 €)[350];
- Para efeitos do IVA, considera-se que uma empresa que facilita a entrega de bens mediante a utilização de uma IE em linha recebeu ou entregou os bens pessoalmente («fornecedor presumido»)[351];
- As IE passaram a ser consideradas fornecedores relativamente às vendas de bens efetuadas por seu intermédio, sendo responsáveis por assegurar a cobrança do IVA sobre as vendas nas suas plataformas que são feitas por operadores fora da UE aos seus consumidores. Assim, se as vendas forem efetuadas através destas plataformas digitais que não sejam do operador, a responsabilidade pela entrega do IVA é do EM (através da respetiva AT) que recolherá a informação nas respetivas declarações mensais dos operadores vendedores efetuadas na plataforma OSS;
- Regime especial aplicável às VDI, às transmissões de bens num EM efetuadas por IE e aos serviços prestados por operadores estabelecidos na UE, mas não no EM de consumo;
- Foram ainda introduzidos novos requisitos em matéria de manutenção de registos para as empresas que facilitam a entrega de bens e a prestação de serviços mediante a utilização de uma IE, mesmo quando esta não é um fornecedor presumido.

De modo a acomodar todas as alterações pretendidas, foi «ampliado» o balcão único, assente num sistema eletrónico que permite aos SP, que prestam serviços de tele-

---

[350] «Valor intrínseco»: *(i)* Para os bens com caráter comercial: o preço dos próprios bens quando são vendidos para exportação com destino ao território aduaneiro da UE, com exclusão dos custos de transporte e de seguro, salvo se estiverem incluídos no preço e não estiverem indicados separadamente na fatura, e excluindo quaisquer outros impostos e taxas determináveis pelas autoridades aduaneiras a partir de quaisquer documentos pertinentes; *(ii)* Para os bens sem caráter comercial: o preço que teria sido pago pelos próprios bens se tivessem sido vendidos para exportação com destino ao território aduaneiro da UE.

[351] Um «Fornecedor presumido» é o SP considerado como tendo recebido os bens do fornecedor subjacente (SP que fornece bens ou que efetua VDBI de países/territórios terceiros mediante a utilização de IE) e como tendo fornecido os bens ao consumidor final. Por conseguinte, para efeitos do IVA, o fornecedor presumido tem os mesmos direitos e obrigações do fornecedor. Neste âmbito, entende-se por «fornecedor presumido» o SP que facilita entregas ou prestações mediante a utilização de uma IE, tal como previsto no art. 14º-A da Diretiva IVA.

comunicações, de radiodifusão e televisão ou serviços eletrónicos a consumidores finais na UE, declararem (e pagarem) o IVA devido em todos os EM num único EM da UE. Além disso, o míni balcão único foi alargado a todas as prestações de serviços B2C que ocorram nos EM nos quais o prestador não esteja estabelecido, às VDI e a certas entregas de bens internas, passando assim a ser um balcão único. Por outro lado, foi criado um regime especial para a declaração (e pagamento) do IVA de vendas à distância de bens de baixo valor importados — o «regime de importação».

Através do balcão único (OSS), são simplificadas as obrigações em matéria de IVA para as empresas que vendem bens e prestam serviços B2C em toda a UE, permitindo-lhes: *(i)* registarem-se para efeitos do IVA por via eletrónica em apenas um EM relativamente a todas as vendas de bens e prestações de serviços elegíveis efetuadas a adquirentes localizados em qualquer um dos restantes EM da UE; *(ii)* declararem numa única declaração de IVA eletrónica do balcão único e efetuarem um único pagamento do IVA devido em relação a todas estas vendas de bens e prestações de serviços; e *(iii)*, colaborarem com a AT do EM onde se encontram registadas no balcão único, ainda que as operações se efetuem em toda a UE.

O balcão único apresenta, assim, três regimes: o primeiro regulado pelos seus artigos 10º a 13º, designado no Regulamento de Execução de **«regime da União»**; o segundo regulado pelos seus artigos 14º a 18º, designado de **«regime extra-União»**; e o terceiro regulado pelos seus artigos 19º a 27º, designado de **«regime de importação»**. Se um SP optar por utilizar um dos regimes, tem de declarar todas as transmissões de bens e/ ou prestações de serviços abrangidas por esse regime específico através da declaração do IVA do respetivo regime de balcão único[352].

Assim, aos regimes especiais do IVA previstos na Diretiva IVA («regime da União» e «regime extra-União») foi acrescentado um novo «regime de importação».

O quadro infra apresenta uma distribuição dos tipos de entregas ou prestações de serviços e dos de SP abrangidos por cada um dos regimes especiais.

---

[352] Os regimes especiais abrangem o «regime da União», o «regime extra-União» e o «regime de importação»: por «regime extra-União» entende-se o regime especial aplicável à prestação de serviços efetuada por operadores não estabelecidos na UE; por «regime da União» entende-se o regime especial aplicável às VDI, às entregas de bens num EM facilitadas por IE e aos serviços prestados por operadores estabelecidos na UE, mas não no EM de consumo; por «regime de importação» entende-se o regime especial aplicável às VDBI de países/territórios terceiros.

BALCÃO ÚNICO	«Regime da União»	«Regime extra-União»	«Regime de importação»
Tipos de entregas	• Todas as prestações de serviços B2C na UE • VDI • Entregas internas de bens B2C	Todas as prestações de serviços B2C a adquirentes na UE	VDBI em remessas de valor ≤ 150 €
Sujeitos Passivos	• Estabelecidos apenas na UE • Estabelecidos ou não na UE • IE (estabelecidas ou não na UE)	Não estabelecidos na UE, incluindo as IE	Estabelecidos ou não na UE

Com base na legislação comunitária e nos entendimentos vertidos pela AT[353], vejamos de seguida, ainda que de forma sucinta, cada regime com exemplificação prática.

6.1. Regimes especiais

6.1.1. «Regime extra-União»

Com efeitos a partir de 01/07/2021, foi alargado o âmbito de aplicação do regime especial a operadores estabelecidos fora da UE que prestam serviços de telecomunicações, de radiodifusão e televisão ou serviços eletrónicos («regime extra-União») a todos os serviços prestados a adquirentes que não são SP que ocorrem num EM, segundo as regras de localização aplicáveis às prestações de serviços (abrange todos os serviços B2C)[354].

Assim, estes operadores (fora da UE), que prestam serviços a adquirentes que não sejam SP na UE, não têm de se registar, para efeitos do IVA, em cada um dos EM onde ocorrem as suas prestações de serviços, podendo o imposto ser declarado (e pago) num único EM (de identificação) através do balcão único («regime extra-União»)[355].

[353] Ofícios Circulados 30238, 30239 e 30240, todos de 25/06/2021.

[354] Não se verificou qualquer alteração no que concerne à localização das prestações destes serviços, apenas passou a existir um procedimento simplificado para a declaração do IVA devido nos EM onde as prestações de serviços ocorrem.

[355] Os EM não podem obrigar os prestadores de serviços de países terceiros a nomear um representante fiscal para utilizar o «regime extra-União» (art. 204º da Diretiva IVA).

Este regime pode ser utilizado exclusivamente por fornecedores ou prestadores não estabelecidos na UE. Ainda que o operador esteja registado ou seja obrigado a registar-se, para efeitos do IVA, num dos EM relativamente às entregas que não sejam prestações de serviços B2C, poderá utilizar o «regime extra-União» para as entregas B2C.

Este regime abrange todas as prestações de serviços cujo lugar da prestação seja na UE e efetuadas pelos operadores suprarreferidos a adquirentes que não são SP. Caso o prestador opte por utilizar o «regime extra-União», terá de aplicar o regime para declarar (e pagar) o IVA relativamente a todas estas prestações de serviços (B2C) na UE.

Assim, apresenta-se de seguida uma lista (não fechada) de prestações de serviços B2C que podem ser declaradas ao abrigo do «regime extra-União»:

- Serviços relacionados com os bens imóveis;
- Serviços de alojamento prestados por operadores não estabelecidos;
- Serviços de transportes;
- Serviços acessórios dos transportes e atividades similares;
- Serviços de avaliação e trabalhos relativos a bens móveis corpóreos;
- Prestação de serviços de restauração e de fornecimento de refeições para consumo a bordo de embarcações, aeronaves ou comboios, etc.;
- Acessos a manifestações culturais, artísticas, desportivas, científicas, educativas, recreativas ou similares, como feiras e exposições;
- Locação de meios de transporte.

Trata-se basicamente de situações elencadas nos n.ºs 7 e 8 do art. 6.º do CIVA, isto é, aqueles casos em que uma operação se considera localizada no EM onde os serviços são materialmente realizados, independentemente da condição do adquirente. Com esta simplificação, evita-se que o prestador tenha de se registar no território em causa.

Assim, um fornecedor ou prestador que utilize o «regime extra-União» (e também no «regime da União» ou um fornecedor presumido, como veremos) deve cobrar o IVA ao adquirente na UE respeitante às prestações de serviços B2C transfronteiriças, às VDI e às entregas internas de bens a um fornecedor presumido. Neste sentido, apresenta uma declaração do balcão único trimestral ao EM de identificação na qual declara todas as entregas e prestações elegíveis, bem como o respetivo pagamento.

Exemplo 1: Empresa sediada no Brasil presta serviços relacionados com bens imóveis situados na Portugal, Espanha e França a adquirentes domiciliados nesses territórios. Essa empresa brasileira, que se encontra registada, para efeitos do IVA, em

Portugal, relativamente a outros tipos de entregas de bens (B2B) ou prestações de serviços, optou por utilizar o «regime extra-União» em Espanha (EM de identificação).

Comentário: A empresa brasileira terá de declarar (e pagar) o IVA relativamente a todas as prestações de serviços abrangidos pelo regime especial através do balcão único em Espanha, incluindo, portanto, as relacionadas com os bens imóveis em Portugal.

Relativamente às entregas de bens (B2B) em Portugal, que não são abrangidas pelo regime especial, terão de ser declaradas através da DP_IVA em Portugal, podendo deduzir qualquer IVA português por si incorrido nessas operações.

Já quanto ao eventual IVA espanhol/francês suportado, poderá recuperá-lo através de um pedido de reembolso do IVA (13.ª Diretiva), junto da AT do respetivo EM da UE.

Exemplo 2: Empresa sediada no México, que presta serviços sobre bens imóveis em Portugal, decidiu registar-se, para efeitos do balcão único, em Portugal.

Comentário: Em Portugal terá de apresentar a DP_IVA (e efetuar o pagamento) relativamente a todas as prestações de serviços abrangidas pelo regime especial através do balcão único em Portugal. Se existirem entregas de bens em Portugal (B2B), que não são abrangidas pelo balcão único, terão de ser declaradas através da DP_IVA.

Exemplo 3: Empresa sediada na Rússia presta serviços a adquirentes na Polónia e efetua também VDI que são expedidos de Portugal para adquirentes em Espanha.

Comentário: Relativamente às prestações de serviços (adquirentes na Polónia), como o prestador está estabelecido fora da UE, tem de utilizar o «regime extra-União» (liberdade de escolha do EM de identificação).

Quanto às VDI (bens que são expedidos de Portugal para adquirentes em Espanha), está obrigado a utilizar o «regime da União». Assim, o EM de identificação de um operador não estabelecido na UE é o EM de expedição dos bens, ou seja, Portugal (art. 369º – A da Diretiva IVA).

6.1.2. «Regime da União»

Com a adoção da regra geral da tributação no EM de destino, o «regime da União» permite aos SP, independentemente do local onde estejam estabelecidos, o cumprimento das obrigações referentes às VDI, a certas transmissões de bens internas, bem como às prestações de serviços efetuadas a não SP noutros EM, quando o prestador não esteja estabelecido no EM de consumo.

Assim, uma empresa portuguesa liquidará IVA português (que fará constar da DP_IVA), nas duas situações seguintes: *(i)* se os seus clientes (particulares) estiverem domiciliados em Portugal, local de entrega dos bens encomendados; ou *(ii)*, caso preste serviços eletrónicos ou faça vendas à distância a consumidores finais em outro EM, mas desde que não ultrapasse 10 000 €/ano.

Fora destas condições a regra é a tributação à taxa do país de destino/consumo (adquirentes que sejam particulares da UE), mediante um único registo no Balcão Único, através do qual o SP português fará a declaração/entrega do imposto devido a cada EM, até ao final do mês seguinte ao trimestre anterior.

Para se registar neste regime o SP deve confirmar que reúne uma das seguintes condições:

- É SP estabelecido na UE e pretende declarar e pagar o IVA relativamente a prestações de serviços B2C que ocorrem num outro EM ou das vendas à distância;
- É um SP não estabelecido na UE e pretende declarar e pagar o IVA relativamente às VDI;
- É uma IE, estabelecida dentro ou fora da UE, que facilita a entrega de bens em VDI e realiza determinadas entregas de bens.

De notar que a obrigação de registo não se coloca se os adquirentes (clientes) do operador são todos SP. Todavia, se o operador realizar vendas à distância ou prestar serviços eletrónicos tanto a clientes que são SP (B2B) como particulares (B2C), então a questão do registo já se coloca.

As regras vigentes alargam o âmbito de aplicação do «regime da União» de dois modos:

i) O leque de **entregas ou prestações** que podem ser declarados ao abrigo do «regime da União» são alargados, nomeadamente:

- Além dos serviços transfronteiriços de telecomunicações, radiodifusão e televisão ou serviços eletrónicos, um prestador pode também declarar todos os serviços transfronteiriços prestados a adquirentes que não são SP e que ocorram na UE;
- O fornecedor pode declarar todas as VDI;
- As IE que se tornem fornecedores presumidos relativamente a entregas de bens efetuadas na UE podem declarar as VDI, bem como certas entregas internas de bens no «regime da União».

ii) No que respeita aos **operadores, ou seja, aos SP** (fornecedores ou prestadores) que podem utilizar o «regime da União», o seu âmbito é alargado, podendo ser utilizado:

- Por um operador estabelecido na UE (que não seja um fornecedor presumido) para declarar (e pagar) o IVA relativamente às prestações de serviços (B2C) que ocorrem num EM no qual não está estabelecido e às VDI. Os serviços que são prestados a adquirentes num EM. no qual o prestador está estabelecido têm de ser declarados na DP_IVA nacional do respetivo EM, independentemente de o EE estar ou não envolvido na prestação dos serviços;
- Por um operador não estabelecido na UE para declarar (e pagar) o IVA relativamente às VDI;
- Por uma IE (estabelecida ou não na UE) que facilita a entrega de bens (fornecedor presumido) relativamente às VDI e determinadas entregas internas de bens.

Quando os bens se encontram no mesmo EM do adquirente para o qual são enviados (ou seja, nas vendas internas), excecionalmente essas entregas podem ser declaradas ao abrigo do «regime da União», mas apenas por uma IE relativamente às entregas de bens em que seja um fornecedor presumido.

Se um prestador ou fornecedor ou um fornecedor presumido decidir registar-se, para efeitos do «regime da União», tem de declarar (e pagar) o IVA relativamente a todas as entregas ou prestações abrangidas por esse regime. Quer dizer, uma vez registado no «regime da União», tanto as prestações de serviços como as VDI têm de ser declaradas ao abrigo do balcão único (portanto, não pode optar por incluí-las na normal DP_IVA).

As VDI ocorrem quando os bens são expedidos ou transportados pelo fornecedor ou em nome deste, a partir de um EM, que não seja o EM no qual acaba a expedição ou transporte dos bens, para o adquirente (nº 4 do art. 14º da Diretiva IVA), abrangendo as entregas de bens (qualquer tipo), independentemente do seu valor, se constituírem:

- Entregas de bens a consumidores finais/particulares;
- Entregas de bens (incluindo os produtos sujeitos a IEC)[356] a outras entidades e a pessoas coletivas cujas AIB não estejam sujeitas ao IVA, por força do disposto no

[356] Estão excluídos os meios de transporte novos e os bens sujeitos a instalação/montagem. O regime da União só abrange as entregas de bens sujeitas a IEC, unicamente quando são entregues a pessoas que não SP ou, sendo-o, não o são para efeitos das AIB.

nº 1 do art. 3º da Diretiva IVA, ou seja, os indicados no art. 151º da Diretiva IVA (relações diplomáticas, organismos internacionais, etc.); e

- Entregas de bens (exceto os produtos sujeitos a IEC) a: *(i)* SP que efetuam exclusivamente entregas de bens ou prestações de serviços relativamente às quais o IVA não é dedutível; *(ii)* SP do regime comum forfetário dos produtores agrícolas; *(iii)* SP sujeito ao «regime da margem» aplicável aos bens em segunda mão e *(iv)* adquirentes que não são SP.

Relativamente à localização dos serviços de telecomunicações, de radiodifusão e televisão ou serviços eletrónicos prestados por um operador estabelecido num EM a um adquirente que não tem a condição de SP, de outro EM, considera-se que é no EM onde o adquirente reside. O mesmo acontece com as VDI, em que a localização ocorre no lugar onde termina a expedição ou o transporte dos bens para o adquirente (al. a) do art. 33º da Diretiva IVA.

Havendo operações abrangidas (entregas de bens ou prestações de serviços intracomunitárias), em que o IVA é devido em mais do que um EM, o SP poderá registar-se, para efeitos de IVA, em cada um dos EM, ou, por opção, registar-se no balcão único da União, em regra no EM onde está estabelecido.

O limiar suprarreferido (≤ 10 000 €) abrange o valor total das prestações de serviços de telecomunicações, de radiodifusão e televisão ou serviços eletrónicos e as VDI, aplicando-se aos prestadores, fornecedores e fornecedores presumidos.

Assim, o tipo de serviços e bens em causa estarão sujeitas a IVA no EM onde o prestador ou fornecedor está estabelecido, quando (nº 1 do art. 59º - C da Diretiva IVA):

- O fornecedor ou prestador está estabelecido num único EM;
- Os serviços em causa são prestados a adquirentes que estejam estabelecidos, tenham o seu domicílio ou residam habitualmente noutro EM;
- O fornecedor efetua VDI e expede ou transporta esses bens para outro EM diferente daquele em que o prestador ou fornecedor está estabelecido;
- O valor total deste tipo de serviços e bens, efetuados a adquirentes noutros EM não é superior a 10 000 € (líquido de IVA) no ano civil em curso e no ano civil anterior[357].

---

[357] Nos serviços de telecomunicações, de radiodifusão e televisão ou serviços eletrónicos, o limiar de 10 000 € já se aplica desde 01/01/2019.

Isto significa que os serviços e bens em questão, até àquele limite dos 10 000 €, serão objeto do mesmo tratamento em termos de IVA que as entregas internas de bens. No entanto, o fornecedor ou prestador pode optar por não aplicar esse limiar e aplicar as regras gerais do lugar da entrega ou da prestação (tributação no EM do adquirente). Nesta situação, pode optar por se registar no balcão único no EM onde está estabelecido, mesmo que não ultrapasse o limiar, ficando vinculado a essa opção por um período de dois anos civis. Em qualquer caso, assim que for excedido o referido limiar, aplicam-se as regras gerais, ou seja, o IVA será devido no EM do adquirente dos referidos serviços, e, no caso das VDI, no EM para o qual os bens são expedidos ou transportados.

Por outro lado, o referido limiar não se aplica:

- Às prestações de serviços de telecomunicações, de radiodifusão e televisão ou serviços eletrónicos por um prestador estabelecido fora da UE;
- Às VDI efetuadas por um fornecedor estabelecido fora da UE;
- Às VDBI («regime de importação»);
- Às prestações de serviços que não sejam serviços de telecomunicações, de radiodifusão e televisão ou serviços eletrónicos;
- Às entregas internas de bens efetuadas por um fornecedor presumido;
- Às entregas de bens por um fornecedor que está estabelecido/domiciliado em mais do que um EM da UE.

O quadro infra mostra as consequências da aplicação do limiar de 10 000 €:

<table>
<tr><th colspan="4">Serviços de telecomunicações, serviços de radiodifusão e televisão ou serviços prestados por via eletrónica e vendas à distância intracomunitárias de bens</th></tr>
<tr><th>Limiar</th><th colspan="2">Por fornecedores ou prestadores estabelecidos apenas num EM da UE</th><th>Por fornecedores ou prestadores estabelecidos em mais do que um EM da UE ou fora da UE</th></tr>
<tr><td>≤ 10 000 € por ano</td><td>Lugar da entrega ou da prestação e IVA devido no EM do prestador dos serviços e no EM de expedição ou transporte no caso das vendas</td><td>O fornecedor ou prestador pode decidir aplicar a regra geral do lugar da entrega ou da prestação no EM do adquirente ou no EM</td><td></td></tr>
</table>

<table>
<tr>
<td>≤ 10 000 €
por ano</td>
<td>à distância intracomunitárias de bens</td>
<td>para o qual os bens são expedidos
• registo no regime da União; ou
• registo para efeitos de IVA em cada EM (do adquirente ou para o qual os bens são expedidos)</td>
<td rowspan="2">Limiar não aplicável</td>
</tr>
<tr>
<td>> 10 000 €
por ano</td>
<td colspan="2">Lugar da entrega ou da prestação e IVA devido no EM do adquirente para o qual os bens são expedidos ou transportados
• registo no regime da União; ou
• registo para efeitos de IVA em cada EM do adquirente (destino da expedição ou do transporte)</td>
</tr>
</table>

No caso de um prestador ou fornecedor estabelecido fora da UE (por exemplo, China) prestar simultaneamente serviços a adquirentes na UE e efetuar VDI, fica obrigado a utilizar e ao consequente registo, em dois regimes diferentes:

- O «regime extra-União» para as prestações de serviços, e
- O «regime da União» para as VDI.

Assim, o prestador ou fornecedor estabelecido na China não pode declarar as entregas de bens ao abrigo do «regime extra-União», na medida em que este regime apenas abrange as prestações de serviços. Nem pode declarar as suas prestações de serviços ao abrigo do «regime da União», pelo facto de não estar estabelecido na UE.

Vejamos de seguida alguns exemplos:

Exemplo 1: Empresa de Lisboa que efetua VDI e presta serviços a adquirentes de vários EM, registou-se para efeitos do «regime da União».

Comentário: A empresa portuguesa ao decidir registar-se no balcão único, tem de declarar ao abrigo do balcão único tanto as prestações de serviços como as VDI.

Exemplo 2: Empresa de Coimbra vende artigos informáticos a consumidores finais domiciliados na UE, em que o valor das vendas ultrapassa os 10 000 €.

Comentário: A empresa portuguesa pode apresentar todas as vendas na UE aos consumidores através de uma única declaração de IVA no respetivo país de registo na UE, cobrando o IVA à taxa interna do cliente, independentemente do montante total das vendas nesse país.

Exemplo 3: Empresa do Porto, que não está registada para efeitos do IVA em qualquer outro EM, efetua entregas de bens a partir de Portugal e de um armazém em Espanha, a adquirentes em França e Itália.

Comentário: As VDI que ocorrem em França e Itália têm de ser declaradas na sua declaração do balcão único que apresenta em Portugal (EM de identificação)[358].

Exemplo 4: Empresa espanhola efetua VDI a partir dos seus armazéns em Vigo a adquirentes na Alemanha e em Portugal, em que o valor total dessas vendas ascende a 8000 €.

Comentário: Dado que a empresa está estabelecida na UE e o valor total das entregas de bens a adquirentes noutros EM não é superior a 10 000 €, estas entregas terão o mesmo tratamento que as operações internas (IVA espanhol).

Caso pretenda, pode optar por aplicar as regras normais e o imposto em vigor nos EM de destino dos bens, registando-se para efeitos do «regime da União» em Espanha (EM onde está estabelecido). Após o registo, poderá declarar (e pagar) o IVA devido na Alemanha e em Portugal através do portal espanhol do balcão único. Porém, se optar por não efetuar o registo no balcão único, pode efetuar o registo, para efeitos do IVA, nos EM de chegada dos bens, ou seja, na Alemanha e em Portugal.

Exemplo 5: Empresa de Fafe efetua VDI, a partir do seu armazém, para os adquirentes em França e Alemanha. Sabe-se que o valor total (ano) das vendas é de 9000 €.

Comentário: Dado que se encontra estabelecida apenas em Portugal e o valor total das entregas de bens noutros EM (França e Alemanha) não excede os 10 000 €, estas terão o mesmo tratamento, para efeitos do IVA, que as entregas efetuadas a adquirentes em Portugal. Contudo, pode optar por registar-se, para efeitos do «regime

---

[358] Relativamente ao IVA suportado em Espanha, não o pode deduzir através da declaração do balcão único, pois, regra geral, se tiver um depósito de bens em Espanha, é obrigada a registar-se, para efeitos do IVA, nesse país e pode deduzir o IVA espanhol suportado a montante através da sua normal DP_IVA. Caso não seja obrigada a registar-se, para efeitos do IVA, em Espanha, é possível conceder o reembolso do IVA incorrido em Espanha ao abrigo da Diretiva 2008/9/CE.

da União», em Portugal, (EM onde está estabelecida) e, consequentemente, declarar (e pagar) o IVA em França e na Alemanha através do portal português do balcão único.

Exemplo 6: Empresa de Amares efetua VDI a adquirentes em Espanha, França e Itália, em que o valor total dessas vendas ascendeu a 25 000 €.

Comentário: Como excede o limiar dos 10 000 €, o lugar da entrega dos bens objeto das VDI é o EM para o qual os bens são expedidos. Para declarar o IVA devido sobre estas vendas de bens expedidos para a Espanha, França e Itália, a empresa portuguesa tem duas possibilidades: *(i)* efetuar o registo em cada um destes EM e declarar (e pagar) o IVA devido através da DP_IVA nacional do respetivo EM (Espanha, França e Itália); ou *(ii)*, efetuar o registo, para efeitos do «regime da União» (Portugal), através de um registo simples em linha no portal português do balcão único do IVA, que deve ser utilizado em todas as suas VDI e em todas as prestações de serviços efetuadas a adquirentes de outros EM da UE. Após o registo, poderá declarar (e pagar) o IVA devido em Espanha, França e Itália através do portal português do balcão único.

Exemplo 7: Empresa de Aveiro efetuou VDI no valor de 6000 € a adquirentes em França. Além disso, possui um EE na Polónia, a partir do qual presta serviços eletrónicos e, ainda, outros serviços.

Comentário: Como vimos o limiar de 10 000 € aplica-se apenas a uma empresa estabelecida num único EM da UE. Uma vez que a empresa está estabelecida em Portugal, mas tem igualmente um EE na Polónia, o limiar de 10 000 € não se aplica.

Exemplo 8: Empresa de Braga efetua VDI através de Portugal e de um depósito que possui em Espanha a adquirentes franceses (5000 €) e a adquirentes italianos (4000 €).

Comentário: Neste caso, não é de equacionar o limiar de 10 000 €, uma vez que os bens são expedidos de dois EM, ou seja, existem VDI a partir de mais do que um EM. Para que esse limiar seja aplicável, a empresa fornecedora tem de estar estabelecida num EM e os bens têm de ser expedidos desse EM de estabelecimento.

Exemplo 9: Empresa de Évora presta serviços de telecomunicações, de radiodifusão e televisão e serviços eletrónicos no valor de 6000 € a adquirentes localizados em Espanha e França e efetua VDI no valor de 3000 € a adquirentes em Itália.

Comentário: Como o valor total de 9000 € (6000 € + 3000 €) é inferior ao limiar dos 10 000 €, pode aplicar o mesmo tratamento, para efeitos do IVA, a estas operações transfronteiriças, exatamente como procede relativamente às suas entregas e prestações internas. Pode, contudo, optar por se estabelecer no EM do adquirente, sendo que, neste caso, ficarão abrangidas as prestações de serviços de telecomunicações, de radiodifusão e televisão ou serviços eletrónicos, bem como as VDI.

Exemplo 10: Empresa de Faro realizou as seguintes operações (ativas) transfronteiriças: *(i)* serviços de telecomunicações, de radiodifusão e televisão ou serviços eletrónicos no valor de 3000 € a adquirentes localizados em Espanha e França; *(ii)* serviços de formação materialmente executados a adquirentes em França e em Itália no valor de 6000 €; *(iii)* VDI no valor de 5000 € a adquirentes em Espanha.

Comentário: Como o limiar de 10 000 € só é aplicável às prestações de serviços de telecomunicações, de radiodifusão e televisão ou serviços eletrónicos e às VDI (totalizam no nosso exemplo 8000 €), pode aplicar o mesmo tratamento, para efeitos do IVA, que é aplicado às suas entregas e prestações internas ou pode optar por aplicar o IVA do EM do adquirente.

Relativamente às prestações de serviços de formação (não abrangidas por esse limiar), a empresa portuguesa depara-se com duas possibilidades: efetuar o registo em cada um destes EM onde são prestados esses serviços de formação, declarando e pagando o IVA devido através da DP_IVA nacional do respetivo EM (neste caso, França e Itália); ou, efetuar o registo, para efeitos do «regime da União», no portal português do balcão único do IVA (EM onde está estabelecido), que deve ser utilizado em todas as VDI e em todas as prestações de serviços efetuadas a adquirentes de outros EM da UE. Após o registo, poderá declarar (e pagar) o IVA devido em França e Itália através do portal português do balcão único.

Exemplo 11: Empresa de Viana do Castelo, que está registada, para efeitos do «regime da União», em Portugal, fornece bens a partir de um armazém em Espanha a adquirentes em Portugal.

Comentário: Nestas circunstâncias tem de declarar estas entregas de bens efetuadas a partir de Espanha a adquirentes em Portugal no «regime da União». Trata-se de VDI (Espanha-Portugal) cujo lugar da entrega é em Portugal. Embora Portugal seja o EM de identificação, estas devem ser declaradas na declaração do balcão único e não podem ser incluídas na DP_IVA (em Portugal).

Exemplo 12: Empresa de Cascais, que também está registada em IVA em Espanha, efetua VDI de Portugal e de Espanha para adquirentes em França e Itália.

Comentário: As vendas que ocorrem em França e em Itália têm de ser declaradas através da declaração do balcão único a apresentar em Portugal (EM de identificação).

Exemplo 13: Empresa da ilha da Madeira, que efetua regularmente VDI para particulares de outros EM (quer através da loja física, quer através de um *site* na Internet), durante o ano de 2022, realizou vendas desta natureza no montante de 9200 €. Sabe-se que em 2023, até final do mês de março, havia efetuado VDI no montante de 8700 €, e que durante o mês de abril efetuou três VDI, para clientes particulares residentes em Itália, em momentos diferentes, no valor global de 2100 €:

Operação	Data	Valor (€)
(i)	04/04/2023	1000
(ii)	07/04/2023	600
(iii)	25/04/2023	500

Comentário: Dado que a empresa portuguesa durante o ano civil anterior (2022) não efetuou VDI de montante superior a 10 000 €, pode, inicialmente, em 2023, tributar as operações efetuadas até atingir aquele montante em território nacional (art. 6º - A do CIVA). Assim,

- Como até março de 2023 o valor ascendeu a 8700 €, a venda *(i)* pode ser tributada em território nacional, já que o montante total deste tipo de vendas continua a ser inferior a 10 000 € (9700 €).
- O mesmo não se passa com a venda *(ii)*, pois com essa venda o limite é ultrapassado (10 300 €), pelo que esta venda, bem como a operação *(iii)*, deve ser já tributada no EM de destino (nº 3 do art. 6º - A).

A empresa poderia optar por se registar em Itália, cumprindo ali todas as obrigações em sede de IVA ou, em alternativa, registar-se no OSS. Para o efeito, e por forma a abranger estas operações, deveria proceder ao registo até ao dia 10/05/2023, indicando que já começou a efetuar operações ao abrigo do regime desde o dia 07/04/2023.

Se a declaração de registo for entregue depois de 10/05/2023, não produz efeitos relativamente às vendas efetuadas em abril, pelo que deverá registar-se em Itália para cumprir as obrigações relativas às operações praticadas durante este mês.

Exemplo 14: Empresa de Viseu, que se dedica às vendas à distância para todo o mundo (seja através da sua loja física, seja através de um *site* na Internet) efetuou no último ano (2022) VDI para particulares de outros EM no valor de 15 000 €. Sabe-se que no último mês de abril (2023) efetuou diversas vendas, em que a empresa se encarregou do transporte nas respetivas entregas:

Operação	Data	Valor (€)	Local/entrega
i) Ao balcão, a emigrante português	15/04/2023	100	Alemanha
ii) Pelo *site*, a particulares nacionais	20/04/2023	500	Porto
iii) Pelo *site*, a particulares (Espanha, França e Itália)	30/04/2023	1000	respetivos EM

Comentário

(i) Pese embora a empresa tenha tido intervenção no transporte, não se trata de uma efetiva VDI (ver considerando 6 da Diretiva 2017/2455). Por isso, a operação seria considerada localizada em território nacional, nos termos normais.

(ii) Também estas vendas são localizadas em território nacional.

(iii) Trata-se de VDI, pelo que a empresa deve registar-se em cada um dos EM para que efetua vendas, procedendo à respetiva liquidação de IVA local ou, em alternativa, registar-se no OSS e efetuar a liquidação do IVA à taxa de cada EM.

6.1.3. «Regime de Importação»

Outro dos regimes implementados com estas alterações foi o denominado «Regime de importação» (balcão único para as importações — IOSS). Na verdade, perante uma vertiginosa globalização económica, muito por «culpa» das novas tecnologias, assistia-se, cada vez mais, à importação de bens comerciais de pequeno valor (até 22 €)[359], por consumidores finais, que precedem estes avanços tecnológicos e previam uma isenção de IVA para estas operações, o que implicava uma distorção grave da concorrência em detrimento dos fornecedores da UE.

[359] Até 30/06/2021 havia uma isenção na importação de bens comerciais de valor até 22 € (prevista no art. 22º do DL 31/89, de 25/01/1989).

Perante esta situação, de modo a repor a igualdade de condições para os operadores da UE e proteger as receitas fiscais dos EM, foi revogada a isenção de IVA aquando da importação e procedeu-se à alteração das regras em matéria de IVA aplicáveis às VDBI em consonância com o princípio da tributação no destino. Assim, independentemente do valor, a partir de 01/07/2021[360], todos os bens comerciais importados para a UE passaram a pagar IVA.

Este regime, permite que os fornecedores (fornecedores e fornecedores presumidos, isto é, as IE que facilitam este tipo de entrega de bens) que vendem bens expedidos ou transportados de um país/território terceiro a adquirentes na UE, cobrem ao adquirente (não SP) o IVA sobre as vendas à distância de bens de baixo valor (não superior a 150 €) importados e declarem (e paguem) este IVA através do «regime de importação». Se for utilizado o balcão único (portanto, não é obrigatório) para as importações, a importação (introdução em livre prática) de bens de baixo valor para a UE está isenta de IVA, sendo que o imposto é pago pelo adquirente como parte do preço de compra.

No seguimento das alterações produzidas, tanto na Diretiva IVA como nas legislações nacionais, foi introduzido o conceito de VDBI (ou seja, bens com origem em países/territórios terceiros), tendo sido eliminada, como já referido, a isenção de IVA na importação de remessas de valor insignificante.

Assim, são consideradas «vendas à distância de bens importados» segundo a al. p) do nº 2 do art. 1º do CIVA *«(...) as transmissões de bens expedidos ou transportados pelo fornecedor ou por conta deste, inclusive quando o fornecedor intervenha indiretamente no transporte ou na expedição dos bens, a partir de um país terceiro ou de um território terceiro, com destino a um adquirente num Estado-membro, quando se verifiquem, simultaneamente, as seguintes condições: i) O adquirente não se encontre abrangido por um regime de tributação das aquisições intracomunitárias no Estado-membro de chegada da expedição ou transporte dos bens, ou seja um particular; ii) Os bens não sejam meios de transporte novos nem bens a instalar ou montar;»*.

Este «regime de importação» veio permitir aos SP vendedores o cumprimento das obrigações referentes às VDBI, que não sejam produtos sujeitos a IEC, em remessas de valor intrínseco não superior a 150 €, passando a prever-se, no que diz respeito à localização, em termos nacionais, o seguinte:

---

[360] Inicialmente previsto para entrar em vigor em 01/01/2021.

- Não são tributáveis no território nacional as VDBI, quando o lugar de chegada da expedição ou transporte dos bens com destino ao adquirente se situe fora do território nacional (al. b) do art. 10º do RITI).
- Por sua vez, são tributáveis neste território as VDBI noutro EM, quando o lugar de chegada da expedição ou transporte dos bens com destino ao adquirente se situe no território nacional (al. b) do art. 11º do RITI).
- São também tributáveis no território nacional as VDBI, quando o lugar de chegada da expedição ou transporte com destino ao adquirente se situe neste território, desde que o IVA devido por essas vendas seja declarado ao abrigo do regime especial aplicável às VDBI (al. c) do art. 11º do RITI).

No âmbito deste último ponto (al. c) do art. 11º do RITI), a venda de bens provenientes de países/territórios terceiros dá origem a dois factos tributáveis no território nacional: a VDBI e a importação. Assim, por forma a evitar situações de dupla tributação, a al. l) do nº 1 do art. 13º do CIVA (aditada), passou a prever uma isenção do imposto, aplicável nas importações de bens de valor intrínseco não superior a 150 € (remessas de baixo valor)[361], que não sejam produtos sujeitos a IEC, desde que o imposto tenha sido declarado através do IOSS e, no momento do desalfandegamento dos bens seja indicado na declaração aduaneira de importação o número individual de identificação válido do SP, atribuído para efeitos da aplicação daquele regime[362].

O «regime de importação» pode ser utilizado pelos SP, incluindo as IE que sejam consideradas SP do imposto pela VDBI que facilitem[363], para declarar (e pagar) o IVA devido pelas VDBI (que não sejam produtos sujeitos a IEC), de valor intrínseco não superior a 150 €.

Nos termos do art. 22º do Regime de balcão único, sempre que o IOSS seja utilizado pelos SP para declarar e pagar o IVA devido pelas VDBI, o imposto é devido e torna-se exigível na data da transmissão dos bens, considerando-se que esta ocorre no momento em que o pagamento é aceite[364].

Caso não seja utilizado o IOSS ou o número indicado na declaração aduaneira seja inválido, e seja devido IVA a título de importação em território nacional, foi instituído

---

[361] Assim, as importações de bens sujeitos a IEC ou de valor intrínseco superior a 150 € são tributadas na importação, de acordo com as regras gerais previstas no art. 28º do CIVA.

[362] Cfr. o art. 23º do Regime de balcão único, aprovado em anexo à Lei 47/2020.

[363] Cfr. o nº 9 do art. 3º.

[364] O art. 61º-B do Regulamento de Execução (redação dada pelo Regulamento de Execução (UE) 2019/2026) vem explicitar a determinação do momento em que se considera que o pagamento é aceite.

nos nºs 10 e 11, aditados ao art. 28º do CIVA, um regime simplificado para a declaração e pagamento do IVA na importação de pequenas remessas, através do qual a pessoa que apresenta os bens à alfândega e a declaração aduaneira por conta do importador (destinatário), declara e paga mensalmente o IVA cobrado aos destinatários dos bens importados. Mantém-se, no entanto, a possibilidade de pagamento do IVA devido na importação junto dos serviços aduaneiros competentes (nº 3 do art. 28º).

De referir ainda, que Portugal é o EM competente para definir as regras de faturação a que ficam sujeitos os SP registados em território nacional no novo Regime de balcão único (nº 5 do art. 35º – A do CIVA).

Como vimos, as VDBI de países/territórios terceiros consistem em entregas de bens fisicamente expedidos ou transportados desses territórios pelo fornecedor, ou em seu nome, incluindo quando o fornecedor intervém indiretamente na expedição ou transporte dos bens, para um adquirente num EM da UE. Todavia, deve referir-se, caso os bens sejam colocados num entreposto aduaneiro num EM a partir do qual, subsequentemente, serão entregues aos adquirentes na UE, essas entregas não se enquadram no conceito de VDBI, uma vez que já se encontram em território da UE. Acresce que não é permitido que os bens destinados ao consumo/utilização final sejam fornecidos a partir de um entreposto aduaneiro (art. 155º da Diretiva IVA).

Em suma, tratando-se de bens adquiridos fora da UE que são expedidos ou transportados para a UE, podem ocorrer, geralmente, duas situações suscetíveis de sujeição a IVA:

- As VDBI de países/territórios terceiros a adquirentes da UE;
- A importação dos bens na UE.

Como já referido, todos os bens comerciais importados para a UE passaram a pagar IVA, independentemente do seu valor. Por outro lado, não há lugar ao pagamento de direitos aduaneiros para as remessas de bens para a UE de valor ≤ 150 €, exceto determinados produtos[365]. Assim, a localização (lugar da entrega) aplicável a estes bens (≤ 150 €) depende de onde é que os bens são introduzidos em livre prática na UE (ou seja, o EM de importação) e qual é o destino final dos bens.

[365] Tais como os produtos alcoólicos, os perfumes, as águas-de-colónia, o tabaco e os produtos do tabaco.

No quadro infra, é possível ver o tratamento geral aplicável a este tipo de bens importados para a UE antes e a partir de 01/07/2021 na perspetiva do IVA e dos direitos aduaneiros.

Valor dos bens importados em remessas (€)*	**Até 30/06/2021**		**A partir de 01/07/2021**	
	IVA	**Direito aduaneiro**	**IVA**	**Direito aduaneiro**
≤ 22	Isenção do IVA	Isenção aduaneira	Iva devido na UE**	Isenção aduaneira
> 22 e ≤ 150	Iva devido na UE**	Isenção aduaneira	Iva devido na UE**	Isenção aduaneira
> 150	Iva devido na UE**	Direito aduaneiro na UE	Iva devido na UE**	Direito aduaneiro na UE

* Exceto os bens sujeitos a IEC na UE.
** EM da UE onde ocorre a importação (para onde os bens são expedidos/transportados).

Em termos de localização, no que concerne aos **bens de baixo valor** (≤ 150 €), é determinante saber qual é o EM do destino final dos bens, pelo que pode ocorrer o seguinte (seguindo, mais uma vez, as notas explicativas)[366]:

1) O EM de importação da UE também **é** o EM de destino final dos bens.

a) Lugar da entrega da venda à distância de bens (evento 1 sujeito a IVA):

(i) Se for utilizado o «regime de importação», será o EM onde acaba a expedição ou o transporte dos bens de baixo valor para os adquirentes (al. c) do art. 33º da Diretiva IVA).

(ii) Quando não é utilizado o «regime de importação»:

- Se o devedor do IVA é o adquirente, será onde os bens se encontram no momento em que começa a expedição ou o transporte dos bens para o adquirente, ou seja, no país/território terceiro (nº 1 do art. 32º da Diretiva IVA), pelo que a venda à distância de bens não é tributável na UE.
- Se o devedor do IVA é o fornecedor ou uma IE considerada fornecedor, será onde os bens são importados na UE (nº 2 do art. 32º da Diretiva IVA), sendo a venda à distância tributável na UE.

[366] Comissão Europeia — *Notas explicativas sobre as regras em matéria de IVA para o comércio eletrónico.* pp. 57-58.

b) Lugar da entrega da importação de bens de baixo valor (evento 2 sujeito a IVA), é o local onde os bens entram na UE (art. 60º da Diretiva IVA).
   (i) Se for utilizado o «regime de importação», estas importações estão isentas de IVA (art. 143º, nº 1, al. c-A), da Diretiva IVA). Importa relembrar que o IVA é cobrado pelo fornecedor ou pela IE (se considerada fornecedor) ao adquirente na VDBI.
   (ii) Se não for utilizado o «regime de importação», o IVA é pago aquando da importação.

2) O EM de importação da UE **não é** o EM de destino final dos bens.

a) Lugar da entrega da venda à distância de bens (evento 1 sujeito a IVA): O EM onde os bens de baixo valor se encontram no momento em que acaba a expedição ou o transporte dos bens para o adquirente, ou seja, no EM de destino final (art. 33º - B da Diretiva IVA). Reitera-se que, atualmente, apenas os bens de baixo valor abrangidos pelo «regime de importação» é que podem ser introduzidos em livre prática num EM que não seja o EM de destino final dos bens. Assim sendo, se chegarem bens de baixo valor que não tenham sido declarados através do «regime de importação» a um EM que não seja o do destino final, para efeitos aduaneiros esses bens serão colocados sob o regime de trânsito e serão declarados para introdução em livre prática no EM para onde são expedidos ou transportados.

b) Lugar da entrega da importação de bens de baixo valor (evento 2 sujeito a IVA), é o local onde os bens entram na UE ou são introduzidos em livre prática (artigos 60º ou 61º da Diretiva IVA).
   (i) Se for utilizado o «regime de importação», a importação de bens está isenta de IVA (art. 143º, nº 1, al. c-A), da Diretiva IVA). Importa relembrar que o IVA é cobrado pelo fornecedor ou pela IE (se considerada fornecedor) ao adquirente na VDBI.
   (ii) Se não for utilizado o «regime de importação», há lugar ao pagamento de IVA no EM de destino final dos bens. Se o IVA não for cobrado pelo fornecedor ou pela IE registada no «regime de importação» e o imposto for devido na importação para a UE no EM de destino final, esse EM pode decidir livremente do SP devedor do IVA da importação (o adquirente ou o fornecedor ou a IE — art. 201º da Diretiva IVA).

Relativamente às **entregas de bens**, ficam abrangidas por este regime quando, cumulativamente, os bens são expedidos, numa remessa com um valor ≤ 150 €:

- De um país/território terceiro no momento em que são entregues;
- Pelo fornecedor, ou em seu nome, inclusivamente quando o fornecedor intervém indiretamente na expedição ou transporte dos bens de um país/território terceiro, para um adquirente ou qualquer outra pessoa elegível num EM da UE;
- Não estão sujeitos a IEC harmonizados da UE (habitualmente, o álcool ou os produtos do tabaco). Importa referir que o «regime de importação» não pode ser utilizado quando os bens são expedidos juntamente com bens sujeitos a IEC, independentemente do valor da remessa (ser ou não superior a 150 €).

Por seu turno, **podem** utilizar o «regime de importação»:

- Fornecedores estabelecidos na UE que vendam os bens a um adquirente na UE, o que acontece habitualmente através da sua própria loja em linha.
- Fornecedores estabelecidos fora da UE que vendam esses bens a um adquirente na UE através da sua própria loja em linha, quer seja diretamente (ou seja, sem a obrigação de designar um intermediário), quer seja indiretamente (através de um intermediário estabelecido na UE).
- IE estabelecidas na UE que facilitem as VDBI a fornecedores subjacentes (IE consideradas fornecedores)[367].
- IE não estabelecidas na UE que facilitem as VDBI a fornecedores subjacentes (os denominados fornecedores presumíveis), quer seja diretamente (ou seja, sem a obrigação de designar um intermediário), quer seja indiretamente (através de um intermediário estabelecido na UE).

Os SP (fornecedores e IE) que não estejam estabelecidos na UE ou num país terceiro com o qual a UE tenha celebrado um acordo de assistência mútua em matéria de IVA têm de designar um **intermediário** para poderem utilizar o «regime de importação». Esta obrigação não é aplicável aos SP que se encontram estabelecidos na UE (podem fazê-lo, mas não estão obrigados).

O intermediário tem de ser um SP estabelecido na UE e cumprir todas as obrigações estipuladas no «regime de importação» para o fornecedor ou a IE que o designou, incluindo a entrega da declaração de IVA do «regime de importação» e o pagamento do IVA sobre as VDBI. Contudo, o fornecedor ou o fornecedor presumido que designou

[367] «Fornecedor subjacente» é o operador que fornece bens ou que efetua VDBI de países/territórios terceiros mediante a utilização de uma IE.

um intermediário continua a ter de responder pelas obrigações de IVA, nomeadamente o pagamento do IVA juntamente com o intermediário.

Antes de poder registar um operador no «regime de importação», o intermediário tem primeiro de efetuar o registo no EM onde se encontra estabelecido para poder utilizar o «regime de importação» em nome dos fornecedores que efetuam VDBI, recebendo um número individual de identificação que lhe permitirá agir na qualidade de intermediário no «regime de importação» (nº 2 do art. 369º - Q da Diretiva IVA). Este número, que tem como finalidade identificar os intermediários nesses EM, não é um número de IVA do «regime de importação» e não pode ser utilizado pelo intermediário para declarar o IVA sobre as operações tributáveis. Subsequentemente, o intermediário registará no seu EM de identificação cada operador que representa e receberá um Número de IVA do Balcão Único para as Importações (número IOSS) em relação a cada operador para o qual tenha sido designado (nº 3 do art. 369º - Q da Diretiva IVA).

Quando se dá o registo no «regime de importação», a AT no EM de identificação emitirá um número IOSS[368] para os fornecedores ou para as IE (fornecedores presumíveis), para os intermediários que atuem em nome de fornecedores e para as IE. De referir que, enquanto os intermediários receberão um número IOSS distinto para cada operador que representem, uma IE terá um único número IOSS independentemente do número de fornecedores subjacentes para os quais facilita as VDBI a adquirentes na UE, porque a IE é considerada o fornecedor de todas essas vendas.

Este número só pode ser utilizado para declarar este tipo de vendas ao abrigo do «regime de importação» e não para quaisquer outras entregas de bens ou prestações de serviços que um fornecedor ou uma IE possa efetuar. Refira-se que, para as entregas elegíveis para o «regime da União» ou extra-União, são necessários registos distintos. Um fornecedor ou uma IE que opte por utilizar o «regime de importação» terá de declarar todas as VDBI a adquirentes de toda a UE utilizando este número IOSS. Este número será facultado às autoridades aduaneiras na declaração aduaneira por forma a introduzir os bens em livre prática na UE (ao abrigo da isenção de IVA).

Assim, quanto à **utilização do «regime de importação»**, os procedimentos a adotar, podem ser esquematizados da seguinte forma[369]:

---

[368] O NIF_IVA do balcão único para as importações é composto por 12 carateres alfanuméricos.

[369] Comissão Europeia — *Notas explicativas sobre as regras em matéria de IVA para o comércio eletrónico*, p. 63.

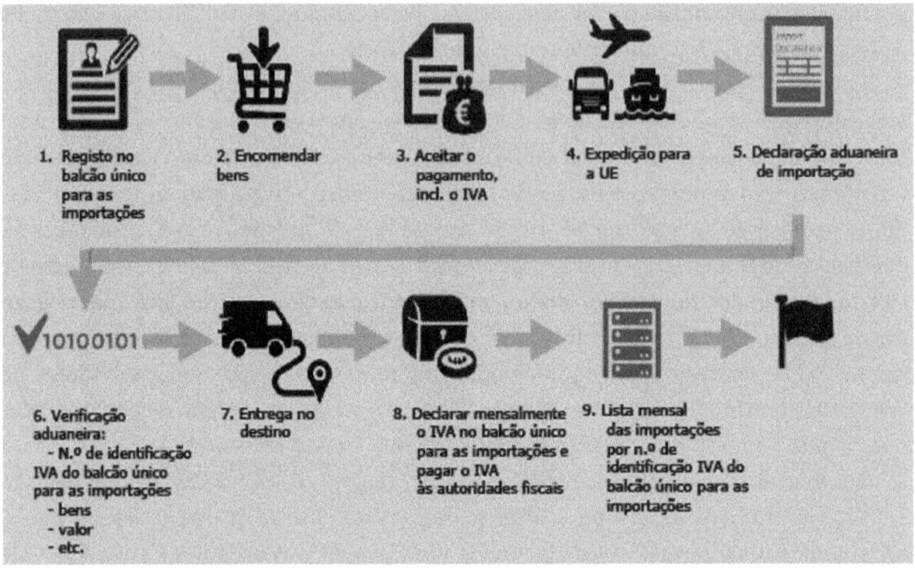

Assim, o primeiro passo a dar por um fornecedor ou uma IE, para poder utilizar o «regime de importação», é efetuar o **registo no portal eletrónico** de um EM, obtendo um número IOSS que é válido para as importações em todos os EM da UE.

Quando um fornecedor ou uma IE utilize o «regime de importação» na entrega dos bens expedidos ou transportados de fora da UE a adquirentes na UE, o lugar da entrega desses bens é no EM onde estes são entregues fisicamente. Por conseguinte, esse fornecedor ou a IE que utiliza o «regime de importação» terá de cobrar o IVA logo que venda esses bens aos adquirentes na UE.

Quanto ao **facto gerador e exigibilidade**, a entrega do imposto é quando o pagamento é aceite pelo fornecedor ou pela IE, independentemente do momento em que é efetuado o pagamento efetivo do montante (art. 41º – A do Regulamento de Execução)[370]. Em termos práticos, o fornecedor ou a IE indicará o preço dos bens e o montante do IVA devido na respetiva encomenda e o adquirente terá de pagar o montante total ao fornecedor ou à IE.

---

[370] Em termos nacionais, previsto no nº 16 do art. 7º do CIVA.

A **taxa do IVA** aplicável ao respetivo bem deverá ser a correspondente àquele bem no EM onde ocorre a entrega, isto é, no EM onde o adquirente indica que os bens devem ser entregues fisicamente.

Para evitar dupla tributação, a introdução em livre prática de bens declarados ao abrigo do «regime de importação» está isenta de IVA desde que seja apresentado um número IOSS válido[371]. Verificando-se a sua validade e se o valor da remessa for ≤ 150 €, as autoridades aduaneiras não exigirão o pagamento do IVA sobre os bens importados ao abrigo do «regime de importação».

Assim, em suma, quando um **fornecedor ou uma IE utilize o «regime de importação»** deve, designadamente:

- Indicar o montante do IVA a pagar pelo adquirente no EM para onde os bens serão expedidos ou transportados;
- Cobrar ao adquirente o IVA sobre as entregas de todos os bens expedidos ou transportados para a UE (em remessas cujo valor ≤ 150 €);
- Indicar na fatura o preço pago pelo adquirente e, separadamente, por cada taxa do IVA, o montante deste imposto cobrado ao adquirente;
- Facultar ao declarante dos bens as informações necessárias para o desalfandegamento na UE, incluindo o número IOSS, por forma a evitar que o IVA seja cobrado no momento da importação (introdução em livre prática). O fornecedor registado no «regime de importação» deve facultar estas informações diretamente ao transportador/declarante alfandegário dos bens. A IE que não esteja envolvida na expedição ou transporte dos bens geralmente faculta estas informações ao fornecedor subjacente e concorda sobre a utilização do seu número IOSS, inclusive a sua divulgação ao declarante alfandegário dos bens;
- Os declarantes alfandegários dos bens importados (correios, transportadores ou outros...) não precisam de verificar o montante do IVA cobrado ou a taxa do IVA aplicada pelo fornecedor ou pela IE do «regime de importação». Sendo mencionado um número IOSS (válido) na declaração aduaneira apresentada em relação à remessa, a importação fica isenta de IVA. O imposto foi pago como parte

[371] Não compete ao declarante na alfândega (despachantes, transitários, operadores postais, transportadores expressos, etc.) a verificação da validade do número IOSS. A validade desse número, incluído na declaração aduaneira, é verificado eletronicamente pelas autoridades aduaneiras no registo/base de dados que conterá todos os números (IOSS) atribuídos por todos os EM, incluindo a data de início e termo de validade desses números.

do preço de compra ao fornecedor ou à IE no momento da venda (aceitação do pagamento);

- Apresentar mensalmente (até final do mês seguinte de referência)[372] uma declaração do «regime de importação» ao EM de identificação relativamente a todas as entregas de bens vendidos a adquirentes em toda a UE, contendo o valor total dos bens vendidos, a sua taxa do IVA e o montante total do imposto a pagar, discriminados por cada EM para onde os bens são transportados;
- Efetuar mensalmente (até ao final do mês seguinte ao mês de referência) o pagamento ao EM de identificação do IVA devido, tal como se encontra declarado na declaração de IVA do «regime de importação»;
- Conservar os registos de todas as VDBI no «regime de importação» durante 10 anos[373].

De uma forma resumida, vejamos os procedimentos a adotar quando estamos perante VDBI em remessas de valor ≤ 150 €[374]:

Registo no balcão único para as importações	O vendedor/IE obtém um número de identificação IOSS na UE válido para as importações em todos os EM da UE
Cobrança do IVA	O vendedor/IE cobra o IVA da UE ao adquirente aquando da venda
Importação na UE	Os bens do balcão único para as importações estão isentos de IVA se for declarado um número de identificação IVA do balcão único (válido) para as importações junto das alfândegas da UE
Declarar (e pagar) o IVA	O vendedor/IE declara (e paga) o IVA às AT da UE quando registada uma declaração de IVA mensal do balcão único para as importações
Registos	O vendedor/IE conserva os registos das listas de vendas (controlo futuro)

---

[372] Por exemplo, relativamente às vendas de agosto, a declaração de IVA do «regime de importação» deve ser apresentada até 30 de setembro. Da mesma forma, até essa data, o intermediário terá de pagar ao EM de identificação o montante total do IVA, tal como declarado na declaração de IVA do «regime de importação».

[373] O art. 63º-C do Regulamento de Execução prevê quais devem ser essas informações e esses registos.

[374] Quadro elaborado com base nas *Notas explicativas sobre as regras em matéria de IVA para o comércio eletrónico*.

Com estas disposições, quando um fornecedor ou uma IE utilizar o «regime de importação», é assegurada uma operação transparente em que o adquirente tem a certeza de qual é o preço total da operação e não é confrontado com custos inesperados (o IVA e, em princípio, uma taxa adicional de desalfandegamento) a pagar quando os bens são importados para a UE. Visa ainda uma rápida autorização de saída dos bens pelas autoridades aduaneiras e uma entrega célere dos bens ao adquirente, algo que, muitas vezes, é crucial para este último. Além disso, também simplifica a logística, na medida em que os bens podem entrar na UE e ser introduzidos em livre prática em qualquer EM, independentemente do EM que tenham como destino final.

Por fim, deve assinalar-se que, nos casos em que **não se utiliza nem o «regime de importação» nem o mecanismo normalizado de cobrança do IVA na importação**, foi introduzido um regime especial para a declaração e o pagamento do IVA na importação (que também não é obrigatório), como medida de simplificação alternativa à cobrança do IVA na importação.

Esta medida de simplificação foi especialmente concebida para os operadores postais, os transportadores expressos ou outros despachantes alfandegários na UE que habitualmente declaram bens para importação, seja como representantes aduaneiros diretos ou indiretos. Este regime, em que o adquirente paga o IVA a estes operadores que apresentam os bens na alfândega, só pode ser utilizado se a introdução em livre prática ocorrer no EM onde os bens são entregues ao adquirente/importador.

Nos termos do regime especial, estão previstas as seguintes facilitações:

- O declarante que apresenta os bens na alfândega entregará apenas às autoridades aduaneiras o IVA efetivamente cobrado ao adquirente no decurso de um mês civil. Esta medida evita que, em relação aos bens não entregues ou não aceites pelo adquirente/importador, o declarante/representante aduaneiro seja o devedor do respetivo IVA. Importa referir que, uma vez que o IVA na importação não é considerado parte da dívida aduaneira, a pessoa que apresenta os bens na alfândega só se torna o devedor desse IVA nos termos da Diretiva IVA e não nos termos da legislação aduaneira. O declarante/representante aduaneiro deve conservar o comprovativo da não entrega/não aceitação (por exemplo, a prova da saída) por parte do adquirente/importador para justificar a dispensa do pagamento do IVA devido em relação a essas remessas.
- A declaração mensal (apresentada eletronicamente) serve de base ao pagamento mensal único e não representa uma declaração aduaneira (nº 1 do art. 369º – Z-B da Diretiva IVA) e inclui os montantes do IVA efetivamente cobra-

dos pela pessoa que recorre ao regime especial aos adquirentes individuais durante o mês em causa.

Apresenta-se de seguida um conjunto de exemplos que complementarão aquilo que atrás foi exposto sobre o «regime de importação».

Exemplo 1: Empresa *online* em Portugal vende um par de meias no valor de 20 € a um particular em Portugal, sendo que o bem é enviado ao consumidor a partir da China.

Comentário: Todas as expedições estarão sujeitas a IVA, independentemente do seu valor, sendo aplicado a taxa do IVA estabelecida no país de residência do comprador (Portugal).

Exemplo 2: Empresa sediada na Indonésia vendeu um telemóvel no valor de 100 €, a um consumidor final em Portugal a partir do seu armazém na UE e através de uma plataforma *online*.

Comentário: O mercado através do qual o telemóvel é vendido é responsável por cobrar o IVA junto do cliente e garantir que o mesmo é declarado junto das autoridades competentes.

Exemplo 3: Empresa sediada nos Estados Unidos vende bens a adquirentes em Portugal, exclusivamente através da sua própria loja em linha.

Comentário: Se a empresa americana não efetuar o registo no «regime de importação», será cobrado o IVA da importação pelas autoridades competentes.

Caso se registe no «regime de importação», num dos EM, será necessário designar um intermediário que o registará no «regime de importação» no EM onde o intermediário está estabelecido. O número IOSS emitido pelo EM de identificação deve ser utilizado para declarar todas as suas vendas de bens do «regime de importação» aos adquirentes em todos os EM da UE.

No momento da venda, terá de cobrar ao adquirente a taxa do IVA aplicável aos bens em Portugal (destino dos bens). Quando enviar os bens aos adquirentes na UE, deve transmitir o seu número IOSS ao declarante dos bens para introdução em livre circulação na UE (despachante, transitário, operador postal, transportador expresso, etc.), para que o IVA não seja pago novamente à alfândega na UE na importação.

Exemplo 4: Empresa sediada na Índia vende bens a adquirentes em Portugal e Espanha, exclusivamente através da sua própria loja em linha.

Comentário: Como não existe qualquer limiar, as empresas que vendem estes bens a adquirentes na UE podem registar-se no «regime de importação», independentemente do volume de negócios total que farão com essas vendas.

Exemplo 5: Empresa de Braga vende bens apenas a adquirentes em Portugal, sendo que os bens são expedidos ou transportados diretamente da China.

Comentário: Como já dissemos, tem duas opções: *(i)* efetuar o registo no «regime de importação», não sendo obrigada a ter um intermediário para esse fim no EM onde se encontra estabelecido (de identificação), comunicando o número IOSS à pessoa responsável pela declaração dos bens para a introdução em livre prática na UE para que não haja IVA aquando da importação; *(ii)* não efetuar o registo no «regime de importação», devendo o «importador» pagar o IVA na importação e também uma taxa de desalfandegamento cobrada pela empresa que declara os bens à alfândega, se for caso disso. Estas vendas de bens não devem ser incluídas na DP_IVA nacional.

Exemplo 6: Empresa sediada nas Ilhas Canárias vende artigos de *surf* a adquirentes particulares em Portugal através da sua loja em linha.

Comentário: Dado que as Ilhas Canárias[375] são consideradas territórios terceiros, as suas vendas são VDBI (art. 6º da Diretiva IVA).

Exemplo 7: Empresa de Barcelos vende bens a adquirentes na UE através da sua loja em linha, sendo que os bens são expedidos diretamente de Angola.

Comentário: Também nestes casos, se efetuar o registo no «regime de importação», terá em cada um dos casos de aplicar a taxa do IVA do EM para onde os bens são expedidos ou transportados.

Exemplo 8: Empresa de Cascais importa bens a granel da China, vendendo posteriormente (depois de desalfandegados) esses bens aos seus clientes em Portugal.

Comentário: Nestes casos, a empresa portuguesa ao importar bens em seu nome antes de os vender aos adquirentes no seu próprio país, não pode utilizar o «regime de

[375] As Ilhas Canárias são território aduaneiro da UE, mas fora do território do IVA.

importação» para essas operações. Portanto, deve cumprir as regras gerais aplicáveis à importação de bens na UE, tendo de declarar as vendas posteriores na sua DP_IVA.

Exemplo 9: Empresa de Braga importa bens a granel da China, vendendo-os posteriormente (depois de desalfandegados) a adquirentes noutros EM da UE.

Comentário: Como na situação anterior, não pode efetuar o registo no «regime de importação» para essas operações, uma vez que as vendas só ocorrem depois de já ter importado os bens para a UE. Para declarar (e pagar) o IVA sobre as vendas efetuadas a adquirentes noutros EM, tem duas opções: *(i)* efetuar o registo diretamente em cada EM para onde envia os bens; ou *(ii)* utilizar o «regime da União».

Exemplo 10: Empresa do Algarve coloca bens oriundos da China num entreposto aduaneiro antes de serem vendidos aos adquirentes na UE.

Comentário: Também não pode utilizar o «regime de importação», pois os bens já se encontram na UE. De facto, uma das condições para se utilizar este regime é que os bens sejam expedidos ou transportados pelo fornecedor, ou em seu nome, a partir de um país/território terceiro para o adquirente na UE. Por outro lado, os bens que se destinam à utilização ou ao consumo final não podem ser colocados num entreposto aduaneiro (art. 155º da Diretiva IVA).

Assim, terá de retirar os bens do entreposto aduaneiro e introduzi-los em livre prática na UE, havendo lugar ao pagamento do IVA, à taxa aplicável no EM de importação, e de direitos aduaneiros. Depois disso, cobrará o IVA do EM para onde os bens forem expedidos ou transportados, podendo utilizar o regime do balcão único da União Europeia.

Exemplo 11: António, residente em Barcelos, adquiriu bens com origem em países terceiros, em condições diferentes:

Operações	Preço	Custos do transporte	IVA (23%)	Total da fatura
(i) China	130,00	Não discriminado	29,90	159,90
(ii) Índia	130,00	25,00	35,65	190,65

Comentário:

- Na primeira situação, os custos de transporte não foram indicados separadamente na fatura e, por conseguinte, não podem ser excluídos. Contudo, como o preço líquido dos bens não é superior a 150 €, é possível utilizar o «regime de importação», não sendo cobrado o IVA nem os direitos aduaneiros na importação;

- No segundo caso, como os custos de transporte são indicados separadamente, são excluídos do valor intrínseco. Assim, embora o IVA seja aplicado sobre o valor total (bens mais o transporte), o valor o valor intrínseco dos bens (130 €) não supera os 150 € e, portanto, é possível utilizar o «regime de importação» e não será cobrado o IVA nem os direitos aduaneiros na importação.

Exemplo 12: Um fornecedor registado no «regime de importação», efetuou, em 31/08/2022, uma venda à distância da Índia para um adquirente em Portugal. Em 15/09/2022, foi alterado o EM de identificação (cancelamento do registo no anterior EM de identificação) tendo sido obtido um novo número IOSS. Sabe-se ainda que os bens, expedidos em 31/08/2022, foram importados em Portugal em 30/09/N.

Comentário: O número IOSS a ser indicado na declaração aduaneira apresentada em 30/09/2022 teve de ser aquele à data da venda (31/08/2022). Esse primeiro número IOSS continuará válido durante dois meses após o cancelamento do registo no anterior EM de identificação. Os bens estarão, assim, isentos de IVA aquando da importação.

Exemplo 13: Empresa de Lisboa, que utiliza o «regime de importação», mudou de intermediário.

Comentário: A mudança de intermediário implica automaticamente a atribuição de um novo número IOSS a esta empresa. Importa referir que os anteriores números (IOSS) terão de ser comunicados ao EM de identificação quando o operador solicitar o registo através de um novo intermediário. Caso o intermediário se mantenha, mas altere o EM de identificação, também será atribuído um novo número IOSS.

Exemplo 14: Empresa sediada no Canadá tem um depósito de bens em Portugal, a partir do qual efetua vendas à distância a vários adquirentes através do seu próprio *website*, tendo tais vendas ascendido a 7500 €.

Comentário: O limiar dos 10 000 €/ano apenas se aplica às empresas estabelecidas na UE, pelo que, no caso em apreço, não é aplicável (Canadá, país terceiro).

Exemplo 15: Em 30/09/N foram importados bens em Portugal através do operador postal (CTT). O adquirente paga aos CTT o montante do IVA correspondente à taxa normal do IVA (23%) em 03/10/N.

Comentário: Este operador (CTT, no caso) é obrigado a pagar este IVA até 16/11/N juntamente com quaisquer outros montantes do IVA cobrados ao abrigo do regime especial durante o mês de outubro de N (nº 2 do art. 369º – Z-B da Diretiva IVA).

Exemplo 16: Carlos, residente no Porto, comprou um livro em linha na loja virtual de uma editora brasileira no valor total de 40 € (sem IVA). O livro é «recolhido» no armazém da editora brasileira pelos correios brasileiros que, por sua vez, informam os correios portugueses sobre a identidade e a morada do adquirente português e fazem uma descrição do bem (incluindo o valor e o respetivo código). A remessa é realizada por via aérea numa caixa postal e chega ao Porto, sendo entregue aos correios portugueses.

Comentário: É devido IVA na importação, sendo que, ao abrigo do regime especial, Portugal pode permitir a aplicação sistemática da taxa normal do IVA (23 %). Caso não permita esta opção, o livro estará sujeito à taxa reduzida do IVA português (6 %). Assim, os bens são apresentados na alfândega (neste caso, em princípio, pelos correios portugueses), juntamente com uma declaração aduaneira de importação.

No ato da entrega, o destinatário (adquirente) pode aceitar ou recusar os bens: *(i)* se aceitar, paga o IVA aos correios portugueses tendo estes que o declarar (e pagar), juntamente com o IVA cobrado em todas as importações ao abrigo do regime especial para o respetivo mês civil, aos serviços aduaneiros portugueses até dia 16 do mês seguinte àquele em que o IVA foi arrecadado[376]; *(ii)* se recusar a encomenda por qualquer motivo (o livro não era aquele, os valores cobrados não eram aqueles, etc.) não será cobrado o IVA, devendo, neste caso, os correios portugueses conservar os registos que justifiquem o não pagamento do IVA destas encomendas que são recusadas.

6.2. O papel das Interfaces Eletrónicas no âmbito do comércio eletrónico

Com o aumento exponencial do comércio eletrónico, as distorções evidentes de concorrência entre operadores e as dificuldades na cobrança do IVA quando os fornecedores

[376] O declarante que apresenta os bens na alfândega terá de fazer um único pagamento mensal às autoridades competentes do montante total do IVA cobrado aos adquirentes. Dado que no regime especial, o período de referência é o mês civil, o pagamento mensal é diferido até ao dia 16 do mês seguinte ao mês em que o IVA é cobrado (nº 2 do art. 369º-Z-B da Diretiva IVA).

não estão estabelecidos no EM de consumo, tornou-se necessário definir o papel das IE na liquidação do IVA nas vendas *online*.

Assim, os SP que facilitam as vendas à distância de bens mediante a utilização de uma IE serão envolvidos na cobrança do IVA sobre essas vendas. Neste sentido, foi introduzido o art. 14º - A na Diretiva IVA que prevê que, em determinadas circunstâncias, se considera que estes SP efetuam as entregas ou prestações pessoalmente e são responsáveis por contabilizar o IVA sobre estas vendas (cláusula do fornecedor presumido).

Deste modo, passou a considerar-se que, para efeitos do IVA, são adquirentes e transmitentes, os operadores que facilitem a terceiros, mediante a utilização de uma IE, a transmissão de bens a adquirentes particulares ou, em certos casos, a entidades não abrangidas por um regime de tributação das AIB. Nesses casos a expedição ou transporte dos bens é atribuída à transmissão de bens efetuada pelo SP que facilita a transmissão.

Neste sentido, ficciona-se a existência de duas operações distintas: *(i)* a transmissão dos bens, sem transporte, entre o fornecedor dos bens e o SP que facilitou essa operação (B2B), podendo tal operação ser não sujeita a IVA ou beneficiar de uma isenção, consoante os casos; e *(ii)*, a transmissão dos bens, com transporte, entre este último SP e o adquirente final dos bens (B2C).

As regras atuais são aplicáveis às seguintes situações: *(i)* VDBI[377] em remessas ≤ 150 €; e *(ii)*, às transmissões de bens dentro da UE por um vendedor não estabelecido na UE a um adquirente que não seja SP.

O objetivo é a simplificação do cumprimento das obrigações fiscais respeitantes às operações abrangidas, agregando tais obrigações (cobrança incluído) num só EM e, por isso, evitando o registo, para efeitos do IVA, dos transmitentes dos bens em cada EM de consumo. Este regime de derrogação, até então exclusivo das prestações de serviços de telecomunicações, de radiodifusão ou televisão e serviços por via eletrónica, passou a abranger (em conjunto) as VDI[378]. Contudo, o regime (derrogação) é apenas aplicável se o valor total, líquido do IVA, das mesmas (em conjunto) não for superior, no ano civil anterior ou no ano civil em curso, a 10 000 €.

Os SP que facilitam as vendas à distância mediante a utilização de uma IE serão envolvidos na cobrança do IVA sobre essas vendas. Neste sentido, foi introduzido na Diretiva IVA o art. 14º - A, o qual prevê que, em determinadas circunstâncias, se considera que estes operadores efetuam as entregas de bens (fornecedor presumido). Assim,

[377] Conceito estabelecido na al. p) do nº 2 do art. 1º.

[378] Conceito estabelecido na al. q) do nº 2 do art. 1º.

o operador que facilita a entrega de bens mediante a utilização de **uma IE é o fornecedor presumido** no caso[379]:

- Das VDBI de países/territórios terceiros em remessas ≤ 150 € (nº 1 do art. 14º - A da Diretiva IVA); ou
- Das entregas de bens (entregas internas de bens como as VDI) dentro da UE por um operador aí não estabelecido a um adquirente que não seja SP (nº 2 do art. 14º - A da Diretiva IVA).

De outro modo, o operador que facilita a entrega de bens mediante a utilização de uma IE torna-se um fornecedor presumido para as seguintes entregas através da sua IE: *(i)* Os bens em remessas ≤ 150 €, entregues a um adquirente na UE e importados para a UE, independentemente da localização do fornecedor subjacente/vendedor; *(ii)* Os bens que já tenham sido postos em livre prática na UE e os bens que se encontrem na UE e estes sejam entregues a adquirentes na UE, independentemente do seu valor, quando se trate de um fornecedor subjacente/vendedor estabelecido fora da UE.

Já assim não será, isto é, o SP que facilita a entrega de bens mediante a utilização de uma IE **não se tornará um fornecedor presumido** para as operações que envolvam:

- Os bens em remessas de valor intrínseco superior a 150 € importados para a UE, independentemente do lugar de estabelecimento do fornecedor subjacente/vendedor;
- Os bens que já tenham sido postos em livre prática na UE e os bens que se encontrem na UE e que sejam entregues a adquirentes na UE, independentemente do seu valor, quando se trate de um fornecedor subjacente/vendedor estabelecido na UE.

Assim, de uma forma esquemática, temos[380]:

---

[379] Nesta matéria, em que as IE (fornecedor presumido) assumem um papel importante, na Diretiva IVA são relevantes os seguintes artigos: 14º, 14º-A, 31º a 33º,36º-B, 66º-A, 136º-A, 169º, 205º, 219º-A a 221º, 242º e 242º-A. Quanto ao Regulamento de Execução, devem ser consultados, entre outros, os seguintes artigos: 5º-B, 5º-C, 5º-D, 41º-A, 54º-B, 54º-C e 63º-C.

[380] Figura adaptada de: Comissão Europeia — *Notas explicativas sobre as regras em matéria de IVA para o comércio eletrónico,* p. 13.

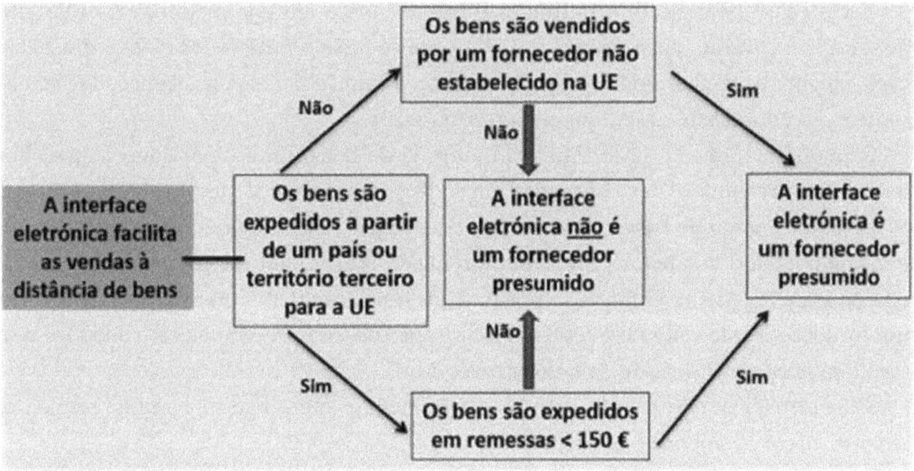

O art. 14º – A da Diretiva IVA introduziu uma presunção, em que se considera que o SP, que facilita a entrega, recebeu e entregou pessoalmente esses bens (fornecedor presumido). Tal significa que uma única entrega de bens do fornecedor (fornecedor subjacente) que vende bens através de uma IE ao consumidor final (B2C) é dividida em duas entregas: *(i)* uma entrega do fornecedor subjacente à IE (entrega B2B presumida), considerada como uma entrega sem transporte; e *(ii)* uma entrega da IE ao adquirente (entrega B2C presumida), sendo esta a entrega com transporte. Veja-se o quadro infra[381]:

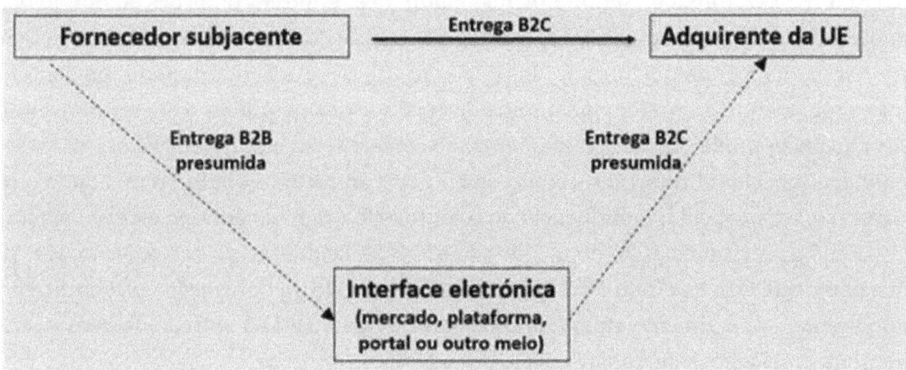

[381] Figura adaptada de Comissão Europeia — *Notas explicativas sobre as regras em matéria de IVA para o comércio eletrónico*, p. 15.

Assim, o SP («fornecedor presumido») que facilita a entrega mediante a utilização de uma IE é tratado, para efeitos do IVA, como se fosse o fornecedor efetivo dos bens. Consequentemente considera-se que o mesmo adquiriu os bens ao fornecedor subjacente e os vendeu subsequentemente ao adquirente.

A análise sobre se a IE facilita uma entrega de bens, sendo, por conseguinte, um fornecedor presumido, deve basear-se em cada operação em si mesma. Segundo o art. 5º do Regulamento de Execução deve entender-se por «facilitar» quando a venda/compra por parte do vendedor para o adquirente se realiza/conclui com o auxílio do SP que opera a IE. Assim, entende-se por facilitar a utilização de uma IE para permitir a um fornecedor que coloque bens à venda através de uma IE estabelecer contactos que resultem numa transmissão de bens através da IE.

Por outro lado, não se considera que a IE «facilita» a entrega se, cumulativamente, se verificarem as seguintes condições:

- Não fixar, direta ou indiretamente, nenhum dos termos e condições em que é efetuada a entrega de bens; e
- Não participar, direta ou indiretamente, na aprovação da cobrança ao adquirente do pagamento efetuado; e
- Não estiver, direta ou indiretamente, envolvida na encomenda ou na entrega dos bens.

De acordo com a al. a) do nº 2 do art. 5º do Regulamento de Execução, se o SP que opera a IE fixar, direta ou indiretamente, algum dos termos e condições ao abrigo dos quais é efetuada a entrega de bens, considerar-se-á que facilita a entrega de bens e será tratado como fornecedor presumido. Este conceito deve ser interpretado em sentido lato, pretendendo abranger uma grande diversidade de operadores a operar através de IE ou negócio similar, atual ou emergente, no comércio em linha/eletrónico. Por conseguinte, o conceito ultrapassa o âmbito da relação contratual e analisa a realidade económica e, em particular, a influência ou o contributo das IE na entrega efetiva de bens.

Como o previsto na al. b) do nº 2 do art. 5º – B do Regulamento de Execução, se o SP que opera a IE estiver, direta ou indiretamente, envolvido na aprovação da cobrança ao adquirente do pagamento efetuado, considera-se que facilita a entrega de bens e será abrangido pela cláusula do fornecedor presumido.

O envolvimento na encomenda de bens não implica necessariamente que a IE está envolvida na criação da nota de encomenda, mas refere-se a situações em que a IE pode influenciar, por qualquer modo, a encomenda dos bens. Isto é, o envolvimento por parte da IE não se resume à entrega física de bens.

Segundo o art. 5º – B do Regulamento de Execução, o conceito de «fornecedor presumido» permite a um adquirente e a um fornecedor que coloque bens à venda através da IE estabelecerem contactos que resultem numa entrega de bens através da referida IE. Esta disposição refere-se às situações em que o processo efetivo de encomenda e de pagamento é gerido/efetuado através da IE. Tal implica que só pode existir uma IE que é o fornecedor presumido, sendo este a IE em que é recebida a encomenda e através da qual é concluída a entrega de bens. Qualquer outro intermediário[382] na cadeia de fornecimento efetua uma entrega de bens B2B ao fornecedor subjacente, à IE que é o fornecedor presumido ou potencialmente a qualquer outra IE.

Em termos de limitação da responsabilidade[383], em conformidade com o art. 5º – C do Regulamento de Execução, o SP que opera a IE, que seja considerado como tendo recebido e entregue ele próprio os bens, não é considerado devedor de qualquer montante de IVA que exceda o imposto que declarou e pagou por essas entregas de bens, se estiverem preenchidas todas as seguintes condições: *(i)* o SP está dependente das informações prestadas pelos fornecedores que vendem bens mediante a utilização da sua IE ou outros terceiros para declarar (e pagar) o IVA sobre essas entregas de bens; *(ii)* as informações facultadas pelos fornecedores de bens são erróneas; e *(iii)* o SP pode demonstrar que não sabia nem podia razoavelmente saber que as informações recebidas estavam incorretas. O IVA liquidado adicionalmente é devido pelos SP a quem a IE adquiriu os bens (art. 5º – C do Regulamento de Execução)[384].

Assim, quanto à presunção do estatuto do vendedor e do adquirente, nos termos do art. 5º – D do Regulamento de Execução, o fornecedor presumido (ficção criada para efeitos do IVA) deve considerar a pessoa que vende os bens através de uma IE como sendo um SP e a pessoa que adquire os bens como sendo uma pessoa que não tem essa condição, salvo quando disponha de informação em contrário.

A mera ausência do NIF_IVA ou do número de identificação fiscal não significa automaticamente que o fornecedor subjacente não é um SP. Assim, salvo informação em contrário, a IE deve considerar que o fornecedor subjacente é um SP.

---

[382] Neste âmbito, «intermediário» é a pessoa estabelecida na UE designada por um fornecedor ou fornecedor presumido que efetue VDBI de países/territórios terceiros como o SP devedor do IVA e responsável pelo cumprimento das obrigações estabelecidas no regime do «regime de importação».

[383] Nas situações dos nºs 9 e 10 do art. 3º do CIVA.

[384] Internamente, art. 80º do CIVA.

Por outro lado, se o fornecedor subjacente indicar à IE estar a atuar na qualidade de uma pessoa que não tem a condição de SP, a IE deve considerá-lo como tal. Contudo, a IE deve dispor de um processo de verificação para avaliar se as entregas de bens deste fornecedor subjacente não lhe imputam a qualidade de SP.

Em regra, se durante o processo de registo/subscrição na IE o adquirente não fornecer o NIF_IVA, a IE presume que se trata de uma pessoa adquirente que não tem a condição de SP, ou seja, um consumidor final.

Um operador que facilita a entrega mediante a utilização de uma IE é tratado como se fosse o fornecedor efetivo dos bens, para efeitos do IVA. Assim, o fornecedor presumido assume os direitos e as obrigações em matéria de IVA do fornecedor subjacente para a entrega de bens ao adquirente.

O mesmo se aplica quando um operador participa em serviços prestados por via eletrónica relativamente aos quais se presume estar a agir em nome próprio, de acordo com o art. 9º – A do Regulamento de Execução, pelo que, o fornecedor presumido tem obrigações de manutenção de registos como qualquer outro fornecedor.

Relativamente às obrigações de conservação de registos de uma IE que utiliza um dos regimes especiais, o art. 63º – C do Regulamento de Execução esclarece quais as informações que devem ser conservadas em registo pelos SP que utilizam um dos regimes especiais, o que se aplica a todos os SP que os tenham usado, incluindo o fornecedor presumido[385].

Uma IE não é um fornecedor presumido, quando a IE «facilita»: *(i)* a prestação de serviços a um adquirente que não é um SP; *(ii)* a entrega de bens na UE (incluindo as entregas internas de bens) e trata-se de um fornecedor subjacente estabelecido na UE; *(iii)* as VDBI em remessas de valor superior a 150 € que ocorrem na UE, independentemente do lugar de estabelecimento do fornecedor subjacente/vendedor.

O art. 54º – B do Regulamento de Execução estabelece quando é que se deve considerar que o SP facilita a entrega de bens ou a prestação de serviços, para efeitos das obrigações declarativas[386].

O termo «facilitar» é similar ao previsto no art. 5º – B do Regulamento de Execução para o fornecedor presumido. Embora este art. 5º – B apenas se aplique a entregas de bens, o art. 54º – B abrange também as prestações de serviços.

---

[385] Obrigação de arquivo (art. 52º do CIVA).

[386] Ao abrigo do art. 242º-A da Diretiva IVA (ou seja, sem ser um fornecedor presumido). Este artigo aplica-se às IE que facilitam a entrega de bens ou a prestação de serviços.

O imposto é devido no momento em que o pagamento é aceite pelo fornecedor ou pela IE. Isto é, na data em que o fornecedor que vende bens através da IE ou por sua conta, recebe do adquirente o compromisso, autorização ou confirmação do pagamento, independentemente do momento em que é efetuado o pagamento efetivo do montante, consoante a data que ocorrer primeiro[387].

Aplica-se um regime de isenção às importações de bens, quando o IVA for declarado ao abrigo do regime especial aplicável às VDBI e, no momento do desalfandegamento, for indicado na declaração aduaneira de importação o número individual de identificação do fornecedor, atribuído para efeito da utilização daquele regime[388].

Por outro lado, temos uma isenção em sede de IVA relativamente às transmissões de bens efetuadas ao SP que facilitar a sua transmissão dentro da UE[389].

Será aplicável a taxa normal[390] às importações de bens em que seja aplicável o regime de declaração e pagamento do IVA liquidado pela administração e às importações de bens que sejam objeto de pequenas remessas enviadas a particulares ou que sejam contidas nas bagagens pessoais dos viajantes, sujeitas ao direito aduaneiro forfetário, previsto nas disposições preliminares da Pauta Aduaneira Comum[391].

Na importação de bens, com exceção de produtos sujeitos a IEC[392], o destinatário dos bens é o responsável pelo pagamento do IVA quando, cumulativamente[393]: *(i)* não seja utilizado o regime especial aplicável às VDBI; *(ii)* se trate de remessas ≤ 150 €; e *(iii)*, a declaração aduaneira seja entregue, por conta do destinatário dos bens, pelo declarante que apresenta os bens à alfândega.

Para efeitos de declaração e pagamento do IVA na importação, o declarante dos bens à alfândega deve[394]: *(i)* enviar por transmissão eletrónica de dados, até ao dia 10 do mês seguinte ao da importação, uma declaração com o montante global do IVA cobrado aos destinatários dos bens durante o mês civil anterior; *(ii)* proceder ao

[387] Previsto internamente no nº 16 do art. 7º do CIVA.

[388] Internamente, ao abrigo da al. l) do nº 1 do art. 13º do CIVA.

[389] Ao abrigo da al. x) do nº 1 do art. 14º do CIVA. É nas situações abrangidas pelo nº 10 do art. 3º do CIVA «*...facilitar, mediante a utilização de uma interface eletrónica, a realização de transmissões de bens dentro da União Europeia por um sujeito passivo não estabelecido na União Europeia a uma pessoa que não seja sujeito passivo, considera -se que o sujeito passivo que facilita a transmissão adquiriu e transmitiu pessoalmente esses bens*».

[390] Em termos nacionais, estabelecido no nº 8 do art. 18º do CIVA.

[391] Nos termos previstos nos nºs 10, 11 e 12 do art. 28º do CIVA.

[392] São produtos sujeitos a IEC harmonizados, como o álcool, o tabaco e a energia.

[393] Internamente, nos termos do nº 10 do art. 28º do CIVA.

[394] Em termos nacionais, previsto no nº 11 do art. 28º do CIVA.

pagamento do imposto aí referido nos termos previstos na legislação aplicável ao diferimento do pagamento dos direitos aduaneiros, sem prestação de garantia; e *(iii)* conservar, pelo prazo de cinco anos a contar do final do ano em que ocorreu a importação, registos detalhados das operações abrangidas pelo regime e, quando sejam solicitados, disponibilizá-los por via eletrónica à AT.

Por fim, a pessoa que apresenta os bens à alfândega é solidariamente responsável pelo pagamento do IVA, exceto nos casos em que os bens tenham sido reexportados, abandonados a favor do Estado ou relativamente aos mesmos tenham sido adotadas as medidas necessárias à cessão dos bens[395].

Como já referimos, em termos de faturação, a emissão das faturas pelos operadores que utilizem Portugal como EM de identificação, para efeitos dos regimes especiais do IVA, está sujeita às regras estabelecidas no CIVA (nº 5 do art. 35º – A do CIVA).

Entrega (A): do fornecedor subjacente à IE (entrega B2B presumida):

- Nas VDBI (nº 1 do art. 14º – A da Diretiva IVA), dado que a entrega ocorre fora da UE, as regras da UE em matéria de IVA não se aplicam nestas entregas, pelo que não existem obrigações inerentes à faturação do IVA na UE para o fornecedor subjacente;
- Nas entregas de bens na UE (nº 2 do art. 14º – A da Diretiva IVA), em que o fornecedor subjacente está obrigado a emitir uma fatura de IVA ao fornecedor presumido, de acordo com as regras do EM no qual ocorre a entrega presumida (B2B), que está isenta de IVA com direito à dedução para o fornecedor subjacente[396]. Com efeito, embora a Diretiva IVA conceda aos EM a possibilidade de dispensarem os operadores da obrigação de emitirem uma fatura relativamente às entregas que estejam isentas (nº 2 do art. 220º da Diretiva IVA), essa possibilidade não existe para esta entrega de bens específica.

Entrega (B): da IE ao adquirente (entrega B2C presumida):

- Nas VDBI, desde que o lugar da entrega seja na UE, não existe, segundo a Diretiva IVA, qualquer obrigação de emitir uma fatura de IVA para as entregas B2C, o que se aplica, por conseguinte, a esta entrega (B2C) presumida. Porém, os EM podem, ainda assim, impor uma obrigação de emissão de uma fatura, para efei-

[395] Em termos nacionais, previsto no nº 12 do art. 28º do CIVA.

[396] Nos termos do art. 136º-A e al. b) do art. 169º, ambos da Diretiva IVA.

tos do IVA, relativamente a esta entrega (art. 221º da Diretiva IVA). Além disso, as autoridades aduaneiras podem exigir documentos justificativos para o desalfandegamento que, em regra, incluem uma fatura comercial. Caso seja emitida uma fatura e a IE utilize um regime especial, aplicar-se-ão as regras de faturação do EM de identificação (art. 219º – A da Diretiva IVA). Caso não se utilize o regime especial, aplicar-se-ão as regras de faturação do EM no qual se considera ocorrer a VDBI, tendo a IE de cobrar o IVA aplicável no EM de consumo e entregar este IVA à respetiva AT desse EM;

- Nas entregas de bens na UE, ficam abrangidas tanto as entregas internas de bens como as VDI efetuadas mediante a utilização da IE, que atua na qualidade de fornecedor presumido.

No que concerne às entregas internas de bens mediante a IE, normalmente não existe qualquer obrigação de emitir uma fatura para esta entrega B2C presumida. Contudo, o EM de consumo pode, ainda assim, impor uma obrigação de emissão de uma fatura, para efeitos do IVA, relativamente a esta entrega (art. 221º da Diretiva IVA). Caso seja emitida uma fatura e a IE utilize um regime especial para esta entrega interna (B2C), aplicar-se-ão as regras de faturação do EM de identificação (art. 219º – A da Diretiva IVA). Caso não se utilize o regime especial, aplicar-se-ão as regras de faturação do EM no qual ocorre a entrega.

Quanto às VDI, sendo utilizado o «regime da União», não existe obrigação legal para emitir uma fatura para esta entrega B2C (ponto 2 do nº 1 do art. 220º da Diretiva IVA). Caso a IE emita uma fatura, aplicar-se-ão as regras de faturação do EM no qual a IE utiliza o regime especial, ou seja, o EM de identificação (art. 219º – A da Diretiva IVA). Não se utilizando o «regime da União», a IE tem de emitir uma fatura ao adquirente, respeitando as regras de faturação do EM no qual ocorre a entrega.

Independentemente de se utilizar o «regime da União», a IE terá de cobrar o IVA aplicável no EM de consumo aos bens fornecidos e entregar este imposto à AT.

Relativamente aos serviços, pese embora a Diretiva IVA não imponha uma obrigação de faturação vinculativa, os EM podem exigir, na respetiva legislação interna, uma fatura para estas prestações de serviços a consumidores na UE.

Já quanto às VDI, os fornecedores têm de emitir uma fatura caso não apliquem o «regime da União». Se se encontrarem registados, para efeitos do «regime da União», não estão obrigados a emitir uma fatura relativamente a estas entregas de bens.

As IE têm a obrigação de conservar, pelo prazo de 10 anos a contar do final do ano em que ocorreu a transmissões de bens ou prestações de serviços a adquirentes que não sejam SP na UE, os registos detalhados dessas operações, de forma a permitir o controlo do imposto devido pelos transmitentes dos bens e prestadores de serviços que utilizam os seus serviços (art. 242º – A da Diretiva IVA)[397].

Em termos de responsabilidade tributária, o SP, que disponibilize uma IE, para permitir a terceiros colocarem bens à venda ou disponibilizarem serviços, salvo determinadas exceções, é solidariamente responsável pelo pagamento do imposto com o transmitente dos bens ou o prestador dos serviços relativamente às operações efetuadas através da IE, quando tenha ou deva ter conhecimento de que o transmitente dos bens ou o prestador dos serviços não entrega o IVA correspondente. A responsabilidade é acionada, salvo as exceções previstas na lei, a partir do momento em que o SP que disponibiliza a IE é notificado pela AT da situação de incumprimento detetada[398].

Quanto ao devedor do IVA, o SP que opera a IE, que seja considerado como tendo recebido e entregue ele próprio os bens, não é considerado devedor de qualquer montante de IVA que exceda o imposto que declarou e pagou por essas entregas de bens, se estiverem preenchidas todas as seguintes condições (art. 5º – C do Regulamento de Execução)[399]:

- O SP está dependente das informações prestadas pelos fornecedores que vendem bens mediante a utilização da sua IE ou outros terceiros para declarar (e pagar) o IVA sobre essas entregas de bens;
- As informações facultadas pelos fornecedores de bens são erróneas e o SP possa demonstrar que não sabia nem podia razoavelmente saber que as informações recebidas estavam incorretas.

Em termos de cobrança, haverá liquidação sempre que estejamos perante importações de pequenas remessas de valor intrínseco não superior a 150 €. Quer dizer, nestas operações, haverá sempre pagamento do IVA, por mais pequeno que seja o seu valor[400].

Por último, de referir que a notificação, pela AT (portuguesa), de SP que disponibilize uma IE, para efeitos de acionar a sua responsabilidade solidária, não contende com o dever de confidencialidade (al. c) do nº 5 do art. 64º da Lei Geral Tributária).

---

[397] Internamente previsto no art. 51º-A do CIVA. Relativamente às entregas de bens efetuadas em 2022, a IE deve conservar os registos até ao final de 2032. Ver ainda o art. 54º-B do Regulamento de Execução.

[398] Previsto no CIVA no art. 80º-A.

[399] Previsto no CIVA no art. 80º-B.

[400] Ver nº 5 do art. 94º do CIVA.

De modo a explicitarmos melhor o que foi exposto acima, seguem-se um conjunto alargado de exemplos.

Exemplo 1: Ana, residente em Braga, encomenda bens colocados à venda por um fornecedor subjacente através da IE (1). Dado que o fornecedor subjacente não tem momentaneamente esses bens, compra-os através da IE (2), encarregando esta IE (2) de expedir diretamente os bens para o adquirente.

Comentário: Neste caso, é preciso averiguar através de que IE a venda é efetivamente concluída. Se o processo de encomenda e/ou pagamento for efetuado através da IE (1), a plataforma de entrega direta IE (2) presta um serviço ao fornecedor subjacente.

Exemplo 2: Bernardo, residente no Porto, vai encomendar bens que estão à venda numa IE (1) mas quando pretende concretizar a encomenda, é redirecionado para outra IE (2), na qual os bens são colocados à venda por um fornecedor subjacente, sendo a venda concluída através desta IE (2).

Comentário: Pese embora o contacto inicial tenha sido com a IE (1), a venda é concluída com a IE (2), pelo que será esta o fornecedor presumido.

Exemplo 3: Carla, residente em Lisboa, encomendou bens através de uma IE a um fornecedor subjacente, indicando um endereço de entrega em Madrid.

Comentário: Neste caso, o IVA cobrado pela IE é aquele que se aplicar aos bens em Espanha. Se após a encomenda, o adquirente e o fornecedor subjacente acordarem que a entrega seja efetuada em Lisboa (se a taxa em Portugal for superior à de Espanha), a IE não é responsável pela diferença de IVA, salvo se Portugal tiver introduzido medidas nacionais que prevejam a responsabilidade solidária do fornecedor subjacente[401].

Exemplo 4: Daniel, residente em Barcelos, fez uma encomenda a um fornecedor, num *website* pessoal/fornecedor subjacente (através de uma IE) de dois bens: *(i)* um livro no valor de 30 €; e *(ii)* uma garrafa de *whisky* no valor de 100 €.

Comentário: A venda de vários bens numa única encomenda constitui uma entrega única. Na situação em apreço, como os bens sujeitos a IEC não estão abrangidos pelo «regime de importação», a totalidade da encomenda não estará sujeita a IVA no momento da compra, sendo irrelevante o facto de o valor da encomenda ser ≤ 150 €.

[401] Todavia, segundo o art. 205º da Diretiva IVA, os EM podem introduzir medidas nacionais necessárias que prevejam a responsabilidade solidária do fornecedor subjacente.

Assim, o IVA será pago no ato da importação, independentemente de os bens serem expedidos em conjunto na mesma remessa ou em remessas separadas.

Exemplo 5: Eduardo, residente em Braga, fez duas encomendas separadas, num *website* ao mesmo fornecedor subjacente (através de uma IE): *(i)* um livro no valor de 30 €; e *(ii)* uma garrafa de *whisky* no valor de 100 €.

Comentário: Relativamente à primeira encomenda, como se trata de um bem de baixo valor, um fornecedor/IE registada no «regime de importação» deve aplicar o IVA respetivo a esta venda à distância. Já quanto à segunda encomenda, dado que se trata de um bem sujeito a IEC, não pode ser declarado no «regime de importação», pelo que um fornecedor/IE registada no «regime de importação» não pode aplicar o IVA a esta venda.

Exemplo 6: Filomena, residente em Fafe, fez uma única encomenda cujo valor ascendeu a 300 €, através de uma IE, tendo, contudo, os bens sido entregues por três fornecedores diferentes utilizando a mesma IE.

Comentário: Como cada fornecedor subjacente entrega os seus bens à IE que, de forma subsequente, os entrega ao adquirente em Portugal, a encomenda de cada fornecedor subjacente constitui uma entrega distinta de bens que, normalmente, serão expedidos ou transportados numa remessa separada (nº 1 do art. 14º - A da Diretiva IVA). Assim, as entregas de bens de cada fornecedor subjacente podem ser declaradas no «regime de importação» desde que o valor por remessa seja ≤ 150 €.

Os bens expedidos pelo mesmo expedidor para o mesmo destinatário que tenham sido encomendados e enviados separadamente, ainda que cheguem no mesmo dia, mas em embalagens separadas, para o operador postal ou o transportador expresso de destino, devem ser considerados remessas separadas, salvo se se comprovar que essa foi uma estratégia intencional para não haver lugar ao pagamento dos direitos aduaneiros.

Exemplo 7: Gonçalo, residente em Faro, fez várias encomendas, cada uma de valor unitário de 150 €, junto do mesmo fornecedor (através da própria loja em linha). Os bens encomendados foram expedidos ou transportados em conjunto pelo fornecedor numa única remessa cujo valor total ascendeu a 1200 €.

Comentário: Como cada encomenda é considerada uma entrega distinta, havendo encomendas múltiplas, que são embaladas e expedidas ou transportadas em conjunto, estamos perante uma única remessa. Sendo assim, esta remessa única (porque excede os 150 €) não deve ser declarada no «regime de importação»[402].

Exemplo 8: Helena, residente em Guimarães, fez várias encomendas de bens, junto do mesmo fornecedor subjacente (através de uma IE registada no «regime de importação»). Esses bens foram embalados e expedidos ou transportados em conjunto numa única remessa no valor de 200 €.

Comentário: Também aqui, como o envio é feito numa única remessa, e o valor excede os 150 €, a alfândega cobrará o IVA e os direitos aduaneiros, aquando da importação sobre o valor total da remessa (o número do balcão único é ignorado).

Exemplo 9: João, residente em Barcelos encomendou, através de uma IE, telemóveis a dois fornecedores, que foram enviados em duas remessas separadas, sendo o valor total da encomenda de 180 €: *(i)* fornecedor X, o valor de 80 €; *(ii)* fornecedor Y, o valor de 100 €.

Comentário: A entrega *(i)* bem como a entrega *(ii)* são facilitadas pela IE, aplicando-se as regras do fornecedor presumido. Assim, estas duas entregas podem ser declaradas no «regime de importação».

Exemplo 10: Luísa, residente no Porto, encomendou bens através de uma IE, entregues por diferentes fornecedores subjacentes, em três remessas separadas, sendo o valor total da encomenda de 460 €:

Entrega	Fornecedor	Valor da entrega
(i)	Subjacente A	80 € (um bem)
(ii)	Subjacente B	200 € (dois bens: 70 € + 130 €)
(iii)	Subjacente C	180 € (um bem)

Comentário: A entrega *(i)* é facilitada pela IE (fornecedor presumido) e pode ser declarada no «regime de importação»; a entrega *(ii)* não pode ser declarada através do «regime de importação», uma vez que é considerada uma entrega única (remessa de valor superior a 150 €); a entrega *(iii)* também não pode ser declarada através do «regime de importação» porque o seu valor é superior a 150 €.

---

402 Uma eventual cobrança de IVA por parte do fornecedor (ou a IE), ao abrigo do balcão único, terá de ser reembolsada ao adquirente. Se já tiver sido entregue a declaração de IVA do balcão único, deverá poder corrigir a situação.

Assim, o IVA sobre a entrega *(ii)* e a entrega *(iii)* é cobrado aquando da importação na UE, sendo pago depois da importação de acordo com as normas habituais[403].

Exemplo 11: Um fornecedor subjacente declara que os bens serão entregues a partir da UE, mas no momento de concluir a encomenda, constata-se que os bens precisam de ser importados da China (país terceiro).

Comentário: A IE deve envidar esforços para obter do fornecedor subjacente as informações necessárias para determinar se é ou não um fornecedor presumido, designadamente a localização dos bens no momento da entrega e o tipo de fornecedor (estabelecido na UE ou não estabelecido). Assim, uma IE que facilita a expedição ou transporte dos bens sabe de onde é que os bens serão enviados, pelo que está em condições de aferir a localização dos bens no momento da entrega.

Exemplo 12: Um fornecedor subjacente estabelecido na UE, informa a IE (fornecedor presumido) que os bens promovidos (no *website* da IE) se encontram na UE, pelo que a IE não declara o IVA relativamente às vendas destes bens. Contudo, constatou-se que os bens foram expedidos para um consumidor em Portugal diretamente a partir da China, numa única remessa, tendo os bens o valor de 140 €.

Comentário: Ainda que a IE não seja considerada devedor do respetivo montante do IVA na qualidade de fornecedor presumido, não deve existir qualquer perda de IVA nesta operação, uma vez que o IVA terá de ser cobrado na importação dos bens para a UE (não é possível uma isenção do «regime de importação»). O ónus dessa prova recai sobre o SP que opera a IE, que tem de comprovar a verificação de todas as condições necessárias para invocar a cláusula de responsabilidade limitada.

Quanto ao devedor do IVA, o operador que facilita a entrega mediante a utilização de uma IE é tratado, para efeitos do IVA, como se fosse o fornecedor efetivo dos bens perante o adquirente. A IE assume os direitos e as obrigações em matéria de IVA do fornecedor subjacente relativamente à entrega de bens efetuada a esse adquirente. Consequentemente, será o fornecedor presumido (e não o fornecedor subjacente) o devedor do IVA relativamente a essa entrega de bens.

---

403 Quando os fornecedores subjacentes efetuam vendas através de uma IE (fornecedor presumido), terá de ser utilizado o mesmo número IOSS para todas as vendas efetuadas através dessa IE, independentemente de quem é o fornecedor subjacente. Contudo, quando um fornecedor subjacente efetua VDBI através de várias IE, esse fornecedor terá de conservar comprovativos inequívocos dessas vendas e facultar na declaração aduaneira o número IOSS correto para cada IE através da qual efetuou a venda.

Exemplo 13: Uma IE estabelecida em Portugal é um fornecedor presumido relativamente às VDI e às entregas internas de bens a adquirentes na UE e presta também serviços eletrónicos B2C a adquirentes na UE.

Comentário: Caso o fornecedor/prestador decida registar-se no balcão único deve declarar todas as suas entregas ou prestações abrangidas pelo «regime da União» ao abrigo do balcão único. Assim, uma vez registado, todas as suas entregas ou prestações elegíveis (VDI, entregas internas de bens e prestações de serviços) têm de ser declaradas ao abrigo do balcão único.

Exemplo 14: Empresa do Porto efetua VDI (bens com origem na UE ou introduzidos em livre prática na UE) exclusivamente através de várias IE, sendo que o valor total das VDI é de 8000 €.

Comentário: Em primeiro lugar, deve conservar os comprovativos demonstrativos das VDI efetuadas através das IE. Caso o limiar dessas vendas (10 000 €) seja posteriormente ultrapassado, terá de cobrar o IVA do EM para o qual os bens são expedidos ou transportados (neste caso, a IE não é um fornecedor presumido, uma vez que, na qualidade de vendedor, está estabelecido na UE).

Exemplo 15: Empresa de Guimarães efetua VDI a adquirentes localizados em toda a UE através do seu próprio *website* e de várias IE.

Comentário: Como na questão anterior, independentemente do modo através do qual são efetuadas as vendas (*website* próprio ou IE), o IVA é devido nos EM para os quais os bens são expedidos. A empresa continua a ser a devedora do IVA, devendo assegurar que é aplicado o IVA correto às VDI efetuadas através das IE.

Caso opte por se registar, para efeitos do «regime da União», deve declarar (e pagar) o IVA devido sobre todas as suas VDI através do balcão único, incluindo as que são efetuadas por uma IE. Nesta situação, uma vez que o fornecedor está sediado na UE, a IE não passa a ser um fornecedor presumido.

Exemplo 16: Empresa de Leiria vende bens a adquirentes na UE exclusivamente através de uma plataforma (IE) que facilita as entregas. Os bens são expedidos ou transportados diretamente da China para os adquirentes.

Comentário: Neste caso, a IE torna-se o fornecedor presumido, devendo ser assegurado que a IE está devidamente informada sobre a expedição ou transporte dos bens que ocorrerá a partir da China (fora da UE). Assim, em termos de IVA, temos uma entrega de bens à IE e desta (IE) uma entrega dos bens aos adquirentes.

Exemplo 17: Empresa de Lisboa tem uma IE estabelecida em Portugal, em que se procede a diversas entregas de bens expedidos a partir de um armazém em Lisboa. Os bens têm origem na UE ou foram introduzidos em livre prática na UE: *(i)* entregas de bens próprios a adquirentes em Portugal; *(ii)* vendas à distância de bens próprios no valor de 15 000 €, a adquirentes em Espanha, França e Itália; *(iii)* entregas facilitadas de bens efetuadas por fornecedores portugueses a adquirentes em Portugal e vendas à distância de bens efetuadas por fornecedores portugueses a adquirentes em Espanha, França e Alemanha; *(iv)* entregas facilitadas de bens efetuadas por vendedores brasileiros a adquirentes em Portugal e vendas à distância de bens efetuadas por fornecedores brasileiros a adquirentes em Espanha, França e Itália.

Comentário:

(i) Relativamente às entregas de bens próprios a adquirentes em Portugal continuam a aplicar-se as regras do IVA em Portugal, liquidando o IVA na respetiva DP_IVA.

(ii) Neste caso, aplica-se a taxa do IVA do EM para o qual os bens são expedidos ou transportados, havendo duas possibilidades: efetuar o registo em cada um dos EM (Espanha, França e Itália) e, em seguida, declarar (e pagar) o IVA devido através da DP_IVA (nacional) do respetivo EM; ou, efetuar o registo, para efeitos do «regime da União», no portal português do balcão único do IVA, podendo o balcão único ser utilizado em todas as VDI e em todas as prestações de serviços efetuadas a adquirentes de outros EM. Com o registo poderá declarar (e pagar) o IVA devido sobre as VDI efetuadas nesses EM (Espanha, França e Itália).

(iii) Nas entregas efetuadas por fornecedores portugueses que facilitam, não se torna o fornecedor presumido, continuando esses fornecedores a ser os devedores do IVA.

(iv) Nestas entregas torna-se o fornecedor presumido e tem de liquidar o IVA devido em Portugal, em Espanha, em França e em Itália da seguinte forma: não tendo optado por utilizar o «regime da União» relativamente às suas vendas à distância de bens próprios (ponto *ii)*, tem de declarar as entregas efetuadas a adquirentes portugueses na sua DP_IVA «normal», as respeitantes a Espanha e França nas respetivas DP_IVA nacionais e, adicionalmente, registar-se na Alemanha para declarar (e pagar) aí o respetivo IVA; caso tenha optado por utilizar o «regime da União» relativamente às suas vendas à distância de bens próprios, então o IVA aplicado a todas as entregas efetuadas nos termos do

ponto *(iv)*, incluindo as efetuadas a adquirentes portugueses, será declarado e pago através do portal português do balcão único.

Exemplo 18: Empresa de Braga tem uma IE estabelecida na China, envolvida nas seguintes entregas de bens efetuadas por fornecedores chineses: *(i)* a partir de um depósito em Portugal e em Espanha com entrega a adquirentes em diversos EM (Portugal, Espanha, França, Itália e Polónia); *(ii)* a partir de depósitos de bens na China e no Paquistão a adquirentes em Portugal, Áustria e Finlândia.

Comentário: Como a empresa está estabelecida fora da UE (China), torna-se um fornecedor presumido relativamente às vendas à distância que aqueles fornecedores subjacentes efetuam na UE a partir de depósitos situados na UE.

(i) Dado que os bens já foram introduzidos em livre prática na UE, tem de aplicar a taxa do IVA correta consoante o lugar para onde os bens são expedidos ou transportados (no caso, Portugal, Espanha, França, Itália e Polónia). Para tal, pode registar-se, para efeitos do «regime da União» em Portugal ou em Espanha (países onde os fornecedores subjacentes possuem um depósito de bens). Caso opte por se registar no balcão único português, este registo simples é válido para todas as entregas que facilita aos fornecedores chineses a partir dos seus depósitos em Portugal e em Espanha. O IVA de todas estas entregas será declarado (e pago) através do portal do balcão único português.
Pode também optar por se registar em todos os EM nos quais facilita as entregas dos fornecedores chineses, ou seja, em Espanha, em Portugal (para as entregas internas) e respetivamente em França, Itália e Polónia relativamente às vendas à distância a adquirentes desses países. Neste caso, terá um registo, para efeitos do IVA, em cada um destes cinco EM, e terá de apresentar cinco declarações de IVA (e cinco pagamentos) a cada uma das AT dos EM referidos.

(ii) Quanto às entregas que facilita aos fornecedores chineses a partir dos seus depósitos na China e no Paquistão, pode, em qualquer caso, tornar-se o fornecedor presumido se o valor dos bens expedidos em remessas for ≤ 150 €, tendo a possibilidade de se registar no «regime de importação».

Exemplo 19: Empresa sediada nos Estados Unidos tem um depósito de bens (com origem na UE ou introduzidos em livre prática na UE) em Portugal. Sabe-se que vende os seus bens a adquirentes em todos os outros EM, exclusivamente através de IE.

Comentário: Neste caso, considera-se que efetua as suas entregas à IE que, subsequentemente, efetua as entregas dos bens aos seus adquirentes na UE, devendo registar-se, para efeitos do IVA, em Portugal (onde tem o depósito de bens), sendo que as suas entregas à IE estão isentas de IVA, com direito a dedução. Assim, a IE torna-se o fornecedor presumido e é responsável por cobrar o IVA aos seus adquirentes, podendo utilizar o «regime da União» para declarar (e pagar) o IVA devido sobre as entregas efetuadas aos adquirentes em Portugal e às vendas à distância efetuadas aos adquirentes de outros EM da UE.

Exemplo 20: Empresa sediada no México, que tem um depósito de bens em Portugal (com origem ou introduzidos em livre prática na UE), efetua vendas à distância para adquirentes em toda a UE (através do seu próprio *website* e das IE).

Comentário: O IVA é devido no EM para o qual os bens são expedidos independentemente do modo como são efetuadas as vendas à distância (*website* pessoal ou IE). Todavia, enquanto nas vendas efetuadas através do seu próprio *website*, continua a ser o devedor do IVA, nas realizadas através de uma IE, é esta o devedor do IVA.

Exemplo 21: Empresa sediada no Brasil vende bens a adquirentes em Portugal, exclusivamente através de uma IE que facilita a entrega (por exemplo, plataforma).

Comentário: Ao vender bens a adquirentes na UE, apenas através de uma IE, não é preciso efetuar o registo no «regime de importação». A IE torna-se o fornecedor presumido para essas vendas (B2C), pelo que passa a ser responsável por cumprir as obrigações em matéria de IVA pois, nesse caso, considera-se que entrega os seus bens à IE e esta entrega depois os bens ao adquirente, podendo registar-se no «regime de importação» e cumprir as obrigações em matéria de IVA.

Se a IE efetuar o registo no «regime de importação» e organizar igualmente a expedição ou transporte dos seus bens para o adquirente, não terá quaisquer obrigações relacionadas com o IVA na UE. Nesse caso, a IE dará o seu número IOSS para ser transmitido à pessoa responsável por declarar os bens para a introdução em livre prática na UE. Este operador (por exemplo, os CTT) comunicará o número IOSS às autoridades aduaneiras para que os bens possam ser autorizados a sair para a introdução em livre prática sem que haja lugar ao pagamento do IVA.

Se a IE não efetuar o registo no «regime de importação», o IVA relativo a esses bens será cobrado aquando da importação na UE, sendo devido no EM onde acaba a expedição ou transporte dos bens, pelo SP devedor do IVA na importação, de acordo com a legislação interna.

Exemplo 22: Empresa sediada na China vende bens a adquirentes na UE através da sua própria loja em linha e de uma IE que está registada no «regime de importação».

Comentário: Quanto às vendas efetuadas através da sua loja em linha, pode *(i)* optar por efetuar o registo no «regime de importação», devendo facultar o seu próprio número IOSS ao responsável pela declaração dos bens para a introdução em livre prática na UE (caso de um transportador expresso) para os bens vendidos através do seu próprio *website*; ou *(ii)*, não efetuar o registo no balcão único e, neste caso, não pode utilizar o número IOSS da IE para as vendas efetuadas através do seu próprio *website*. O IVA dos bens vendidos através da sua loja em linha será cobrado ao adquirente no momento da importação na UE.

Relativamente aos bens vendidos através da IE, deve ser facultado ao responsável pela declaração dos bens para a introdução em livre prática na UE o número IOSS da IE, atendendo a que organiza o transporte. Ao vender bens através de uma IE, considera-se que entrega os seus bens à IE e esta entrega depois os bens ao adquirente. A IE está obrigada a aplicar e a cobrar o IVA ao adquirente e a declarar e a pagar o imposto à respetiva AT.

Exemplo 23: Empresa sediada no Brasil vende bens a adquirentes na UE quer através da sua própria loja em linha que registou no «regime de importação», quer através de uma IE que não está registada no «regime de importação».

Comentário: Nos bens vendidos através da sua loja em linha, a empresa brasileira deve cobrar o IVA aos seus adquirentes e facultar o seu número IOSS ao responsável pela declaração dos bens para a introdução em livre prática na UE.

Quanto aos bens vendidos através da IE, não cobra o IVA aos seus adquirentes, já que a empresa remete bens à IE, que são posteriormente entregues por esta aos adquirentes. Assim, nestas vendas, não pode utilizar o seu próprio número IOSS quando os bens são importados para a UE. Dado que a IE não está registada no «regime de importação», o IVA devido em relação a esses bens será cobrado aquando da importação para a UE. O IVA é devido no EM onde acaba a expedição ou transporte dos bens, sendo pago pelo devedor do IVA na importação, de acordo com a legislação interna. A maioria dos EM designa o adquirente na UE que recebe os bens como o SP devedor do IVA. Todavia, nestes casos, os EM podem designar a IE (fornecedor presumido) como o SP devedor do imposto.

Exemplo 24: Empresa sediada no Paquistão vendeu para Portugal bens no valor de 200 €, no seguimento de uma única encomenda. Acontece que essa encomenda foi dividida (expedida/transportada para o adquirente) em duas remessas.

Comentário: A compra de vários bens numa única operação é considerada como uma entrega única, pois, presume-se, os bens são expedidos ou transportados numa remessa única. Como o valor da operação é superior a 150 €, no momento da entrega, o fornecedor ou a IE não pode utilizar o «regime de importação» e, por isso, o IVA não deve ser cobrado ao adquirente.

Exemplo 25: Determinada IE é informada pelo fornecedor subjacente do valor e da natureza do bem relativamente ao qual é devido o IVA no montante de 90 €. Todavia, por lapso, a IE declara o IVA do montante de 80 €.

Comentário: Neste caso, não se aplica a cláusula de responsabilidade limitada e a IE continua a ser o devedor do montante da diferença (10 €), bem como é responsável por eventuais penalidades por atraso no pagamento e respetivos juros.

Exemplo 26: No âmbito de uma inspeção, a AT portuguesa conclui que o valor dos bens era de 140 € e não 110 €, como tinha sido determinado pela IE em função das informações recebidas do fornecedor subjacente.

Comentário: Dado que a cláusula de responsabilidade limitada é aplicável aos montantes não declarados, em virtude de informações incorretas recebidas, a IE não será o devedor do IVA da diferença (30 €). Nesse caso, pode invocar-se a responsabilidade do fornecedor subjacente se o EM tiver introduzido medidas nacionais que prevejam a responsabilidade solidária deste.

Fornecedor presumido que facilita a entrega de bens na UE

São bens oriundos da UE ou bens já em livre prática na UE. Para a aplicação do nº 2 do art. 14º - A da Diretiva IVA é possível que os bens sejam importados de um país terceiro pelo fornecedor subjacente numa fase prévia (operação separada). Se o fornecedor subjacente tiver importado os bens antes de os entregar aos adquirentes na UE, esta última entrega ao adquirente não se qualifica como uma VDBI (nº 1 do art. 14º - A da Diretiva IVA).

Seguindo de perto os exemplos (6) das notas explicativas da Comissão Europeia[404], com as devidas adaptações, a IE é o fornecedor presumido, uma vez que o fornecedor

[404] Comissão Europeia — *Notas explicativas sobre as regras em matéria de IVA para o comércio eletrónico*, pp. 92-101.

subjacente não se encontra estabelecido na UE (nº 2 do art. 14º – A da Diretiva IVA). Portanto, a IE pode optar por utilizar o «regime da União» (al. b) do art. 369º – B da Diretiva IVA), efetuando esse registo no EM onde está estabelecida e utilizando o respetivo NIF_IVA (nacional).

Exemplo 1: Adquirente em Portugal, encomenda bens através de uma IE (estabelecida em Portugal) a um fornecedor subjacente da China. O fornecedor subjacente possui bens em Portugal que são expedidos ou transportados para o adquirente em Portugal (entrega interna de bens).

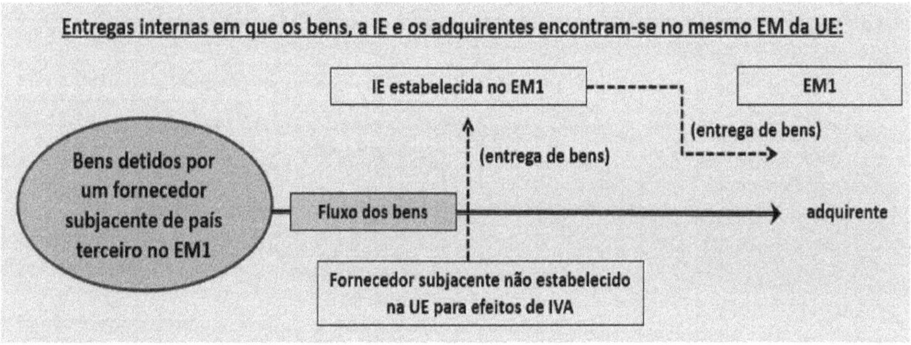

Comentário: Na situação em apreço, a IE (fornecedor presumido) pode optar por utilizar o «regime da União», efetuando esse registo em Portugal onde está estabelecida, utilizando o NIF_IVA que já possui em território nacional.

Quanto ao lugar de entrega, na operação B2B (sem transporte) do fornecedor subjacente à IE, ele ocorre em Portugal (art. 31º da Diretiva IVA), tendo o fornecedor subjacente que se registar, para efeitos do IVA, em Portugal (al. b) do nº 1 do art. 272º da Diretiva IVA); relativamente à entrega B2C (com transporte) da IE ao adquirente em Portugal (lugar de entrega, nº 1 do art. 32º da Diretiva IVA), é devido IVA neste território.

O imposto torna-se exigível (nas duas entregas B2B e B2C) quando o pagamento é aceite pelo fornecedor subjacente (art. 66º – A da Diretiva IVA). Todavia, a entrega B2B é isenta com direito a dedução, enquanto na entrega B2C a IE é o devedor do IVA que deve pagar através do balcão único à AT portuguesa (artigos 136º – A e 169º da Diretiva IVA).

Assim, a IE apresenta a declaração de IVA do balcão único à AT portuguesa (al. b) do art. 369º – G da Diretiva IVA. Como se trata de uma operação puramente interna, se a IE não utilizar o «regime da União», deve declarar esta entrega B2C na sua DP_IVA a apresentar em Portugal (art. 250º da Diretiva IVA).

Exemplo 2: Adquirente em Portugal (EM1) encomenda bens através de uma IE, estabelecida em Espanha (EM2) a um fornecedor subjacente da China. O fornecedor subjacente possui bens em Portugal que são expedidos ou transportados para o adquirente em Portugal (entrega interna de bens).

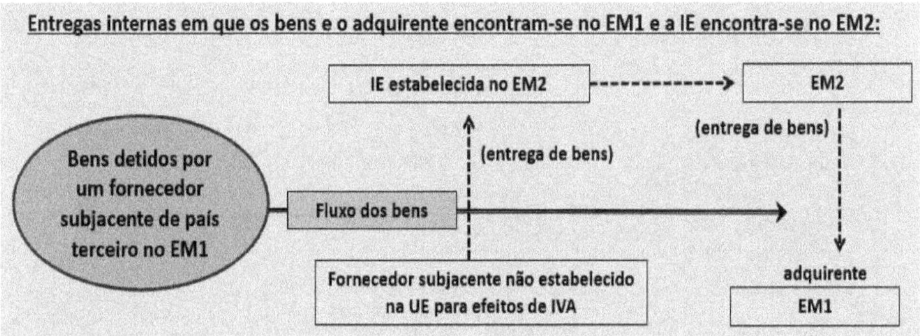

Comentário: Como na situação anterior, a IE pode optar por utilizar o «regime da União», efetuando esse registo (neste caso em Espanha onde está estabelecida) e utiliza o NIF_IVA que aí possui (não precisa de registar-se, para efeitos do IVA, em Portugal).

Na entrega do fornecedor subjacente à IE (entrega B2B), sem transporte, o lugar de entrega é em Portugal (art. 31º da Diretiva IVA), tendo o fornecedor subjacente que se registar, para efeitos do IVA, em Portugal (al. b) do nº 1 do art. 272º da Diretiva IVA); na entrega da IE ao adquirente em Portugal (entrega B2C), com transporte, o lugar de entrega é em Portugal (nº 1 do art. 32º da Diretiva IVA), sendo devido IVA neste território.

Nestas duas entregas (B2B e B2C), o IVA torna-se exigível quando o pagamento é aceite pelo fornecedor subjacente (art. 66º – A da Diretiva IVA). Contudo, enquanto a entrega B2B é isenta com direito a dedução, na entrega B2C, a IE é o devedor do IVA que deve pagar através do balcão único à AT espanhola, que transferirá o IVA para a AT portuguesa (artigos 136º – A e 169º da Diretiva IVA).

Em termos declarativos, a IE apresenta a declaração de IVA do balcão único à AT espanhola, declarando o montante do IVA e a taxa aplicável em Portugal (al. b) do nº 2 do art. 369º - G da Diretiva IVA).

Exemplo 3: Adquirente em Portugal (EM1), encomenda bens através de uma IE (estabelecida num país terceiro) a fornecedor subjacente da China. O fornecedor subjacente possui bens em Portugal que são expedidos ou transportados para o adquirente em Portugal (entrega interna de bens).

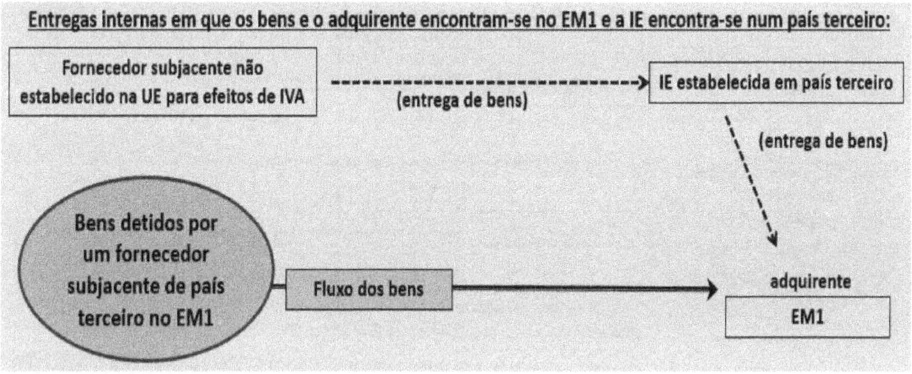

Comentário: Ainda neste caso, a IE pode optar por utilizar o balcão único da União em Portugal ou outro EM a partir do qual os bens são entregues (terceiro parágrafo do nº 2 do art. 369º - A da Diretiva IVA), devendo registar-se, para efeitos do IVA, em Portugal.

Na entrega do fornecedor subjacente à IE (B2B), sem transporte, o lugar de entrega é em Portugal (art. 31º da Diretiva IVA), tendo o fornecedor subjacente que se registar, para efeitos do IVA, em Portugal (al. b) do nº 1 do art. 272º da Diretiva IVA); na entrega da IE ao adquirente em Portugal (B2C), com transporte, o lugar de entrega é em Portugal (nº 1 do art. 32º da Diretiva IVA), sendo devido IVA neste território.

Nas duas entregas (B2B e B2C), o IVA torna-se exigível quando o pagamento é aceite pelo fornecedor subjacente (art. 66º - A da Diretiva IVA). Porém, também aqui a entrega B2B é isenta com direito a dedução, enquanto na entrega B2C a IE é o devedor do IVA que deve pagar através do balcão único à AT portuguesa (artigos 136º - A e 169º da Diretiva IVA).

Assim, a IE apresenta a declaração de IVA do balcão único à AT portuguesa (al. b) do nº 1 do art. 369º - G da Diretiva IVA).

Exemplo 4: Adquirente em Portugal (EM2), encomenda bens através de uma IE, estabelecida em Espanha (EM1) a um fornecedor subjacente da China. O fornecedor subjacente possui bens em Espanha que são expedidos ou transportados para o adquirente em Portugal (VDI).

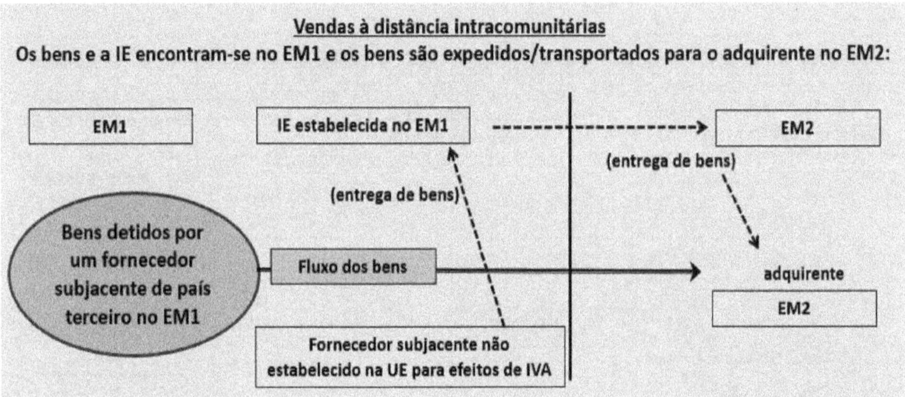

Comentário: Nesta situação a IE pode optar por utilizar o «regime da União», efetuando esse registo em Espanha onde está estabelecida e utiliza o NIF_IVA que aí possui.

Na entrega do fornecedor subjacente à IE (B2B), sem transporte, o lugar de entrega é em Espanha (art. 31º da Diretiva IVA) tendo o fornecedor subjacente que se registar, para efeitos do IVA, em Espanha (al. b) do nº 1 do art. 272º da Diretiva IVA); na entrega do fornecedor subjacente à IE (B2C), com transporte, o lugar de entrega é em Portugal (al. a) do art. 33º da Diretiva IVA), sendo devido IVA em território nacional.

Nas duas entregas (B2B e B2C), o IVA torna-se exigível quando o pagamento é aceite pelo fornecedor subjacente (art. 66º - A da Diretiva IVA). No entanto, a entrega B2B é isenta com direito a dedução, enquanto na entrega B2C, a IE é o devedor do IVA que deve pagar através do balcão único à AT espanhola, que transferirá o IVA para a AT portuguesa (artigos 136º - A e 169º da Diretiva IVA).

Em termos práticos, a IE apresenta a declaração de IVA do balcão único à AT espanhola com o montante do IVA à taxa aplicável em Portugal (al. a) do nº 1 do art. 369º - G da Diretiva IVA).

Exemplo 5: Adquirente em Portugal (EM2), encomenda bens através de uma IE (estabelecida em Portugal) a um fornecedor subjacente de país terceiro. O fornecedor subjacente possui bens em Espanha (EM1) de onde são expedidos ou transportados para o adquirente em Portugal (VDI).

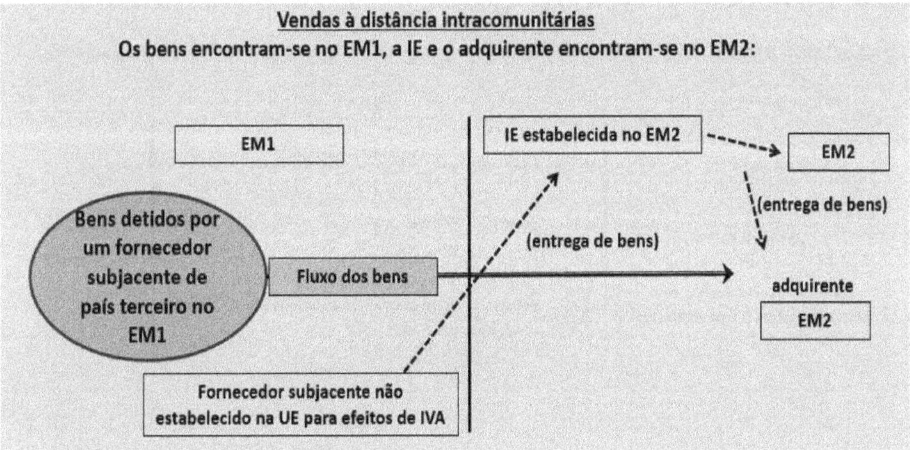

Comentário: No caso em apreço, a IE pode optar por utilizar o «regime da União», efetuando esse registo em Portugal onde está estabelecida e utiliza o NIF_IVA que aqui possui (não precisa de efetuar o registo, para efeitos do IVA, em Espanha, a partir de onde os bens são expedidos ou transportados).

Na entrega do fornecedor subjacente à IE (B2B), sem transporte, o lugar de entrega é em Espanha (art. 31º da Diretiva IVA), tendo o fornecedor subjacente que se registar, para efeitos do IVA, em Espanha (al. b) do nº 1 do art. 272º da Diretiva IVA); na entrega da IE ao adquirente em Portugal (B2C), com transporte, o lugar de entrega é em Portugal (al. a) do art. 33º da Diretiva IVA), sendo devido IVA em território nacional.

Nas duas entregas (B2B e B2C), o IVA torna-se exigível quando o pagamento é aceite pelo fornecedor subjacente (art. 66º - A da Diretiva IVA). Contudo, enquanto a entrega B2B é isenta com direito a dedução, na entrega B2C a IE é o devedor do IVA que deve pagar através do balcão único à AT em Portugal (artigos 136º - A e 169º da Diretiva IVA).

Em termos declarativos, a IE apresenta a declaração de IVA do balcão único à AT portuguesa com o montante do IVA e a taxa aplicável em Portugal (al. b) do nº 2 do art. 369º - G da Diretiva IVA).

Exemplo 6: Adquirente em Portugal (EM2), encomenda bens através de uma IE (estabelecida na China) a um fornecedor subjacente de país terceiro. O fornecedor subjacente possui bens em Espanha (EM1) que são enviados/transportados para o adquirente em Portugal (VDI).

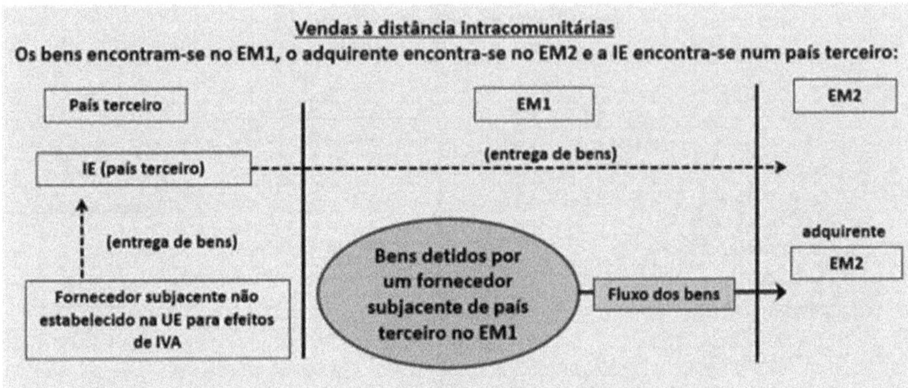

Comentário: Mais uma vez, a IE pode optar por utilizar o «regime da União» em Espanha, ou outro EM a partir do qual os bens são entregues (terceiro parágrafo do nº 2 do art. 369º - A da Diretiva IVA), devendo a IE efetuar o registo, para efeitos do IVA, em Espanha.

Na entrega B2B do fornecedor subjacente à IE, sem transporte, o lugar de entrega é em Espanha (art. 31º da Diretiva IVA), tendo o fornecedor subjacente que se registar, para efeitos do IVA, em Espanha (al. b) do nº 1 do art. 272º da Diretiva IVA); na entrega B2C da IE ao adquirente em Portugal, com transporte, o lugar de entrega é em Portugal (al. a) do art. 33º da Diretiva IVA), sendo devido IVA em território nacional.

Nas duas entregas (B2B e B2C), o IVA torna-se exigível quando o pagamento é aceite pelo fornecedor subjacente (art. 66º - A da Diretiva IVA). Porém, enquanto a entrega B2B é isenta com direito a dedução, na entrega B2C a IE é o devedor do IVA que deve pagar através do balcão único à AT espanhola, que transfere o IVA para a AT portuguesa (artigos 136º - A e 169º da Diretiva IVA).

Em termos declarativos, a IE apresenta a declaração de IVA do balcão único à AT espanhola, com o montante do IVA e a taxa aplicável em Portugal (al. a) do nº 1 do art. 369º - G da Diretiva IVA).

Fornecedor presumido que facilita as VDBI

Sendo os bens expedidos de um país/território terceiro para um adquirente num EM, veja-se as implicações quando a IE (fornecedor presumido, nos termos do nº 1 do art. 14º - A da Diretiva IVA) efetua (ou não) o registo no «regime de importação» (5 exemplos)[405].

Exemplo 1: Adquirente em Portugal (EM2), encomenda bens no valor de 90 € através de uma IE estabelecida em Espanha (EM1) a um fornecedor subjacente. O adquirente indica que o lugar de entrega dos bens é em Portugal. Os bens são expedidos em nome do fornecedor subjacente da China para o adquirente em Portugal onde os bens são importados[406].

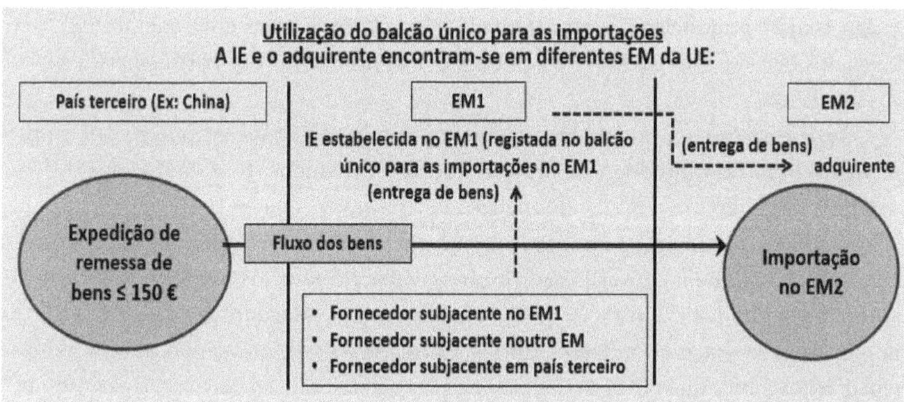

Comentário: Neste caso, a IE efetua o registo no «regime de importação» em Espanha obtendo um número IOSS nesse país (art. 369º - Q da Diretiva IVA).

Na entrega do fornecedor subjacente à IE, sem transporte, o lugar de entrega é na China (art. 31º da Diretiva IVA), sem qualquer obrigação em sede de IVA na UE (artigos 31º e 36º - B da Diretiva IVA); na entrega da IE ao adquirente em Portugal (B2C), com transporte, o lugar de entrega é em Portugal (al c) do art. 33º da Diretiva IVA), sendo

---

[405] Comissão Europeia — *Notas explicativas sobre as regras em matéria de IVA para o comércio eletrónico*, pp. 101-112.

[406] Quando se utiliza o «regime de importação», os bens podem ser desalfandegados em qualquer EM, independentemente do EM onde o adquirente esteja estabelecido.

devido IVA em território nacional, que é exigível quando o pagamento é aceite pelo fornecedor subjacente (art. 66º – A da Diretiva IVA). Isto é, a IE é o devedor do IVA que deve pagar através do «regime de importação» em Espanha, que transfere o IVA para a AT em Portugal.

Aquando da importação, se o número IOSS, enviado eletronicamente para a alfândega em Portugal na declaração aduaneira, for válido, a importação fica isenta de IVA em Portugal (al. c) do nº 1 do art. 143º da Diretiva IVA), pelo que os bens são introduzidos em livre prática; se for inválido, temos uma importação tributada em Portugal (podem ser utilizadas as regras normais ou um regime especial), sendo o IVA devido pela pessoa designada neste país (art. 201º da Diretiva IVA).

Em termos declarativos, a IE apresenta as declarações de IVA mensais do «regime de importação» à AT espanhola, indicando o montante do IVA e a taxa aplicável em Portugal (art. 369º – S da Diretiva IVA).

Em termos aduaneiros, o exportador é o expedidor (fornecedor subjacente), vendedor dos bens, e o importador o adquirente (destinatário) em Portugal (art. 60º da Diretiva IVA).

Compete ao transportador/declarante no primeiro ponto de entrada na UE, a apresentação junto da alfândega de uma declaração aduaneira (em qualquer EM à sua escolha), seguindo um regime aduaneiro da introdução em livre prática.

Os serviços aduaneiros procedem à aceitação da declaração aduaneira, mediante a apresentação dos bens e a verificação dos requisitos em função da opção de declaração aduaneira (validade do número IOSS, valor dos bens declarados ser ≤ 150 €, etc.). Se tudo estiver correto, a alfândega autoriza a saída dos bens, não sendo devido imposto nem direitos aduaneiros (deverá mensalmente apresentar uma declaração no sistema).

Exemplo 2: Adquirente em Portugal (EM1), encomenda bens de valor de 100 € através de uma IE (também estabelecida em Portugal) a um fornecedor subjacente. O adquirente indica que o lugar de entrega física dos bens é em Portugal. Os bens são expedidos em nome do fornecedor subjacente da China para o adquirente em Portugal onde os bens são importados.

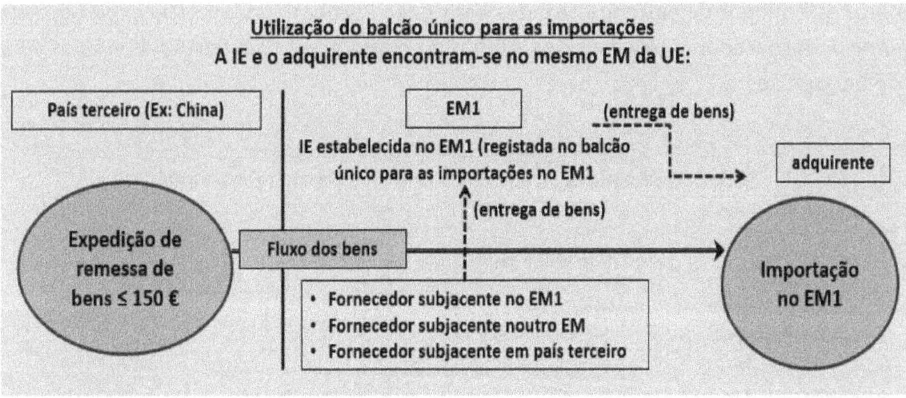

Comentário: A IE terá de efetuar o registo no «regime de importação» em Portugal, obtendo um número IOSS em Portugal (art. 369º – Q da Diretiva IVA).

Na entrega do fornecedor subjacente à IE (B2B), sem transporte, o lugar de entrega é no país terceiro (art. 31º da Diretiva IVA), sem qualquer obrigação em sede de IVA na UE (artigos 31º e 36º – B da Diretiva IVA); na entrega da IE ao adquirente em Portugal (B2C), com transporte, o lugar de entrega é em Portugal (al. c) do art. 33º da Diretiva IVA) e, por isso, é devido IVA em Portugal, com a taxa do IVA aqui aplicável aos bens, sendo o IVA exigível quando o pagamento é aceite pelo fornecedor subjacente (art. 66º – A da Diretiva IVA). A IE é o devedor do IVA que deve pagar através do «regime de importação» à AT em Portugal.

Na importação se o número IOSS, enviado eletronicamente para a alfândega em Portugal na declaração aduaneira, for válido, a importação é isenta de IVA (al. c) do nº 1 do art. 143º da Diretiva IVA), sendo os bens introduzidos em livre prática; se for inválido, a importação é tributada em Portugal (podem ser utilizadas as regras normais ou um regime especial), sendo que o IVA é devido pelo declarante em Portugal (art. 201º da Diretiva IVA).

Em termos declarativos, a IE apresenta a declaração de IVA mensal do «regime de importação» à AT portuguesa, indicando o montante do IVA e a taxa aplicável em Portugal (art. 369º – S da Diretiva IVA).

As implicações aduaneiras são muito semelhantes às referidas no caso anterior.

Exemplo 3: Adquirente em Portugal (EM1), encomenda bens no valor de 120 € através de uma IE estabelecida na China a um fornecedor subjacente. O adquirente indica que o lugar de entrega física dos bens é em Portugal. Os bens são expedidos em nome do fornecedor subjacente da China para o adquirente em Portugal onde os bens são importados.

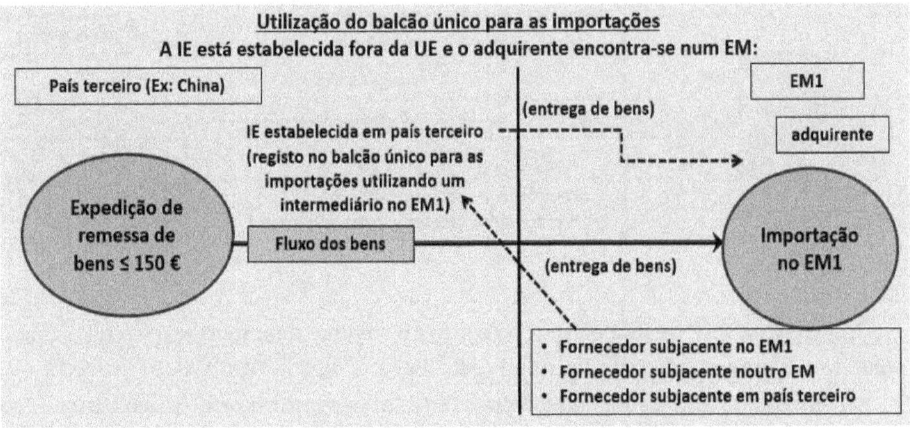

Comentário: A IE efetua o registo no «regime de importação» através de um intermediário estabelecido em Portugal (art. 369º – M da Diretiva IVA), que obterá aqui um número IOSS para a IE (nº 3 do art. 369º – Q da Diretiva IVA).

Na entrega do fornecedor subjacente à IE (B2B), sem transporte, o lugar de entrega é na China (art. 31º da Diretiva IVA) sem qualquer obrigação em sede de IVA na UE (artigos 31º e 36º – B da Diretiva IVA); na entrega da IE ao adquirente em Portugal (B2C), com transporte, o lugar de entrega ocorre em Portugal (al. c) do art. 33º da Diretiva IVA), sendo devido IVA neste território, que se torna exigível quando o pagamento é aceite pelo fornecedor subjacente (art. 66º – A da Diretiva IVA). Nesta entrega (B2C), o intermediário é o devedor do IVA em nome da IE e deve pagá-lo através do «regime de importação» à AT em Portugal (nº 1 do art. 30º da Diretiva IVA).

Na importação, se o número do «regime de importação», enviado eletronicamente para a alfândega em Portugal na declaração aduaneira, for válido, a importação é isenta de IVA em Portugal (al. c) do nº 1 do art. 143º da Diretiva IVA); se for inválido, a importação é tributada em Portugal (podem ser utilizadas as regras normais ou um regime especial), sendo o IVA devido pela pessoa designada em Portugal (art. 201º da Diretiva IVA).

Em termos declarativos, o intermediário (em nome da IE), apresenta a declaração de IVA mensal do «regime de importação» à AT portuguesa, indicando o montante do IVA e a taxa aplicável em Portugal (art. 369º - S da Diretiva IVA).

Exemplo 4: Adquirente em Portugal (EM2), encomenda bens no valor de 130 € através de uma IE (estabelecida na UE ou num país terceiro) a um fornecedor subjacente. O adquirente indica que o lugar de entrega dos bens é em Portugal. Os bens são expedidos em nome do fornecedor subjacente da China para Espanha (EM1) e daqui transportados para Portugal para serem entregues ao adquirente.

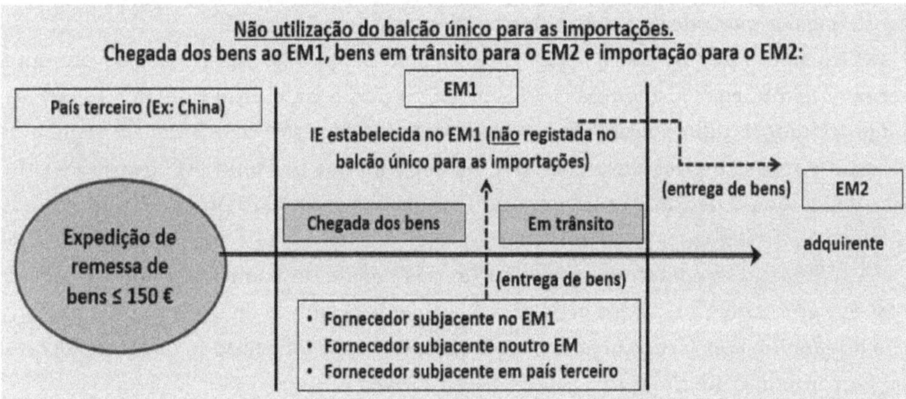

Comentário: Tendo os bens sido declarados, para efeitos do IVA, ao abrigo de um regime distinto do «regime de importação», é competente para declarar a importação de bens a estância aduaneira situada no EM onde termina a expedição ou transporte dos bens, sendo aplicada e cobrada a taxa do IVA do EM de destino dos bens (Portugal), nos termos do art. 60º da Diretiva IVA.

Na prática, os bens só podem ser introduzidos em livre prática no EM de destino dos mesmos. Desta forma, quando os bens chegam a Espanha, terão de ser colocados em trânsito e transportados para Portugal.

Embora a IE seja um fornecedor presumido, não efetua o registo no «regime de importação». Assim, na entrega do fornecedor subjacente à IE (B2B), sem transporte, o lugar de entrega é na China (art. 31º da Diretiva IVA) sem qualquer obrigação em sede de IVA na UE; na entrega da IE ao adquirente em Portugal (B2C), com transporte, o lugar de entrega é na China, onde se inicia o transporte (nº 1 do art. 32º da Diretiva IVA), sem qualquer obrigação em sede de IVA na UE.

A importação dos bens ocorre depois de terminar o regime de trânsito (art. 71º da Diretiva IVA). Em Portugal se a pessoa a designar para pagar o IVA (devedor) for o adquirente, o IVA na importação pode ser pago mediante: *(i)* regime especial: o cliente paga o IVA ao operador (transportador, despachante...) que por sua vez efetua o pagamento mensal à autoridade competente em Portugal (nº 2 do art. 369º – Z-B da Diretiva IVA); ou *(ii)*, procedimento normal: pagamento do IVA pelo declarante à alfândega e introdução em livre prática, independentemente do valor dos bens.

O expedidor (fornecedor subjacente), como vendedor dos bens, é o exportador, ao passo que o importador é o destinatário, adquirente em Portugal.

O transportador, ou outro declarante que não o seja o transportador, deverá apresentar à alfândega portuguesa, como primeiro ponto de entrada na UE (Espanha), uma declaração aduaneira. Subsequentemente, os bens são colocados em regime de trânsito e transportados para Portugal, acompanhados por uma declaração de trânsito, sendo que a declaração aduaneira de introdução em livre prática é apresentada apenas em Portugal.

A alfândega, mediante a apresentação dos bens e da comprovação do limiar de 150 €, autorizará a saída dos bens, imediatamente aquando da aceitação da declaração aduaneira, com a cobrança do IVA devido, exceto se for utilizado o regime especial ou for concedido diferimento.

Exemplo 5: Adquirente em Portugal (EM1), encomenda bens no valor de 140 € através de uma IE (também estabelecida em Portugal) a um fornecedor subjacente. O adquirente indica que o lugar de entrega dos bens também é em Portugal. Os bens são expedidos em nome do fornecedor subjacente da China para Portugal onde são introduzidos em livre prática.

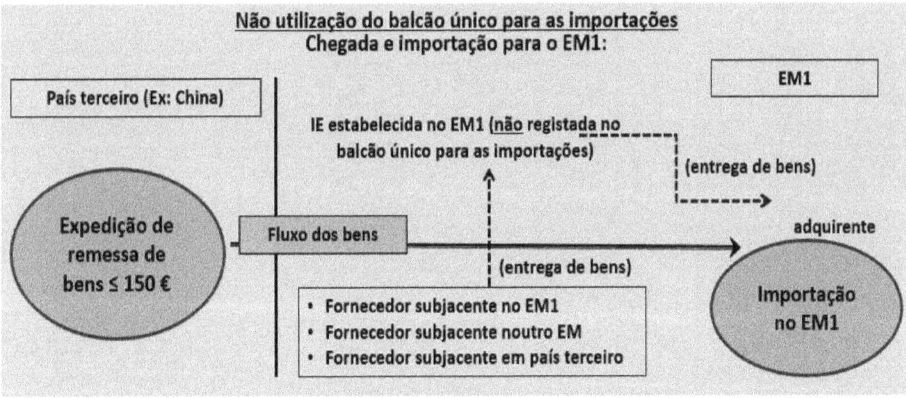

Comentário: Como na situação anterior, a IE não efetua o registo no «regime de importação». Assim, na entrega do fornecedor subjacente à IE (B2B), sem transporte, o lugar de entrega é na China (art. 31º da Diretiva IVA), sem qualquer obrigação em sede de IVA na UE; na entrega da IE ao adquirente em Portugal (B2C), com transporte, o lugar de entrega é na China onde se inicia o transporte dos bens (nº 1 do art. 32º da Diretiva IVA), sem qualquer obrigação em sede de IVA na UE. Em tudo o resto a resolução é semelhante ao caso anterior.

COMENTÁRIOS FINAIS

A partir do trabalho realizado, com base nos pressupostos teóricos desenvolvidos e na abordagem prática, apresentamos de seguida algumas notas para reflexão.

A localização (tributação) das operações em sede de IVA (imposto, recorde-se, de matriz comunitária) está, aparentemente, facilitada já que estamos perante normas harmonizadas, em que os EM da UE estão limitados na sua ação legislativa. Em consequência, esta harmonização tende a eliminar várias querelas, assegurando e regulando a disciplina tributária das respetivas operações.

Assim, a nossa abordagem à territorialidade, enquanto princípio estruturante de tributação em sede de IVA, teve o intuito de tentar clarificar e tornar mais simples a compreensão das regras da localização das operações à luz deste imposto.

Como vimos, localizar uma operação em sede de IVA, consiste em determinar o território onde uma dada operação será tributável, isto é, identificar o ordenamento jurídico fiscal que lhe será aplicável. Através da localização de uma operação, o legislador, ao estabelecer determinados critérios de conexão, permite que se identifique o Estado que fica com a competência e legitimidade para exigir o imposto devido resultante das operações efetuadas no seu território.

Perante a dicotomia transmissões de bens *versus* prestações de serviços, concluímos que esta temática é relativamente mais clara e simples quando se está em presença das regras de localização referentes às transmissões de bens. De facto, estas operações, regra geral, não oferecem grande complexidade quando comparadas com as normas que tratam da localização das prestações de serviços, cujas regras foram sofrendo inúmeras alterações ao longo dos tempos, desde o surgimento deste imposto.

Não obstante, as regras de localização, quer no que concerne aos bens, quer nas prestações de serviços, tendem, cada vez mais, em aproximar a localização, ou seja, a tributação e a respetiva afetação da receita, ao EM onde ocorre o ato de consumo, isto é, o local do destino final dos bens ou da utilização dos serviços.

Constatamos, assim, que tem havido uma preocupação do legislador da UE de aproximar o lugar de consumo à correspondente tributação da operação, sendo esse, claramente, o objetivo pretendido.

Assim, a localização das operações plurilocalizadas em sede de IVA assenta, regra geral, no princípio do destino, numa perspetiva direcionada para o local onde está situado o adquirente, por um lado, por ser considerada bem mais eficiente e, por outro lado, por causar menos distorções e duplas tributações, assegurando, igualmente, a neutralidade do imposto.

Temos, portanto, uma generalização do mecanismo do *reverse charge* às operações transfronteiriças, através da identificação do adquirente mediante um NIF_IVA. Não obstante, este critério é apenas aplicável, quando, por um lado, o adquirente for um SP que forneceu o seu NIF_IVA ao fornecedor/prestador e, além disso, não estiver elencado nas regras especiais ou específicas, sobretudo no âmbito das prestações de serviços.

Acresce que a tributação no destino, tendencialmente, diminui os encargos administrativos e reduz o contencioso tributário. Além disso, a adoção deste critério, a nosso ver, combate eficazmente a fraude e evasão fiscais.

Pese embora a esmagadora maioria das situações que trouxemos a título de exemplificação não suscitarem dúvidas, as sugestões e as vias alternativas que fomos apresentando ao longo do trabalho, não representam soluções inquestionáveis e, em algumas delas, reconhecemos certas fragilidades. Elas procuram, antes de mais, suscitar a discussão em torno desta temática e das novas dinâmicas empresariais que diariamente se intensificam.

BIBLIOGRAFIA

ALMEIDA, MARTA MACHADO & SILVA, SORAIA JOÃO — «O IVA nas Operações Intracomunitárias: as Quick Fixes», *Cadernos IVA*, coordenação de SÉRGIO VASQUES, Almedina, 2019.

ARNALDO, AFONSO — «A (in)compatibilidade entre o regime das operações triangulares e o regime de vendas à consignação em transferências intracomunitárias de bens», *Cadernos IVA*, coordenação de SÉRGIO VASQUES, Almedina, 2022.

ARNALDO, AFONSO — «Registo para Efeitos do IVA e Sujeitos Passivos Não Estabelecidos no Território Nacional», *Cadernos IVA*, coordenação de SÉRGIO VASQUES, Almedina, 2015.

ARNALDO, AFONSO — «O conceito de «estabelecimento estável» em sede de IVA, em particular nas regras gerais de localização de serviços, e o Regulamento de Execução nº 282/2011 do Conselho», *Revista Fiscalidade*, nº 46, abril-junho, Coimbra Editora, 2011.

COMISSÃO EUROPEIA — «Notas explicativas sobre as regras em matéria de IVA para o comércio eletrónico». *Diretiva (UE) 2017/2455 do Conselho, Diretiva (UE) 2019/1995 do Conselho e Regulamento de Execução (UE) 2019/2026 do Conselho*, setembro de 2020.

BASTO, JOSÉ GUILHERME XAVIER DE — *A tributação do consumo e a sua coordenação internacional*, Centro de Estudos Fiscais, nº 164, Lisboa, 1991.

FERIA, RITA DE LA / BELIM, CATARINA — «Repartição das competências tributárias: o papel do IVA na reforma dos impostos sobre o rendimento colectivo», *Estudos em Memória do Prof. Doutor Saldanha Sanches*, Volume IV, Coimbra Editora, 2011.

FERNANDES, RAQUEL MONTES — «A Revolução na Tributação do E-Commerce», *Cadernos de IVA*, coordenação de SÉRGIO VASQUES, Almedina, 2019.

FERNANDES, RAQUEL MONTES — «O Estabelecimento Estável em IVA na Era Digital — O Caso Welmory no Contexto do BEPS», *Cadernos de IVA*, coordenação de SÉRGIO VASQUES, Almedina, 2016.

LAIRES, RUI — *IVA: a localização das prestações de serviços após 1 de Janeiro de 2010*, Centro de Estudos Fiscais, nº 208, Lisboa, 2010.

LAIRES, RUI — *A Incidência e os Critérios de Territorialidade do IVA*, Coimbra, Almedina, 2008.

LAIRES, RUI — *Acórdão do Tribunal de Justiça das Comunidades Europeias de 23 de março de 2006, Processo nº C-210/04*, Ciência e Técnica Fiscal, Direcção-Geral dos Impostos, nº 417, Lisboa, 2006.

LIMA, EMANUEL VIDAL — «Transmissões "B2B" de bens intra UE isentas de IVA. A Jurisprudência do Tribunal de Justiça da União Europeia», *Revista de Finanças Públicas e Direito Fiscal*, Ano VI, nº 3, Lisboa, 2013.

LOBO, CARLOS BAPTISTA & NUNES, AMILCAR — *Reflexões sobre o Regime Definitivo do IVA no Comércio Transfronteiras*, Cadernos de IVA, coordenação de SÉRGIO VASQUES, Almedina, 2018.

MARTINS, ALEXANDRA COELHO & FIGUEIREDO, FRANCISCO PEREIRA — «O Conceito de Bem Imóvel para Efeitos de IVA», *Cadernos de IVA*, coordenação de SÉRGIO VASQUES, 2021.

MENESES, SOFIA SARAIVA — «A Questão da Prova nas Transmissões Intracomunitárias de Bens: Uma Análise à Luz da Jurisprudência», *Cadernos de IVA*, coordenação de SÉRGIO VASQUES, Almedina, 2016.

MONTEIRO, PEDRO COSTA — «IVA, Estabelecimento Estável e Obrigação de Registo», *Cadernos de IVA*, coordenação de SÉRGIO VASQUES, Almedina, 2016.

PALMA, Clotilde Celorico — *Introdução ao Imposto sobre o Valor Acrescentado*, Almedina, 6.ª Edição, 2016.

PALMA, CLOTILDE CELORICO — «O novo artigo 6ºA do Código do Imposto sobre o Valor Acrescentado», *Estudos do IVA V*, coordenação de SÉRGIO VASQUES, Almedina, 2020.

PALMA, CLOTILDE CELORICO — «A tributação da economia digital — Evolução recente na União Europeia», *Estudos do IVA V*, Almedina, 2020.

PALMA, CLOTILDE CELORICO — *A localização das operações em IVA*, Ordem dos Contabilistas Certificados, abril 2016.

PALMA, CLOTILDE CELORICO / SANTOS, ANTÓNIO CARLOS DOS — *Código do IVA e RITI - Notas e Comentários*, Almedina, 2014.

PALMA, CLOTILDE CELORICO — *Introdução ao Imposto sobre o Valor Acrescentado*, Colecção Cadernos do IDEFF nº 1, Almedina, 6ª edição, setembro, 2014.

PALMA, CLOTILDE CELORICO / LAIRES, RUI — «O novo Regulamento de aplicação da Directiva IVA e a localização das prestações de serviços», *Revista de Finanças Públicas e Direito Fiscal*, Ano IV, nº 4, Lisboa, 2012.

PALMA, CLOTILDE CELORICO — A recente comunicação da Comissão sobre o futuro do IVA, *Revista TOC*, nº 144, março, 2012, pp. 48-55.

PEREIRA, JOÃO T. C. BATISTA — «IVA nas operações entre o estabelecimento estável e a sociedade? A tributação da quimera, a propósito do caso FCE BANK (C-210/04)», *Revista Fiscalidade*, nº 31, junho, 2008.

PEREIRA, TÂNIA CARVALHAIS & GOMES, PATRÍCIA SILVA — «IVA na Exportação: da Teoria à Prática», *Cadernos de IVA*, coordenação de SÉRGIO VASQUES, Almedina, 2021.

PIRES, MANUEL — *Direito Fiscal*, 3.ª Edição, Almedina, 2008.

Ramos, Diogo Ortigão & Costa, Mário Silva — «As Transmissões Intracomunitárias de Bens em Cadeia: Estado da Arte à Luz da Recente Jurisprudência do TJUE e dos Quick Fixes», *Cadernos de IVA*, coordenação de Sérgio Vasques, Almedina, 2019.

Reis, António Nunes dos — «A História da Introdução do IVA em Portugal», *Nós e os Impostos – Um Contributo para a História dos Impostos em Portugal*, coordenação de Clotilde Celorico Palma, Manuais Universitários, Almedina, 2022.

Roriz, Fernando — *Tributação do comércio eletrónico e plataformas digitais – aspetos contabilísticos e fiscais*, Ordem dos Contabilistas Certificados, 2022.

Roriz, José Soares — *Atualização fiscal em IVA*, Ordem dos Contabilistas Certificados, 2017.

Silva, Vítor Loureiro — «O Futuro do IVA nas Operações Intra-UE: As Propostas da Comissão Europeia», *Cadernos de IVA*, coordenação de Sérgio Vasques, Almedina, 2018.

Santos, António Carlos dos — «Sobre o imposto europeu», *Revista TOC*, nº 99.

Soares, Sara — «Da Relevância do Número de Identificação IVA na Isenção Aplicável às Entregas Intra-UE de Bens», *Cadernos de IVA*, coordenação de Sérgio Vasques, Almedina, 2019.

Autoridade Tributária e Aduaneira (consultas)

- Circular 8/2015, de 27/07/2015.
- Informação Vinculativa, Processo 19850, de 07/01/2022.
- Informação Vinculativa, Processo 17561, de 10/12/2021.
- Informação Vinculativa, Processo 17189, de 06/12/2021.
- Informação Vinculativa, Processo 19605, de 16/09/2021.
- Informação Vinculativa, Processo 16697, de 30/10/2020.
- Informação Vinculativa, Processo 20672, de 16/09/2021.
- Informação Vinculativa, Processo 21025, de 01/07/2021.
- Informação Vinculativa, Processo 17979, de 30/06/2021.
- Informação Vinculativa, Processo 18075, de 29/09/2020.
- Informação Vinculativa, Processo 16210, de 21/02/2020.
- Informação Vinculativa, Processo 14774, de 11/04/2019.
- Informação Vinculativa, Processo 14095, de 10/08/2018.
- Informação Vinculativa, Processo 13938, de 26/07/2018.
- Informação Vinculativa, Processo 13497, de 23/07/2018.
- Informação Vinculativa, Processo 13834, de 20/07/2018.
- Informação Vinculativa, Processo 13801, de 17/07/2018.

- Informação Vinculativa, Processo 13655, de 21/06/2018.
- Informação Vinculativa, Processo 13432, de 07/05/2018.
- Informação Vinculativa, Processo 12920, de 04/05/2018.
- Informação Vinculativa, Processo 13239, de 06/03/2018.
- Informação Vinculativa, Processo 12674, de 28/11/2017.
- Informação Vinculativa, Processo 12513, de 16/11/2017.
- Informação Vinculativa, Processo 12462, de 22/09/2017.
- Informação Vinculativa, Processo 11912, de 23/08/2017.
- Informação Vinculativa, Processo 11874, de 23/08/2017.
- Informação Vinculativa, Processo 11282, de 03/04/2017.
- Informação Vinculativa, Processo 10852, de 02/09/2016.
- Informação Vinculativa, Processo 10237, de 17/06/2016.
- Informação Vinculativa, Processo 9963, de 02/03/2016.
- Informação Vinculativa, Processo 9204, de 16/12/2015.
- Informação Vinculativa, Processo 9469, de 15/12/2015.
- Informação Vinculativa, Processo 8093, de 19/08/2015.
- Informação Vinculativa, Processo 402, de 15/03/2015.
- Informação Vinculativa, Processo 7269, de 26/09/2014.
- Informação Vinculativa, Processo 3961, de 08/11/2012.
- Informação Vinculativa, Processo 3206, de 27/06/2012.
- Informação Vinculativa, Processo 2835, de 27/01/2012.
- Informação Vinculativa, Processo 2592, de 13/10/2011.
- Informação Vinculativa, Processo 2475, de 29/09/2011.
- Informação Vinculativa, Processo 1785, de 01/04/2011.
- Informação Vinculativa, Processo 1589, de 08/02/2011.
- Informação Vinculativa, Processo 1200, de 12/11/2010.
- Informação Vinculativa, Processo 289, de 04/02/2010.
- Informação Vinculativa, Processo 221/2020, de 07/01/2010.
- Informação Vinculativa, Processo 302 2007010, de 08/04/2008.
- Ofício-Circulado 30237, de 22/06/2021.
- Ofício-Circulado 30235, de 27/04/2021.
- Ofício-Circulado 30240, de 25/06/2021.
- Ofício-Circulado 30239, de 25/06/2021.
- Ofício-Circulado 30238, de 25/06/2021.
- Ofício-Circulado 30233, de 19/04/2021.
- Ofício-Circulado 30231, de 28/01/2021.

- Ofício-Circulado 30226, de 02/10/2020.
- Ofício-Circulado 30218, de 03/02/2020.
- Ofício-Circulado 30203, de 04/07/2018.
- Ofício-Circulado 30193, de 11/08/2017.
- Ofício-Circulado 30191, de 08/06/2017.
- Ofício-Circulado 15327, de 09/01/2015.
- Ofício-Circulado 30166, de 30/12/2014.
- Ofício-Circulado 30165, de 26/12/2014.
- Ofício-Circulado 30164, de 11/12/2014.
- Ofício-Circulado 30150, de 30/08/2013.
- Ofício-Circulado 30140, de 28/12/2012.
- Ofício-Circulado 30128, de 06/07/2011.
- Ofício-Circulado 30115, de 29/12/2009.
- Ofício-Circulado 30114, de 25/11/2009.
- Ofício-Circulado 30014, de 13/01/2000.
- Ofício-Circulado 30012, de 06/01/2000.
- Ofício-Circulado 33128, de 29/04/1993.
- Ofício-Circulado 76599, de 04/09/1987.